August Reissmann

**Das deutsche Lied in seiner historischen Entwicklung**

August Reissmann

**Das deutsche Lied in seiner historischen Entwicklung**

ISBN/EAN: 9783744681773

Hergestellt in Europa, USA, Kanada, Australien, Japan

Cover: Foto ©Thomas Meinert / pixelio.de

Weitere Bücher finden Sie auf **www.hansebooks.com**

# Das deutsche Lied

in

## seiner historischen Entwicklung

dargestellt

von

# August Reißmann.

**Mit Musikbeilagen:**
33 Lieder aus dem 15. 16. 17. und 18. Jahrhundert.

———————————

**Cassel,**
Verlag von Oswald Bertram.

——

**1861.**

# Inhalt.

---

---

# Einleitung.

---

Das deutsche Lied führt uns nicht weiter zurück in die frühen Zeiten germanischer Geschichte, als bis in die Periode, in welcher das Christenthum den Völkern deutscher Zunge verkündet wurde, und auch die Zeit noch, welche dasselbe bedurfte, um sich dem Volksgeiste zu assimiliren, wird uns nur vorübergehend beschäftigen.

Wohl regt sich die Sangeslust überall mit den ersten Spuren der Kultur, und daß die deutschen Stämme früh, schon in der Zeit der Berührung mit den Römern Gesang liebten und übten, wird uns durch glaubwürdige Zeugen bestätigt, aber Lieder in unserm Sinne hatten sie wohl nicht. Durch Tacitus erfahren wir, daß sie in eigenthümlichen Gesängen die Stammesgottheiten des Volkes — Tuisto, den Erbgeborenen und dessen Sohn Mannus feierten, und in ihren Schlachtgesängen einen Gott, den der Römer Herkules nennt, als tapfersten Helden priesen. Er bezeugt ferner, daß das Andenken des Arminius in Liedern fortlebte, und gedenkt des wildfröhlichen Gesanges, den die alten Deutschen bei ihren Gelagen während der Nacht vor einer Schlacht ertönen ließen. Daß von diesen Gesängen nichts erweislich auf uns gekommen ist, darf nicht befremden. Sie lebten nur in der Tradition fort und in Folge der gänzlichen Umgestaltung germanischen Geistes und germanischer Sitte mußten sie nothwendig abblühen.

Die Kunst hat diesen Verlust gewiß weniger zu beklagen als die Kulturgeschichte. Die Römer wenigstens zeigen sich von germanischem Gesange nicht sehr erbaut. Der Kaiser Julian nennt ihre Gedichte bäurisch und vergleicht ihren Gesang mit dem Geschrei

wilder Vögel und in ähnlichem Sinne urtheilt Tacitus. Venan
tius Fortunatus geht sogar so weit, den Deutschen die Fähigkeit abzusprechen, zwischen Schwanengesang und Gänsegeschrei einen
Unterschied zu machen und Ammianus Marcellinus bezeichnet
ihren Gesang mit stridere — zischen — knarren — pfeifen.

Wir haben wenig Grund, an der Wahrhaftigkeit dieser Zeugnisse zu zweifeln. Die alten Germanen liebten Jagd und Krieg
über alles und die friedlicheren Beschäftigungen, welche allein die
Kultur befördern, waren ihnen fremd. Dem entsprachen die Instrumente, mit denen sie ihren Gesang begleiteten. Venantius
Fortunatus erwähnt zwar der Harfe — Cithera — als Beglei-
tungsinstrument, doch hatte dies wohl wenig mit unserm gleich-
namigen Instrument gemein, und bei den öffentlichen Gelagen und
gottesdienstlichen Feierlichkeiten verwendeten sie nur die schallver-
stärkenden Instrumente.

Eine bedeutsame Wendung trat schon in den ersten Jahrhunderten nach Christus ein, zumeist herbeigeführt durch den Verkehr
mit andern Völkern, in welchen die germanischen Stämme durch
ihre Kriege, wie durch die Völkerwanderung gebracht wurden.
Neben einer größeren Bildung blühte namentlich der Volksgesang
jetzt mächtig empor und das Christenthum fand eine Menge Lieder
und Gesänge vor.

Wie sehr aber auch jetzt noch dieser altgermanische Gesang
von dem verschieden sein mußte, den die römische Kirche bereits mit
so glänzendem Erfolge auszubilden begonnen hatte, geht namentlich
daraus hervor, daß es den deutschen Kehlen so unendlich schwer
wurde, den römischen Gesang zu erlernen, und daß Jahrhunderte
vergingen, ehe er ihnen nur einigermaßen geläufig wurde. Der
gregorianische Gesang, aus welchem sich die europäisch-abendländische
Musik entwickelte, ist so durchaus selbständiges Produkt christlichen
Empfindens und Denkens, daß er wenig mit der hebräischen und
noch weniger mit der griechischen oder der altgermanischen Gesangsweise gemein haben konnte. Die Kunst der Innerlichkeit — und
vor allem der Gesang — konnte nur dann erst zur Blüthe gelangen,
als das Christenthum die Welt der Innerlichkeit erschloß. Daß
auch die Melodie des alt- und mittelhochdeutschen Gedichts nur eine
gesteigerte Sprachmelodie, ein stark durchschlagender Buchstabenreim
ist, ohne die unterscheidbaren Intervalle, wie sie der gregorianische

Gesang ausbildete, wird uns ebenso indirect wenigstens, durch überlieferte Zeugniße, wie durch die erhaltenen Dichtungen bestätigt.
Nur durch eine energisch ausgebildete Sprachmelodie wird eine so
durchbildete Verskunst, wie die alt- und mittelhochdeutsche ermöglicht, und wir werden später einsehen, daß diese Verskunst geradezu
verwildern mußte, um der selbständigen Gesangesweise Raum für
ihre Entwickelung zu gewähren. Wie emsig das System der Vers-
und Wortbetonung ausgebildet wurde, beweist die, wahrscheinlich
von Hrabanus Maurus zuerst versuchte, und von seinen
Schülern Otfried, Williram und Notker erweiterte genaue
Bezeichnung derselben.

Eine nur einigermaßen selbständige Melodie mit unterscheidbaren Intervallen würde eher zur Erfindung der Singnote gedrängt
haben, wie wir dies in der Entwickelung des gregorianischen Gesanges
sehen. Und wenn die erste Strophe der Heidelberger Handschrift
des Otfriedschen Gedichts mit Singnoten versehen ist, so bestätigt
das nur die oben ausgesprochene Ansicht über den Unterschied
zwischen gregorianischer und altgermanischer Gesangsweise. Die
Singnoten bezeichnen die kirchliche, und die daneben streng durch-
geführte Versbetonung die volksmäßige Weise. So wird auch
erklärlich, daß die Bezeichnung für den Vortrag Singen und
Sagen bis tief in das dreizehnte Jahrhundert hinein eng verbunden ist, daß beide dieselbe Thätigkeit bezeichnen und die Dichter
häufig nur des Sagens Erwähnung thun, wo entschieden auch
gesungen wurde. Mit der, durch die christliche Kirche ange-
bahnten und weiter gebildeten Selbständigkeit der Melodie beginnen
sich auch diese beiden Begriffe zu scheiden und treten einander
endlich gegenüber; sagen ist dann gleichbedeutend mit lesen
oder sprechen.

Diese wesentliche Verschiedenheit germanischen Gesanges von
dem christlichen — dem gregorianischen einer- und die Unbeholfen-
heit und Ungefügigkeit germanischer Kehlen andrerseits mochte auch
mehr, als jede andere Rücksicht oder Absicht, die Ausschließung
oder Beschränkung auf einen so geringen Antheil am gottesdienstlichen
Gesange, wie er dem Laien innerhalb der christlichen Kirche gewährt
wurde, nothwendig machen; und vielleicht darf man auch diesem,
ohne fürchten zu müssen, eine heilige Sache zu profaniren, eine
viel weniger gottesdienstliche, als rein praktische Bedeutung beilegen.

1 *

Die christliche Kirche verfuhr in den ersten Jahrhunderten ganz bewußt umbildend und neugestaltend, und wir dürfen annehmen, daß es auch in ihrer Absicht lag, die Germanen zum Gesange heran zu bilden. Und war es ihre Absicht nicht, so hat sie es wenigstens erreicht, durch die besondere Art der ersten Einrichtung des Kirchengesanges. Obgleich schon die ersten Bisthümer zu Mainz, Worms, Speier, Straßburg und Cöln versuchten, die neue Gesangs= weise zu verbreiten, und obgleich den Missionaren, namentlich seit Greger II., welcher 715 den päpstlichen Stuhl bestieg, die Pflege desselben zur Pflicht gemacht war, so konnte er doch weniger festen Boten gewinnen als das Christenthum selbst, und schon früh mußten die Frauen, und später auch die Männer vom Kirchen= gesange ausgeschlossen werden. Die Masse der Laien betheiligte sich am gottesdienstlichen Gesange jetzt nur durch die Rufe: „Kyrie eleison" — „Christe eleison" und „Hallelujah", und als sie auf dem Endvocal „a", dem sie später auch noch e und u und i beigesellten, ihre Stimme in wirklichem Gesange ausschallen ließen, so war das eben wohl zunächst nichts weiter, als was die geistlichen Sänger selbst lernen und üben mußten — ein, später „Solmisiren" genanntes Schulesingen. Daß diese sogenannten Jubeltöne — longus sonus iubilationis — wirklich der Ausdruck froher Begeistrung und sprachlosen Entzückens geworden sind, ist unzweifelhaft, aber von vorn herein konnten sie es kaum sein. Jahrhunderte vergingen noch, ehe das religiöse Empfinden des Volkes stark genug wurde, sich in diesem Sinne künstlerisch schaffend zu erweisen. Diese Jubili bildeten sich zu abgeschlossenen Melodien aus, und auf sie ist der Ursprung unseres Liedes zurück zu führen. Sie müssen in kurzer Zeit schon eine bedeutende Erweiterung erfah= ren haben, denn Ausgang des neunten Jahrhunderts waren sie schon so selbständig herausgebildet, daß sie sich von den gesammten übrigen gottesdienstlichen Gesängen durch ihre größere Mannich= faltigkeit wesentlich unterschieden — und daß man ihnen endlich besondere Texte unterlegte.

Notker der Aeltere — genannt Balbulus — war, wenn auch nicht Erfinder, doch neben den St. Gallischen Mönchen Rat= pert und Tutilo der eifrigste Verbreiter dieser neuen Weise des Kirchengesanges. Er selbst sagt: daß er schon in seiner Jugend auf ein Mittel gesonnen habe, die langgedehnten Jubili dem

Gedächtniß haltbarer zu machen, und daß er endlich durch ein Anti=
phonar, das ihm ein Priester aus Gimedia zuführte, und in wel=
chem die Jubili mit Strophen, aber nicht fehlerfreien, versehen
waren, auf die Idee gebracht wurde: andere, in derselben Weise
aufzusetzen. Sie verbreiteten sich rasch und wurden, von den Päp=
sten sanctionirt, unter die Cultusgesänge aufgenommen, und einige
haben sich bis heute in der katholischen Kirche erhalten, wie die
Frohnleichnams=Sequenz: „Lauda Sion" oder die Sequenz: de
septem doloribus Mariae virginis: „Stabat mater dolorosa." Sie
waren Anfangs meist unmetrisch, wenigstens war der Rhythmus
nur schwach zu erkennen (erst später, mit der immer wachsenden
Herrschaft des Reims, wurden sie metrisch) und, wie das der Cultus
erforderte, in lateinischer Sprache abgefaßt.

Bald jedoch wurde auch das Bedürfniß nach deutschen Texten
für die Jubeltöne rege und der uns erhaltene Gesang auf den
Apostel Petrus: „Unsar trohtin hât farsalt" verdankt ihm seine
Entstehung. Er hält, abweichend von den lateinischen Sequenzen
eine Strophenart fest, hat also Liedform — während die übrigen
Texte der Jubili verschiedene Strophenarten mischen — allein die
Melodie macht ihn zu einem sogenannten „Leich" die eigentlich
ursprüngliche Form der Sequenz. Jede Strophe hat ihre beson=
dere Melodie, mit Ausnahme des „Kyrie eleison" und „Christe
eleison." Und wenn es überhaupt eines Beweises dafür bedürfte,
daß die strophische Abtheilung das Volksmäßige ist, so liefert
ihn die Geschichte in der eigenthümlichen Weiterbildung dieser beiden
Formen.

Schon Notker Labeo († 1022) unterschied lied unde leicha
— und in dieser festen Abgrenzung wurden beide Formen weiter
gebildet. Das Lied hielt eine Strophenart fest, der Leich
mischt oft die verschiedensten und faßt sie zu einem einheitlichen
Gedicht zusammen. Jene Form findet eine immer wachsendere Aus=
bildung, namentlich im Volksgesange, während diese nur einige
Jahrhunderte hindurch vorherrschend im Kunstgesange und dann
auch eine Zeitlang als Tanzform (Reihen) auch im Volks=
gesange vorübergehende Pflege findet und endlich abblüht und ver=
schwindet.

Die Melodien dieser Sequenzen gehören, wie bereits erwähnt,
der gregorianischen Gesangsweise an, jenem cantus choralis, der

in seiner einfachen Erhabenheit und Großartigkeit so recht geeignet ist religiöser Volksgesang zu sein. Ihr eigentlicher Ursprung unterscheidet sie wesentlich von allen anderen Gesängen des Cultus — den liturgischen Gesängen und den Hymnen. In diesen war die Melodie das Untergeordnete, der Text das Bestimmende und Maßgebende, dem sich die Melodie anschließen mußte. Bei den Prosen und Sequenzen verhält es sich gerade umgekehrt. Die Melodie ist unmittelbarer Ausfluß des erwachenden religiösen Gefühls, dem der Text erst in festem Anschluß an jene eine begriffliche Fassung zu geben trachtet. Das einzig formelle Band sind für die Melodien nur die Regeln des gregorianischen Kirchengesanges. Dieser unterscheidet sich wesentlich von dem unsrigen — aus dem Volksgesange gebildeten. Auch ihm liegt die diatonische Tonleiter zu Grunde, aber indem er seine Tonleitern o h n e die, durch die Versetzungszeichen — ♯ und ♭ — erzeugten Halbtöne, die man noch nicht kannte, construirt, wird jede von der andern verschieden. Das moderne Tonsystem gleicht, mit Hülfe dieser Halbtöne, die Intervalle aus, so daß die C d u r = Tonleiter ganz dieselben Fortschreitungen zeigt, wie die G =, D = und jede andere D u r =, und die A m o l l = wie jede andere Molltonleiter. Wir besitzen demnach nur e i n e Normaltonleiter und zwei Klanggeschlechter: Dur und Moll. Das gregorianische System kennt diese Ausgleichung nicht. Indem es seine verschiedenen Tonleitern nur aus den Normaltönen bildet, erhält es so viel verschiedene Tonleitern, als es eben Normaltöne hat. Denn die Tonleiter, welche nach diesem System auf D. erbaut ist, heißt:

$$\text{D. } \overset{\frown}{\text{E. F.}} \text{ G. A. } \overset{\frown}{\text{H. C.}} \text{ D.}$$

zeigt also die Halbtöne von der dritten zur vierten (E — F.) und von der sechsten zur siebenten Stufe (H — C.), die aber, welche mit E. beginnt:

$$\overset{\frown}{\text{E. F.}} \text{ G. A. } \overset{\frown}{\text{H. C.}} \text{ D. E.}$$

zeigt sie von der ersten zur zweiten (E — F.) und von der fünften zur sechsten Stufe (H — C.). Diese Tonleitern unterscheiden sich in mindestens einem Verhältniß, und diese eigenthümliche Construction jeder einzelnen giebt ihr auch einen, von dem der andern abweichenden Character und bedingt zunächst jene eigenthümliche Melodieführung, die uns in ihrer Fremdartigkeit so wunderbar anmuthet.

So konnte keine, nach dem System der Octavengattung abgefaßte Melodie den, für unsre Melodiebildung meist so unerläßlichen Unterhalbton von der siebenten zur achten Stufe haben, als da, wo es die streng befolgte Gesangsregel gestattete — in der jonischen und lydischen — (von C. und F.) und dies verleiht den Melodien das eigenthümlich Schwebende, bei aller Inbrunst doch unbefriedigt Sehnsüchtige ihrer Wirkung. Dem entsprechend ist auch die eigenthümliche Behandlung der großen Terz im Gegensatz zur kleinen und zur Quint und Quart. Die große Terz durfte im alten System nicht zur eigentlichen Bedeutung gelangen. Sie schließt sich in ihrer Klangwirkung eng der Dominantbewegung an, ja vollendete diese eigentlich erst, während die kleine, die Mollterz, sich enger dem Princip der Ruhe, des Insichverharrens, der Tonika anschließt und das Letztere entspricht dem Musikempfinden jener Zeit mehr als jenes.

Es dürfte hier schon nothwendig werden, auf diese ganze Eigenthümlichkeit des Tonmaterials specieller einzugehen, weil sich hieraus die Bedeutung des gregorianischen Systems am Sichersten erkennen läßt und weil wir für unsere Hauptaufgabe, die historische Entwickelung des modernen, auf jener Eigenthümlichkeit beruhenden Tonsystems, einen sichern Ausgangspunkt gewinnen.

Das Grundelement der modernen Musik ist der Accord. Er entsteht aus der gleichzeitigen Verbindung von drei oder mehr terzenweis aufgebauten Tönen. Zwei Terzintervalle zu einem Intervall vereinigt nennen wir Quint. Das, mit sich selbst einheitliche Ausgangsintervall Prime — und insofern es im Dreiklang das Terz- und Quintintervall bestimmt, Grundton. Dieser ist im Dreiklang das Moment des Beharrens. *) Die Quint erscheint als sein Gegensatz, als Moment stetiger Bewegung. Treten beide zu einer Klangwirkung zusammen, so muß diese eine zwiespältige werden, indem ein Moment das andre aufzuheben trachtet, und so wird die Sehnsucht nach einem Dritten rege, das jenen Zwiespalt aufhebt. Dies dritte, einigende Moment, ist die Terz und in ihrem Hinzutritt

*) Die erste Anregung zu derartigen Untersuchungen gab wohl der berühmte Philosoph Herbart. Eine ebenso tiefsinnige, wie erschöpfende Begründung des modernen Tonsystems lieferte Moritz Hauptmann in seinem Werke: Die Natur der Harmonik und Metrik. Leipzig 1853.

gewinnt der Dreiklang erst einheitliche Wirkung. Das Quintintervall ist in Dur und Moll gleich, natürlich auch die Quintwirkung; die Vermittelung jedoch ist eine verschiedene. In Dur erfolgt sie durch eine große, in Moll durch eine kleine Terz; und das erklärt den Unterschied ihrer Klangwirkung. Die Durterz liegt dem Moment der Bewegung — der Quint näher, c — e ist eine große, e — g aber nur eine kleine Terz, sie hebt daher jenen Zwiespalt energisch, mit festem, sicherm Anschluß an die Quint auf; von jener Sehnsucht nach Erfüllung bleibt keine Spur mehr zurück und der Durdreiklang ist deshalb der volle und gedrungene Ausdruck thatkräftiger Befriedigung. Die Mollterz schmiegt sich weich und gedrückt an den Grundton; sie ist nicht vermögend, jenen Zwiespalt aufzuheben, es bleibt noch ein gut Theil Sehnsucht nach Durbefriedigung zurück. In ihrem engern Anschluß an die Quint, das Moment der Bewegung erhält die Durterz zeugende Kraft. Dies Moment wird so vorherrschend, daß der Durdreiklang, in andere Beziehung gesetzt, neue Harmonieen nach sich zieht. Die Mollterz liegt dem Moment der Ruhe, dem Grundton näher; das der Bewegung tritt zurück und der Molldreiklang nimmt an der Bewegung nur noch Theil, er regt sie nicht an. Die zeugende Kraft erweist sich zunächst in der Bildung der Tonart. Jeder Durdreiklang kann ein Erzeugtes und ein Erzeugendes sein. Im erstern Falle ist er tonischer, im letzten Dominantdreiklang. Der Dreiklang c — e — g ist tonischer Dreiklang in der Voraussetzung des Dreiklangs auf seiner Quint — des Dominantdreiklangs g — h — d; als Dominantdreiklang erzeugt er seinen tonischen Dreiklang f — a — c und auf dieser Erscheinung, der Folge von Dominant und Tonika, beruht der ganze harmonische Gestaltungsprozeß. Es erfolgt die Bildung des Ober- und Unterdominant-Dreiklangs:

$$f — a — c — e — g — h — d$$

als die Angelpunkte der Tonart. Die Bildung der Molltonart erfolgt in anderer Weise. Der Molldreiklang ist nicht erzeugend, er kann nicht Dominant sein. Um tonischer Dreiklang zu werden, leiht er sich den Durdominant-Dreiklang, und der Dreiklang auf seiner Unterdominant ist eine Nachbildung der Accordfolge in Dur:

$$f — as — c — es — g — h — d$$

Auf dieser Beschränkung des Molldreiklangs beruht das Ver=
schwommene der Molltonart. Der Durdreiklang nimmt in seiner
dreifachen Stellung als tonischer, Dominant= und Unter=
dominant=Dreiklang auch verschiedenes Klanggepräge an. Der Moll=
dreiklang entbehrt dieser Färbungen, er ist immer gleich. Die Moll=
tonart gewinnt daher einen Aufschwung nur durch die Ausweichung
nach Dur, und sie erlangt ihren ewig gleichmäßigen Charakter erst
wieder durch den Dominant=Accord der Durtonart, der sie zurück=
leitet. Dies führt uns auf den innern Zusammenhang von Moll
und Dur. Die Terzenreihe macht ihn anschaulich:

$$a - c - e - g - h - d - f - a - c$$

Die weitere Verfolgung des Verfahrens, das Tonmaterial aus
sich selbst zu entwickeln, führt zu neuen Dur= und Molltonarten.
Der Durdreiklang kann tonischer, Dominant= und Unter=
dominant=Dreiklang sein, und jede dieser Beziehungen hat noth=
wendig zwei andere zur Folge. Wird der Dominant=Dreiklang der
Cdur=Tonart tonischer Dreiklang, so ist natürlich der Dreiklang
c—e—g nicht mehr tonischer, sondern Unterdominant=Dreiklang,
und durch den neuen Dominant=Dreiklang d—fis—a ist eine neue
Tonart characterisirt: die Gdur=Tonart. Ihr Dominant=Dreiklang
als tonischer gesetzt, erfordert einen neuen Dominant=Dreiklang
a—cis—e und er führt eine neue Tonart ein: Ddur. Auf diesem
Wege ergeben sich, im Quintenzirkel, sämmtliche Kreuz=Tonarten.
Das andere Verfahren, den tonischen Dreiklang als Dominant=
Dreiklang gesetzt, führt im Quartenzirkel den B=Tonarten zu.
Diese doppelte Erweiterung des Tonartensystems erzielt, als von
zwei einander entgegengesetzten Voraussetzungen ausgehend, auch
doppelte, einander entgegengesetzte Klangwirkung. Das Moment
der Bewegung, die Dominant, als das der Ruhe, Tonika
gesetzt, erzielt eine Erhöhung und Steigerung, und umgekehrt,
das Moment der Ruhe als das der Bewegung gesetzt, erzeugt eine
Versenkung der Grundstimmung.

So erweist sich das moderne Tonsystem mehr als harmonisch,
das gregorianische als melodisch=construirt. Auch die Dominant=
bewegung zeigt sich im altkirchlichen, dem gregorianischen Gesange

melodisch wirksam, zunächst in der Bildung der Tonleiter in Tetrachorden:

$$\overbrace{d\ e\ f\ g}\ \overbrace{a\ h\ c\ d}$$

Bedeutsamer noch tritt die Dominantbewegung in der besondern Führung der Tonleiter, und der auf sie basirten Melodien — als authentische und plagalische auf. Früh schon suchte man innerhalb der einen Tonart eine reichere Charakteristik durch Versetzung der Tetrachorde zu gewinnen. Die Tonleiter vom Grundton bis zur Octave geführt (wie oben) nannte man authentisch; (vom griechischen αυθεντης, ächt oder selbstständig, weil vom heil. Ambrosius herstammend); von Quint zu Quint geführt

$$\overbrace{a\ h\ c\ d}\ \overbrace{e\ f\ g\ a}$$

hieß sie plagalisch (von πλαγιος hergeleitet oder entlehnt). So erweiterte sich der Kreis der Tonarten auf 14, die indeß sich auf 12 reduziren, weil die mit f beginnende Tonleiter durch die, von der allgemeinen Regel abweichende Bildung der Tetrachorde — das eine zeigt nur Ganztöne

$$\overbrace{f\ g\ a\ h}\ \overbrace{c\ d\ e\ f}$$

so wohl authentisch wie plagalisch sich als wenig brauchbar erwies. Diese besondere Führung der Tonleiter mußte die Strenge und den typischen Character der alten Melodie bedeutsam mildern und sie dem modernen Tonsystem näher führen, und schon Karl der Große sah sich genöthigt durch kaiserliches Mandat zu erklären: „octo toni sufficere videntur." Durch die kontrapunctischen Arbeiten der nachfolgenden Jahrhunderte wurde der gesammte Prozeß bedeutend aufgehalten — sie hielten sich streng innerhalb des ursprünglichen Systems — allein in der Praxis mußte sich namentlich in den plagalisch geführten Melodien die Nothwendigkeit der Ausgleichung durch die Versetzungszeichen herausstellen, und als endlich im Volksgesange die große Terz vorherrschend wurde, starb das alte System ab und an seine Stelle trat das neue — unser modernes. Es wird Hauptaufgabe unserer Darstellung sein, diesen gesammten Entwickelungsgang nachzuweisen.

Ungleich schwieriger, wenn nicht geradezu unmöglich, dürfte es sein, in den Sequenzen=Melodien ein bestimmtes rhythmisches Gesetz zu erkennen. Der gregorianische Gesang ging wieder zurück auf den einfachsten, aus Hebung und Senkung gebildeten Rhythmus, weil dieser, auf den Accent basirend, der einzig volksmäßige Gemeindegesang ist. Er bewegt sich in Tönen von gleichem Werth, mit Ausnahme des vorletzten Tons der Zeile, der gewöhnlich doppelt so lang wurde. In den Sequenzen=Melodien machte sich früh eine größere Mannichfaltigkeit geltend und vielleicht könnte man diese auf dieselbe Lust, einen feststehenden Gesang zu verschnörkeln, zurückführen, die heut noch im Volk lebt und namentlich im Choralgesange sich geschäftig erzeigt. Ihnen fehlte ja selbst das formale Band der Sprache; sie wurden, wie bereits angeführt, zunächst ohne Text erfunden und konnten zu einer viel reicheren Melismatik gelangen, als jene gregorianischen Hymnen. Streift man diese ab, so bleiben ähnliche Melodien, wie die des Hymnus zurück. Daß das Volk in dieser schaffenden Thätigkeit durch die reich ausgebildete Sprachmetrik seines alten Volksliedes vielfach geleitet wurde, darf man sicher annehmen. So ist wohl die, bis ins fünfzehnte Jahrhundert allgemein als Regel geltende Verlängerung des ersten Tons jedes Liedes, auf dasselbe rhythmische Gefühl zurückzuführen, das sie drängte, der ersten Silbe, gleichviel ob kurz oder lang — mit wenig Ausnahmen — den Hoch= oder Hauptton zu geben, eben so wie anzunehmen ist, daß die, im alt= und mittelhochdeutschen häufig vorkommende Silbenverschleifung

swie er kleidete sine man

auf die Triole — und auf den später so eigenthümlich wirkenden Wechsel der Dreitheiligkeit mit der Zweitheiligkeit geführt haben mochte. Wir gehen auf Einzelnes später noch näher ein.

Die Nothwendigkeit, dieses Verfahren unter ein bestimmtes Gesetz zu bringen, stellte sich erst mit dem Beginn der Mehrstimmigkeit heraus. Als zwei oder mehr Stimmen zu gleicher Zeit sangen, wurde es nothwendig, die Dauer jedes einzelnen Tons bestimmt zu fixiren. Fast zu derselben Zeit mit der Harmonik beginnt daher die Feststellung einer Mensuraltheorie. Freilich verlor auch sie sich, wie jene, in unfruchtbarer Speculation, fand aber im Volksgesange gleichfalls sich wieder. Dieser fand den Weg zu so herrlicher Entfaltung, daß er im Reformationszeitalter dem Kirchengesange die Elemente seiner Verjüngung zurück geben und eine ganz neue, unsere moderne Musik erzeugen konnte. Ehe indeß das Volkslied diese Blüthe erreichte, erfuhr der gregorianische Gesang bereits eine, mehr kunstmäßige Umbildung im Minne=gesange, wie im Meistergesange, und da beide nicht ohne directen Einfluß auch auf den Volksgesang geworden sind — und im Grunde genommen einige Verwandtschaft der Bestrebung zeigen, so müssen wir beide etwas näher betrachten, wenn auch beide eine positiv bedeutende Melodie nicht erzeuget haben.

# Erstes Buch.
## Die Ausbildung der Form.

---

## Erstes Kapitel.
### Der Minnesang und der Meistersang.

---

#### a. Der Minnesang.

Mancherlei Umstände mußten zusammen wirken, diese erste Frucht, welche das Christenthum auf dem Gebiete der deutschen Kunst empor trieb, zur Reife zu bringen. Die veränderte Stellung, in die jetzt das Einzelindividuum tritt, mußte nothwendig von folgenschwerer Einwirkung auf die Entwickelung derjenigen Künste werden, welche für den individuellen Ausdruck so ausschließlich geeignet sind: Dicht= kunst und Musik.

Das ist einer der Hauptvorzüge der christlichen Religion vor allen andern, daß sie das Recht der Innerlichkeit gewährleistet. Wenn der Einzelne sich bisher nur als Theil der Gesammtheit empfinden lernte, so beginnt er jetzt sich als Individuum zu fühlen; es entfalten sich die subjektiven Mächte seines Innern une früh schon wagt der deutsche Geist im Kampf gegen die Hie= rarchie, welche ihm die kaum empfundene Freiheit des Subjekts zu rauben trachtet, seine Individualität geltend zu machen und wird dadurch zu immer energischerer Einkehr in sein Inneres gedrängt.

Sollte dieser neue Inhalt, den das Subjekt gewinnt, sich nicht in objektlosen Träumereien und gestaltlosen Schemen verlieren, so mußte er an der Brust des allgemeinen Lebens genährt und mit

ihm in andauernd unterhaltene Beziehung treten, und so war es
wiederum nothwendige Bedingung, daß gerade jene Zeit der Entfaltung deutscher Individualität von gewaltigen Ideen und Ereignissen bewegt wurde.

Die Kreuzzüge sind so tief in das Leben der Völker eingreifende
. Erscheinungen, daß sie die Phantasie poetisch stimmen, die dichterische Begeisterung mächtig anregen mußten und der, durch sie
herbeigeführte Verkehr mit den Völkern der verschiedensten Sitten
und Eigenthümlichkeiten, mit unterschiedener Lebensweise und Bildung, vor allem auch der specielle Austausch der Erzeugnisse der
Phantasie, der Künste und Wissenschaften wirkten befruchtend und
nährend auf das erweckte innere Leben ein. So werden auch der
deutschen epischen Dichtung eine Menge Stoffe zugeführt, die sie
vorher nimmer gekannt und jene lyrische Selbstbeschaulichkeit erzeugt
Formen und Töne, wie sie die ganze reiche Vergangenheit nicht
gehabt haben konnte. Im ganzen Geiste der Zeit aber ist es begründet, daß die erste Phase des lyrischen Gesanges eine ritterliche,
oder wie sie bezeichnend heißt, eine höfische ist.

Der Stand der Ritter, der schon vor den Kreuzzügen sich
aus den edelbürtigen und vollfreien Leuten gebildet, und begünstigt
durch die kriegerische Zeit zu fester Abgeschlossenheit und zu bedeutenden Privilegien gelangt war, sondert sich bald von den andern
Ständen ab und errang namentlich in Nordfrankreich, und der
Provençe früh große Selbständigkeit. Ganz besonders aber verlieh
der erste Kreuzzug ihm einen solchen Glanz, daß der provençalische
bald tonangebend für die übrige Ritterschaft wurde.

Wie nun mittlerweile in der christlichen Kirche Maria, die
Mutter Jesu, der Mittelpunkt der gesammten Gottesverehrung
geworden war, wie der gesammte Cultus in einen Mariencultus
aufzugehen begann, so wurden die Frauen Mittelpunkt des beleb-
teren und feiner gesitteten geselligen Verkehrs, und Dichtkunst und
Tonkunst, wie das gesammte Leben, begaben sich in den Dienst der
Frauen, und so treibt jene Zeit herauf, die wir, allerdings sehr
einseitig, die Zeit der Minnesinger nennen. Nicht Minne allein,
sondern die gesammten Ereignisse des Lebens und der Welt geben
ihnen Stoff für ihre Dichtung, die somit nach passender Bezeichnung auf Gottesdienst, Frauendienst und Herrendienst
gerichtet ist.

In welcher Ausdehnung die erblühende deutsche Lyrik, was Vers und Reim und strophisches Gebäude anbetrifft, von der romanischen beeinflußt ward, kann hier nicht weiter untersucht werden.

Eine Vergleichung der wenigen erhaltenen Melodien indeß zeigt die deutschen als durchaus selbständige Produkte deutscher Sangeslust; denn auch jene Weise des Kirchengesanges, als dessen Umbildung sie erscheinen, hat sich der deutsche Geist bereits in unablässiger Arbeit angeeignet, so daß sie schon als sein eigenstes Produkt gelten müssen.

Die Melodien der Lieder der ältern Minnesinger scheinen noch eine Mischgattung jener, mehr volksmäßigen, aus den Sprachaccenten gebildeten älteren und der neuen, mehr rein musikalischen gregorianischen Kirchengesangsweise gewesen zu sein. Die Dichtung schloß sich im Beginn dieser Periode entschieden dem Volksmäßigen an und die Gedichte des 12. Jahrhunderts von dem Kürenberger, Meinloh von Sevelingen, Dietmar von Eist u. A. zeigen in Wort und Weise eine viel innigere Verschmelzung, als die späteren Lieder, die unter dem entschiedenen Einfluß der romanischen Lyrik am Ende des 12. Jahrhunderts entstanden und bei Heinrich von Veldecke, Friedrich von Hausen, Heinrich von Morungen u. A. schon eine Mannichfaltigkeit der Form und Gewandheit der Sprache zeigen, welchen die musikalische Darstellung nicht mehr zu folgen vermochte. Die große Innigkeit und Gemüthstiefe der ritterlichen Sänger konnte in der Melodie kaum eine Steigerung finden, und für das formell kunstreiche der neuen Liederpoesie fehlten dem Gesange eigentlich die Darstellungsmittel noch gänzlich, und der Minnesang bedurfte ihrer auch wohl noch nicht. Jene Gemüthsfülle, welche im Worte nicht vollständig zur Erscheinung kommt, und die rechtes Objekt für musikalische Darstellung ist, war bei dem Minnesinger wohl noch wenig vorhanden. Die ganze Empfindung kommt in den klangvollen, feinsinnig abgestuften Accenten und dem wunderbar mannichfaltigen und festgeschlossenen Versbau so vollständig zum Ausdruck, daß der Melodie wenig Raum bleibt für ihre eigene Darstellung, und daß wir selbst mit unseren reichen musikalischen Mitteln kaum im Stande sein würden, den Ausdruck der Lieder eines Heinrich von Morungen z. B. zu steigern.

Diese kunstvolle Behandlung der Liedform wird aber erst im dreizehnten Jahrhundert entschieden eine regelmäßige, wie namentlich aus der streng durchgeführten Dreitheiligkeit der Strophe zu ersehen ist. Die Lieder, ursprünglich einstrophig, zeigen jetzt mehrere Strophen, deren jede in drei Theile, nämlich in zwei, die Stollen genannt, den Aufgesang ausmachen, und metrisch gleichgebaut sind, zerfällt, während der dritte Theil, der Abgesang, ein eigenes Metrum behauptet. Innerhalb dieses Gesetzes, von dem sich natürlich auch Ausnahmen finden, entwickelten die Dichter eine große Freiheit und Mannichfaltigkeit.

Für die musikalische Gestaltung konnte das indeß jetzt noch nur von geringer Bedeutung werden. Freilich erfolgte diese Darstellung nach musikalischen Principien des Reims und der Accentuation, aber um sie auch specifisch musikalisch zu vollenden, mußten jene andern Mächte musikalischer Darstellung, die Harmonie und der selbständige musikalische Rhythmus, sich bedeutsamer herausbilden — und beide waren dem Minnesang noch unbekannt. Jene freie, feinere und belebtere strophische Gliederung durch überschlagende und künstlich verschlungene Reime, die das Kunstlied vom Volkslied unterscheidet, das meist Zeile für Zeile reimt und mit jedem Reimpaar auch den Gedanken abschließt, ist musikalisch wirksam nur herzustellen, wenn die durch Reime gebundenen Zeilen auch harmonisch und rhythmisch in Wechselwirkung gebracht werden. Die rein melodische Gesangsweise vermag dies nur sehr beschränkt und nur dann, wenn sie sich auf dem Grunde jener Anschauungsweise erhebt, die das gesammte Tonmaterial aus den beiden gegenwirkenden Massen — Tonika und Dominant — erstehen läßt, und diese war ja jener Zeit noch ziemlich fremd. Das Tonsystem war noch ein rein melodisches, die Harmonik ward erst von den gelehrten Musikern der Kirche und der Klöster noch unvollkommen geübt, und zwar nicht nach dem natürlichen Princip der Accordverwandtschaft, was für den Bau des Liedes das einzig zweckmäßige ist, sondern nach dem melodischen des gregorianischen Cantus choralis.

Der musikalische Rhythmus endlich vermag nur dann den Bau des Liedes gleichsam zu vollenden, wenn er sich über das Princip des Wortaccents erhebt und mehrere Versfüße derartig zusammenfaßt, daß er aus den accentuierten Worten des Verses eines hervorhebt und es, während die übrigen sich nach ihm abstufen, zum Exponenten einer ganzen Reihe macht, wodurch dann die strophische Gliederung vollendet ist. Jahrhunderte vergingen, ehe er hierzu gelangte. Der musikalische Rhythmus dieser ganzen Periode bis ins Reformationszeitalter hinein, ist eine, mehr außerhalb des Tonmaterials liegende Schätzung der Noten und erfolgt nach immer verwickelteren Theoremen.

So lange beide genannte musikalische Mächte in ihrer innersten Wesenheit noch den Erfindern der Melodien verschlossen blieben, konnte die musikalische Darstellung nirgend über jene bloße Lust am Gesange zu einem, nur einigermaßen selbständigen Erguß der Stimmung kommen. Die Melodien der Minnesinger unterscheiden sich von der wahrscheinlichen Weise der vorchristlichen einerseits nur in der, durch die unterscheidbaren Intervalle hervorgerufenen, gehobeneren Wirkung, andrerseits, so lange sie sich noch dem Sprachrhythmus anschmiegen und einzelne bedeutsame Worte durch längeres Verweilen auszeichnen, durch eine größere Bestimmtheit und Deutlichkeit des Vortrags. Mit der Verfeinerung der sprachlichen Metrik mußte indeß auch dieser Vorzug schwinden. Die Melodie konnte nun nicht mehr folgen. Text und Melodie fallen auseinander, was die Verwilderung des Versbaus nothwendig zur Folge hat und so gewinnt die musikalische Darstellung Raum und Zeit für ihre selbständige Entfaltung. So lange diese sich dem beengenden Einfluß des Sprachmetrums unterwarf, war ihre selbständige Ausbildung nicht möglich. Erst als Sprache und Vers zu todten Formen verknöcherten und endlich verwilderten, begann eine neue Phase des Gesanges und erst nachdem die Musik, durch Jahrhunderte lange, sorgsame Pflege großjährig geworden war, finden wir sie mit der, inzwischen auch wieder herrlich aufgeblühten Sprache, mit einer lebendig umgestalteten Verskunst verbunden. So bezeichnet denn das Minnelied, musikalisch betrachtet, nur einen bedeutsamen Fortschritt zur Freiheit der melodischen Entfaltung.

Wol liegt auch ihm noch jenes Gesetz der Octavengattung zu Grunde, das in den Sequenzen sich gestaltend erweist, aber die Melodien sind, wenn nicht so großartig wie die Sequenzen-Melodien, doch freier, menschlich inniger. Nirgend begegnen wir jener ängstlichen Scheu vor der großen Terz, welche die Melodien des gregorianischen Kirchengesanges auszeichnet, und schon macht sich in ihnen, nicht mehr nur in einzelnen Schritten, sondern im Ganzen, in der Marfierung der Stollen und des Abgesanges die Quintbewegung geltend, und sie weisen so auf die eigentliche Macht jenes Gesetzes in der Harmonie hin, das die Harmonifer vergebens suchten, und das zu finden dem Instinkt des Volfes vorbehalten war. Wie wenig gleichwohl die Minnesinger die wirklich gestaltende Macht des Gesanges kannten, wird noch theils durch die große Gleichmäßigkeit ihrer Melodien, theils dadurch bewiesen, daß sie nicht nur epische, sondern auch didaktische Gedichte ebenso sangen, wie die lyrischen Lieder.

Auf die bereits genannten mittelhochdeutschen Lyrifer, die für den Frühling des Minnesanges gelten können, folgen die vollendeten Meister Reinmar der Alte, Hartmann von Aue, Walther von der Vogelweide, Wolfram von Eschenbach, Gottfried von Straßburg und Reidhart von Rauenthal. Würdig schließt sich ihnen, Anderer zu geschweigen, der jüngere Ulrich von Lichtenstein an. Dagegen leitet Heinrich von Meißen oder Frauenlob († 1318) zu den bürgerlichen Meistersingern hinüber. Auch die wenigen Edlen, die zu Ausgang des Mittelalters als Lyrifer zu nennen sind, wie Hugo von Montfort (um 1400) und Oswald von Wolkenstein († 1445) lehnen sich mehr an das Volfsmäßige, als an die alte Hoffunst an. Mit dem Verfall des deutschen Reiches, der Thronbesteigung Rudolfs von Habsburg, erlosch auch der Glanz des alten Ritterthums; es ward wieder, was es einst gewesen, ein Reiterstand, dem nichts ferner liegen konnte, als die Pflege der Dichtfunst.

Das Emporblühen der Städte ließ dann auch mehr und mehr den Adel gegen den Bürgerstand, den die politischen Verhältnisse begünstigten, in den Hintergrund treten, und die Pflege der Dichtkunst ging, dem entsprechend, in die Hände der Bürger über und so erscheint das Lied in seiner zweiten, gleichfalls mehr kunstmäßigen Phase, als Meisterlied, im sogenannten Meistergesange.

## b. Der Meistergesang.

Viel weniger noch als der Minnesang, konnte der Meistergesang eine höhere, als formale Bedeutung für das Musifalische gewinnen. Den ehrsamen Handwerfsmeistern fehlten ja alle die

Vorzüge der ritterlichen Sänger, welche den Minnesang zu einer so bedeutsamen Erscheinung machten: die feine Bildung und die erhöhte Lebensstellung, die eine weite und freie Weltanschauung ermöglichte. Praktisch verständig, trieben die Meistersänger die Kunst des Gesanges handwerksmäßig, wie ihr bürgerliches Gewerbe und engten sie, treu dem Geiste der Zeit, zunftmäßig in förmlichen Schulen ein. Auch giebt ihnen nicht mehr das Leben und die Liebe, oder Sage und Geschichte, sondern die Bibel Stoffe für ihre Dichtung und die Form der Darstellung wird nicht mehr, wie in der Blüthe, ja selbst noch zu allermeist im Verfall der höfischen Dichtung von dem, durch den Stoff beherrschten, dichterischen Gefühl, sondern durch starre, auf dem Wege einseitiger Abstraction aus den vorhandenen Dichtungen gezogenen Regeln bedingt. Wie aber die Meistersänger selbst ihren Ursprung von dem gottbegeisterten Sänger David ableiteten, so ist auch ihre Gesangsweise dem, vom jüdischen Synagogen = Gesange abgeleiteten und von der christlichen Kirche weitergebildeten, psalmodierenden Gesange des Liturgen näher verwandt, als dem mehr volksmäßigen der Sequenzen.

Obgleich in mehreren Liedern der Meistersänger der Ursprung der eigentlichen Singschulen viel weiter zurückverlegt wird, so dürfte doch die erste derartige Verbindung bürgerlicher Sänger die sein, welche Frauenlob in Mainz um sich versammelte. Eigentliche Verbreitung fanden diese Schulen erst seit Mitte des vierzehnten Jahrhunderts und zwar mehr in den südlichen, als in den nörd= lichen Gauen Deutschlands.

Nach Wagenseil's, in seiner, einem größern Werke: De civitate Noriberg. Altdorf 1697, angehängten Schrift: „Von der Meistersinger holdseliger Kunst," war zu Nürnberg „die hohe Schul" und zu Mainz der eigentliche Sammelplatz.

Ueber die Einrichtung der Schule und der Zunft erhalten wir gleichfalls in jenem Buche genügenden Aufschluß.

Die Vorschriften, welche die Meister bei dem Gesange beobach= ten mußten, waren in der sogenannten Tabulatur zusammen= gefaßt. Wer diese noch nicht vollständig inne hatte, war „Schüler"; Schulfreund aber derjenige, welcher sie vollständig wußte. Ein Sänger war, wer fünf bis sechs Töne (Melodien) singen konnte und wer nach einem gegebenen „Ton" ein Lied verfertigte, ein „Dichter"; Meister endlich wurde, wer einen neuen Ton

2 *

erfand. Sämmtliche Mitglieder der Zunftgenossenschaft hießen Ge-
sellschafter. Ihre Zusammenkünfte hielten sie gewöhnlich an
Sonn- und Feiertagen und sie begannen mit dem sogenannten
„Freisingen", bei welchem die „Merker", diejenigen, welche
auf die Fehler aufmerken mußten, noch nicht thätig waren. Erst
bei dem sogenannten Hauptsingen wurde „gemerkt" und je
nach dem Urtheil dieser Richter erfolgte Belohnung oder Bestrafung.
Das Richteramt war den Merkern sehr erleichtert durch eine ziemlich genaue Aufführung alles dessen, was als Fehler galt. Ihr
Hauptaugenmerk hatten sie auf die Reinheit des Reims und auf
die Silbenzählung zu richten; das Gesetz der Silbenmessung und
Betonung ist den Meistersängern schon fast ganz abhanden gekommen.

Fehler waren: wenn in zwei oder mehr Reimen die gleichen
Worte oder Silben gebraucht wurden; wenn abgeleitete Worte mit
dem Stammwort, oder wenn die Vocale ü und i reimten; ferner
Reimwörter von gleicher Schreibart, aber verschiedener Aussprache;
ebenso die, um des Reims zusammengezogenen Wörter. Zu merken war ferner, daß in einem Reim oder Vers nicht mehr als
13 Silben seien, „weil man's sonst in einem Athem nicht machen
könne" sonderlich, wenn eine zierliche Blum im Reimen soll gehört
werden.

Neben solchen Bestimmungen über Reim und Silbenzählung
hatten sie deren für die eigentliche Technik des Gesanges.

Der Meister wurde gestraft, wenn er zu hoch oder zu niedrig
sang, oder wenn er die Rede in seinen Gesang vermischte, oder
wenn er einen, von einem berühmten Meister erfundenen „Ton"
veränderte, oder wenn der Ton nicht rein, ohne Verklang intonirt
wurde und nicht jeder Reim seine „Paus" hatte, sondern „zwey
oder drey ungebührlich herausgeschrien wurden."

Im Allgemeinen hält der Meistergesang an der Dreitheiligkeit
des Liedes, das jetzt „Bar" heißt, wie wir sie bereits bei den ritterlichen Sängern fanden, fest. Ein Bar hat, wie dort verschiedene
Gesätze, zwei Stollen mit gleicher Melodie und einen Abgesang,
dem indeß auch ein dritter Stoll folgen konnte. Innerhalb dieser
Form aber entwickelten sie eine viel reichere Zusammenstellung von
Strophenarten, als die Minnesinger. Wagenseil kennt Strophen
von 22—34 Reimzeilen, ja es hat deren bis 122 gegeben. Einer
so ungebührlichen Erweiterung der Strophe gegenüber konnten die

weiteren Künſteleien und Verſuche Ordnung, Zuſammenhang und
Leben in dieſe Strophenungethüme zu bringen, durch die Waiſen
(Verſe, die nicht durch Reime verbunden ſind, alſo leer ſtehen),
oder die Körner (ungebundene Verſe, die durch gebundene getrennt,
unter einander reimen), oder durch die Pauſen (einſilbige Worte,
die am Anfange oder am Ende, ſelten in der Mitte des Geſätzes
ſtehen, und gleichfalls unter einander reimen), oder durch die
Schlagreime (zweiſilbige allein ſtehende Worte), kein rechtes
Gegengewicht gewähren.

So war der Kunſtgeſang jetzt ein, nach feſtſtehenden Vor=
ſchriften handwerksmäßig betriebenes Geſchäft geworden, und die mei=
ſten „Töne“ waren ſogenannte „Meiſterſtücke“, die ihrem Verfaſſer
Sitz und Stimme innerhalb der Zunft erwarben, bei denen die
Meiſter vor allem auch darauf zu achten hatten, daß ſie nicht ſo weit,
als vier Silben ſich erſtrecken, einen andern Ton berührten. Des=
wegen und weil endlich die Stoffe ihrer Dichtungen nicht nur jedes
lyriſchen Aufſchwungs, ſondern auch jeder lyriſchen Gefühlsregung
entbehrten, ſo erregen die Melodien derſelben unſer Intereſſe in
noch weit geringerem Maße als die der Minneſinger. Dennoch
bezeichnen ſie einen Fortſchritt über jene hinaus.

Zunächſt iſt es die vollſtändige Emancipation der Melodie von
dem Sprachrhythmus, die wir für jetzt als nothwendig bezeichnen
mußten, und die der Meiſtergeſang erreicht. Wie einſt die Sequen=
zen=Melodien ſind auch die meiſten Melodien der Meiſterſänger
zuerſt erfunden. Erſt nachdem der „Ton“ von den Richtern für
fehlerfrei erklärt worden war, und wenn er in Gegenwart von
zwei Gevattern ſeinen „ehrlichen und nicht verächtlichen,“ aber meiſt
ſehr wunderlichen Namen, wie die Beerweiß, die Jungfrau=
weiß, die Schneckenweiß, die ſchwarz Tintenweiß, die
Schreibpapierweiß, die kurz Affenweiß, die abgeſchieden
Vielfraßweiß, die geſtraiffte Saffran=Blümleinweiß,
Cupididi's=Handbogenweiß, Clius=Poſaunenweiß,
die treu Pelicanweiß, die Kälberweiß, die traurige
Semmelweiß, Orphei ſehnliche Klagweiß, die fröliche
Studentenweiß, die verſchalfte Fuchsweiß, die Fett=
dachsweiß, der verwirrte Thon, der kurze Thon, der
lange Thon, der überzarte Thon u. ſ. w., erhalten hatte,
wurde dem Erfinder aufgegeben, über eine beſtimmte Materie den

Text dazu zu verfertigen. Beide, Text und Melodie, haben daher noch weit weniger Beziehung zu einander, wie im Minnesange. Der höfischen Dichtung war die Melodie immerhin einigermaßen Nothwendigkeit, weil ihr Inhalt ein musikalischer ist, und wenn die musikalische Darstellung nirgends über den bloßen Versuch hinauskommt, diesen erschöpfend darzustellen, so hat das seinen Grund darin, daß das nach Darstellung ringende Gefühl noch nicht stark und unmittelbar genug war, die Gesangstechnik vollständig zu beherrschen und wo es nöthig war, zu erweitern. Die Stoffe der Meistersänger sind durchweg unmusikalisch. Was sie überhaupt auszusprechen haben, legt der Text auch ohne die Melodie vollständig dar, und diese ist nur das Produkt der rein beziehungslosen Lust am Gesange, und durch äußere Umstände so eingeengt, daß sie nirgends auch nur den Versuch machen konnte, das im Text etwa nur angedeutete, weiter auszuführen. Aber indem dieser das Metrum, Quantitierung wie Accentuierung, aufgiebt, förderte die Melodie die musikalische Rhythmik dadurch, daß sie das Ungelenke der Rhythmik des Minneliedes verliert.

Positiv bedeutsam wird der Meistersang für den Bau des Volksliedes durch die sorgfältigere Ausbildung des Reims und die peinlich genaue Silbenzählung, und wir haben keinen Grund anzunehmen, daß diese Bestrebungen ganz ohne Einfluß auf den Volksgesang geblieben sein sollten. Zum Mindesten wurde es diesem nach dem Vorgange der Minne- und Meistersänger leichter gemacht, für sein erregtes, nach Offenbarung drängendes Gemüth den rechten Ausdruck, für das wunderbar gehobene Leben der Phantasie die rechte Darstellungsform zu finden. Es dürfte auch nicht schwer sein, zu erweisen, daß Minne- und Meisterlieder den Weg in das Volk fanden, namentlich dürften die Volkslieder von künstlicherem Bau meist alle auf diesen Ursprung zurückzuführen sein.

Der einzelne Meistersänger konnte, der äußern wie der innern Verhältnisse der Zunft halber zu einer, die andern Meister weit überragenden Bedeutung nicht gelangen. Bemerkenswerth sind im vierzehnten Jahrhundert: Heinrich von Mügleln und Suchensinn, im fünfzehnten Muscatblüt und Michael Beheim, und im sechzehnten Adam Puschmann. Hans Sachs gehört nur äußerlich noch dem Meistersange an.

# Zweites Kapitel.

## Der Volksgesang.

Diese neue Phase des Gesanges, als deren köstlichste Frucht jetzt das, die ganze Musik umgestaltende Volkslied erscheint, beginnt schon mit dem zwölften Jahrhundert. Eigentlich können als die ersten Volkslieder der neuen Gesangesweise schon die Sequenzen= melodien gelten, allein wir glaubten, und gewiß mit Recht, in ihnen mehr Variationen der Kirchen=Hymnen zu erkennen. Wirk= lich selbständige Melodien, die, als echtes Produkt des schaffenden Volksgeistes, ein Theil desselben sind, konnten erst zu jener Zeit emportreiben, als dieser sich immer kühner und mächtiger entwickelte, als er nicht länger seine heiligsten Interessen, seine Gottesverehrung den Händen einer, ihm im Ganzen noch immer fremd gegenüber= stehenden Priesterkaste einzig und allein überlassen mochte. Erst als er anfing wieder mündig zu werden, versuchte er selbst in begeister= ten Liedern auszutönen, was ihn jetzt mächtig bewegt und weil ihm die Kirche dies noch immer versagt, so gaben ihm Wallfahrten und Bittgänge, Kirchweihen und Jahresfeste der Schutzheiligen, neben den mancherlei Volksfesten erwünschte Gelegenheit, seinen Schaffens= drang zu bethätigen. So entsteht schon in der Mitte des zwölften Jahrhunderts das echt deutsche österliche Matutin: „Christus ist uferstanden," das später Luther umarbeitete.

Die, von den Minnesingern mit so schwärmerischer Bege= sterung gepflegte Frauenverehrung fand auch im Volke ihren Aus= druck; wird aber hier zum „Mariencultus", dem wir eine Menge der reizendsten „Marienlieder" verdanken. Auch geistliche Schlacht= lieder entstanden, von denen das bekannteste das 1278 in der Schlacht zwischen König Rudolf und Ottokar von Böhmen vom deutschen Heere gesungene:

„San Marei Muoter und Mait
All unsre not sei dir geclait."

Besonders bedeutsam wurde das vierzehnte Jahrhundert für die Verbreitung des Volksgesanges durch die eigenthümliche Erscheinung der Geißelbrüder oder Flagellanten, die, nach den vergan=

genen Pest- und Hungerjahren unter dem Gesange deutscher Lieder durch Süd- und West-Deutschland zogen. Aus der Beschreibung der großen Geißelfahrt im Jahre 1349 erfahren wir, daß sie deutsche geistliche Lieder sangen und damit im Volke den größten Anklang fanden.

Daß aber auch das weltliche Lied immer entschiedener auf= blühte, verbürgt die Limburger Chronik, die eine ganze Reihe von Liedern namhaft macht, die man „sange und pfiffe in allen diesen Landen." Leider sind uns nur wenige derselben, und diese auch nur in Bruchstücken erhalten. Ihre Melodien mögen vielleicht noch im Volke fortleben, wenn auch umgestaltet, indeß haben wir hierfür weder eine Gewähr, noch irgend welchen Fingerzeig sie her= auszufinden.

Wohl suchte die Kirche dem anwachsenden Strome der Begei= sterung überall da, wo sie konnte, einen Damm entgegen zu setzen, und noch das Concil zu Constanz erließ an Jacobus de Misa, der, wie mehrere andere Geistliche, deutschen Gesang beim Gottesdienst einzuführen versuchte, deshalb ein ernstliches Verwarnungsschreiben, weil, „wenn den Laien verboten ist zu predigen und die Schrift zu erklären, ihnen noch mehr verboten ist, in öffentlicher Gemeine zu singen."

Aber diese ganze Bewegung ließ sich nicht mehr hemmen, und als endlich der lang vorbereitete große geistige Kampf mit der römi= schen Hierarchie, den das sechzehnte Jahrhundert so siegreich zu Ende führte, zu offenem Ausbruch kam, da brach auch, als eine der bedeutsamsten Streitmächte das deutsche Lied in tausend Stimmen und Zungen hervor.

Ein Geist der Gemeinsamkeit, wie er später nur vorübergehend in schweren Zeiten der Noth und deutscher Schmach sich zeigte, erfaßte das deutsche Volk, und das deutsche Lied ward der bered= teste Verkünder und zugleich der wirksamste Förderer desselben.

Nicht mehr der einzelne herrschende Stand, sondern jeder hat sein Lied, das begeistert austönt, was in ihm lebt, was er empfin= det, wenn auch jetzt noch vorherrschend die „fahrenden Leute", Reiter, Studenten und Jäger, überhaupt alle die, an denen das Leben in den mannichfachsten Gestalten vorübergeht, Lieder erfinden und weiter verbreiten. An dem großen Kampfe für die heiligsten Interessen der Menschheit ist jeder Einzelne gleich stark betheiligt, und jeder wird zur Einkehr in sein Inneres gedrängt; es beginnt das Subjekt sich heraus zu kehren und das Volkslied wird jetzt vorherrschend lyrisch.

Was der Einzelne empfindet, strömt aus im Moment des Entstehens. Die Wonnen des Maien, der Liebe Lust und Leid, die Freuden des Weins und der Handthierung finden unmittelbaren Ausdruck im Volksliede. Es entstehen neben den Liebesliedern, Trink- und Tanzlieder, Wander- und Kinderlieder und Kindersprüche und Reiter-, Studenten- und Jäger-lieder.

Ihre große Verbreitung verdanken sie der Allgemeinheit ihres Inhalts ebenso, wie der knappen Form, in welcher sie ihn darstellen.

Das Volkslied geht nirgends über jene Innerlichkeit hinaus, die überall vorhanden ist, und hebt daher auch nur jene Momente hervor, die in innerm Zusammenhange stehen, unbekümmert darum, auch einen äußern herzustellen. Doch gilt dies nur vom Text, nicht auch von der Melodie, welche überall meist so formell abgerundet, als wahr ist. Daher überragt die musikalische Gestaltung des Volksliedes die sprachliche fast durchweg und oft so sehr, daß diese erst durch jene Bedeutung erlangt und verständlich wird. In vielen Fällen wird der sprachliche Ausdruck dem musikalischen geradezu dienstbar gemacht. Es werden ganz bedeutungslose Worte wieder-holt, und zwar nicht etwa als Flickworte, um ein metrisches Maaß herzustellen, sondern um die musikalische Form zu vollenden und dem musikalischen Ausdruck genügend Raum zu verschaffen. Oft unterbricht das Volkslied die sprachliche Darstellung durch Wiederholung einer Silbe oder durch Einschiebung irgend eines beliebigen Wortes, wie:

> Dort oben auf dem Berge, dölpel, dölpel, dölpel,
> Da steht ein hohes Haus.

oder:

> Frau ich bin euch von hertzen hold, o mein, o mein!
> Ich thet euch gerne, was ich solt, o mein, o mein!

Oder es nimmt die wunderlichsten Silbencombinationen, wie:

> „viderallala, vivallera“
> „juchhei! fackelorum, didelborum, fackelorum deidchen“

auf, um des Herzens Lust und Sehnen recht ausschallen zu können.

Am Entschiedensten tritt das Streben nach Geschlossenheit der musikalischen Form in dem Refrain hervor.

Dieser hat meist mit der sprachlichen Darstellung so wenig gemein, daß man ihn von ihr lostrennen muß, um diese unzerstückt zu erhalten. Er zeigt sich schon früh und zwar wol von dem Responsorien-Gesange der Kirche angeregt. Wie hier der Kirchenchor dem Liturgen mit mehr sentenzenhaften Gesängen antwortet, so das Volk dem Vorsänger, zunächst durch Wiederholung der letzten Worte oder der Schlußzeile, bis sich dann jene, durch das ganze Lied verwebten feststehenden Formeln herausbildeten, in denen die Grundstimmung zu einer kurzen Sentenz zusammengefaßt ist, und die dem eigentlichen Liede dann selbständig gegenüber treten. Daß es in den ersten Jahrhunderten des Volksgesanges, nach Einführung des Christenthums, jene kirchlichen Rufe: „Kyrie" und „Christe eleison" sind, welche als feststehende Refrain's benutzt wurden, ist bereits erwähnt worden; das spätere Volkslied entwickelt darin eine große Mannichfaltigkeit. Weil ihm namentlich in den erzählenden Liedern der kurzathmige Bau der Strophen einen zu engen Rahmen gewährt für den Erguß der Stimmung, so erweitert es denselben durch Einschiebung solcher refrainartiger Sätze, und es ist nie in Verlegenheit sie aufzufinden. Die Natur ist mit dem Gemüth des Volkes eng verbunden und so stehen „Lindenzweig und Rosenblümlein," „Sonnen- und Mondenschein" ungesucht für das Fehlende ein und das Volkslied verwendet sie in sorgloser Naivetät. Durch solche Refrains wird aber namentlich in den erzählenden Liedern, auch bei anscheinend willkürlicher Erzählung, die eigentliche Grundstimmung fortwährend durchklingend erhalten. Die meisten dieser Lieder wurden von Gesellschaften verfaßt und wurde das eine oder andere von „Einem" gesungen, „der auch dabei gewesen," so war das Lied doch längst vom Volke empfangen, und dies wartete gewissermaßen nur auf den Ausdruck, und gar bald wurde das Lied dann überall „zu Stadt und Land gepfiffen und gesungen."

Solch glänzender rascher Erfolg ist ohne die geschlossene Form des Musikalischen im Volksliede kaum denkbar. Die Melodie nur ist im Stande, alle die Mächte, die im Innern des Volkes weben und schaffen, so zum unmittelbaren Ausdruck zu bringen, daß sie zündend und zeugend sich blitzschnell ausbreiten und unantastbares Eigenthum ganzer Nationen werden.

Woher hat aber das Volkslied diese knappe Form?

Die Antwort ist leicht gefunden. Das Volk überläßt sich ohne
alle Reflexion seinem Gefühlsdrange und die ursprüngliche Kraft
seiner Empfindung beherrscht die Darstellung so vollständig, daß sie
unbewußt genau den einzelnen Strömungen des Gemüths folgt,
und überall da sich hebt oder senkt, wo die Wellen und Wogen des
Gemüths sich heben oder senken. Jeder einzelne Ton des Volksliedes ist unmittelbares Ergebniß innerer Bewegung und der gesammte
Gang der Melodie bezeichnet ganz genau den Verlauf der Stimmung, der es seine Entstehung verdankt. Und das ist's, was der
Melodie des Volksliedes die ungeheure Bedeutung giebt, gegenüber
der, des Minne= und Meistergesanges.

Die Begeisterung, aus welcher das Minnelied hervorging, war
noch viel zu künstlich erzeugt und zu objektlos und verschwommen,
um zu zwingendem, musikalischem Ausdruck gelangen zu können; und
dem Meistergesange war Begeisterung von Haus aus fremd, ebenso
wie sie dem kirchlichen Kunstgesange unter der schweren Arbeit, das
herbeigeschaffte Material zu ordnen, verloren gegangen war. Das
Volkslied dagegen treibt hervor aus dem, an dem lebendigen, concreten Inhalt des Lebens genährten Innern des Volksgeistes. Das
Volk singt nur, wenn sein Herz voll ist, sei es von Freude oder
Leid, von Hoffen, Sehnen oder Bangen, und singt auch von nichts
anderem, als von dem, was sein Herz bewegt; dann aber muß es
auch singen, und diese zwingende Nothwendigkeit prägt sich dem
Volksliede auf als Energie des Ausdrucks.

Dies zeigt sich zunächst in einer prägnanten Unterstützung des
Reims und der Strophenbildung.

Der Reim entspringt aus dem künstlerischen Triebe nach Begren-
zung, er schließt die rhythmische Verszeile ab und setzt sie zugleich
mit einer oder mehreren anderen in symmetrische Wechselbeziehung,
die beim Volksliede um so entscheidender wird, als hier in der
Regel gleichartige Verse und zwar ununterbrochen gereimt werden,
und als mit dem Verse auch meist der Gedanke abschließt. Diese
symmetrische Anordnung wird durch die Volksmelodie eigentlich erst
vollendet. Sie drängt mit der größten Entschiedenheit nach den
Reimschlüssen und macht dadurch erst die Reimzeile zu einem Gliede,
und so wie es dem ganzen Gefüge der Melodie der Minne= und
Meisterlieder wenig Eintrag thun würde, wenn man sie über ihre,
urch den Schluß der Zeile und den Reim bedingten Ruhepunkte

hinaus verlängerte, oder sie früher abbräche, oder nach anderer
Richtung führte, so gewaltsam würde ein solches Verfahren am
Volksliede sein, und es würde die Melodie in ihrem eigensten Orga=
nismus vernichten. Hierin zu meist liegt der Grund der blitzschnellen
Verbreitung derselben; deshalb setzen sie sich so plötzlich in den
Ohren und Herzen des ganzen Volkes fest. Zwar werden je nach
der Eigenthümlichkeit verschiedener Gaue oder nach dem Bedürfnisse
einzelner Sänger Varianten nöthig, aber diese erfolgen dann unter
denselben Voraussetzungen und treffen nie das ganze Gefüge, so daß
sie immer nur als Varianten gelten können.

Hiermit im engsten Bunde steht jene Eigenthümlichkeit des
Volksliedes, welche ihm seine große kunstgeschichtliche Bedeutung
giebt, so daß wir unsere ganze Entwickelung der moder=
nen Musik auf dasselbe zurückführen müssen.

Das Volkslied beginnt aus einem neuen, aus jenem Tonsystem
heraus zu schaffen, welches erst wirklich die Mittel und die Möglich=
keit bietet, die Tonkunst zur Kunst der Innerlichkeit heraus zu
bilden, auf dessen Grunde die Vocalmusik schöner und herrlicher
und zugleich eine neue, die Instrumentalmusik empor blüht. Das
Volkslied mußte in dem Bestreben, die strophische Gliederung durch
die Melodie zu vollenden, auf jene Wechselwirkung von Tonika und
Dominant geführt werden, weil nur durch sie die Correspondenz
der Reime und jene strophische Gliederung ermöglicht wird.

Wir sahen, wie schon Minne= und Meistergesang bemüht
sind, das alte System der Kirchentonarten zu verlassen, und ein
neues, zweckentsprechenderes zu finden. Allein das eigentlich Trei=
bende und Gestaltende desselben blieb beiden noch verschlossen.

Das System der alten Kirchentonarten, das sich auf dem
Grunde des gregorianischen Kirchengesanges durch den Fleiß von
Jahrhunderten zu einem stolzen, in sich gefesteten Bau erhebt, ist
starr und entwickelungsunfähig, wie der Katholicismus, der es erzeugt.
Jede der acht (oder zwölf) Tonarten desselben erhält dadurch,
daß die nur ihr eigenen Intervallenverhältnisse nicht verändert
werden durften, wie durch den, hierin bedingten, jeder einzelnen
eigenthümlichen Modulationsgang und die von den andern abweichen=
den Schlußformeln typisches Gepräge. Wohl hatte sie in der authen=
tischen oder plagalischen Behandlung der Tonleiter, oder in der,
später so häufigen Versetzung nach dem Genus molle oder der

Unterquint die Mittel für eine mannichfachere Darstellung, doch nicht für ein tieferes Erfassen, höchstens nur für eine bestimmtere Färbung der Grundstimmung. Die mittelalterliche Tonkunst fand in diesem System den vollständig ausreichenden Apparat für ihre Zwecke. Im Dienste der Kirche stehend, ist sie Stimme des geoffenbarten Wortes Gottes und seines, als Dank oder Bitte, Jubel oder Klage austönenden Wiederhalls im Gemüth. Namentlich war die später erfolgte harmonische Construction ganz geeignet, die geheimnißvolle Pracht des katholischen Cultus zu erhöhen. Aber für die Darstellung des bewegten Inhalts, welcher im Volke lebendig wird, war sie durchaus ungenügend. Der ganze Formationsprozeß geht inmitten des mathematisch = construierten eng geschlossenen Systems der Kirchentöne vor sich. Er ist kein natürlich freier, sondern er unterliegt all' den Beschränkungen des Systems. Es mußten sich nothwendiger Weise ausschließlich Dreiklangsharmonien bilden und diese ordnen sich nicht nach den Gesetzen ihrer eigenen Wahlverwandtschaft, sondern nach dem Bedürfniß der einzelnen Tonarten, in dem Bestreben, diese zu characteristischen Grundformen heraus zu bilden. So mußte dem alten Systeme nothwendig die Bedeutung jenes Accordes verschlossen bleiben, der erst das gesammte harmonische Material in Fluß bringt, und ihm das Massige seiner ursprünglichen Erscheinungsform nimmt: der Septimen= und namentlich der Dominantseptimenaccord. Das alte System konnte ihn nur in einer Tonart, in der jonischen verwenden; das neue System, unser modernes, wurde entschieden darauf geführt, ihn zum bewegenden Princip zu erheben. Die Mehrdeutigkeit des einen Tons oder Accordes, die wir im Eingange näher betrachteten, drängte auf Bildung eines neuen Accordes, der jene Vieldeutigkeiten aufhebt, welcher die Bedeutung des Dreiklangs entscheidet, ihn als Tonika, Dominant oder Unterdominant setzt. Der Septimenaccord ist die Verbindung von drei Terzen zu einer Harmonie. Unsre Tonreihe zeigt sieben solcher Septimenaccorde:

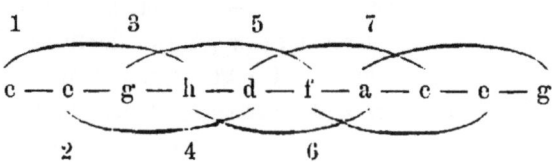

Es dürfte kaum zweifelhaft sein, welcher von den angeführten
der gesuchte ist. Als vermittelndes, die Dreiklangsharmonien bestim=
mendes Moment ist ihm die große Terz, die Bedingung zeugender
Kraft, unabweislich Bedürfniß. Keiner der unter 2, 4, 5 und 7
angegebenen Septimenaccorde kann demnach der gesuchte sein. Das
schreiend Disharmonische der großen Septime (c—h und f—e)
in den unter 1 und 6 gewonnenen Septaccorden, das seinen Grund
in der annähernden Gleichheit mit der Octave und dem starken
Gegensatze zur Prim hat, macht auch diese Accorde unfähig, jenes
Vermittelnde zu sein, und so bleibt nur ein Septimenaccord, der,
auf der Dominant erbaute, g—h—d—f übrig. Er hebt die
Mehrdeutigkeit der Dreiklangsharmonien auf und tritt vermittelnd
zwischen dieselben, kann also weder Erstes noch Letztes sein. Er
bedarf zu seiner Vorbereitung eines Dreiklangs und muß nothwendig
wieder zu einem Dreiklang, dem tonischen, führen. Den Drang
nach diesem offenbart jeder einzelne Ton, so daß jeder nach einem
bestimmten Intervalle des tonischen Dreiklangs fortschreitet. Jetzt
kommt der einzelne Ton nicht mehr, nur in seinem Verhalten zu
andern, mit ihm zugleich erklingenden Tönen, als Glied eines har=
monischen Gebildes, sondern auch in seiner Stellung zu den voran=
gegangenen und nachfolgenden, als Glied einer Tonreihe in Betracht.

So gewinnt das gesammte Tonmaterial erst die Möglichkeit,
das Leben der Phantasie und des Gemüths, stetig entwickelt oder
sprungweis unvermittelt, wie es sein Zustand erheischt, zu offenbaren.
Dieser Prozeß erfolgt indeß natürlich nicht plötzlich. Lange klingt
durch das Volkslied noch das alte System hindurch, aber meist auch
überall die Punkte bezeichnend, von denen aus es erschüttert
werden sollte.

Manches mögen nach dieser Seite auch die Setzer verschuldet
haben, denn Sänger und Setzer waren noch geschieden. Jener
erfand die Melodie, und dieser contrapunctierte sie. Viele Lieder
aus dieser Periode zeigen zwar schon einen feinen, instinctiven
Sinn für die harmonische Beziehung, und die meisten mögen auch
mehrstimmig gesungen worden sein — der verschiedene Umfang der
Stimmen schon macht in den meisten Fällen mindestens eine Zwei=
stimmigkeit nothwendig, und einzelne Lieder tragen auch die Bezeich=
nung: „die andere, oder auch anderen Stimmen findet man;" —
doch sind die harmonischen Behandlungen der Melodien, die auf uns

gekommen sind, meist von geschulten und gelehrten Contrapunctisten. Diese, als sie merkten, wie groß die Kluft zwischen ihren Arbeiten und dem Bedürfniß des Lebens geworden war, griffen begierig nach der Volksmelodie, um sie auszufüllen. So wurden Volksmelodien für die contrapunctischen Kirchenmusiken, an Stelle des gregoriani= schen Hymnus als cantus firmus verwendet und später in ihrer ursprünglichen Gestalt als Volkslieder mehrstimmig gesetzt.

Wie es nun hierbei oft mag hergegangen sein, das beweist die „Notenbeilage No. 1." mitgetheilte Bearbeitung des Volksliedes: „Nun laube, Lieblein laube." Da der weltliche Text nicht aufzu= finden war, so folgt das Lied in der, in Valentin Trillers: „Ein schlesisch singbüchlein" enthaltenen geistlichen Umdichtung. Die Melodie, nach Weise der damaligen Zeit, im Tenor zeigt die Cdur=Tonart so vollständig ausgeprägt, daß sie gar nicht zu verkennen ist. Der Setzer drängt sie in die jonische Tonart und zwar vorwiegend und mit dem Schluß in der Versetzung, und nicht immer mag bei derartigen Bearbeitungen ' die Melodie noch so glimpflich behandelt worden sein, wie hier.

Ueberhaupt ist sehr zu beklagen, daß wir die Volksmelodien aus jener Zeit meist nur in solchen Bearbeitungen kennen. Die Flugblätter enthalten mit wenig Ausnahmen nur die Texte; die Melodie konnte als bekannt vorausgesetzt werden. Auch die geist= lichen Umdichtungen, wie:

„Gassenhawer=, Reuter= und Bergliedlein" von Heinrich Knaust, und „Nye christlicke Gesengen unde Lieder up allerley arbt Melodien ec." von Vespasius (beide 1571)
setzen die Melodien als bekannt voraus.

So dürften die Sammlungen von Georg Forster
„Ein Außbund guter alter und neuer Teutscher Lieblein"
1539 begonnen und in fünf Theilen und mehreren Ausgaben fort= gesetzt und die von Joh. Ott veranstaltete Sammlung
„Hundert und fünfftzehn guter neuer Lieblein ec." Nürnberg 1544.
immer noch die bedeutendsten und reichhaltigsten Quellen für die Volksmelodie sein. Jene Sammlung Forsters hat bei ihren mehr als vierthalb hundert Liedern vor der Ott'schen den Vorzug einer großen Mannichfaltigkeit, diese dagegen den einer sorgfältigeren Auswahl. Forster giebt auch sehr derbe Lieder, Joh. Ott nur

ausgewählt sinnige. Eine geringe Ausbeute für unsern Zweck boten
Valentin Triller's schon erwähntes

"Schlesisch singebüchlein." Breslau 1555.

und die

"Souter Liedkens," welche in vier Heften in Antwerpen bei
Tielmann Susato von 1551—56 erschienen, von denen

"Het ierste musyck boexken," wie

"Het derde"

Bergreihen und Tanzmelodien enthält.

Alle diese Sammlungen weisen eine nicht geringe Anzahl
Volksmelodien auf, die noch innerhalb des alten Systems erfunden
sind. Das Volk übte und hörte ja zunächst nichts anderes, als die
Weisen dieses Systems, und dies mußte ihm nothwendig in einem
gewissen Grade geläufig werden. So kommt denn auch das neue
nicht plötzlich, das Volk mußte es erst suchen, und ein solches Suchen
zeigen fast alle derartigen Melodien.

No. 2. der Notenbeilage gehört zu diesen. Auch ihr scheint der
ursprüngliche weltliche Text verloren gegangen zu sein, weshalb wir
sie mit der Umdichtung nach: "Ein schlesisch singebüchlein" geben.
Der erste Theil und auch der Schluß des Ganzen prägt ziemlich entschieden die, nach der Oberquart versetzte dorische Tonart
aus, obgleich man auch ihn schon, mit nicht großen Schwierigkeiten,
zweistimmig in F dur in plagalischer Führung von Dominant zu
Dominant, behandeln könnte. Der zweite Theil moduliert ganz entschieden nach der Unterdominant B dur und es ist dies nicht etwa
die versetzte lydische, sondern ganz bestimmt ausgeprägt unsere
moderne Tonart und der ganze weitere Gang der Melodie wird sich
fließend harmonisch auch nur in F dur darstellen lassen. Dabei
darf es nicht befremden, daß dann das Ganze auf der Dominant,
und die Melodie auf der Secunde g, der, im Gefühl des dichtenden Volks liegenden F dur-Tonart, schließt. Wir begegnen dieser
Vertauschung des tonischen Schlusses mit dem Dominantschluß,
wodurch in der Melodie an die Stelle des Grundtons am Schluß
die Secunde tritt, in vielen Volksliedern und einer, nicht geringen
Anzahl von Kunstliedern, bis auf die neueste Zeit, und nicht nur
da, wo, wie in der Proportio oder dem Nachtanz der Tanzlieder, der eigentliche Schluß dem Ganzen erst angehängt wird,
sondern in einer Menge von Liedern, die in dieser Weise ganz

selbständig abschließen; denn gerade dieser Schluß ist ein ganz wirk=
samer Mittel für die Darstellung der lyrischen Unendlichkeit und
dem Volksgemüth mußte er um so geläufiger werden, als jene
Dominantbewegung in ihm erst lebendig zu werden beginnt.

In dem Anlehnen an das moderne System beruht auch die
größere Freiheit und Bestimmtheit, welche den zweiten Theil des
in Rede stehenden Liedes von dem ersten auszeichnet. In ihm ist
melodischer Zug und Fluß, während der erste mehr ein träges,
müßiges Fortschreiten von einem Intervall zum andern zeigt.

Wären die Kirchentonarten einer Entwickelung fähig gewesen,
so mußte diese auf dem Wege gefunden werden, welchen das unter
No. 3. der Notenbeilage mitgetheilte Lied, das wir der Lieder=
sammlung von Georg Forster (Theil I. No. 130.) entneh=
men, einschlägt. Diese Melodie bewegt sich ganz innerhalb des
alten Systems, aber mit einer Freiheit und Gelenkigkeit, welche
diesem sonst fremd ist. Jede Reimzeile wird durch die Melodie in
zwei Hälften getheilt, die sich gegenseitig ergänzen und deren jede
besonders dadurch energisch zusammengehalten wird, daß sie in der

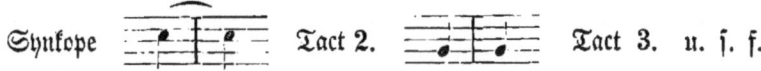

Synkope ... Tact 2. ... Tact 3. u. s. f.

einen Mittelpunkt erhält, und indem nun jede dieser Halbzeilen ener=
gisch nach diesen Punkten hindrängt und durch die Macht des Rhyth=
mus die Halbzeilen zu Ganzzeilen und diese wiederum zu Halb= und
Ganzstrophen zusammengefaßt werden, stellt sich hier schon die Lied=
form in ihren Grundzügen fest. Die sorgliche Herausbil=
dung kleiner Glieder und ihre symmetrische An= und
Unterordnung ist das Wesentlichste dieser Form.

Vollständig konnte dies freilich erst, wie dies schon öfter ausge=
sprochen wurde, durch die Einwirkung jener Dominantwirkung erfol=
gen. Des, nicht nur in den Liedern, sondern auch in den Kirchen=
hymnen jener Zeit so häufigen Ueberganges aus dem zwei= in den
dreitheiligen Rhythmus, wie am Schlusse des genannten Liedes,
gedenken wir noch später.

Am frühesten gelangen zu einer gewissen Formvollendung die
Lieder, welche unmittelbar am gesunden, kräftig pulsierenden Leben
erzeugt sind, die eine gewisse Gluth der Sinnlichkeit zeigen.

Oben an stehen die **Liebeslieder**.

Sie, als der unmittelbarste Ausdruck des erregten Gemüths, sind früh schon von einer bezaubernden Anmuth der Form und von gewinnender Wahrheit des Ausdrucks.

Das nächste Lied der Notenbeilage No. 4. ist der Sammlung von Joh. Ott entnommen.

Wir haben versucht, den Modulationsgang an den Schluß= fällen der Reimzeilen in kleinen Noten anzugeben, und es wird keines weitern Nachweises bedürfen, wie die Angelpunkte dieses reizenden Liedes nun **Tonika**, **Dominant** und **Unterdomi= nant** sind, und wie die ersten vier Strophen nur dadurch zu einem einheitlich geschlossenen ersten Theile werden, daß die erste Zeile nach der Dominant moduliert und die zweite nach der Tonika zurück= geht, wie ferner in derselben Weise die nächsten vier Zeilen zu einem zweiten, und die letzten endlich zu einem dritten Theil heraus= gebildet werden.

Nach Art der damaligen Empfindungsweise, die sich an gewissen Worten festhält, werden auch hier einzelne besonders hervorgehoben, so, was wir schon früher erwähnten, das erste Wort und, eine Reminiscenz an die Kirche, die vorletzten Sylben der bemerkens= werthen Schlußreime und in reizenden Melismen singt sich wiederum über einzelnen Silben die ganze Wonne der Empfindung aus. Ein bedeutsamer Fortschritt in der Construction dieses Liedes gegen die früher mitgetheilten liegt auch in der theilweisen Wiederholung des ersten Theils am Schlusse des Ganzen. Es ist dies keine Armuth der Erfindung, sondern die nothwendige Consequenz der Formvollendung.

Noch bedeutsamer tritt dieser Fortschritt an dem fünften Liede der Notenbeilage hervor. Hier correspondieren die erste und dritte und zweite und vierte, die letzte von je zweien ihrer Stellung zum Ganzen nach umgebildet, und die getreue Wiederholung der dritten und vierten Zeile am Schluß vollendet die in architectonischer Geschlossenheit symmetrische Anordnung der Form, und sie ist maß= gebend geworden und geblieben für alle Jahrhunderte.

Bei den mehrstimmigen Bearbeitungen dieser Lieder muß die tiefe Lage des **Alts** befremden. Allein sie ist in der damaligen Besetzung der einzelnen Stimmen begründet. **Georg Forster** giebt uns hierüber in den Verschen, die er den einzelnen Stimm= heften seiner Sammlung vordruckt, Aufschluß.

Das Titelblatt des Discant = Heftes trägt folgenden Vers:

> Ir Kneblein und ir Maiblein rein,
> Euer stimmlein schallen also sein,
> Den Discant lernet unbeschwert,
> Kein andre stimm euch zugehört.

Das Titelblatt des Alt = Heftes folgenden:

> Der Alt gehört den Junggesellen zu,
> Die lauffen auff und ab on ruh,
> Also ist auch des Altes weiß,
> Drumb lernet mich mit allem fleiß.

Das Tenor = Heft trägt folgenden Vers:

> Mein art und weiß in mittelmaß,
> Gen andre stimmen ist mein straß,
> Die haben acht auff meine stimm,
> Den Mennern· ich für andern zimm.

Das Baß = Heft endlich:

> Mein ampte ist im niedern stat,
> Drumb wer ein bstanden Alter hat,
> Und brommet wie ein rauher ber,
> Der komm zu meiner Stimme her.

Demgemäß wurden die Singchöre damals anders besetzt als jetzt, und es wird nöthig sein, bei Ausführung derartiger Lieder im Chor darauf zu achten.

Gleich vollendet, wie das besprochene Lied ist No. 6. der Noten=beilage. Wir haben nur nöthig auf die wundervolle, sequenzen=artige Führung des „o mein! o mein!" gegenüber dem eigentlichen Liede und dem Refrain, hinzuweisen. Die eigentlichen Liedzeilen und der Refrain ergänzen sich ebenso gegenseitig, wie das „o mein, o mein!" und in der Verknüpfung dieser drei bestimmt herausgebil=deten Partien erhalten wir ein wunderbar belebtes Versgefüge.

Eine ebenso frühe Vollendung der Form, wie das Liebeslied, scheint auch das Jägerlied gewonnen zu haben, und dabei steht dieses an Innigkeit und Wahrheit des Ausdrucks nicht nach, es ist ja meist eben auch Liebeslied.

Obgleich diese Volksmelodien sämmtlich eine gewisse Uniformität des Ausdrucks zeigen, so machen sich doch jetzt schon charakteristische Unterschiede gelten. So entzückt das Jägerlied durch die Sinnigkeit und den frischen, fröhlichen Zug, der wie Waldluft das ganze durch=weht, und jetzt schon vermeinen wir Hornsignale in ihm zu vernehmen,

3 *

wie in No. 7. der Notenbeilage, der Joh. Ott'schen Sammlung
entlehnt, das ganz auf die Naturharmonie basirt ist, und fast durchweg
zu den Schlußfällen der Reimzeilen die, den Waldhornen eigene Phrase

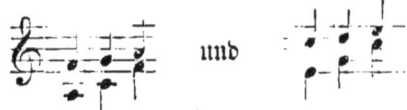

verwendet, und klingt das Melisma im dritten und vierten Tact
des zweiten Theils, auf „Haiden" nicht wie das Locken des Wildes
im Walde?

In diesem Liede begegnen wir auch jenem eigenthümlichen
Wechsel des zwei = mit dem dreitheiligen Rhythmus, der im
Volksliede, was schon früher bemerkt wurde, nicht selten ist,
und überhaupt die Musik des Mittelalters auszeichnet. Auch in
den Kirchenhymnen geht der zweitheilige Tact häufig in den dreitheiligen über. Daß die zweitheilig rhythmisierten Tänze und Tanz=
lieder meist mit einem Nachtanz — Proportio — im drei=
theiligen Rhythmus enden, hat wol einen mehr äußeren Grund,
von dem wir noch später reden. Das, was so in den Hymnen,
vielen Liedern und Tänzen an größern Partien oder einzelnen Theilen
zur Erscheinung kommt, finden wir bei einzelnen Liedern in ziemlich
stetigem Wechsel auf einzelne Liedzeilen oder Tacte beschränkt. So
gehören in dem Liede No. 8. der Notenbeilage die Zeilen mit weib=
licher Endung dem zwei= und die mit männlicher Endung dem
dreitheiligen Tact an, und es ist dies ein Beweis, wie mächtig
noch die Erinnerung an die Gewalt des Sprachmetrum's im Volke
sich schaffend erweist. Noch wunderbarer ist der Rhythmus in dem
Liede No. 9. der Notenbeilage, fast bis zur Unordnung mannich=
faltig, aber dennoch mit feinem Sinne geregelt. Wiederum sind es
die männlichen und weiblichen Reime, die rhythmisch unterschieden
werden; jede einzelne Tacteinheit ist vollständig bestimmt ausge=
prägt, und alle werden durch die im Großen gestaltende Kraft des
Rhythmus zusammengehalten, aber innerhalb desselben entwickelt
sich fast jede in charakteristischer Selbständigkeit, eine Erscheinung,
der wir noch in unserer, an anderweitigen Darstellungsmitteln so
reichen Zeit begegnen.

Unter dem gleichen Gesichtspunkte sind auch die beiden Tacte
in dem oben erwähnten Jägerliede zu betrachten, in denen das

ursprüngliche Metrum verkürzt wird, Tact 4. und 17., und gerade diese metrische Verkürzung ist, als beschleunigter und doch gewichtiger Schluß der Verszeile von großer Wirkung.

Dieselbe Abrundung der Form bei großer Innigkeit und Wahrheit des Ausdrucks findet man auch in den Liedern der Natur, welche die Wonnen des Maien und des Sommers besingen und vor allem in den Abschieds- und Wanderliedern lebt eine so tiefe und zarte Wehmuth, daß sie nur selten im Kunstliede erreicht wurde (Notenbeilage No. 10. und 11.). Namentlich ist das letztere in seiner reichen Melismatik, mit welchen es einzelne Worte ausschmückt, eine Perle unter den Volksliedern, was das Reformationszeitalter recht wol fühlte, indem es die Melodie zur Kirchenweise machte.

Derber im Ausdruck und weniger durchbildet in der Form sind die naiven und schalkhaften Lieder, wie No. 12. 13. 14. und 15. der Notenbeilage und von ihnen sind wieder die ersten drei noch von eigenthümlich süßer Klangwirkung, während das letzte schon mehr nach Inhalt und Form wie ein gesungener Spruch erscheint, eine ergötzliche Parodie der Litanei. In dieser Weise wurden Sprüche vielfach contrapunctiert. Am häufigsten der:

> Wenn man thut zusammen klauben
> Sechs Poeten mit ihren Dauben,
> Sechs Organisten mit ihren Mucken,
> Sechs Componisten mit ihren Stucken,
> Und thut sie setzen auf einen Karren,
> So fährt anderthalb Dutzend Narren.
> Nun bricht der Karren,
> So fallen die Narren.
> Und ob wol ist zerbrochen der Karren,
> So bleiben doch achtzehn großer Narren.

Die ganze Derbheit des deutschen Naturells, die meist mit der Gemüthstiefe gepaart ist, klingt aus den Landsknechts- und Reiterliedern und den Wein- und Schmauseliedern, und zwar meist so, daß die Poesie nur zu häufig vollständig in den Hintergrund tritt. In ihnen gilt es ja meist nicht mehr, auszusprechen, was das Herz bewegt, sondern nur einen Tummelplatz für die ungezügelteste Laune zu gewinnen. Die Vorgänge des niedern Lebens werden besungen und mit einer Treue dargestellt, die häufig an Brutalität grenzt und die Musik nimmt willig und mit großer

Entschiedenheit an dieser Darstellung den ausgedehntesten Antheil.
So klingt durch das Lied „von der Jagd", das Georg For=
ster in „der andre Theil frischer Lieblein" (No. 31.) mittheilt,
das „uff wuff" wie Büchsenknall und Jägerruf und namentlich im
zweiten Theil scheint die ganze Meute losgelassen zu sein. In
einem andern Liede: „Presulem sanctissimum veneremur gaudeamus, wollen nach · ganß gau, holla reyo," wiederum eine lustige
Parodie der kirchlichen Intonationen wird das „Gik gak" der Gänse
nachgeahmt.

Bis zu wahrhaft drastischer Wirkung kommen die eigentlichen
Martins = und Schmauselieder und einige Stellen aus einem
derselben (No. 7. aus dem zweiten Theil von G. Forsters: Auß=
bund kurzweiliger frischer Lieblein) mögen Notenbeilage No. 16.
einen Platz finden, und sie sind noch lange nicht die tollsten. In
diesen Liedern wird es am Ersten und Entschiedensten klar, wie
sehr die Tonkunst sich bereits von der kirchlichen Weise emancipiert,
so daß sie schon die Mittel besitzt, diese zu persiflieren.

Ueberboten werden diese Lieder noch durch einige Landsknechts=
lieder, wie in dem: „Es ging ein Lanzknecht über Feld" mit dem
Refrain:

„Heine gut Heinrich, specian, encian, loröl, rübenkraut,
tanzapfen, hippebrom, ochsenkolben,
deckenbreite Blätter, die sein innen hol."

und die naive Schelmerei kommt zu Sprachübungen, wie:

„Es hibri hut gut schebri scheffer — baltribum —
vor dem schalbribum holz
hubri hut der lemmer.

Die spätere Zeit, etwa seit der Mitte des sechzehnten Jahr=
hunderts bildete gerade diese Seite der musikalischen Lyrik mit Vor=
liebe aus und führte namentlich hierdurch mit den Verfall des Volks=
liedes herbei.

In den schweren Zeiten, die über Deutschland hereinbrachen,
flüchtete sich die Poesie auf das religiöse Gebiet und das welt=
liche Lied wurde mit hineingezogen in das wüste Treiben der
Zeit. Jene wunderbaren Erzeugnisse des deutschen Volksgeistes ver=
stummten unter dem Kriegslärm und wir werden später sehen, wie
selbst das weltliche Kunstlied von der Landsknechtslaune beherrscht
wird.

Auf die Weiterbildung der Liederform, und wahrscheinlich auch auf den Verfall des alten Volksliedes waren namentlich das **epische Volkslied**, das **Tanzlied**, der **Marsch** und das religiöse **Volkslied**, der **Choral** von großem Einfluß.

Die **epische Poesie** ist im Volke nicht abgeblüht. Zwar sind es nicht mehr die Heldenthaten des Volkes oder einzelner hervorragender Männer der Vergangenheit, die besungen werden, sondern es sind erträumte oder wirklich erlebte Ereignisse, die in Reim und Ton dargestellt werden. Die Lyrik des deutschen Volkes ist ebenso bedeutend, daß sie sich personificieren, daß sie sich zu bestimmten objektiven Vorgängen verdichten, daß sie sich episch ausbreiten muß. Der Hintergrund des jetzigen epischen Volksliedes ist aber nicht mehr die Geschichte der Welt oder des einzelnen Volkes, sondern die Geschichte des Herzens, in der Regel zweier, „die nicht zusammen kommen können," oder, die bei einander waren und die ein herbes Geschick trennte. Für diese Lieder wird der musikalische Vortrag von entscheidender Bedeutung. Die Erzählung ist selten ruhig und gleichmäßig. Das Volkslied scizziert meist nur und hält sich bei Nebensächlichem oft ungebührlich lange auf, über das Thatsächliche leichter hinweggehend, weil ihm eben die Darstellung der Stimmung näher liegt, als die der Thatsachen, durch welche diese hervorgerufen wird. Hier nun ist es mehr als in andern Liedern Aufgabe der Musik, zu vermitteln, Lücken und Gedankensprünge auszufüllen, indem es die einzelnen Momente der Erzählung heraushebt und die, nur äußerlich anklingenden einheitlich zusammenfaßt. Dies und der erzählende Ton führt das epische Lied früh zu knapper, innerlich und äußerlich abgerundeter Form der Melodie, ohne jene Ausschreitungen, welche das lyrische Lied sich oft erlaubt, und in denen freilich auch ein Hauptgrund der berückenden Wirkung desselben liegt. Die Melodien der epischen Lieder schmiegen sich bald so eng dem Wortrhythmus wieder an, daß sie sämmtlich ein ziemlich unterschiedloses Gepräge erhalten, ohne jenen eigenthümlichen Balladenton zu finden, dem wir bei den spätern Meistern des Kunstliedes begegnen.

Nächstdem sind es die **Tanzlieder**, in denen das Formelle früh zu einer gewissermaßen typischen Selbständigkeit gelangt.

Sie wurden zum Tanze gesungen, und mußten sich daher eng dem Tanzrhythmus anschmiegen, und dieser suchte, weil er die Tanzschritte regelt, früh eine gewisse Gleichmäßigkeit zu erlangen.

Der Tanz durchmißt gegebenen Raum in bestimmter Zeit, und diese ist bis auf die einzelnen Tanzschritte geregelt und je nach der Anzahl derselben, ob zwei oder drei oder auch mehr Schritte, bei Rundtänzen eine Umdrehung oder bei Reihentänzen einen bestimmten Abschnitt bilden, wird der Rhythmus der begleitenden Musik bestimmt. Ausschreitungen oder Formerweiterungen sind hier der Musik noch weniger gestattet, als im epischen Liede, und die Tänze sind darum auch die ersten selbständigen Instrumentalformen geworden, und das Tanzlied zählt mit zu den ersten vollendeteren Vocalformen. Das unter No. 17. der Notenbeilage mitgetheilte Lied ist jener oben genannten Antwerpener Liedersammlung und zwar aus:

„Het derde musyck boexken"

das nur Tanzmelodien, die sich wenig von einander unterscheiden, enthält, entnommen. Die Melodie liegt auch hier im Tenor. Der gewöhnlicheren Form des echt deutschen Tanzliedes gedenken wir etwas specieller im folgenden Kapitel.

Aehnlich wie mit dem Tanzliede verhält es sich mit den **Marschliedern**, die ja unter ähnlichen Voraussetzungen entstehen. Die **Marsch**form wurde in den Kriegsjahren, namentlich wohl im dreißigjährigen Kriege ausgebildet und das Marschlied mußte sich ihr fügen. Bei der großen Tonarmuth der damaligen Militairmusik konnten diese Lieder nur noch rhythmisch bedeutsam werden. Namentlich gilt dies von den, auf „Signale" und „Trommelstückchen" gedichteten Liedern. Die Melodie des unter No. 18. der Notenbeilage mitgetheilten „Soldatenliedes" aus dem dreißigjährigen Kriege, einem Flugblatt vom Jahre 1641, das wir der Güte des Herrn D. Opel verdanken, in dessen mit Herrn Dr. Cohn gemeinschaftlich herausgegebenen Werke:

„Deutschland im dreißigjährigen Kriege."

Eine Sammlung von Liedern, Gedichten, Reimen und Sprüchen, neu zusammengestellt u. s. w. Halle, Waisenhaus-Buchhandlung. 1861.

der vollständige Text abgedruckt ist, entnommen, ist unstreitig ursprünglich ein Horn- oder Trompetensignal.

Von tieferer Bedeutung für die Weiterbildung der Liedmelodie wurde jene Form, welche sich auf dem Grunde der protestantischen Lebensanschauung zumeist aus dem Volksliede entwickelte, der **Choral.**

Lange vor der Reformation schon suchte der deutsche Gesang in der Kirche einzudringen, wenn auch mit geringem Erfolge. Hundert Jahre früher hatten die Hussiten schon einen bedeutsamen Fortschritt zur Verdrängung des lateinischen Kirchengesanges gethan, indem sie einen Gemeindegesang in der Landessprache einführten. Es entstand eine ganze Sammlung böhmischer Lieder, welche auch 1531 zu Jung=Bunzel in deutscher, durch Michael Weiß besorgter Uebersetzung erschienen und mehrere derselben, namentlich ihre Melodien fanden unter den Protestanten außerordentlichen Beifall und einzelne haben sich bis heute im protestantischen Gemeindegesange erhalten, wie: „Der Tag vertreibt die finstre Nacht" und „Nun laßt uns den Leib begraben." Doch in eigentlichem Sinne durchgreifend, und auch die katholische Kirche gewinnend, sollte erst die Reformation Luthers werden. Ein Gemeindelied hatte der alte katholische Kirchengesang nicht, weil er für das Volksbewußtsein keine Ausdrucksmittel besaß. Der natürliche Trieb des Volksgeistes hatte diese bereits gefunden im Volksliede, und dies eignet sich der Protestantismus an, es in seiner Weise umgestaltend. Wie in ihm das Göttliche in das Menschliche tritt, so wird die Mannichfaltigkeit des Letzteren gebunden, es wird ihm eine ernstere Haltung aufgenöthigt. Das protestantische Gemeindelied, der Choral, folgt daher, gleichfalls Strophen mit klingendem Schluß bildend, dem Princip des Reims, wie das Volkslied, aber er stellt es musikalisch mit dem, nur intensiv unterscheidenden Accent, einer ruhigern Melodieentfaltung, gedrängt metrischer Einheit und mit dem Harmoniereichthum des alten Hymnus dar. In dieser Weise bildet der Protestantismus die Hymnen und Volkslieder um, dichtet neue Lieder und erfindet neue Melodien.

Die Melodien des alten Hymnus fügten sich diesem Umgestaltungsprozeß natürlich am willigsten; sie waren in dem, für den Gemeindegesang einzig möglichen accentuierenden Rhythmus erfunden, während das Volkslied einen mehr bunten, verschiedenartig gemessenen Rhythmus entgegen brachte, welcher ihm erst abgestreift werden mußte, um religiöses Gemeindelied werden zu können. Hiermit verfuhr indeß dies ganze Jahrhundert noch ziemlich sorglos. Viele Lieder wurden nur geistlich umgedichtet und mit dem neuen Text ging die Melodie ziemlich unverändert in den Kirchengesang über. Luthers: „Die evangelisch=teutsche Meß" (1526) nennt als

Melodien geistlicher Lieder folgende weltliche: „Wach auf mein's Herzens Schöne," „Rosina, wo war dein Gestalt?" „Es geht ein frischer Sommer daher" und Wackernagel: „Das deutsche Kirchenlied" zählt 39 weltliche Lieder auf, die geistlich umgedichtet wurden.

Für die Umbildung im Sinne unsers, nur accentuierenden Chorals waren mancherlei Umstände mitwirkend thätig. Zunächst der rein praktische, daß der nur accentuierende Rhythmus, weil er der natürlichste ist, für den Massengesang ungeschulter Sänger der einzig durchführbare und auch der einzig würdige ist. Der gemischte Rhythmus der Volksmelodie ist viel zu bewegt und sinnlich reizvoll, als daß er zum Ausdruck religiösen Gemeingefühls geeignet wäre. Von größter Bedeutung aber wurde es, daß auch in den mehr= stimmigen Bearbeitungen der Choralsätze die Melodie aus dem Tenor in die Oberstimme übergieng, so wie, daß durch die ganze Bildung jener Zeit wiederum ein größeres Interesse für rhyth= misches Gleichmaß der Verszeilen und der strophischen Gliederung angebahnt wurde. Jenes wurde durch den Antheil bedingt, den die Gemeine am Kirchengesange jetzt nimmt. Damit sie in den Gesang einstimmen konnte, mußte die Melodie in diejenige Stimme gelegt werden, in der sie am Bedeutsamsten heraustritt, in die Oberstimme. Dadurch gelangt sie in ein anderes Verhältniß zur Harmonie. Es wird jener Geschäftigkeit der Setzer, die Melodie unter einem ver= kräuselten Contrapunct zu verbergen, Schranken gesetzt, die Har= monie schmiegt sich ihr bald mehr homophon, nur accordisch aus= geprägt, an, und nimmt dadurch erst entscheidenden Antheil an der Herausbildung des Versgebäudes. Auf die Melodiebildung wurden die metrischen Versuche dieses Jahrhunderts direct von wesentlichem Einfluß. Sie begannen mit Nachahmung classischer Metra. Das metrische Absingen lateinischer Gesänge gehörte zu Schulübungen bis in das siebenzehnte Jahrhundert und bereits um den Anfang des sechzehnten, oder auch noch früher erschien ein Werk:

„Melopöieen oder vierstimmige Harmonien über 22 Geschlech= ter heroischer, elegischer und lyrischer Maaße, so wie kirch= licher Hymnen."

und um das Jahr 1534 gaben Ludwig Senfl und vier Jahre später Benedict Ducis jeder ein ähnliches Werk heraus.

Das Wort gelangt wieder zu größerer Bedeutung, und wenn auch alle diese Arbeiten zunächst keinen directen Bezug auf das Volkslied haben, so konnten sie doch nicht ohne Einfluß auf die Weiterbildung desselben bleiben. Mit den Produkten der neuen Principien überkam das Volk diese selbst, und wenn sie ihm auch nicht bewußt wurden, auf seine schöpferische Thätigkeit konnte der Einfluß nicht ausbleiben, um so mehr, als die neue Weise in den Cantoreien und Kirchenchören eifrig gepflegt wurde. So verliert das Volkslied allmälig seine tonreiche Melismatik und hiermit freilich auch viel von seinem Zauber, aber es gewinnt präzisere Form und prägnanteren Ausdruck.

Wohl unterscheiden sich auch in den früheren Jahrhunderten die Wanderlieder von den Wein= und Handwerksliedern und schon in den Jägerliedern entdeckten wir Züge einer eigenthümlicheren Charakteristik, allein sie haben doch alle mehr einen uniformen Verlauf; aus allen spricht das den verschiedenen Stämmen gemeinsame unbeirrte Naturgefühl.

Jetzt beginnen die Volkslieder sich nicht nur nach Gauen und Wasserscheiden zu charakterisieren, sondern Beruf und Handthierung klingen in das Lied mit hinein, geben ihm einen specifischen Charakter und diese neue Phase bildet somit den naturgemäßen Uebergang zum Kunstliede. Formell schließt hiermit der Entwickelungsgang des Liedes eigentlich ab.

Die Angelpuncte der modernen Tonart, Tonika, Dominant und Unterdominant, bilden jetzt die Grundlage des Liedes. Jene schon oft erwähnte Dominantwirkung erlangt die Bedeutung von Hebung und Senkung, und indem die Melodie diese Angel= puncte an die Reimschlüsse verlegt, und in der Regel direct, ohne die Umschweife melismatischer Phrasen auf diese Puncte losgeht, beherrscht jene harmonische Wechselwirkung die ganze Liedgestaltung. Der Rhythmus schließt sich zwar eng an das Sprachmetrum, allein da dies sehr einfach ist, Jamben und Trochäen, seltener Dactylen und in den einfachsten Zusammensetzungen erscheint, so vermag der unendlich reichere musikalische Rhythmus sich in seiner ganzen Mannichfaltigkeit bei der Darstellung jener Metra zu entfalten. Dies geschieht weniger in den Liedern, welche durch ganz Deutschland gesungen wurden, wie: „Es liegt ein Schloß in Oesterreich," „O Straßburg," „Es ritten drei Reiter zum Thore hinaus," „Es stand eine

Lind' im tiefen Thal," „Es waren einmal zwei Knaben," „Ich
stand auf hohem Berge," als in den Liedern einzelner Gaue und
denen der einzelnen Stände, in denen eine große Mannichfaltigkeit
des musikalischen Rhythmus herrscht. So sind die norddeutschen
Lieder im Allgemeinen mannichfaltiger rhythmisiert, als die süddeut=
schen, wo die Lust am bloßen Gesange, die sich am Deutlichsten in
dem „Jodler" der Schweizer und Tyroler oder dem sogenannten
„Juchzer" der Baiern ausspricht, eine reichere Rhythmik nicht auf=
kommen läßt, während die mehr praktisch verständige Richtung des
Nordens einer solchen geradezu förderlich ist.

Auch nach den Ständen und den besondern Begebenheiten,
unter deren Einfluß die Volkslieder entstehen, geordnet, zeigen sie
eine wesentliche Verschiedenheit des Rhythmus.

Die Jäger=, Schiffer= und Schäferlieder sind meist im ⁶⁄₈ Tact,
die Handwerksburschenlieder im ⁴⁄₄ Tact und die Scheidelieder im
³⁄₄ Tact erfunden und die eigenthümliche Darstellung dieser Tactart
durch ♪ ♪ ♩ ♩ | z. B. giebt ihr einen ganz besonders wehmüthigen
Charakter.

Daß in den Soldatenliedern die Melodie häufig von ganz
äußern Umständen abhängig erscheint, wurde bereits angeführt.
Hiermit verliert die Volksmelodie schon ihren eigentlichen Boden.
Jetzt ist es nicht mehr das unbeirrte Naturgefühl, was dichtet und
singt, und dies dürfte auch auf den Hauptgrund führen, weshalb
in einzelnen Gauen des deutschen Vaterlandes das eigentliche Volks=
lied früher abblühte, als in andern. In den Theilen Thüringens
und Sachsens, in denen die Cantoreien, welche den Kunstgesang
pflegten, in Blüthe standen, oder in denen, wo, wie an den zahl=
reichen deutschen Höfen in Theater und in den fürstlichen Kapellen
Oper und Instrumentalmusik Verbreitung fanden, starb das Volks=
lied früher ab und wurde durch das sogenannte volksthümliche Lied
verdrängt (von welchem ein späteres Kapitel handelt), als im Süden
Deutschlands, und im Westen und Osten, in Schlesien, in den
Rheinprovinzen und den Gebirgsgegenden Mittel=Deutschlands, in
denen der Kunstgesang nie so in Blüthe stand, wie dort.

Eine der interessantesten Arbeiten wäre, die Volksmelodien
nach den verschiedenen Gegenden zu ordnen und zu charakterisieren;
eine Arbeit, die indeß einer Monographie des Volksliedes anheim

fallen muß und diese wird erst dann unternommen werden können,
wenn wir aus allen Gegenden Deutschlands Sammlungen von
bewährten Kennern besitzen, wie die von

Hoffmann von Fallersleben und Ernst Richter:
„Schlesische Volkslieder (Leipzig, Breitkopf und Härtel)"
und die von

J. G. Meinert: „Alte deutsche Volkslieder in der Mundart des Kuhländchens Wien 1817."

Von ganz besonderem Interesse müßte dann die Vergleichung
der, nach den verschiedenen Gegenden sich anders gestaltenden Melodien derselben Texte sein. Erk giebt in seiner Sammlung: „Deutscher Liederhort" (Berlin 1856) unter No. 23. p. 73. zwei Melodien
zu „Meister Müller thut mal sehen," die wir beide unter No. 19.
und 20. mittheilen, weil sie, wie es uns scheint, den waghalsigen,
leicht „aufbegehrerischen" Schlesier, mit seiner immer geschäftigen,
unternehmenden und etwas derben Gemüthlichkeit, gegenüber dem
Franken und Thüringer, mit der ruhigen Sinnigkeit vortrefflich
charakterisieren.

----

# Drittes Kapitel.

## Das Kunstlied.

----

Im Gegensatz zum Volksliede ist das Kunstlied der, mit Bewußtsein und nach bestimmten Gesetzen geordnete Erguß der Stimmung.
Das Volkslied, als unmittelbarer Ausfluß dessen, was das Herz
bewegt, ist weder im Stoff, noch in der Weise seiner Darstellung
wählerisch. Es ist ihm nur um den vollen, wahren Ausdruck zu
thun. Was das Herz erfüllt, strömt aus im Gesange und zwar
Zug um Zug, ohne eine andere Anordnung als die, vom Instinkt
vorgezeichnete und wenn sie dennoch der, von uns als künstlerische
Nothwendigkeit erkannten Ordnung des Tonmaterials vollständig
entspricht, so ist das nicht beabsichtigt, sondern hat seinen Grund
vielmehr nur darin, daß jene Anordnung des Tonmaterials natürlich
und menschlich ansprechend, daß sie überhaupt die einzig mögliche

ist. Dabei bleibt das Volkslied natürlich nur auf der Oberfläche des Empfindens haften und es ist dies eine nothwendige Bedingung seiner Existenz, denn so nur kann es als der Ausdruck einer Gesammt= heit gelten.

Das Kunstlied versucht eine schärfere Sichtung des Stoffes, es zerlegt die Empfindung in ihre zarteren Bestandtheile, rundet sie künstlerisch ab und schafft sich für ihre Darstellung eine freiere und durchdachtere Technik. Der Geist des echten Künstlers empfindet nichts anderes, als der echte Geist des Volkes, aber er empfindet tiefer, er empfindet geläutert und verklärt, und weil er sich durch energische Studien eingelebt hat in die geheimnißvolle Macht seines Darstellungsmaterials, so ist er im Stande, die Empfindung in ihren feinsten Verschlingungen zu verfolgen, die Stimmung auch in den, von dem Gemüth des Volkes unbeachteten, weil ungekannten Einzelzügen zum Ausdruck zu bringen. Wie das Künstlergemüth ein veredeltes, reicheres Volksgemüth ist, so ist das Kunstlied ein veredeltes und darum reicheres Volkslied.

In diesem Sinne nun werden die Volkslieder zunächst von den Tonmeistern zu Kunstliedern verarbeitet.

Wir hatten bereits Gelegenheit auszusprechen, daß die Melodie nur die Umrisse der Stimmung zu zeichnen vermag, und daß erst die hinzutretende Harmonie die Darstellung vollendet. Wol giebt es einzelne Melodien, in denen die Harmonie so bestimmt ausgeprägt ist, daß man sie zu vernehmen vermeint, wie in vielen Jäger= Schiffer= und Hirtenliedern, und namentlich die Lieder, denen das moderne System zu Grunde liegt, mögen wohl meist mehrstimmig gesungen worden sein, aber jene künstlerische Erweiterung wurde doch immer erst von der Hand des Künstlers durch die contra= punctische Bearbeitung hinzugefügt.

Wir begegnen hier nun zunächst jenen Meistern, die sich auf dem Gebiete der Kirchenmusik, der eigentlichen Kunstmusik mit großem Erfolge bewegten, wie Ludwig Senfl, Melchior Frank, Leo Haßler, Benedict Ducis, Orlandus Lassus, dann aber auch solchen, die sonst nicht weiter genannt werden, wie Georgius Votsch, Matthias Eckel, Matthias Greiter, G. Othmayer und Andere.

Die meisten dieser Bearbeitungen entsprechen nun allerdings nur jenem, mehr äußeren Bedürfniß einer mehrstimmigen Darstellung.

Die Melodie ist ebenso nur contrapunctiert, wie bisher und auch noch eine Zeitlang fernerhin der katholische Kirchenhymnus und zwar meist mit eben so wenig Rücksicht auf den speciellen Gehalt der Melodie, wie dort. Die Bearbeitungen der Melodien, welche die Notenbeilage enthält, trifft dieser Vorwurf nicht. Wenn sie auch nicht immer ihre Begleitungsmotive der Melodie entlehnen, so sind sie doch sämmtlich im Geiste derselben, aus der ursprünglichen Stimmung heraus erfunden, und das gilt nicht nur von denen, deren Setzer Meister, wie Senfl, Isaak oder Haßler sind, auch die Bearbeitungen von Othmayer sind vortrefflich in diesem Sinne gehalten und das Lied: „O lieber Hans" dürfte kaum anders zu bearbeiten sein. In allen spricht sich schon ein Erfassen und Nachempfinden dessen aus, was im Volksliede lebt.

Von eigenthümlicher Art sind die Bearbeitungen Melchior Frank's. Dieser Meister, der auf dem Gebiete des religiösen Kunstgesanges so Vortreffliches leistete, war in der Bearbeitung von Volksliedern nicht glücklich, weil ihm jenes naive Verhalten gegen die Melodie mangelt, das wir an den anderen Setzern bemerken, und das hier zur nothwendigen Bedingung wird. Bei ihm macht sich schon der Einfluß der Italiener geltend und in dem Bestreben, gebührlichen Effect zu erreichen, wird auch die Melodie angetastet, von dem Contrapuncto colorato erfaßt und verkräuselt und so entstehen Gebilde, welche die Volksmelodie nur noch in Umrissen zeigen. Dies ist mit den meisten Bearbeitungen in den „Musikalischen Bergkreihen" von Frank der Fall und die, Notenbeilage No. 21., verzeichnete Melodie ist bei weitem noch nicht die buntest colorierte.

Aus den contrapunctischen Bearbeitungen der Volkslieder erwuchs das selbständig erfundene Kunstlied. Durch sie war eigentlich die Erfindung in den Meistern erst angeregt und genährt worden und diese hatten zugleich eine Herrschaft über das neue Material erlangt, die überhaupt Erfindung erst möglich macht. Jetzt bleiben auch Sänger, der Erfinder der Melodie, und Setzer, der contrapunctierende Meister, nicht mehr geschieden, die Meister erfinden ihre Melodien selber, und diese veränderte Thätigkeit hat nothwendiger Weise eine Veränderung des Produkts im Gefolge. Der Meister erfindet seine Melodien schon nicht mehr unbeirrt, sondern mit Rücksicht auf Harmonie. Diese ersteht zu gleicher Zeit mit jener, so daß zunächst beide abgeschwächt erscheinen müssen, gegen jene Bearbeitungen von Volksliedern, in welchen die Melodie der ungeschmälerte Ausdruck der Empfindung ist, und die Harmonie wiederum ihre ganze Macht entfaltet, um jene zu unterstützen und zu heben. Und als, wiederum eine noth= wendige Folge dieser veränderten Thätigkeit, die Meister immer größere Sorgfalt auf die Ausbreitung der Melodie verwenden, blüht die Harmonie immer mehr ab bis sie selbst im Kunstliede auf den einfachsten harmonischen Apparat, Tonika und Domi= nant zusammengedrängt ist.

Das unstreitig Bedeutendste leistete zunächst: **Hans Leo Haßler**, ein Schüler des **Giovanni Gabrieli**, des berühmten Stifters der venetianischen Schule. Er ist im Jahre 1564 zu Nürnberg geboren und ums Jahr 1585 treffen wir ihn in Augs= burg als Organist bei dem Grafen **Octavian Fugger**, 1602 am Hofe Kaiser **Rudolph's** II., der ihn später in den Adel= stand erhob. Er starb als churfächsischer Hoforganist auf einer Reise zu Frankfurt a. M. 1612.

Von seinen, nicht zahlreichen Werken, heben wir namentlich ein Heft mehrstimmiger Lieder 1601 unter dem Titel: „Lustgärt= lein“, in Nürnberg erschienen, hervor. Das bekannte Lied aus dieser Sammlung: „Mein G'müth ist mir verwirret“ darf als der Gipfelpunct der gesammten Schöpfungen auf dem Gebiete dieser Form in diesem Zeitraum angesehen werden. Die Stimmung ist dem Volksliede außerordentlich treu abgelauscht, aber sie erscheint hier in viel conciserer Form und in feinerer Interpretation des Textes, wie dort. Was wir früher als nothwendig eintreffend bereits voraussagten, daß die Melodie, wenn sie sich erst zu einer gewissen Selbständigkeit herausgebildet hat, nothwendiger Weise wieder enger an den Text sich anschließt, ist nun bereits eingetreten. Melodie und Harmonie schmiegen sich eng an das Wort und wie wunderbar innerlich der musikalische Rhythmus den sprachlichen unterstützt und ergänzt, leuchtet von selbst ein. Wie trefflich der Meister den Volkston getroffen hatte, wird dadurch bewiesen, daß das Lied fast unverändert mit dem geistlichen Text: „Herzlich thut mich verlangen“ den Weg in die Kirche fand und Gemeindelied wurde, und als solches bearbeitete es H. Schein 1627 choralmäßig.

An der ungleich größeren Menge der, auf dem Gebiete des Liedes gleichzeitig thätigen Meister, können wir vorübergehen. **Scandelli**,

Ivo de Vento, Regnart, Lechner und Andere, welche
fleißig: „Neue teutsche Lieder" veröffentlichten, schrieben dieselben
meist „nach Art der Madrigalen, Vilanellen und Canzonen," italienischer Liedgattungen und wenn es ihnen auch mit dieser Bezeichnung nicht immer Ernst ist, so ist doch außer Zweifel, daß sie für
jene Gattungen viel größeres Verständniß besaßen, als für unser
Volkslied und aus diesem heraus war nur das deutsche Kunstlied zu
schaffen.

Auch dem großen Meister Orlandus Lassus, der sich dem
deutschen Liede mit großem Fleiße zuwendete, war es nicht beschieden, jene natürliche Form des Liedes zu finden. Seine Lieder sind
alle im Motetten- und Hymnenstyl geschrieben.

Obgleich dasselbe von Eccard gilt, so ist er doch auch bedeutsam für das Lied geworden.

Johannes Eccard, 1553 in Mühlhausen in Thüringen geboren, erhielt früh durch Joachim aus Burgk, Cantor und Organist zu St. Blasien in Mühlhausen, einem bedeutenden Förderer
des evangelischen Kirchengesanges, den ersten Unterricht in der Musik.
In den Jahren 1571—74 studierte er unter Orlandus Lassus
in München und gieng dann wiederum nach seiner Vaterstadt zurück,
woselbst auch sein erstes Werk gedruckt wurde. Er arbeitete hier
mit Joachim aus Burgk an der Composition Helmbold'scher christ-
licher Lieder und folgte dann einem Rufe nach Königsberg in die
Dienste des Markgrafen Georg Friedrich von Brandenburg, des
Verwalters des Herzogthums Preußen. Im Jahre 1608 wurde er
Kapellmeister in Berlin und starb daselbst 1611.

Johann Eccard sollte eine kunstgeschichtliche Bedeutung
erlangen, wie kein anderer seiner Zeitgenossen, indem er Gemeine-
sang und Kirchengesang so künstlerisch zu verschmelzen wußte, daß
beide sich gegenseitig ergänzten. In der Melodie ließ er die Stimme
der Kirche ertönen und die kunstvoll interpretierenden Unterstimmen
repräsentieren die Gemeinde, die sich schon in die Wunder des göttlichen geoffenbarten Wortes zu vertiefen beginnt. In diesen Bearbeitungen ist ihm daher das einzelne Wort so bedeutend, daß er
fort und fort bemüht ist, es zur Geltung zu bringen, und zwar
in echt protestantischem Geiste, der ja dem Worte eine so große
Geltung beilegt. Die besondere Weise nun, in welcher dies unser
Meister thut, findet in den engen Schranken des Liedes nicht Raum.

Selbst seine sogenannten „Festlieder" sind motetten= oder hymnenartig geschrieben, etwa mit Ausnahme des Festliedes auf Mariä Verkündigung: „Freu' dich du werthe Christenheit," das mehr in Choralweise gehalten ist. Die Gliederung durch die, im Reim verbundenen Verszeilen ist meist nicht beobachtet, eine Stimme führt zum mindesten über den nöthigen Ruhepunct an den Endreimen hinaus. Auch das weltliche Lied behandelt er motetten= haft, ja oft nach Art der Cantate. Er zerlegt den Text in seine verschiedenen Strophen und behandelt jede einzelne in besondern Musiksätzen. So ist jede der drei Strophen des Liedes: „Hört ich ein Kuckuk singen" selbständig behandelt, die erste und dritte fünf=, die zweite vierstimmig, ebenso jede der vier Strophen des Liedes: „Unsre lieben Hühnerchen," das in vier selbständige Sätze, von denen zwei fünf=, einer vier= und einer dreistimmig ist, zerfällt. Jeder einzelne Satz nun wird von ihm ebenso interpretiert, wie seine geistlichen Texte. Wie namentlich in seinen Choralbearbeitungen fast jedes einzelne Wort in den verschiedenen Stimmen zur Geltung gelangt, so wird der Text hier meist ebenso nur wiederholt, um durch eine veränderte Declamation, durch Hervorheben eines bis= her vernachlässigten Wortes ihm eine neue Seite abzugewinnen. Daß diese Richtung von entscheidendem Einfluß für die Weiter= entwicklung des Liedes werden mußte, ist außer Zweifel. Die Form war ja im Großen und Ganzen festgestellt, es galt also dem Inhalt etwas näher zu kommen und dafür war unser Meister erfolgreich thätig; nur nach solchen Vorarbeiten konnte das gesungene Lied zum treffenden, die lyrischen Pointen unmittelbar erfassenden Ausdruck gelangen.

Von directem Einfluß auf die Fortbildung des Liedes ist:

**Melchior Frank.** Er ist zu Zittau um das Jahr 1580 geboren, bildete sich zu Nürnberg und starb zu Coburg am 1. Juni 1639 als Kapellmeister des Herzogs Johann Casimir von Sachsen= Coburg. Frank war einer der produktivsten Meister dieses ganzen Jahrhunderts und zwar gehört er zu den allseitig thätigen. Er schrieb nicht nur im Geiste Eccards Motetten und Kirchen= lieder — mehrere Choralmelodien, wie: „Jerusalem, du hochgebaute Stadt," „Der Bräutigam wird bald rufen" und „Ein Würmlein bin ich arm" sind von ihm erfunden — sondern er war auch für die Erweiterung des Kunstliedes und für Verbreitung des Volkliedes unermüdlich thätig.

Seine eigentlichen Lieder, die er unter den verschiedensten Titeln: „Teutsche Gesänge und Tänze," „Liebliche amorosische Gesänge," „Musikalische Convivien," „Hochzeitsgesänge," „Christlich musikalische gratulatoria" in den Jahren 1605—1606, 1610, 1614, 1621 und 1623 herausgab, trifft derselbe Vorwurf, den wir schon oben bei den „Bergkreihen" aussprachen, und der auch für die, von ihm 1603 herausgegebenen „Reiterlieblein" gilt: der Mangel einer stetig entwickelten Melodie. Die Lust zu colorieren ergreift auch die Melodie und so geht ihre eigentliche Bedeutung für das mehrstimmige Lied verloren. Dieser Einfluß italienischer Gesangsweise sollte sich erst in Prätorius und Schein zu einer wirklichen Neugestaltung der Melodie herausbilden. Doch wirkte Frank auf andere Weise hierzu thatkräftig mit durch seine Tanzlieder.

Mit dem Frank'schen Tanzliede kommt ein Element in das Lied, das bisher eigentlich noch nicht, oder doch nur in Andeutungen vorhanden ist, die kurze melodische Phrase, die für den lyrischen Ausdruck so wesentlich ist, weil sie die Empfindung auf ihre Pointen zurückführt und die, in sequenzenartiger Weise wiederholt und weitergeführt, für die vollendete Form bedeutungsvoll wird.

Die Tanzlieder von Valentin Haußmann zerlegen sich in kurze Abschnitte, die eigentlich nur äußerlich correspondieren, so daß weder die Lied- noch die Tanzform besonders bedeutsam ausgeprägt ist. So wie der einzelne Tanz sich aus der Wiederholung des oder selbst der einzelnen Pas zusammensetzt, so natürlich auch die denselben begleitende und regelnde Musik, aus einzelnen rhythmisch gleichartigen Motiven, und Melchior Frank wandte diese Weise der Construction auch auf das Tanzlied an. Im Tanzliede Notenbeilage No. 22. ist durch energische Herausbildung kleinerer Motive und durch ihre Verarbeitung eine weit größere, innere und äußere Einheit neben mannichfaltiger Charakteristik erreicht.— Zum Verständniß des Ganzen mag noch erwähnt sein, daß dem eigentlichen Tanzliede ein einfaches Lied von sechs Strophen vorausgeht, welches erzählt, daß dem Componisten Frau Musika erschienen sei, und ihn aufgefordert habe, ihr einen schönen Tanz zu componieren, um den Kranz zu verdienen. Diese Weise fand bald eifrige Nach-

4*

ahmer und gerade sie wurde auf die Weiterentwickelung des Liedes von wesentlichem Einfluß.

Hier möge auch noch der Eigenthümlichkeit der Tanzlieder und Tänze jener Zeit gedacht werden, daß die meisten, welche in einem zweitheiligen Tacte beginnen, einen Nachtanz, Proportio, im dreitheiligen Tact haben. Es hat dies wohl seinen Grund in der äußern Einrichtung des Tanzes. Wahrscheinlich sind die zweitheiligen Tänze Reihen-, die dreitheiligen Rundtänze; und es ist dann anzunehmen, daß die Reihentänze immer mit einem Rundtanze endeten.

Außer den genannten Meistern, die formell und ideell das Lied förderten, haben wir noch derer Erwähnung zu thun, die für Verbreitung dieser Form eifrig thätig waren.

Oben an steht **Valentin Haußmann**, Rathsherr und Organist zu Gerbstädt. Seine zahlreichen Lieder und Tänze, zum Theil eigene Erfindung, zum Theil Bearbeitungen von Volksliedern, haben eine große Verbreitung gefunden. Sie erschienen nicht nur in mehreren Auflagen, sondern wurden auch in Auszügen, in Zusammenstellungen der beliebtesten der einzelnen Hefte herausgegeben. Die Behandlung der Liedform ist eine, auch für jene Zeit nur zierlich dilettantische, und diesem Umstande verdanken sie wohl auch ihre große Verbreitung.

Einen mindestens ebenso großen Kreis von Verehrern muß Johann Jeep's: „Studenten = Gärtlein“ (1607) gefunden haben, von dem der Verfasser in der 1613 veranstalteten Ausgabe selbst sagt, „daß dem Typographen die Exemplare vielmals zerrinnen wollten.“

Den Liedern Haußmanns gegenüber sind sie noch ärmer an Erfindung und ihnen scheint wiederum eine gewisse Derbheit in Stimmung und Ausdruck den größeren Erfolg gesichert zu haben. Denn daß sie den Grundzug des gesammten Musiktreibens dieser ganzen Periode bildete, das beweisen außer den „Quodlibets“ auch noch eine Sammlung, die 1609 erschien und gleichfalls große Verbreitung fand: „Musikalischer Zeitvertreiber. Allerley seltsame lecherliche Vapores- und Humores-, Schlaftrunksbossen=, Quodlibet=, Judenschul= und andere kurzweilige Liedlein.“ Nürnberg bei Paul Kauffmann. Durch die ganze Sammlung geht die Landsknechtslaune hindurch, nur nicht die des frommen. Gleich im ersten Liede ist die Nachahmung des Katzengeschreis, im zweiten der Tumult

eines Marktes Hauptmoment der Darstellung; dem fünften gilt das:
„Ey wußta hotta guter drey geul," womit die Pferde angetrieben
werden, als Refrain. Die Weinlieder haben wenigstens bei aller
Derbheit noch den Vorzug, daß sie eine gewisse Geschlossenheit der
Form zeigen.

Bezeichnender aber, als alles dies, für die ganze Richtung des
Musiktreibens sind die Quodlibets. Sie sind allerdings wohl
zunächst nothwendige Folge der gesammten Musikpraxis der damaligen Zeit.

Das Volkslied hat diesem einen ganz neuen Ausgangspunkt
gegeben; es war für die Tonkunst zum befruchtenden Keim geworden, und nachdem die Künstler durch die contrapunktische Behandlung der Volksweise gelernt hatten selbst Lieder zu erfinden, war es
natürlich, daß man auch anderweitig mit ihr experimentierte. So
drastische Wirkung aber, wie eine geschickte Zusammenstellung einzelner Phrasen des Volksliedes hervorbrachte, entsprach so recht dem
deutschen Charakter jener Zeit und so wurde die Form des Quodlibets gar bald der Ausdruck der tollsten Laune und des zügel-
losen Uebermuths. Sie erschienen in großer Anzahl und die
besten Namen finden wir unter ihren Verfassern, wie: Orlandus
Lassus, Leo Haßler, Johann Eccard, Melchior Frank,
Georg Forster.

In einem Eccard'schen Quodlibet beginnt der Tenor: „Kessel,
Mulden binden, Pfannen flicken, Kessel, Ein alter Mann, der
nahm ein junge Frau" und sofort fällt der Alt ein: „Nun wollt
ihr hören neue Mähr, Zu meiner Königinn" und der Baß zugleich:
„Ich will zu land ausreiten — Es ist ein Seusack kommen." Ein
Viertel später tritt dann der erste Diskant hinzu mit der Melodie:
„Warum sollt' ich nit fröhlich sein?" ferner der zweite Diskant
mit: „Der Müller auf der Obermühl — Die hat ob ihm ein Grauen"
und endlich tritt auch der zweite Tenor hinzu: „Es hatt ein Schwab
ein Töchterlein, und haben guten Muth," und nun geht es in
immer tolleren Zusammenstellungen fort, bis endlich sich alle Stimmen in dem Refrain vereinigen: „Trinkgar aus, noch muß er
unser Schwager sein, wisch einmal herumb, ich bitt dich all mein
lebtag drumb," welcher ein beliebter Schluß für derartige Quodlibets
gewesen zu sein scheint, da er uns öfter begegnet.

Gegen diese ganze Richtung nun begann der Einfluß Italiens eine wohlthätige Reaction auszuüben.

Der Grundzug des deutschen Gesanges, dem Wort eine über= wiegende Herrschaft einzuräumen, wurde sowol durch jene künst= lerischen, als auch durch diese mehr volksmäßigen Bestrebungen einseitig ausgebildet. Das Hauptaugenmerk der deutschen Meister des Kirchengesanges war auf Verständlichkeit des Wortes gerichtet, ihr wurde gar bald alles Uebrige untergeordnet, und im welt= lichen Gesange war das Burleske, Derbe, vorwiegend geworden; was wiederum mehr durch Sprechen, als durch Singen erreicht werden konnte. So gerieth gar bald die gesammte Vocalmusik in Gefahr, auf dem halben Wege zu herrlicher Entfaltung stehen zu bleiben und am Ende gar abzublühen.

Da kam von Italien her der neue Anstoß zu einer raschen Weiterentwickelung. Dort hatte sich neben dem Kirchengesange in den Madrigalen, Vilanellen und Canzonen gleichfalls ein eigenthüm= licher Volksgesang gebildet, aus dem wiederum in rascher Ent= wickelung der Sologesang sich herausbildete und bald war die, dem Italiener eigene, rein beziehungslose Lust am Gesange in einer Weise erwacht, daß sie alle Arten und Formen des Gesanges in ihren Strudel hineinzog. Es entstanden die drama= tischen Formen, die Anfänge des Oratoriums und der Oper und das Kirchenconcert, und, was uns hier zunächst beschäftigt: die Melodie gelangt jetzt zu jener eigenthümlichen Süße, die für den lyrischen wahren Ausdruck nothwendig Bedingung ist.

Die neue italienische Weise mußte den deutschen Meistern um so mehr imponieren, als sie mit der erwähnten deutschen in so directem Widerspruch stand, und der wohl erste Vermittler dieses Einflusses, **Michael Prätorius**, in Crenzberg an der Werra in Thüringen am 15. Februar 1571 geboren und 1621 am selben Datum gestorben, ist von der neuen Weise so entzückt, daß er meint: „in der beweglichen anmuthigen Art der Concerte sei die Tonkunst so hoch gebracht, daß man sich billig zum höchsten darüber zu verwundern habe." Er verwirft die gesammten Produkte seiner so reichen bisherigen Thätigkeit und verspricht Neues und Besseres zu leisten. Das hat er redlich gethan. Fort und fort ist er von jetzt bemüht, jenes mehr sinnlich reizvolle italienische

Element der deutschen Tonkunst zu vermitteln. Allein seine Werke haben weniger südliche Gluth der Empfindung, als vielmehr die dadurch bedingte sinnliche Klangwirkung. Mit seinem Ohr und Auge begabt, weiß er diese den Italienern abzulauschen und auf deutsches Gebiet zu verpflanzen, und wie viel er auf die getreue Ausführung rechnet, und wie er fort und fort bemüht ist, durch die eigenthümliche Zusammensetzung und Gruppirung der Singchöre zu neuen Klangeffekten zu gelangen, das beweist sein theoretisch bedeutendstes Werk: „Syntagma Musicum," in welchem er ganz genaue Vorschriften in Bezug hierauf giebt.

Er scheint auch der Erste zu sein, der mit durchgreifendem Erfolge in Deutschland schon das Instrumentale dem Vocalen entgegen zu setzen versuchte. Instrumentaleinleitungen finden wir bedeutend früher; fast jede Liedersammlung mit der Bezeichnung: „auch auf allerley Instrument zu gebrauchen," bringt einige „Intraten," die jedoch meist wenig Bezug auf die einzelnen Lieder gehabt haben mögen. Von jetzt an werden die Vocalsätze durch ein Präludium eingeleitet, durch Ritornelle unterbrochen und durch Nachspiele geschlossen. Diese Neugestaltung ist von so großer Wichtigkeit, daß wir einen Augenblick dabei verweilen müssen.

Die Instrumentalmusik konnte sich nothwendiger Weise erst entwickeln, nachdem das Vocale bedeutungsvoll geworden war. Die Vocalmusik, als die natürlichere, zunächst liegende, ruft jene erst hervor und giebt ihr den Anstoß zur Entwickelung. Daher stehen die ersten Instrumente früh nur im Dienste des Vocalen, um diesem den Ton anzugeben und den Sänger immer in demselben zu erhalten, oder sie dienen eben nur als Begleitung und Unterstützung desselben, wie wol in allen Ländern bis ins sechzehnte Jahrhundert hinein.

Mit dem Ausgange dieses Jahrhunderts aber beginnt das Instrumentale bereits sich in bedeutender Weise zu erweitern, allerdings zunächst mehr nach der Breite. Die ganze Bewegung ist mehr von der Lust am Klange geleitet und das Bestreben, ein Instrumentalcolorit herzustellen, gegenüber dem Vocalen, führte nicht nur zu Verbesserungen der vorhandenen, sondern auch zur Erfindung neuer Instrumente, und das siebenzehnte Jahrhundert zeigt schon einen erstaunlich großen Reichthum von Instrumenten aller Art.

Michael Prätorius führt in seinem bereits genannten Werke: Syntagma Musicum (Tomus secundus. De Organographia) außer den verschiedenen Arten Orgeln (Orgel pneumaticum, Positivum, Organum portatile und Regal) und außer der allgemein bekannten und beliebten Laute und dem Clavicembel eine Menge Blas-, Schlag- und Streichinstrumente auf, wie die Tuba (Trombone), die Schäfer-, Quer- und andere Pfeiffen, die Schalmeien, Bombarten, die Cornetten (Zincken), Krummhörner (Cornamuse) und neben Pauken, Glocken, Glöckchen und Cymbeln, Röllchen, Harfe, Theorbe und Lyra, die Viol da Gamba und die Violine (Rebeckchen, Fides, Fibicula, Violadi braccio). Diesem Reichthum der Instrumente entsprechend, war auch die Zusammensetzung und die Menge der Musikchöre. Wie an den Kirchen und Schulen Cantoreien errichtet waren, welche den Gesang pflegten, so errichtete bald jede einigermaßen bedeutende Stadt ihre Stadtpfeifferei, die sich mit der Pflege der Instrumentalmusik ausschließlich beschäftigte und an den zahlreichen Höfen der deutschen Fürsten wurden solche Kapellen mit ganz besonderem Aufwande unterhalten. Mit der wachsenden und in diesen Chören geförderten Technik der Instrumente und der gesteigerten Virtuosität der Musiker, mußte sich diesen die Nothwendigkeit aufdrängen, über das Vocale hinauszugehen. Die Instrumentisten versuchen natürlich Anfangs ganz bescheiden, durch „Arppeggi und Passaggi," den einen oder den andern Tact, oder auch eine ganze Phrase, zu coloriren; später variirt das einzelne Instrument die ganze Melodie. Auf diesem Wege mußte das Instrumentale zur Erkenntniß des eignen Inhalts gelangen, und mit welchem Eifer dies jetzt schon ausgebildet wird, davon geben die Introductionen und Ritornelle, in welchen die Instrumentalmusik das Vocale schon zu ergänzen sucht, den schlagendsten Beweis. Und das ist ja zunächst die Bedeutung des Instrumentalen, daß es das auszusprechen versucht, was das Vocale noch unausgesprochen gelassen, was es zum Mindesten nicht erschöpfend ausgesprochen hat. Jenes geheime Walten und Weben des Geistes kommt fessellos und ohne Rest nur im Instrumentalen zur Erscheinung. Der Consonant der Sprache, und sei es auch der gesungenen, ist ja schon eine Hemmungsform und im Begrifflichen, an das die Sprache das Leben des Geistes veräußern muß, tritt dieser gewissermaßen aus sich selbst heraus in eine Welt, die er sich geschaffen, in die Welt der Begriffe, die ihn aber nimmer ganz und ohne Rest aufnehmen kann. Die Musik dagegen, und namentlich die Instrumentalmusik, giebt dies Leben der Phantasie und des Geistes ganz unmittelbar, wesen- und gegenstandlos im Ton und darum in seiner ganzen Fülle und Ursprünglichkeit.

War diese Erkenntniß auch bis in das siebenzehnte Jahrhundert, bis auf Gluck, Händel und Bach nur als dunkle Ahnung vorhanden und waren alle Versuche, das Instrumentale und die Besonderheit seines Ausdrucks in ein Verhältniß zum Vocalen zu bringen, mehr rein technischer Art, so trugen sie doch viel zur Erweiterung und naturgemäßen Entwickelung des Liedes bei. Schon das eigenthümliche, so hundertfach gemischte Klangcolorit mußte ganz besonders befruchtend auf die Phantasie der Tondichter wirken. So vielfach auch die Vocalcomponisten ihre Stimmen zu mischen versuchten, so reiche Farbentöne, wie die Instrumentalisten brachten sie doch nicht hervor, und gerade die Eigenthümlichkeit des damaligen Orchesters, daß seine Hauptstütze meist die Instrumente mit Tenorlage: Gamben und Krummhörner waren, mußte diesem einen eigenthümlich saftigen Charakter geben, den wir gar bald auch in der Melodiebildung dieses Zeitraums wahrnehmen.

Direct ist der Einfluß der italienischen Gesangsweise auf die deutsche durchaus nicht so bedeutend geworden, als er meist dargestellt wird. Wahrhaft neugestaltend wirkte er nur auf die Melodiebildung. Die Harmonik und Metrik war längst auch im deutschen Volksliede auf jenen einfachen und natürlichen Formationsprozeß zurückgegangen, welcher die gesammte moderne Tonkunst herauftrieb. Die Chromatik, welche das alte kirchliche Tonsystem beseitigte und die Rhythmik, die in festem Anschluß an das Wort dessen Bedeutung hob und seine Verständlichkeit förderte und welche den künstlichen, viel öfter überkünstelten und darum verwirrenden contrapunctischen Arbeiten ein Ziel setzte, waren längst auch im deutschen Volksliede und durch dasselbe schon in der deutschen Kunstmusik herrschend geworden. Den Italienern bleibt höchstens das Verdienst, daß sie die Principien dieser neuen Musikpraxis zuerst aussprachen und zum System zu erheben suchten, und früher zu entwickelten Soloformen kamen, als die Deutschen.

Der Sologesang beginnt eigentlich erst mit dem Hinzutritt der Instrumente aus dem mehrstimmigen Gesange sich zu entwickeln. Diejenigen mehrstimmigen Gesänge des sechzehnten Jahrhunderts, welche auch „auf allerlei Instrument zu gebrauchen," waren auch, wie das häufig auf den Titelblättern der Stimmbücher angeführt ist, derartig auszuführen, daß nur eine Stimme gesungen, die übrigen von Instrumenten ersetzt wurden. Mit der wachsenden Verbreitung, welche die Laute als begleitendes Instrument gewinnt, mehren sich natürliche derartige Behandlungen der mehrstimmigen Gesänge. Die Laute dürfte unserer Guitarre am nächsten kommen, nur war sie größer und mit einem mehr runden, schildkrötenartigen Corpus, und längerem und breiterem Halse versehen und der Kopf oder Kragen, in welchem die Wirbel gingen, war rückwärts gebogen. Sie hatte Anfangs nach Prätorius fünf, später sechs doppelsaitige Chöre und Ernst Gottlieb Baron handelt in seiner „Historisch-theoretischen und practischen Untersuchung des Instruments der Lauten (Nürnberg, bei Johann Friedrich Rüdiger 1727)" von einer elfchörigen Laute. Dies Instrument erlangte für jene Zeit gar bald dieselbe Bedeutung, welche heute das Pianoforte für uns hat. Doch scheinen nirgends eigene Compositionen für dasselbe gedruckt worden zu sein. Die Lautenisten setzten die mehrstimmigen Gesänge und Tänze: Galliarden, Sarabanden, Passamezze u. s. w. für ihr Instrument, zu welchem Behufe sie sich eine eigene Zeichenschrift, die sogenannte Lautentabulatur, erfunden hatten. Es war das Instrument wol auch das geeignetste, den Gesang der Melodie durch Uebernahme der Unterstimmen zu unterstützen, und es trug gewiß viel dazu bei, die Lust am Einzelgesange zu erhöhen und zu verbreiten.

Mehrfach wird uns die große Bedeutung der Laute für die gesammte Musikpraxis bestätigt. Prätorius, am angegebenen Orte, nennt sie ein „Ornament-Instrument, damit man andere Musikam gleichsam schmücket und auszieret und würzen kann," und Baron, der als Beleg hierfür eine Anzahl Begleitungsfiguren, die auch heute noch üblich sind, mittheilt, beruft sich auf Besarbardo, der die Laute „Principem quasi et Reginam Musicorum Instrumentorum omnium" nennt.

Von dieser Lautenpraxis ging die Reform des gesammten Musiktreibens in Italien aus. In Florenz, im Hause des Grafen Gio-

vanni Bardi de Vernio beschäftigte sich eine Gesellschaft von Künstlern und Gelehrten ernstlich mit der Wiedererweckung der alten
gesungenen Tragödie der Griechen, und weil man zu der Ueberzeugung gelangte, daß der declamatorische Gesang Hauptsache darin
gewesen sei, so vereinigte sich jener Kreis sofort zu thatsächlicher
Opposition gegen das bisherige Musiktreiben. Man machte ganz
richtig geltend, daß der mehrstimmige, besonders der contra-
punctisch-verkünstelte Gesang jener Zeit die Verständlichkeit des
Wortes beeinträchtigt, namentlich wenn die Melodie im Tenor oder
einer anderen Mittelstimme liegt, und daß es unstatthaft sei,
irgend eine Stimme aus einem mehrstimmigen Satze heraus-
zunehmen und zu singen, während die übrigen Stimmen durch
die Laute oder einige andere Instrumente ersetzt würden. Vin-
cenzo Galilei, Mitglied der Gesellschaft, schrieb hierüber 1581
eine besondere Abhandlung, und er und seine Freunde componierten
eine Menge Gesangstücke für eine Singstimme mit Instrumental-
begleitung, bei denen namentlich die declamatorische Seite des Vortrags berücksichtigt wurde. Diese Versuche fanden bald allgemeinen
Beifall, der namentlich durch die Vortragsweise des römischen
Sängers Caccini gefördert wurde.

Es kann uns hier nicht weiter beschäftigen, wie aus diesen
Anfängen und Versuchen das musikalische Drama sich entwickelte.
Für unsern Gegenstand ist es zunächst wichtig zu erfahren, daß
jetzt jene doppelte Weise der Interpretation des Textes, einmal durch
die zum Recitativ gesteigerte Sprachmelodie, das andermal durch
die in festen Formen sich darstellende Musikgestaltung gefunden ist,
und wir werden jetzt nur nachzuweisen haben, in wie weit diese
neuen Principien bedeutungsvoll für die Weiterbildung der Liedform
geworden sind. Hier begegnen wir wieder der eigenthümlichen Erscheinung, daß das, was in Italien begonnen worden, in Deutschland
erst zur herrlichsten Entfaltung kommen sollte. Die rein beziehungslose Lust am Gesange, die durch den vorherrschenden Vocalismus
der Sprache erhöht, jetzt mit Macht in Italien hervorbricht, führte
gar bald von dem eingeschlagenen Wege ab, und jene principielle
Verachtung des Gesanges, aus welcher die ganze Bewegung hervor-
gieng, wich bald der alles überwuchernden Lust am Gesange. Das
Recitativ blühte fast ganz ab und der Sologesang wird zur Cantilene, mit abwechselnden Fiorituren und Coloraturen; das Wort

aber tritt bald so zurück, daß der Text nur noch ein dürftiges Gerüst
ist, über welches der ausführende Sänger seinen Bau aufführt.
Deutschland dagegen bildet beide Gesangesweisen mit großer Sorgfalt
aus und zwar unter fortwährend gegenseitiger Einwirkung, so daß das
Recitativ durch den Einfluß der Cantilene zu klangvoller abge=
stuften Accenten und dieses wiederum durch jenes zu größerer Energie
und Wahrheit des Ausdrucks gelangte. Wir werden im Verlaufe
der Darstellung noch oft Gelegenheit haben, die ungeheure Bedeu=
tung dieses ganzen Prozesses für die Fortbildung des Liedes an=
erkennen zu müssen. Das Ursprüngliche jener Bestrebungen aber
ist es nicht, was den Deutschen Prätorius und Heinrich Schütz
zunächst imponiert. Jene declamatorische Seite des Gesanges war
ihnen ja gar nicht mehr so neu. Der deutsche und namentlich der
weltliche Gesang konnte sich nie vollständig vom formellen Bande
der Sprache loslösen und wir fanden selbst im Volksliede Wort=
accent und Sprachrhythmus melodiegestaltend wirksam, und sahen,
wie das gesammte Musikempfinden fast einseitig der Bedeutung des
Wortes die eigentlich musikalische Gestaltung zu opfern begann.
Das, den deutschen Meister neue, war die eigenthümliche Süße, die
reizvolle Eindringlichkeit, mit welcher sich der italienische Gesang
jetzt ausbreitet. „Die bewegliche, anmuthige Art der Concerte“
findet Prätorius so nachahmungswürdig, und Schütz ist so
bemüht „gebührlichen Effect zu machen,“ daß er auch da, wo er
es nicht ausdrücklich vorzeichnet, dem Accompagnisten oder einer
Viola erlaubt, „unter dem Haufen Arpeggi und zierliche Passaggi“
anzubringen.

Alle diese neuen Elemente konnten sich um so leichter auch
dem deutschen Liede vermitteln, als auch in der Dichtkunst fast um
die oben bezeichnete Zeit sich wiederum das Bestreben nach glatteren
Formen, einer reineren und verfeinertern Sprache und einem
geregelteren Versbau geltend machte. Diese war überall zur Meister=
singerei und Pritschenmeisterei herabgesunken. In der Gesellschaft
standen die Poeten mit dem Bettler auf ziemlich derselben Linie und
galten in der öffentlichen Meinung eben so wenig höher als Gaukler
und Schauspieler.

Die Gelehrten, wo sie sich mit Poesie beschäftigten, thaten
das in der Sprache der Römer, und der Adel, der noch nicht ganz
verbauert war, huldigte der französischen Sprache. Die wenigen

Erzeugnisse der deutschen Poesie zeigten daher ein lächerliches Sprach= gemisch. Seit Luthers Tode war nicht nur wiederum ein Stillstand, sondern ein Rückgang in der Sprachreinigung eingetreten. Die Gelehrten hatten sich mit besonderer Vorliebe dem classischen Alter= thum zugewendet und lateinische Sprache und lateinischer Satz = und Periodenbau begannen wiederum die Herrschaft zu erlangen. Die allgemeine Zerrüttung des öffentlichen Lebens aber war wenig geeignet, fördernd auf die Entwickelung der deutschen Sprache einzuwirken.

So lag der deutsche Geist in Fesseln, und die deutsche Dicht= kunst war mit Beginn des 17ten Jahrhunderts schon im tiefsten Verfall. Da traten vaterländisch gesinnte Männer zusammen und verbanden sich zu Sprachgesellschaften. Die erste und auch wohl bedeutsamste, der sogenannte „Palmenorden" oder die frucht= bringende Gesellschaft, wurde 1617 vom Fürst Ludwig von Anhalt zu Cöthen gestiftet. Der Zweck dieser Gesellschaft, welche den „in allen Theilen nutzbaren Palmbaum" mit der Devise: „Alles zum Nutzen" zum Sinnbilde hatte, war: „Die hochgeehrte deutsche Sprache in ihrem gründlichen Wesen und rechten Verstande ohne Einmischung fremder, ausländischer Flickwörter aufs zier= und deutlichste, sowohl im Reden, Schreiben, als in Gedichten zu erhalten." Demgemäß ging das Hauptbestreben des Bundes zunächst dahin, die deutsche Dichtung wieder zu Ansehen zu bringen. Nur Männer der höhern Stände und Gelehrte fanden Aufnahme und die deutsche Literatur trat wieder unter den Schutz der Mächtigen und Einflußreichen. Die fruchtbringende Gesellschaft verbreitete sich bald über ganz Deutschland und es entstanden nach ihrem Muster neue, wie „die deutsch gesinnte Genossenschaft," 1643 durch Ph. v. Zesen in Hamburg gestiftet, welche besonders gegen alle Fremdwörter erbitterte Fehde führte; „der pegnesische Blu= menorden" oder „die Gesellschaft der Pegnitzschäfer," gestiftet 1644 zu Nürnberg durch Klai und Harsdörfer und der 1656 gegründete „Schwanenorden an der Elbe."

Jede dieser Gesellschaften trug das Ihre dazu bei, daß deutsche Sprache und deutsche Poesie wieder auf den Weg geleitet wurden, auf welchem sie zu so herrlicher Entfaltung gelangen und auf dem auch das lyrische Lied in einem zweiten Frühling emporblühen sollte.

Der merkenswertheste und namentlich für die deutsche Dicht= kunst einflußreichste „gekrönte" Poet des Palmenordens ist **Martin**

**Opitz,** 1597 am 23. Dcbr. zu Bunzlau in Schlesien geboren und im Jahre 1628 durch den Kaiser Ferdinand I. unter dem Namen „von Boberfeld" in den Adelstand erhoben. Als Dichter wird er von vielen Zeitgenossen bedeutend überragt, wie von Paul Flemming (geb. 1609, gest. 1640) und Andreas Gryphius (1616 geb. und 1664 gest.). Allein eine ungleich höhere Bedeutung, als jeder der genannten, erlangt Martin Opitz von Boberfeld durch sein Buch: „Die deutsche Poeterei" (Brieg 1624). Indem er der noch immer zu Recht bestehenden Tabulatur der Meistersänger eine Poetik gegenüber stellte, deren Grundlage die ersten lateinischen Aesthetiker Hieronymus Vida und Jul. Cäsar Scaliger waren, und die als obersten Grundsatz geltend machte, daß in deutschen Versen nicht nur die Silben gezählt, sondern daß nach dem Accent die Länge und Kürze beobachtet werden müsse, wurde er Muster und Vorbild für die Form der deutschen Poesie. Ueber diese kamen er und seine unmittelbaren Schüler indeß nicht hinaus zu einem wirklich bedeutsamen Inhalt. Die Devise des Palmenordens: „Alles zum Nutzen" wurde auch die Richtschnur für die Poesien der Dichter dieser sogenannten ersten schlesischen Dichterschule. Wie die Philosophie, so sollte auch die Poesie lehren und nützen, „nur mit dem Unterschiede, daß sie lehre und nütze, indem sie ergötze." Und dieser Grundsatz, der über hundert Jahre sich in Geltung erhielt, verbannte natürlich alles Musikalische gar bald aus der Poesie, und auch der Schwulst der zweiten schlesischen Dichterschule, eines Christian Hofmann von Hofmannswaldau (1618 zu Breslau geboren und gestorben 1679) und Daniel Caspar von Lohenstein (1635 zu Nimptsch in Schlesien geboren und zu Breslau 1683 als kaiserlicher Rath und Syndikus der Stadt Breslau gestorben) vermochten dem Lied einen wahrhaft musikalischen Inhalt, der zu besonderer Darstellung hingedrängt hätte, nicht einzuflößen. Einer solchen wäre allerdings auch die gesammte Kunstpraxis der damaligen Zeit kaum fähig gewesen. Ihre nächste Aufgabe war, alle die genannten fremden Elemente erst zu verarbeiten, und aus der innigen Verschmelzung der alten Weise mit der neuen, konnte erst das gesungene Lied in neuer und schönerer Gestalt hervorgehen.

In wie weit dieser Verschmelzungsprozeß sich in Michael Prätorius vollzog, wurde bereits erörtert. Bedeutsamer wurde er schon in:

**Heinrich Schütz.** Er ist am **11.** Octbr. 1585 zu Köstritz bei Gera geboren. In Italien selbst hatte er unter dem eifrigsten und genialsten Träger der neuen Richtung, unter **Johannes Gabrieli**, sich die neue Weise des Gesanges angeeignet und seine ungleich größere Begabung als die des **Prätorius** ließ ihn zu bedeutenderen Erfolgen gelangen als diesen. Bei ihm verschmolz sich wirklich die Macht der deutschen Harmonik und Metrik mit der süßen Melodik Italiens und diese ließ schon den starren Contrapunkt in Fluß gerathen. Direct bedeutungsvoll für das Lied ist er indeß eben so wenig geworden wie **Prätorius**. Seine Hauptthätigkeit beschränkte sich auf die Weiterbildung und Verbreitung des geistlichen Concerts.

Erst durch

**Johann Hermann Schein** gewinnt die italienische Gesangsweise entscheidenden Einfluß auf die Weiterentwickelung des Liedes, und zwar nicht nur in äußerlicher, sinnlich reizvoller Weise, sondern in der, welche wir als künstlerische Nothwendigkeit erkannten.

**Schein** ist der Sohn eines Pfarrers zu Grünhayn im Meißenschen, am **20.** Januar 1586 geboren. Nach dem früh erfolgten Tode seines Vaters kam er 1599 als Discantist in die Hofkapelle nach Dresden und blieb in derselben bis zum Jahre 1603, in welchem er als Alumnus in Pforta, der sächsischen Fürstenschule, eintrat. Später bezog er die Universität Leipzig um Philologie und Theologie zu studieren. Doch scheint er diese Laufbahn bald verlassen zu haben. Schon im Anfange des zweiten Decennium des siebenzehnten Jahrhunderts gehörte er zu den geachtetsten Tonkünstlern, und die 1609 und 1612 zu Leipzig veröffentlichten fünfstimmigen Lieder und vierstimmigen Concerte wurden rasch bekannt und beliebt. Im Jahre 1613 berief ihn der Herzog Johann Ernst als Kapellmeister nach Weimar und zwei Jahre später wurde er an **Seth Calvisius** Stelle Cantor an der Thomasschule zu Leipzig, wo er 1630 starb. Sein Leben war reich an herben Schicksalen. Zwei Gattinnen und fünf Töchter und zwei Söhne geleitete er innerhalb dreizehn Jahren zu Grabe und immer waren es Dicht- und Tonkunst, die ihm so herbe Verluste ertragen halfen. Jedem dieser Dahingeschiedenen dichtete er ein eigenes Grablied und erfand eine eigene Melodie dazu.

Auch seine Hauptthätigkeit erstreckte sich über das Gebiet der kirchlichen Kunst. Er componierte gleichfalls geistliche Concerte und Choräle, aber auch dem weltlichen Liede wandte er, wenn auch nicht ausgebreitete, doch sorgsame Pflege zu. Seine:

"Musica boscareccia," oder: "Waldliederlein auff Italie= nische Villanellische Invention." Beides für sich allein mit lebendigen Stimmen oder in ein Clavicembel, Spinet, Tiorba, Lauten, wie auff musikalischen Instrumenten anmutig und lieblich zu spielen fingirt und componirt.

erschien in drei Theilen (1621—28) und die beiden Lieder der Notenbeilage No. 23. und 24.: "O Sternenäugelein" und "Mit freuden, mit scherzen" mögen den Beweis liefern, daß jene Bezeich= nung "auf italienische Villanellische Invention" nicht in der Weise zu nehmen ist, als habe der Meister die Vilanellen nachahmen wollen. Das Schein'sche Lied ist Volkslied, unter dem entschie= denen Einfluß jener italienischen Gesangsweise, die wir oben näher zu characterisieren versuchten, hervortreibend. Obgleich die Melodie im ersten der beiden genannten Lieder durchweg syllabisch dem Text sich anschließt, ist sie doch von einer großen Beweglichkeit und Süße und der süßliche, häufig alberne Text erlangt durch sie erst Bedeutung und Gewicht. Dadurch, daß die Unterstimmen den tändelnden Sprachrhythmus musikalisch ganz anders darstellen, als die Oberstimme, kommt eine eigenthümliche Bewegung in das Ganze, die im Text nicht vorhanden ist. In beiden Liedern begegnen wir wieder jenem Bestreben, die Pointen der lyrischen Stimmung in melodischen Motiven bestimmten Ausdruck zu geben, aus deren sequenzenartigem Ineinanderweben sich die Gesammtstim= mung am Sichersten ergiebt, und dem wir schon in einigen Volks= liedern und im Frank'schen Tanzliede begegneten. Die Melodie des ersten Liedes: "O Sternenäugelein" besteht, die Theilschlüsse abgerechnet, aus zwei Motiven.

Durch harmonisch oder melodisch veränderte Wendungen wird ferner das Versgebäude sinnig erweitert, seine kurzathmige Con= struction, ohne sie zu zerreißen, gewichtiger herausgebildet. Die erste und zweite Verszeile correspondieren harmonisch mit ein= ander, aber sie ergänzen sich zugleich in ihrer eigenthümlichen Melodieführung zur Langzeile (wenn wir uns dieses Ausdrucks hier bedienen dürfen). Die dritte und vierte correspondieren, die folgenden beiden werden wieder musikalisch zusammengezogen; die nächsten drei Zeilen correspondieren wiederum und die folgende und die letzte werden ganz selbständig erweitert, ebenso wie die vorletzte und die Correspondenz wird harmonisch vermittelt (Gmoll, Dmoll, Dbur, C= und Gbur).

Nicht feiner in der Versgliederung, aber noch übersichtlicher und der Stimmung und dem Text noch näher angepaßt, ist das folgende Lied: „Mit freuden, mit scherzen." Die ersten vier Strophen des ersten Theils sind Sequenzen, ebenso wie die ersten vier der zweiten und die Schlußzeile des Ganzen ist eine Sequenz zur Schlußzeile des ersten Theiles. Dies gilt aber nur von der Melodie. Die Harmonie folgt nur im Großen und Ganzen die= sem Princip; sie interpretiert vielmehr die Melodie in einzelnen feinen Abweichungen von dem ursprünglich sequenzenmäßigen Fort= gange derselben.

So dürfen wir die Lieder Schein's als einen bedeutenden Fortschritt auf dem Gebiete dieser Form bezeichnen — und in der Bildung der Melodie ist er eigentlich wol auch nur noch von einem Meister dieses Jahrhunderts erreicht worden, von Johann Georg Ahle. Die harmonische Behandlung dagegen entspricht noch zu wenig der melodischen Freiheit und Süße. Hiermit steht er noch zu tief in den alten Anschauungen, und die Falso bordone, die Sextengänge, die er ziemlich häufig anwendet, sind nur ein nothdürftiges Aequivalent für die fehlende Geschmeidigkeit der Har= monie. Und das ist es, was die Wirkung seiner Lieder ungemein beeinträchtigt, daß er nicht die seiner freien und leichten Melodie= bildung entsprechende Weise der Harmonie fand. Diese sollte erst von seinen Nachfolgern gefunden werden. Sie lösten allerdings ihre Aufgabe zunächst in der bequemsten Weise, indem sie den harmonischen Apparat bis auf seine nothwendigsten Bestandtheile Tonika und Dominant reducierten.

Hierzu wirkte namentlich die Erfindung des sogenannten „Generalbasses," des bezifferten Basses mit, die gleichfalls von Italien ausgieng. Als man hier in der einstimmigen Behand= lung des Gesanges die eigentlich höchste Aufgabe desselben zu begrei= fen begann, war man doch andrerseits wieder viel zu tief harmonisch gebildet und verwöhnt, um die Harmonie entbehren zu können. Aber man bedurfte ihrer nicht mehr in der kunstvollen Stimmverflechtung,

in der sie meist bisher aufgetreten war, diese war der neuen An=
schauung entschieden entgegen, sondern nur als begleitenden Accord,
und bald wurde auch nur neben der Melodie die Grundlage der=
selben im Grundbaß, oder wie er später hieß, Generalbaß bei=
gegeben und die Accorde wurden durch Ziffern angedeutet (Viadana
selbst nimmt das Verdienst für sich in Anspruch, dies Verfahren
zuerst angewandt zu haben [1607], ob mit Recht, ist noch unent=
schieden).

Wir sehen auch den Baß der Lieder von Schein beziffert,
für den Fall, daß sie von einer Stimme zur Laute, Theorbe oder
dem Clavicembel ausgeführt würden.

Der nächste, der auf diesem Wege fortschreitet, ist
**Heinrich Albert.** Er wurde 1604 am 28. Juni in Lohenstein im
Voigtlande geboren und war Anfangs bestimmt, die Rechte zu
studieren, zu welchem Behufe er die Universität Leipzig bezog. Allein
früh schon hatte sich in ihm die Neigung zur Musik gezeigt und er
ergab sich ihr endlich ganz und gieng nach Dresden, um sich weiter
auszubilden. Im Jahre 1626 weilte er in Königsberg und erhielt
1631 die sehr einträgliche Stelle eines Organisten an der Domkirche
daselbst. Hier fand er in dem „Königsberger Dichterbunde" ein
reiches Feld für seine Thätigkeit.

Nach dem Vorgange des Palmenordens hatten sich, wie schon
erwähnt, in mehreren Städten bereits ähnliche Gesellschaften con=
stituiert, und in Preußen, namentlich in Danzig und Thorn, war
die Anregung hierzu von Opitz selbst ausgegangen. Die höchste
Blüthe erreichte wol der „Königsberger Dichterbund," dessen
Meister Simon Dach zu Albert gar bald in das innigste
Freundschaftsverhältniß trat, und an ihn und den Bund knüpft
sich nun fast ausschließlich seine künstlerische Thätigkeit. Er versah
die Lieder Dach's und der anderen Freunde aus dem Dichterbunde
(Robert Roberthin und Valentin Thilo) mit Melodien,
und sie müssen einen großen Erfolg gehabt haben, da die Sammlung
dieser Lieder: „Arien etlicher theils geistlicher, theils weltlicher zur
Andacht, guter Sitten rc. dienender Reime" (1640—50), außer
der „Kürbishütte" in acht Theilen und mehreren Auflagen erscheinen
konnte. Außer einigen belebten und frischen Naturliedern tragen
fast alle Lieder dieses Bundes, mit Ausnahme der geistlichen, jene
Devise des Palmenordens: „Alles zum Nutzen" zu stark aufgeprägt,

um wirklich poetisch bedeutsam zu sein, und Dichtung und Musik
sind beide fast ganz Gelegenheitsarbeit geworden. Beide sind dem
Dichter und dem Tonsetzer schon so persönlich nahe gerückt, daß
jeder Anstoß willkommen ist, jede äußere Begebenheit Anregung
für eine Dichtung wird. Das persönliche Gefühlsleben
beginnt jetzt, gegenüber dem allgemeinen der Massen,
aus dem auch das Kunstlied bisher noch emportreibt,
sich schon entschieden geltend zu machen.

Simon Dach besang den Ruhm und die Huld des großen
Churfürsten und seines Stammes bei allen möglichen Ereignissen
des churfürstlichen Hauses und in Albert's Arien finden wir:
„Die Rede einer verstorbenen Jungfrau aus dem Grabe" — die
Musik zu Ehren Martin Opitz von Boberfeld, als er nach
Königsberg kam, ferner eine Musik: „Als die hochlöbl. Crohnen
Polen und Schweden nach abgelauffenem sechsjährigen Stillstande
in Preußen sich wieder zum Kriege rüsteten," und später eine andere:
„Da durch Gottes Gnade zwischen höchst = höchst vermeldeten beiden
löbl. Crohnen der 26 jährige Stillstand geschlossen worden." Auch:
„Daß Ihre Churfürstliche Durchl. zu Brandenburg dem bürger=
lichen Scheibenschießen zu Kneiphofen gnädigst beigewohnt und König
worden" wurde in Wort und Ton gefeiert, ebenso wie die wichtigen
Ereignisse im Leben, Taufe, Hochzeit und Begräbniß ausgezeichnet
wurden und zwar letztere sogar: „In der Person des Herrn Wit=
bers" (Theil VI. 8.). Auch die sogenannte „Kürbishütte" ver=
dankt dieser ganzen Richtung ihre Entstehung.

Albert erzählt in der Vorrede selbst hierüber: daß in seinem
Garten, den er sich nahe bei Königsberg gekauft, die Freunde aus
dem Dichterbunde oft versammelt waren und daß er in die Kürbisse
einer Kürbishütte ihre Namen mit einem, an ihre Sterblichkeit
erinnernden Verse eingrub. Roberthin, dem das sehr gut gefiel,
forderte ihn auf, die Verse zu mehrerer Erinnerung in Melodien
zu bringen; Albert that dies, und unter der Kürbishütte wurden
sie dann auch ausgeführt. Später veröffentlichte sie der Meister
unter dem angegebenen Titel.

In Albert's Liedern sind Melodie und Harmonie mehr
durchgebildet, freilich namentlich auf Kosten der letztern. Wir
begegnen meist nur dem einfachsten harmonischen Apparat, über
dem sich die Melodie zwar ungezwungen, aber doch nicht mit der

Innigkeit erhebt, wie bei Schein, und durchaus auch nicht mit dem feinen Strophenbau. Albert wird der Vater des soge= nannten volksthümlichen Liedes, das sich mit einer gewissen derben Wahrheit und in compacter Gedrungenheit aus dem Volks= liede entwickelt, aber meist ohne dessen eigenthümlich berückenden Zauber des Klanges und ohne die Innigkeit der Empfindung.

Das Lied: „Bistu von der Erde" zeigt schon eine selbständigere Gestaltung des Instrumentalen.

Das Clavicin oder Clavicembalum beginnt jetzt als Begleitungs= instrument herrschend zu werden. So unvollkommen es auch immer noch war, da namentlich die besondern Tasten für die chromatischen Töne noch fehlten, diese vielmehr an die diatonischen derartig gebunden waren, daß eis auf der C Seite gebildet wurde, so bot es doch schon mancherlei Vortheil dar, von denen hauptsächlich der ins Gewicht fiel und die Verbreitung des Clavicembalum oder Instruments, wie es bald ausschließlich genannt wurde, beför= derte, daß es einen weit mannichfacheren und reicheren Gebrauch zuließ, als die Laute und doch auch so bequem für den Einzeln= gesang zu beschaffen war, als jene.

Albert schreibt vorzugsweise seine Begleitungen für dies Instrument und die Weise des selbständigen Gebrauchs des Instru= mentalen den Schluß einer Phrase als Echo nachzuahmen, hat sich lange, nicht nur im Gesange bis auf Johann Seb. Bach, der mehrere Echo=Arien schrieb, sondern auch in der Claviermusik, z. B. bei Couperin erhalten.

Die Declamation ist bei unserm Meister fast durchweg treu und fein, oft recitativisch genau und die äußere Construction dem Sprachlichen eng angeschlossen. Bei ihm macht sich die Dominant= bewegung schon ganz entschieden in Bildung des Ganz= und Halbschlusses geltend. Im „Vorjahrsliedchen" bewegt sich der Vordersatz: „Die Luft hat mich bezwungen, zu fahren in den Wald," von Tonika zu Dominante c—g (Halbschluß), und der Nachsatz: „wo durch der Vögel Zungen die ganze Luft erschallt" macht den Weg zurück (Ganzschluß). Im zweiten Liedchen wird aber jede Verszeile, welche einen Gedanken beendet, durch einen Ganz=, und die, deren Gedanke in der nächsten Zeile noch weiter fortgeführt wird, vermittelst eines Halbschlusses abgeschlossen. Hein= rich Albert war auch der Dichter und Componist einiger Cheräle.

So ist die Choralmelodie: „Gott des Himmels und der Erden" von ihm.

Einem ganz gleichen Bestreben begegnen wir bei zwei seiner Zeitgenossen: Johann Stobäus und Andreas Hammerschmidt. Johann Stobäus wurde 1580 zu Graudenz geboren. Er genoß den Unterricht von Johann Eccard und wurde später dessen Gehülfe. Im Jahre 1601 wurde er Canter zu Kneiphof und kam von da im Jahre 1627 als Kapellmeister nach Königsberg, in welcher Stellung er bis an seinen Tod (1646) verblieb. Er gehörte gleichfalls dem Königsberger Dichterbunde an und wenn in seinen Liedern auch der Einfluß seines großen Meisters dem italienischen bedeutend das Gegengewicht hält, ganz entziehen konnte er sich ihm nicht. Und weil ihm gerade die eigentliche Cantabilität abgeht und er mehr die declamatorische Seite berücksichtigt, so sind seine Lieder meist trockner als die der andern Zeitgenossen von gleichem Streben. Aus seinem bekannten Hochzeitsliede: „Vormals in der Fasten Zeiten," klingen schon die Weisen des: „Schleswig-Holstein meerumschlungen" oder „Auf Matrosen, die Anker gelichtet" heraus. Größere Bedeutung hatte er auf dem Gebiete der Kirchenmusik, in seinen Chorälen und motettenhaften „Festliedern."

Andreas Hammerschmidt ist 1611 zu Brix in Böhmen geboren. Sein Lehrer in der Tonkunst war der Canter zu Schandau, Stephan Otto, ein nicht weiter erwähnter Musiker. Im Jahre 1634 wurde unser Meister Organist an der Peterskirche zu Freiberg, kam dann in gleicher Eigenschaft 1639 an die Johanniskirche zu Zittau in der Oberlausitz und starb daselbst am 29. Octbr. 1675. So einfach das Leben dieses Mannes verlief, so bedeutungsvoll sollte es für die Kunst, namentlich für die kirchliche werden, und obgleich der Meister wohl nie über die Grenzen seines engern Vaterlandes hinausgekommen sein mag, so war er doch mit den berühmtesten Männern seiner Zeit in freundschaftlichem Verkehr, und selbst hochberühmt. Hauptsächlich war er für das geistliche Concert thätig, welches er wieder durch Einflechtung und energische Ausbildung der Choralweise der Gemeine näher brachte. Allein auch auf weltlichem Gebiete begegnen wir ihm in Tafelmusiken und weltlichen Liedern. Die, in der Beilage mitgetheilten Lieder sind aus seinen 1642 erschienenen: „Weltliche Oden oder Liebesgesänge, mit einer und zwei Stimmen zu singen beneben einer Violine und einem Baß, Viola da gamba, Diorba etc. dem günstigen Liebhaber zu gefallen auf eine sonderliche Invention componirt." In der Vorrede zu diesem Werke giebt er Anweisung über die Ausführung der Lieder (für welche jetzt der Name Ode gebräuchlich wird, der sich bis in das achtzehnte Jahrhundert erhält). Er sagt:

„Sind diese Weltlichen Oden also gerichtet, daß sie einer nicht allein singen, sondern auch bemeldete Bässe von demselben zugleich können gespielt werden, da man aber absonderlichen eine Viola da gamba, sowol auch Corpus nebenst der Violina dabei haben kann, werden sie verhoffentlich besser gefallen."

Hieraus, wie aus seinen „Oden" ergiebt sich, daß er ganz in der neuen Kunstanschauung wurzelte. Obgleich er nie in Italien gewesen ist, so ist ihm doch der italienische Einfluß vermittelt. Das beweist gleich das erste der mitgetheilten Lieder. Der Refrain „Fa, la, la," war in den italienischen Tanzliedern, Frottole, so gebräuchlich, daß man diese nach ihm fast ausschließlich „Falala's" nannte.

Doch ist in der etwas derben, volksthümlichen Melodieführung und in der ganzen Construction, die sich wiederum, wie bei Albert und Stobäus auf die Dominantbewegung gründet, das urdeutsche Element vorherrschend. Die erste Verszeile des ersten Liedes wird durch den Halbschluß Vordersatz der zweiten, beide also werden wieder zur Langzeile verbunden; die vierte und fünfte werden ganz feinsinnig in schwebender Weise in Correspondenz versetzt; der Halbschluß a—e steht nur in weiterem Verhältniß zum Ganzschluß g—c, zur Unterdominant der Haupttonart, und die beiden Schlußzeilen sind in ihrer sequenzenmäßigen Führung der Melodie und Harmonie verbunden, und da die fünfte und siebente und die sechste und achte Strophe harmonisch in Beziehung stehen, so darf man diesen zweiten Theil, als ein fein gegliedertes Ganze, als den Nachsatz zum ersten betrachten.

Eine eben solche Gliederung zeigt das zweite der in der Beilage mitgetheilten Lieder, wie alle übrigen der angeführten Sammlung.

So zeigt sich überall das Bestreben, die Form feiner und durchdachter herauszubilden. Für den Ausdruck wurde natürlich

noch wenig gethan, und es lag das in der ganzen Entwickelung.
Das Instrumentale war ja kaum erst aufgegangen; es bedurfte
noch eines ganzen Jahrhunderts, ehe es zu einer einigermaßen
genügenden Selbständigkeit gelangte, und erst dann konnte auch das
Vocale die Mittel für den individuellen, subjektiven Ausdruck
gewinnen. Wir werden deshalb auch bald sehen, wie das Lied sich
nach und nach der Behandlung durch die Meister entzieht; wie diese
das fortwährend im Wachsen begriffene Material an den größeren
Formen, der Oper, dem Oratorium, dem Concert, der
Cantate und an den Instrumentalformen zu verarbeiten
versuchen, und erst zum Liede wieder zurückkehren, als jene Arbeiten
so weit herausgebildet sind, daß sie selbst des lyrischen Ausdrucks
nicht entbehren können.

Neben jenem Königsberger Dichterbunde war ebenfalls als
eine Nachahmung des „Palmenordens" in Wedel an der Elbe
nahe bei Hamburg, hervorgerufen durch den wohl fruchtbarsten
Dichter der älteren schlesischen Dichterschule, durch Johann Rist,
Mitglied der fruchtbringenden Gesellschaft unter dem Namen „der
Rüstige," 1660 ein neuer Dichterorden, der Elbschwanenorden,
entstanden. Außer seinem Stifter hat indeß keiner der Dichter
irgend welche Bedeutung erlangt, und auch Rist kann uns hier
nur so weit beschäftigen, als er mehrere Tonsetzer gewann, die
seine Lieder mit Melodien versahen. Diese sind:

Peter Meier, Hamburger Rathsmusikus;

Jakob Kortkamp, Organist an der St. Gertrudenkirche zu
Hamburg;

Heinrich Pape, Organist zu Altona;

Thomas Selle, Stadtcantor und Musikdirector zu Hamburg;

Siegmund Gottlieb Stade, Organist an der St. Lo-
renzerkirche in Nürnberg;

Jakob Prätorius, Organist an St. Jakob und St. Gertrud zu Hamburg;

Heinrich Scheidemann, Organist an der St. Katharinen-
kirche zu Hamburg;

Martin Colerus, Kapellmeister zu Hamburg;

Michael Jakobi, Cantor zu Kiel und

Johann Schop, von denen uns nur die letzten beiden interessieren, da beide zu weltlichen Liedern Rist's Melodien erfanden.

**Johann Schop** ist wahrscheinlich in Hamburg geboren und hat wohl auch sein Leben dort beschlossen. Rist führt ihn 1641 als Hamburger Kapellmeister und **Mattheson** 1654 als Raths= musikanten zu Hamburg an. **Neumark** nennt ihn „den welt= berühmten Geigenkünstler." Er lieferte für zwei Liedersammlungen **Johann Rist's** die Melodien zu: „Die himmlischen Lieder" und für die „Hausmusik." Die himmlischen Lieder sind nach Choralweise erfunden und von ihnen haben sich achtzehn in kirchlichem Gebrauch erhalten, darunter folgende bekannte Melodien:

„Werde munter mein Gemüthe."

„Ermuntre dich mein schwacher Geist."

„O Ewigkeit du Donnerwort."

„O Traurigkeit, o Herzeleid."

„Sollt ich meinem Gott nicht singen?"

„Jesu, du mein liebstes Leben."

Weniger glücklich ist er in Behandlung der weltlichen Lieder der „Hausmusik." Außer Liedern der Liebe enthält diese Samm= lung Lieder auf alle möglichen Verhältnisse des Lebens, und der eigenthümlich geschraubte Inhalt der Lieder, der nicht selten sich in platte Reimereien verliert, verleitete ihn zu manchen Wunderlich= keiten auch in der Melodie, die durch den italienischen Einfluß, dem er in den 1644 gefertigten „dreißig Concerten" den schuldigen Tribut zahlt, wesentlich erhöht werden. Die meisten sind eben nach Concertweise duettenmäßig behandelt und die Chromatik in Melodie und Harmonie läßt diese nirgend so in Fluß kommen, wie bei den vorhergenannten Meistern — bei **Schein**, **Albrecht** und **Hammerschmidt.**

Hiermit aber beginnt wieder eine neue Phase des Liedes, es wird zur Arie erweitert und wir betrachten sie in zwei Meistern, welche die ursprüngliche Form nur soweit erweitern, daß diese noch zu erkennen ist:

bei **Adam Krieger** und **Johann Georg Ahle.**

Das ganze Musiktreiben dieses Jahrhunderts drängte zu dieser Erweiterung. Die, durch die dramatischen Formen bedingte Aus= bildung des Recitativs mußte auf eine Form führen, welche als die nothwendige Folge desselben erscheint. Das Recitativ ist ja eigentlich keine selbständige Form, sondern eben nur Vorbereitung. Die verschiedenen Affecte, die in ihm zum Ausdruck kommen und

nach einem gemeinschaftlichen Erguß ringen, müssen diesen in einer
festeren Form finden. Als nächste erscheint die Arie, und diese
konnte folgerichtig nur vom Liebe ausgehen. Beide Formen
haben denselben Boden, die lyrische Stimmung: das Lied in ihrer
Isolierung, die Arie in Beziehung gebracht mit Situation und
Außenwelt. Wenn demnach die Rückkehr zum Liede nach diesen
dramatischen Versuchen eine Nothwendigkeit war deshalb, weil dieses
nur der Ausgangspunkt der Arie sein kann, so war sie es auch,
weil das Lied (und seine andere Form der Choral) außer
dem Tanz die einzigen gefesteten Formen waren, die überhaupt
Ordnung in die mit Eifer herbeigeschaffte, aber ziemlich ordnungs-
lose Masse dramatisch = musikalischer Mittel zu bringen vermochte.

Wie das Concert meist geistlicher Art war, so scheinen auch
die ersten „Arien" geistliche gewesen zu sein, und zwar die, welche
Johann Rudolph Ahle, geboren in der Reichsstadt Mühlhausen
in Thüringen am 24. Dcbr. 1625 und gestorben 1673 daselbst als
Organist an der Hauptkirche zu St. Blasien und Rathsherr, in
den Jahren 1660 und 1662 unter dem Titel: „Vier Zehn neuer
geistlicher Arien" herausgab. Es sind dies schon wirkliche Arien,
nicht, wie bei Albrecht, der seine Lieder auch Arien nennt, einfache, sondern wirklich erweiterte Lieder, wenn auch die Liedform noch
so entschieden hervortritt, daß die meisten Gemeindelieder werden
konnten.

Viel bedeutender war die Erweiterung des weltlichen Liedes,
namentlich durch Adam Krieger, „Churfürstl. Durchl. zu Sachsen
wohlbestallt gewesener Cammer = und Hoff = Musicus," dessen „Neue
Arien" sich alle durch eine so breite Anlage auszeichnen, daß man
sie kaum noch der Liedform beizählen darf. Die Stimmung drängt
hier schon gewaltsam über die engen Grenzen des Liedes hinaus
und die häufige Wiederholung der einzelnen Phrasen bewirkt hier
nicht mehr eine feinere Gliederung, sondern eine Steigerung des
energischen Ausdrucks. Während das Lied in lyrischer Beschaulichkeit sich nach innen wendet, treibt die Arie schon jetzt mehr dramatisch
nach außen. Die Lieder von Johann Georg Ahle, dem
Sohne und Nachfolger Johann Rudolph Ahle's sind bewun-
derungswürdige Ausnahmen. Sie ragen eigentlich nach Form und
Inhalt so weit hinein in die spätere Zeit der vollkommenern Liedgestaltung und sind so durchaus lyrisch und innig gehalten, daß

man sich verwundern muß, ihnen hier zu begegnen, wenn man
nicht bedenkt, daß sie aus dem kräftigenden Born der Volksmusik
geschöpft und durch eine reiche Kunstbildung abgeklärt sind. Wäre
der hier eingeschlagene Weg verfolgt worden, würden wir früher
die Blüthe unseres deutschen Liedes gesehen haben. Aber das große
Heer der Tonkünstler folgte gar bald dem allgemeinen Zuge der
Zeit und dieser war nicht mehr auf die Weiterbildung des Liedes,
sondern auf die Pflege der dramatischen Formen gerichtet. Das
Lied bleibt über ein halbes Jahrhundert fast unbeachtet.

Schon **1698** schreibt Reinhard Keiser in der Vorrede
seiner, im genannten Jahre in Hamburg erschienenen „Gemüths-
Ergötzung:"

> „Es haben dieselben (die Cantaten) in Teutschland so sehr
> das Bürgerrecht gewonnen, daß sie die alten Bürger, nehm-
> lich die ehemaligen teutschen Lieder, gar ausgetrieben haben.
> — Es ist aber die Erfindung derselben von der Oper her-
> gekommen."

An dieser ganzen Richtung hatte indeß auch die Trivialität
der Texte einen nicht geringen Antheil. Das Recitativ ist die
eigentliche Form für gesungene Prosa und auch für die Arie in der
bereits characterisirten italienischen Weise war kein Text zu pro-
saisch, um nicht aus ihm noch irgend ein Gefühlsmoment für ein
musikalisches Motiv, das dann zur Arie verarbeitet wurde, heraus-
zuklügeln. Der Text war damals wenig mehr als bloßes Formengerüst für den musikalischen Bau. Man vergleiche nur die Texte
von Keiser's Cantaten aus der oben erwähnten Gemüths-
Ergötzung:

> „Die, bis an den Tod geliebte Iris."
>
> „Der unvermuthlich vergnügte Phileus."
>
> „Der vergnügte Amyntus."
>
> „Die verliebte Diana."
>
> „Die rasende Eifersucht."

Doch auch diese Zeit sollte einflußreich für die Entwickelung
des Liedes werden. Durch die verschiedensten Experimente gewann
sie ein unendlich erweitertes Darstellungsmaterial und lernte an
den größeren dramatischen Formen, es auch dem individuellen Ausdruck dienstbar zu machen. Dadurch aber wurde die Blüthe des lyrischen Liedes erst möglich. Als die Poesie sich wieder erhob und

die Dichter wirklich empfundene Lieder sangen, da hatte mittlerweile auch die Musik, durch jene Arbeit auf andern Gebieten, alle die Mittel und die Möglichkeit gewonnen, den Poeten in ihrer Weise folgen zu können.

Somit wären wir an einem bedeutsamen Wendepunkte in der Entwicklung des deutschen Liedes angekommen und es dürfte daher angemessen erscheinen, noch einmal den bereits durchlaufenen Weg zu überblicken, weil sich dadurch die neue Zeit, der wir uns jetzt nähern, klarer darlegen wird.

Unser deutsches Lied, das seinen Stoff aus den innersten Tiefen der Menschenbrust heraufholt, konnte erst dann emporblühen, als diese Tiefen aufgeschlossen wurden, als der Mensch durch das Christenthum zum Bewußtsein der Schätze kommt, welche sein Inneres birgt. Indem es ihn dann drängt, dieselben im Gesange zu Tage zu fördern, sucht er nach einem eigenen Darstellungs=material und er schafft sich eine eigene Technik für die Bearbeitung desselben. Die Anleitung hierzu wird dem deutschen Geiste in den sogenannten „Jubeltönen“ durch die Kirche, und unter ihrem Ein=fluß arbeitet die entfesselte Innerlichkeit rüstig an ihrer künstlerischen Darstellung weiter. Diese scheidet sich bald nach zwei Seiten; in die künstlerische einer= und die volksmäßige andrerseits. Die kunst=mäßige nimmt die überkommenen künstlerischen Formen aus der Vergangenheit in die Gegenwart herüber, sucht sie dem neuen Geiste anzupassen und kommt dadurch zu neuen Formgebilden. Im Minnesange und im Meistersange vollendet sich diese erste Phase des deutschen Liedes. Allein in beiden ist die Macht der Innerlichkeit noch nicht gewaltig genug, um die wirklich natürlich rechte Form für die musikalische Darstellung zu finden; der gesammte Gefühlsinhalt kommt in der Sprachmelodie noch so vollständig zur Erscheinung, daß er keiner andern bedarf. Daher sind die Lieder der Minnesinger wol sprachlich, aber nicht musikalisch bedeutsame neue Schöpfungen, und ihre Melodien und noch mehr die der Meistersänger sind nach Bedürfniß und Vermögen umgestaltete Sequenzen=Melodien.

Daneben ist der Volksgeist unabläßig in gleicher Richtung thätig. Das Christenthum hat seine Sangeslust mächtig angeregt und für den großen Reichthum seiner Innerlichkeit erweist sich bald sowol die alte volksmäßige, wie auch die neue kirchliche Gesangsweise unzulänglich und daher drängt es ihn, neues Material für die Darstellung der Strömungen seines Innern zu suchen und es nach neuen Principien zu ordnen. So gewinnt er die rechte Form des gesungenen Liedes im Volksliede und in ihm zugleich die Grund= lage für die weitere Kunstentwicklung. Das Volkslied hat nur den einen Factor, die Macht der Innerlichkeit, und es ist der wahrste und treuste Ausdruck derselben. Was die Sprache nur in mehreren Strophen darzustellen vermag, das faßt die Melodie in einer zusammen zu schlagendem und gewinnendem Ausdruck. Dadurch zwingt es den Kunstgesang, der sich in unfruchtbarer Spekulation verloren, umzukehren und sich der Natur wieder zu zuwenden. Indem die Künstler das Volkslied aufnehmen und contrapunktieren, wird dies hinübergeführt auf das Kunstgebiet, und erzeugt dort eine neue Kunstmusik. Es giebt den Künstlern Anregung und Anleitung neue Lieder zu erfinden und so entsteht die rechte Form des Kunst= liedes, welches das mit Bewußtsein ausführt, was das Volk nach dem Instinkt vollbringt, und welches darum tiefer und erschöpfender den Inhalt darzustellen vermag, als jenes. Aber auch jetzt noch, obgleich vom einzelnen Künstler geschaffen, ist das Kunstlied noch das Lied der Massen ohne eigentlich individuelle Züge. Der Künst= ler lebt noch viel zu sehr in den Anschauungen seines ganzen Volkes, um individuell empfinden zu können und das gesammte Darstellungsmaterial ist auch noch nicht verfeinert genug, um Träger individueller Empfindung zu werden. Das Hauptbestreben ist daher auch jetzt immer noch mehr auf die Form und auf die verfeinerte Darstellung dessen, was im Volksgemüth sich lebendig schaffend erweist, gerichtet und an der besonderen Weise, in welcher sich dies im Kunstliede darstellt, haben Individualität und äußere Einflüsse wol Antheil, nicht aber auch am eigentlichen Inhalt. Ehe das Einzelsubjekt sich in seiner lyrischen Isolierung empfinden lernte, mußten erst gottbegabte Männer die Leiden und Freuden der gesammten Menschheit austönen und diese Periode beginnt, als die dramatischen Arbeiten das Lied verdrängten und die Ausbildung der selbständigen Instrumentalformen mit Eifer begonnen wurde.

# Zweites Buch.

## Der unendliche Inhalt bedingt eine grosse Mannichfaltigkeit der Form.

---

Bisher beschäftigte uns vorherrschend die Form des Liedes, und der Inhalt nur im Allgemeinen, soweit er die Form in ihrer typischen Gestalt bedingt. Jetzt tritt das umgekehrte Verhalten ein. Wir werden uns hauptsächlich mit dem Inhalt des Liedes beschäftigen und der Form nur soweit gedenken, als sie durch jenen modificiert wird.

Die vergangene Periode stellt die Form in ihrer typischen Construction fest und zwar allgemein faßbar und menschlich ansprechend. Jetzt nähern wir uns der Zeit, in welcher der Inhalt subjektives Gepräge annimmt und die Formen dem individuellem Ausdruck dienstbar werden. Diese gestalten sich daher mannichfaltiger und abweichend von jener typischen Construction. Die Dehnbarkeit der musikalischen Formen ist eine fast unbegrenzte, so daß sie der fein zugespitztesten Individualität immer noch Raum gewährt für ihre Darstellung. Wir werden jetzt an einer großen, unzählbaren Masse von unterschiedenen Liedformen vorübergeführt werden, die alle auf jene einfache, aus Tonika und Dominant construierte, strophisch gegliederte ursprüngliche Form zurückweisen und werden gewahren müssen, daß die sogenannten Lieder und Gesänge, die ein solches Rückführen nicht gestatten, verworrene Gebilde einer unklaren Phantasie oder unkünstlerische Produkte subjektiver Willkür sind.

Das dentsche Lied erhob alsbald wieder seine Schwingen, als jene Bedingungen erfüllt waren, die seine Weiterentwicklung voraussetzte. Namentlich im Gefolge der Oper, des Oratoriums und der

Cantate hatte sich die Instrumentalmusik bis zu großer Bedeutung
erhoben. Durch ihren Einfluß war auch der bisher immer noch
schwerfällige Apparat der Vokalmusik geschmeidiger und fügsamer
und dadurch fähiger geworden, selbst dem subjektiven Ausdruck dienstbar zu sein und nachdem in der Poesie das lyrische Lied wieder
eingehende Pflege findet, wenden sich auch die deutschen Componisten
mit Eifer ihm wieder zu, freilich erst allmälig. Johann
Friedrich Gräfe, der 1737 eine:

> „Sammlung verschiedener und auserlesener Oden, zu wel-
> chen von den berühmten Meistern in der Musik eigene
> Melodeyen verfertigt worden"

herausgab, klagt in der Vorrede zum vierten Theil, welcher 1743
erschien:

> „Ich wollte den Liebhabern der Musik gern etwas Gutes
> mittheilen und suchte daher unsere größten Meister in
> Deutschland durch unabläßiges Bitten zu einem Beitrage zu
> bewegen. Einige davon waren gleich willfährig; andere aber
> glaubten, dergleichen Arbeiten wären theils zu klein, theils
> zu beschwerlich oder wol gar ihnen unanständig, wenn sie
> als deutsche Componisten durch deutsche Sachen, und nicht
> vielmehr durch italienische Stücke sich bekannt machen sollten.
> Ich überlasse diese ihrem deutschen Gewissen."

Doch scheint bald ein Umschwung in dieser Gesinnung der
deutschen Componisten und des deutschen Publikums eingetreten zu
sein. Marpurg zählt in seinen: „Kritischen Briefen" (Band I.)
39 Sammlungen von Oden auf, die bis zum Jahre 1761 erschienen waren, und Telemann in der Zuschrift an Scheibe, womit
er diesem seine: „Vierundzwanzig Oden" Hamburg 1741, widmet,
sagt ausdrücklich:

> „Als Ew. Hochedelgebohren mir unlängst in meinem Tus-
> culo die Ehre Dero Besuches gönnten, und die Rede unter
> anderm auf die itzo in Deutschland nicht wenig belieb-
> ten Oden fiel u. s. w."

Daß auch die Componisten und Aesthetiker jetzt schon diese
kleine Form zum Gegenstande ästhetischer Untersuchungen machten,
davon haben wir ebenfalls Zeugnisse. Marpurg giebt in dem
angezogenen Werke bei Gelegenheit der Besprechung jener Oden-
Sammlungen viel schätzbare Winke. So hält er schon dafür, daß

Lied müsse „seine Züge" haben und in mehreren Briefen spricht er ausdrücklich über die Metra der Oden. Auch die Vorrede der, von dem Berliner Buchdrucker Birnstiel **1761** veranstalteten Oden-Sammlung spricht sich ziemlich weitläufig und eingehend über die Beschaffenheit der Odencomposition aus. *) Als Hauptgrundsatz wird hier festgestellt, „daß die Odencomposition, welche nicht musikalisch weitläufig ausgearbeitet, sondern nur mit einer einzigen kurzen Melodie versehen werden soll, die auf alle Strophen passen muß, was nicht so leicht ist, ohne Absehen auf die Worte, schön sein, und alle musikalische Vollkommenheit haben muß, deren nur ein kleines characterisirtes musikalisches Stück, z. E. eine Bourree, Gavotte, Menuet, Gique u. s. w. fähig ist." Ferner wird von der Melodie verlangt, daß sie deutlich sei. „Deßwegen muß sie ihre größeren und kleineren Abschnitte, Eintheilungen und Untereintheilungen haben. Deren sind vornehm-lich dreierley, als: die kleinsten Einschnitte, die mittleren Ein-schnitte und die größten." Und nun werden diese Einschnitte oder eigentlich die Ruhepunkte der einzelnen Theile mit der, der dama-ligen Zeit eignen Lust am Schematisieren, weitläufig entwickelt, und zwar nicht aus musikalischen Gesichtspunkten, sondern mit Rücksicht auf den Text und seine Interpunktion. Weiterhin wird auch der modulatorischen Symmetrie und Eurythmie gedacht und wenn auch hier manches Treffende gesagt wird, den eigentlichen Punkt, jene modulatorische Verschränkung, welche die Correspondenz der Reim-paare erhöht, findet der Verfasser nicht. Endlich verlangt er von der Melodie, „daß sie an manchen Orten mehr sprechend als singend, und daß sie nicht mit Figuren überladen sei."

Diese letzte Forderung war allerdings eine sehr zeitgemäße, denn die Melodien der meisten Lieder sind so entstellt von Figuren, Vorschlägen, Trillern und Mordenten, daß es nicht immer leicht ist, den eigentlichen Grundgedanken herauszufinden. Der Verfasser hat vollständig Recht, wenn er meint, daß diese Art nur eine Nach-ahmung der Arie aus der Oper sei. Die Hauptthätigkeit derer, welche sich jetzt auch mit dem Liede beschäftigten, war auf Concert und Bühne gerichtet und die speciellen Anforderungen, welche diese

---

*) Es ist bereits erwähnt, daß jene Zeit unter „Ode" immer das Lied versteht.

beiden Felder der Thätigkeit an die Componisten machten, waren dem eigentlichen Liede wenig günstig.

Dies ist die erste Phase des deutschen Liedes, nach seiner Wiederbelebung.

---

# Erstes Kapitel.

## Das deutsche Lied unter dem Einfluß der „Arie" in Oratorium und Oper.

---

Die Arie war, wenn auch nicht direct aus dem Liede hervor=
gegangen, doch in ihrer gegenwärtigen Gestalt durch dasselbe wesent=
lich bestimmt worden. Sie, als der Erguß der nicht mehr isolierten,
sondern in Beziehung mit anderen stehenden und darum gehobeneren
und erweiterten Stimmung, von der ruhigsten Entfaltung bis zum
rasendsten Affect gesteigert, muß sich natürlich in demselben Maße
erweitern und über die Liedform hinausgehen, in dem das darzu=
stellende Gefühlsobjekt ein weiteres, bedeutenderes wird, und das
Darstellungsobjekt des Liedes überragt. Gluck, Händel und Bach
hatten diese Erweiterung auf dem allein künstlerischen Wege gefunden:
in der breiteren Anlage und dem größeren Reichthum der Harmonien,
die sie nicht nur vorübergehend berühren, sondern zu selbständigen
Tonarten und dadurch zu Nebenpartien ausbildeten, und indem sie
diese, durch die Macht eines im Großen gestaltenden Rhythmus
gruppieren, wird die Arienform wirklicher Träger der gehobenen
lyrischen Stimmung. Die Coloratur und die melodischen Manieren
sind ihnen nur Hilfsmittel, die lebendige Wirkung der breiten
Melodien zu erhöhen. Den Italienern dagegen ist der reichfigurierte
Gesang Hauptsache. In ihm sahen sie das Hauptmittel, theatra=
lische Wirkung zu erzielen und namentlich im Contrast mit der
weichen, schmelzenden Cantilene. Alles was die ausschließliche Wir=
kung dieser beiden Factoren aufhält, Rhythmus, Harmonie und
die Begleitung werden bis auf das geringste Maß in ihren Arien
reduciert.

Durch Graun und Hasse hatte diese Richtung namentlich in Deutschland Eingang gefunden. Auch im Liede sehen wir beide Richtungen einflußreich wirksam. Graun, Telemann, Doles, Benda und Quantz stehen unter dem Einfluß jener Weise Italiens, Marpurg und die Schüler Joh. Seb. Bachs: Agricola, Nichelmann und Phil. Em. Bach unter dem Einfluß deutscher Weise.

Von jener Richtung hat nur Graun auch Bedeutung für das Lied gewinnen können. Telemann, Doles, Benda und Quantz kommen in ihren Liedern nirgends über den italienischen Mechanismus hinaus und namentlich dem Leipziger Thomascantor Doles sind die Schnörkeleien so zur handwerksmäßigen Routine geworden, daß er sie selbst in den Melodien der Gellertschen Oden, die sonst fast choralmäßig gehalten sind, massenhaft anwendet.

Carl Heinrich Graun ist 1701 geboren und erhielt seine erste Bildung auf der Kreuzschule in Dresden. Er war ein sehr geschätzter Sänger und ging 1725 an Hasse's Stelle als Tenorist nach Braunschweig. Später wurde er zugleich Vice = Kapellmeister und folgte endlich dem Rufe Friedrich II. als Kapellmeister nach Berlin, in welcher Stellung er bis zu seinem 1759 erfolgten Tode verblieb. Hier schrieb er außer eine Menge Opern sein Oratorium „Der Tod Jesu" nach dem Ramler'schen Text und eine große Anzahl Lieder, darunter das allgemein bekannte, volksthümlich gewordene Klopstock'sche „Auferstehn, ja auferstehn wirst du mein Staub nach kurzer Ruh." Außer mehreren Sammlungen eigener Lieder steuerte er fast zu jeder der Berliner und Leipziger Oden = Sammlungen einige Lieder bei und die Marpurg'schen periodischen Musikzeitschriften: „Die historisch kritischen Beiträge" wie „Die kritischen Briefe" bringen gleichfalls eine nicht geringe Anzahl Graun'scher Lieder.

Die Lieder Grauns verrathen ihre Abstammung von der Opernarie weniger dadurch, daß sie mit den Schnörkeleien derselben überladen sind, als durch ihre ganze Anlage. Diese ist durchaus derartig, daß die Liedform eigentlich nirgends prägnant hervortritt. Wir erkannten als ihr charakteristisches Merkmal die energische Ausbildung der Verszeilen und deren Verknüpfung unter einander im Reim und der musikalischen Correspondenz, und von dem ist im

Graun'schen Liede meist eben so wenig zu spüren, wie in den Liedern von gleicher Abstammung. Wir haben nirgends das Gefühl einer Nothwendigkeit jener Gliederung und der dadurch erforderten Versschlüsse. Die Melodie ist ohne jeden selbständigen Zug. Sie schmiegt sich treu dem Sprachmetrum und der harmonischen Grundlage an und man könnte sie beliebig erweitern oder verengen ohne den Bau des Ganzen zu zerstören. Sie ist eben nur aus Trümmern der zerbrochenen Opernarie zusammengesetzt.

Sonderbarer Weise begegnen wir auch hier zuerst wieder im Kunstliede jenen, durch rhythmische Rückung (Synkopation) verschärften Accenten, und der Verlegung des musikalischen Accents auf eine sonst tonlose Silbe, die beide im Volksliede von so unnachahmlich lebendiger Wirkung sind, und die es auch im Kunstliede bleiben, wenn dies einen wirklich fein gegliederten und in sich abgeschlossenen und gefesteten Verlauf nimmt. Im Graun'schen Liede und vielen Liedern seiner Zeitgenossen ist eine derartige Behandlung des Accents mehr Reminiscenz an den Bühnenstyl mit seinen scharfen Accenten und beeinträchtigt den lyrischen Charakter des Liedes wesentlich.

Einen mehr lyrischen Verlauf nehmen die meisten Lieder einer in mehreren Fortsetzungen seit 1736 in Leipzig erschienenen Sammlung: „Sperontes singender Muse an der Pleiße in zweimal 50 Oden, der neuesten und besten musikalischen Stücke, mit den dazugehörigen Melodien zu beliebter Clavier=Uebung und Gemüthsergötzung" und wir können durchaus nicht dem Urtheil Marpurgs, des sonst so unterrichteten Mannes beistimmen, der die Sammlung als von „einem Stallbuben herrührend" bezeichnet. Es ist richtig, einzelne Lieder sind in der Lanzknechtweise des 15. Jahrhunderts gehalten und die ganze Sammlung durchzieht ein etwas gequälter und gesuchter Ton der Fröhlichkeit; auch sind die meisten Lieder, weil ihre prosaischen Texte eine andere Behandlung nicht ermöglichten, nach Tanzweise (Polonaise, Mennet, Bourrée u. s. w.) gehalten und die sogenannten Murkys, Stücke, in denen der Baß fortwährend nur mit Grundten und Octave wechselt mußten einem theoretischen Schriftsteller wie Marpurg allerdings ein Gränel sein, aber bei dem allen

klingt doch eine gewisse volksmäßige Innigkeit durch die meisten,
so daß wir viele für Volkslieder halten möchten, und an Abrundung
und Fluß stehen diese den ·Kunsterzeugnissen der ganzen Periode
nicht nach.

Der Einfluß der deutschen Arie zeigt sich am Entschiedensten bei

**Christoph Nichelmann.** Er ist zu Treuenbriezen 1717
am 13. August geboren. Sein Vater, ein Tuchmacher, gab dem
Andrängen eines Verwandten, der das musikalische Talent in dem
Sohne entdeckt hatte, nach und ließ ihn für die Musik erziehen.
1730 kam er nach Leipzig und genoß als Thomasschüler den Unterricht Johann Sebastian Bachs, der ihn ins Alumnat aufgenommen hatte und ihm auch anderweitig in der Musik Anweisung
ertheilte.

Hier machte er seine ersten Versuche in der Composition. Da
er sich später von der dramatischen Musik ganz besonders angezogen
fühlte, so ging er 1733 nach Hamburg. Er fand hier an den
Directoren der Oper, an Keiser, Telemann und Mattheson,
Gönner und Freunde und unter ihrer Anleitung studierte er die
dramatische Musik. Später gieng er wieder nach Berlin zurück und
folgte dann dem Reichsgrafen von Barfus auf seine Güter nach
Preußen. Doch schon 1739 finden wir ihn wiederum in Berlin.
Da er hier indeß nicht den gewünschten Wirkungskreis fand, so
entschloß er sich nach England oder Frankreich zu gehen. Er wandte
sich zunächst nach Hamburg, wurde aber von hier durch Friedrich
den Großen zurückberufen und trat 1745 in die Dienste dieses
Monarchen, als Königl. Preußischer Kammermusikus, als welcher
er 1761 starb.

Auch er lieferte fast zu jeder damals erscheinenden Oden-
Sammlung einige Beiträge. Eine selbständige Sammlung ist unsers
Wissens von ihm nicht erschienen. Wie tief der Meister schon das
Wesen und die Bedeutung der Melodie erkannte, hat er in einem
besonderen werthvollen Werke als Beitrag zu dem Streit, der seiner
Zeit über die französische und italienische Musik geführt wurde,
dargethan. Es erschien unter dem Titel:

Die Melodie nach ihrem Wesen sowohl, als nach ihren
Eigenschaften, mit dem Motto: Ars, cum a natura pro-
fecta sit, nisi natura moveat ac delectet, nihil sane egisse

6 *

videtur. Cic. de Orat. lib. 3. cap. 50. Danzig bei Joh. Christian Schuster 1755, 4. 175 Seiten nebst 22 Kupfer-tafeln.

**Johann Friedrich Agricola,** am 4. Januar 1720 in Dobitzschen im Altenburgischen geboren, hatte wie Nichelmann das Glück, in Leipzig, wohin er 1738 gieng, um auf der dasigen Universität seine Studien zu vollenden, den Unterricht Joh. Seb. Bach's zu genießen. Hier scheint er denn auch früh den Ent-schluß gefaßt zu haben, sich ganz der Tonkunst zuzuwenden und schon im Jahre 1741 finden wir ihn in Berlin mit der Compo-sition von Arien und Cantaten beschäftigt, wobei ihm Händel, Graun, Hasse und Telemann als Muster dienten. 1750 brachte er ein Singspiel „il Filosofo convinto in amore" in Pots-dam vor dem König, dem großen Friedrich, zur Aufführung und dies und einige Arien im ernsten Styl setzten ihn bei dem Könige in solche Gunst, daß dieser ihn 1751 zum Hofcomponisten ernannte. Als solcher schrieb er noch das Intermezzo: la Ricamatrice und 1753 die Oper Metastasio's: Cleofide. Nach dem Tode Graun's wurde er an dessen Stelle 1759 Hofkapellmeister. Er starb am 12. November 1774.

Auch er veröffentlichte eine nicht unbedeutende Anzahl von Liedern in den genannten Oden-Sammlungen und den periodischen Schriften Marpurg's und diese geben Zeugniß, daß auch bei ihm der Einfluß der deutschen Meister Gluck, Händel und Bach stärker war als der der italienischen, welchem er sich nicht ganz verschloß.

**Friedrich Wilhelm Marpurg** endlich, geboren 1718 zu Seehausen in der Altmark, vervollständigt das Kleeblatt der Künst-ler, die im Norden Deutschlands das deutsche Lied, gegenüber dem Andrange der verflachenden Einflüsse des Auslandes zu erhalten wußten. Obgleich seiner Lebensstellung nach Dilettant, er lebte seit 1763 als Königl. Lotterie-Director in Berlin, war er, wie einst Mattheson, doch ein Künstler in der wahren Bedeutung des Worts. Eine tiefe Erkenntniß des Wesens der Tonkunst, unter-stützt durch scharfen Verstand und außerordentliche allseitige Bildung neben einem energischen Streben nach Klarheit und Wahrheit in allen Materien der Kunstwissenschaft und Kunstübung, machten ihn zu einem der ersten und bedeutendsten Theoretiker aller Länder und

aller Zeiten. Seine Lehrbücher und historisch = kritischen Beiträge
für Tonkunst und Aesthetik sind heute noch Fundgruben für die
gesammte Musikwissenschaft. Daneben war er unabläßig praktisch
selbstschaffend thätig und eine Menge Lieder, in derselben Weise
veröffentlicht, wie die von Nichelmann und Agricola, sind
Zeugnisse einer feinsinnig gestaltenden Hand.

Was die Lieder dieser drei Meister vor denen der Zeitgenossen
auszeichnet, ist, daß sie wiederum jene Energie und Consequenz der
Melodiebildung zeigen, welche wir am Volksliede und den Kunst=
liedern der ersten Periode wahrnehmen und die wir an jenen
vermißten. Wie dort, so drängt hier wiederum die Melodie nach
bestimmten Ruhepunkten und gewinnt dadurch wieder die feine,
architectonische Gliederung, die wir als charakteristisches Merkmal
der Liedform erkannten. Zwar suchen wir auch hier noch vergebens
die reizenden und feinsinnigen Versverschränkungen, durch welche
Schein und Hammerschmidt ihre Lieder meisterlich abrunden,
aber dieser Mangel wird durch eine freiere harmonische Behandlung
ersetzt. Dahin gieng überhaupt das Streben dieser ganzen Periode,
seit dem Eintritt des Volksliedes in die Kunstgeschichte, die Har=
monie in Fluß zu bringen. Indem sich die einzelnen Accorde auf=
lösen in ein sinnig verschlungenes Stimmgewebe, treten sie heraus
aus ihrer, mehr massigen, und darum elementaren, materiellen
Existenz, sie werden vergeistigt und gewinnen die Hauptbedingung
für die Darstellung lyrischer Stimmung. Dieser Prozeß vollendete
sich in Johann Sebastian Bach und wir sehen seine Schüler
in seinem Geiste thätig. Jenes Mißverhältniß zwischen Melodie
und Harmonie in den Liedern von Schein und Hammerschmidt,
das Albert und seine Zeitgenossen nur dadurch zu umgehen ver=
mochten, daß sie den harmonischen Apparat auf das geringste Maß
reducierten, ist hier vollständig ausgeglichen ohne den Reichthum
der Harmonie nur irgend zu beeinträchtigen. Melodie und Har=
monie erscheinen beide gleich selbständig und reich, aber beide
ergänzen und durchdringen sich zu einheitlicher Gesammtwirkung.
Die Clavierbegleitung in den Liedern der Vorgänger ist immer noch
nur ein nothdürftiges Aequivalent für die fehlenden Unterstimmen,
die Harmonie meist in Grundaccorden darstellend. Jetzt erhebt sie
sich zu einer gewissen Selbständigkeit, daß gar bald Klagen über
eine zu reiche Behandlung des Instrumentalen dem Vocalen gegen=

über, laut werden. Nur so indeß vermochte sie an der Darstellung
der lyrischen Stimmung Antheil zu nehmen.

**Philipp Emanuel Bach,** der zweite Sohn des großen
Joh. Seb. Bach, 1714 geboren, den wir als vierten der Meister
nannten, welche sich mehr deutschen Einflüssen hingaben, hat eine
eigentliche Bedeutung für das Lied nicht gewinnen können, weil
ihm die Tiefe und Macht der Innerlichkeit fehlte. Sein verständig
praktischer Sinn richtete sich auch bei dem Liede mehr auf ein Zer=
setzen der Stimmung und auf die Darstellung der einzelnen Züge
derselben mit den vorhandenen Mitteln, so daß wir ihn den Vater
des durchcomponierten Liedes nennen würden, wenn überhaupt die
lyrischen Momente bei ihm zu unmittelbarer Erscheinung kämen.
So wird er weniger durch seine Arbeiten auf diesem speciellen
Gebiet, als vielmehr durch sein gesammtes Wirken einflußreich auch
auf die Weiterentwickelung des Liedes. Er versuchte wohl zuerst die
Kunst wieder mit dem Leben in intimere Beziehung zu setzen, also,
daß im Kunstwerk zugleich ein Bedürfniß des Lebens Befriedigung
erhält. Vollständig, ohne den Werth des Kunstwerks zu verringern,
gelang dies erst jenem Meister, der sich gern einen Schüler
Ph. E. Bach's nennt, Joseph Haydn. Doch half jener in
diesem Streben die neue Kunstepoche und mit ihr die Zeit des volks=
thümlichen Liedes vorbereiten.

Die Spuren der Wirksamkeit der im Eingange genannten
Künstler, deren Hauptsitz Berlin war, ziehen sich noch weit ins
neunzehnte Jahrhundert hinein und wir werden ihnen in den spätern
Berliner Liedercomponisten: Friedrich Reichardt, Carl Fried=
rich Zelter, Bernhard Klein, Louis Berger und Wil=
helm Taubert wieder begegnen.

Mittlerweile war auch in jenem großen Meister, der fern von
seinem Vaterlande deutschen Sang und deutsches Lied im fremden
Lande mit gottbegeistertem Muthe und hoher Kraft pflegte, in
Georg Friedrich Händel jenes volksthümliche Element lebendig
geworden, welche das Kunstlied zwar lange Zeit wiederum in seiner
Entfaltung aufhielt, aber seine Bedeutung nur um so tiefgreifender
hinstellte.

Im Süden Deutschlands ist es, wie bereits erwähnt, Joseph
Haydn, mit dem diese neue Epoche nicht nur des Liedes, sondern
der Musik überhaupt beginnt und es ist interessant und lehrreich

zugleich, zu beobachten, wie von jetzt ab der tiefgreifende Unter=
schied zwischen Nord= und Süddeutschland in Sitte, Verfassung
und Lebensanschauung auch in der Tonkunst immer fühlbarer wird.
Sitte und Leben nehmen jetzt einen bedeutenden Antheil an der
Weiterentwicklung der Tonkunst, und je nach der Verschiedenheit
dieser Mächte gestalten sich auch der Gang und die Produkte der
Kunstentwicklung verschieden. Jetzt gelingt es nur noch den großen
Meistern, den süddeutschen Haydn, Mozart, Beethoven und
Schubert und den norddeutschen Bach, Händel, Mendelssohn
und Schumann sich von den Banden solch endlicher Beziehung
zu lösen und beide Richtungen zu vereinigen; die kleinen Meister
gehören immer einer Schule an, entweder der süddeutschen —
Wiener, oder der norddeutschen — Berliner.

Mit dem Eindringen des Volksliedes mußte die Objektivität
und Naivetät des alten Kunstwerks nach und nach schwinden, aber
die endliche Persönlichkeit des Künstlers, das Leben mit seinen
mannichfachen Einflüssen, der Wechsel der Jahreszeiten, klimatische
oder geographische Besonderheiten, Nationaltypus, Naturell, Charak=
ter und Temperament, sie haben bis auf Jos. Haydn nur wenig
Antheil am gesammten künstlerischen Schaffen. Mit diesem Meister
werden sie so entschieden einflußreich, daß sie eine Zeit lang fast
die einzigen Factoren künstlerischer Erregung sind und zumeist unter
diesen Einflüssen treibt auch die neue Phase des Liedes als volks=
thümliches Lied herauf.

---

# Zweites Kapitel.

## Das volksthümliche Lied.

---

Ueber die besondere Weise des volksthümlichen Liedes giebt uns
der Vorbericht der, 1785 erschienenen

> „Lieder im Volkston bey dem Clavier zu singen von J. A. P.
> Schulz, Capellmeister Sr. Königl. Hoheit des Prinzen
> Heinrich von Preußen.“

den besten Aufschluß.

Der Autor sagt darin:

„In allen diesen Liedern ist und bleibt mein Bestreben, mehr volksmäßig als kunstmäßig zu singen, nehmlich so, daß auch ungeübte Liebhaber des Gesanges, so bald es ihnen nicht ganz und gar an Stimme fehlt, solche leicht nach= singen und auswendig behalten können. Zu dem Ende habe ich nur solche Texte aus unsern besten Liederdichtern gewählt, die mir zu diesem Volksgesange gemacht zu sein schienen, und mich in den Melodien selbst der höchsten Simplicität und Faßlichkeit beflissen, ja auf alle Weise den Schein des Bekannten darein zu bringen gesucht, weil ich aus Erfahrung weiß, wie sehr dieser Schein dem Volksliede zu seiner schnellen Empfehlung dienlich, ja nothwendig ist. In diesem Schein des Bekannten liegt das ganze Geheimniß des Volkstons; nur muß man ihn mit dem Bekannten selbst nicht verwechseln. Dieses erweckt in allen Künsten Ueber= druß; jener hingegen hat in der Theorie des Volksliedes als ein Mittel, es dem Ohre lebendig und schnell faßlich zu machen, Ort und Stelle, und wird von dem Compo= nisten oft mit Mühe, oft vergebens gesucht. Denn nur durch eine frappante Aehnlichkeit des musikalischen mit dem poetischen Ton des Liedes, durch eine Melodie, deren Fortschreitung sich nie über den Gang des Textes erhebt, noch unter ihn sinkt, die wie ein Kleid dem Körper, sich der Declamation und dem Metro der Worte anschmiegt, die außerdem in sehr sangbaren Intervallen, in einem, allen Stimmen angemessenen Umfang und in den aller= leichtesten Modulationen fortfließt und endlich durch die höchste Vollkommenheit der Verhältnisse aller ihrer Theile, wodurch eigentlich der Melodie diejenige Rundung gegeben wird, die jedem Kunstwerk aus dem Gebiete des Klei= nen so unentbehrlich ist, erhält das Lied den Schein, von welchem hier die Rede ist, den Schein des Ungesuch= ten, des Kunstlosen, des Bekannten, mit einem Wort des Volkstons, wodurch es sich dem Ohr so schnell und unaufhörlich zurückkehrend einprägt. Und das ist doch der Endzweck des Liedercomponisten, wenn er seinem ein= zig rechtmäßigen Vorsatz bei dieser Compositionsgattung,

gute Liedertexte allgemein bekannt zu machen, getreu blei=
ben will."

Diese ganze neue und eigenthümliche Phase des Liedes, als
solche kennzeichnet sie schon der Schulz'sche Vorbericht, wird zunächst
und allermeist durch die veränderte Stellung, in welche Musik und
Dichtkunst mittlerweile zum Leben getreten sind, bedingt.

Mit der wachsenden Herrschaft, welche das Kunstlied und die
Musik überhaupt im Volke gewinnt, mußte das eigentliche Volks=
lied nothwendiger Weise nach und nach absterben. Wol waren
schon die äußeren Verhältnisse, die politische und sociale Lage des
deutschen Volkes im sechzehnten, siebenzehnten und achtzehnten Jahr=
hundert wenig geeignet, die künstlerische Schaffenskraft im Volke zu
erhalten und zu nähren. Die Stürme des dreißigjährigen Krieges
und die durch sie herbeigeführte Verwilderung deutscher Sitte und
deutschen Lebens ließen das Volkslied allmälig verstummen und
unter dem Drucke der folgenden Zeit, der, herbeigeführt durch innere
Zerrüttung und die Macht= und Energielosigkeit der deutschen
Regierungen, auf allen Ständen lastete, vermochte es sich nicht
wieder zu erholen. Als die höheren Stände endlich wieder tiefere
Bildung anstrebten und erlangten, war die Kluft, welche sie von
den niedern trennte, viel zu groß geworden, als daß sie einen
fördernden Einfluß auf den Schaffenstrieb des Volkes hätten aus=
üben können. Doch alles dies wäre wohl kaum im Stande gewesen,
den Volksgesang in seiner ursprünglichen Weise so vollständig zu
ertödten, wie es geschah. Sehen wir ihn doch in jener Zeit selbst
lustig emporblühen, in welcher er von den Geistlichen mit Bann
und harten Kirchenstrafen und vom Kaiser mit Poen an Leib und
Leben bedroht war. Das Volk erfand und sang seine
Lieder so lange, als ihm der Kunstgesang noch fremd
gegenüberstand. Nachdem dieser sich aber nach Anlei=
tung des Volksgesanges aus Elementen desselben
verjüngt und in dieser neuen Gestalt rege Theilnahme
und Selbstbethätigung im Volke fand, mußte das
Volkslied nothwendig abblühen. So lange der Kunst=
gesang das Bedürfniß des Volkes unberücksichtigt ließ, fand der
Schaffenstrieb im Volke in der unbezwinglichen Lust am Gesange
fortwährend erneuerte Anregung selbst zu dichten und Sangweisen
zu erfinden. Nachdem aber die Künstler sich eifrig dem Volksliede

zuwandten und in fortwährend erneuerten Arbeiten diesem die, ihm
ursprünglich fremden künstlerischen Elemente zu vermitteln such=
ten, um so das Kunstlied zu finden, das auch dem Bedürfniß des
Volkes entsprach, hatte das Volk nicht mehr nöthig, selbst für
Befriedigung seiner Sangeslust zu sorgen. Es griff jetzt nur auf,
was ihm fertig dargeboten wurde, und eignete es sich um so
begieriger an, je mehr eignen Empfindens es ihm entgegen brachte.
Das gesammte Musiktreiben des sechzehnten Jahrhunderts schon
erwies sich diesem Bedürfniß außerordentlich günstig.

Waren vor der Reformation Singchöre, die Currenden, meist
nur an den gelehrten und den Klosterschulen eingerichtet, so wurde
durch die veränderte Bedeutung, die der Kirchengesang erhielt, die
Errichtung solcher Chöre an allen Kirchen nöthig, und am Ausgang
des sechzehnten Jahrhunderts schon dürften nur wenige Städte mit
selbständiger Kirchenverfassung zu finden sein, die nicht ihre Sing=
chöre, Cantoreyen oder Adjuvantenchöre hatten, und daß in ihnen
auch das weltliche Lied nicht ausgeschlossen war, beweisen die hand=
schriftlichen Nachträge zu den gedruckten Motetten= und Choralsamm=
lungen aus jener Zeit. Auch haben die bereits besprochenen „Quod=
libets" in diesen Cantoreyen ihren Boden. Ein Biograph des
alten Seb. Bach erzählt, daß lange Zeit seine Vorfahren, eine
beträchtliche Anzahl Thüringischer Cantoren dieses Namens, alljährlich
an einem bestimmten Tage zusammenkamen und bei dieser Gelegen=
heit fast ausschließlich Quodlibets aus dem Stegreif sangen. Auch
die sogenannten Adjuvantenschmause, die alljährlich etwa nach Art
der Stiftungsfeste unserer Gesangvereine gefeiert und heute noch
von einzelnen Cantoreyen Thüringens zu wahren Volksfesten erwei=
tert werden, wie die Hochzeits= und Kindtauffeste, zu welchen diese
Chöre zugezogen wurden, förderten die Uebung des weltlichen
Gesanges. Neben diesen Chören fand das weltliche Lied außer=
ordentliche Pflege und Uebung schon in Haus und Familie. Wie
bereits früher angeführt wurde, waren die mehrstimmigen Lieder=
sammlungen, die in diesem und dem ersten Viertel des nächsten
Jahrhunderts in großer Menge erschienen, weit verbreitet und nach
einer Notiz Dehn's (Cäcilia, Br. 25. Heft 99.) wird in der
Lebensbeschreibung von Jodocus Willichius, welcher 1552
starb (Beckmanni notitia univ. Frankf.), erzählt, daß er in Frank=
furt a. O. ein philologisch=musikalisches Kränzchen gestiftet habe;

ein sogenanntes Wanderkränzchen, weil die Gesellschaft kein bestimmtes Versammlungslokal hatte, sondern sich reihum bei einem der Mitglieder versammelte. Der jedesmalige Wirth der Gesellschaft trug ein Kränzchen, das er dann dem nächsten Wirth aufsetzte.

Eine noch größere Verbreitung gewannen diese Lieder, als sich aus der Lautenpraxis eine leichtere Ausführung entwickelte, so daß sie auch der einzelne Sänger in einsamer Zurückgezogenheit genießen konnte. Er sang die ihm bequemste Stimme und ersetzte die übrigen durch dies klangreiche Instrument. Es bedurfte hierzu keiner besonderen Umschreibung oder Unterweisung, denn einen besonderen Instrumentalstyl kannte diese Zeit noch nicht und die meisten mehrstimmigen Gesänge waren, wie früher schon bemerkt wurde, nach ihren Aufschriften: „für die Instrument dienstlich." Doch finden wir auch eine Menge Kunstlieder oder kunstmäßig bearbeiteter Volkslieder in besonderen Lautenbüchern und mit besonderen Tonzeichen, (Lauten-Tabulaturen) für dies Instrument übertragen.

Von noch größerer Bedeutung für die Weiterverbreitung des Kunstliedes wurde endlich der letzte entscheidende Schritt, den die Künstler thaten, als sie das einstimmige Lied zu cultivieren begannen. Jetzt wurde die Melodie die Hauptsache und sie ist das leicht faßlichste musikalische Darstellungsmittel, dem Volksgemüth leicht zugänglich und bleibt am Sichersten dort haften.

Auch die Instrumentalmusik, die mittlerweile zu einer gewissen Selbständigkeit und zu großer Verbreitung gelangt war, konnte nicht ohne Einfluß auf die neue Liedgestaltung bleiben.

Noch zur Zeit der Reformation waren fest organisierte Musikchöre nur an den Höfen der Fürsten und in den freien Reichs- und Hansa- oder in den reicheren Handelsstädten zu finden. Allein mit der wachsenden Macht, mit welcher die Musik in die verschiedensten Lebensverhältnisse ganzer Gemeinden wie des Einzelnen eingriff, wurde das Bedürfniß nach solchen Chören überall rege, und so hatte gar bald auch die kleinste Stadt ihre „Stadtpfeifferei," mit einem „Stadtpfeiffer" an der Spitze und einer Anzahl von „Gehülfen und Lehrlingen," die öffentliche und Privatfeste verschönern mußten; denen in ihrer Bestallung zur Pflicht gemacht war, in den Kirchen und vor der Tafel, „allerunterthänigst," „unterthänig" oder „unterdienstlich" aufzuwarten. Von diesen Chören wurde nur Kunstmusik, wenn auch in der weitesten Bedeutung des Wortes,

oft freilich hart an der Grenze, ausgeführt. Wie viel auch sie zur
Ausbildung der neuen Phase des Liedes als volksthümliches Lied
beitrugen, wird uns bei Betrachtung einzelner, volksthümlicher
Lieder klar werden.

Von directem Einfluß auf diese ganze Umgestaltung wurde
ferner die Ausbildung und ungeheure Verbreitung, welche die dramatische Musik als Oper Anfangs in Privat-, später in öffentlichen
Aufführungen fand.

Hervorgerufen durch die mehrjährigen Bestrebungen eines, auf
die Wiederbelebung der alten Tragödie bedachten Vereins, erfolgte
zu Florenz im Jahre 1600 die erste Aufführung eines durchweg
gesungenen Schauspiels und bald wurden auch in anderen Ländern,
namentlich die öffentlichen Feste mit solchen Aufführungen prächtiger
und glanzvoller ausgestattet; in Deutschland bis in das letzte Viertel dieses Jahrhunderts, wenn auch häufig, doch immer nur vereinzelt, bis 1678 die erste stehende Opernbühne in Hamburg
errichtet wurde. Dem Beispiele Hamburgs folgten bald andere
Städte, die Wanderbühnen vermehrten sich und bald beherrschten
die Oper und die ihr verwandten „geistlichen Concerte" das gesammte
öffentliche Musiktreiben und zwar, wie aus einzelnen Berichten aus
jener Zeit hervorgeht, unter dem ungetheiltesten Beifall der Nation.
Von welch tiefgreifendem Einflusse diese neue Musikgattung im
nächsten Jahrhundert schon wurde, und nicht nur auf die Formvollendung des Liedes, wie das erste Kapitel dieses zweiten Buches
ausführt, sondern auf die ganze Musik dieser Periode, ersehen wir
aus den mancherlei Klagen, die hierüber laut wurden. Bei der
Anzeige der: „Geistlichen, moralischen und weltlichen Oden," im
Verlage von G. A. Langen's Buchdruckerei in Berlin, sagt der
Berichterstatter der Bibliothek der schönen Wissenschaften und freyen
Künste (Leipzig. Joh. Fr. Dyk. 1758. Band 3. p. 190.):

„Die Melodien unterscheiden sich insbesondere durch einen
natürlichen und fließenden Gesang, in welchem Stücke sie
die meisten Oden übertreffen, mit welchen Deutschland über-
schwemmt wird, und von welchen man oft nicht weiß, ob
sie zum Singen oder zum Spielen, oder vielmehr zu keinem
von beyden geschickt sind. Es hat jemand solche Oden
damit vertheidigen wollen, daß sie die Stelle kleiner Clavierstücke vertreten sollten, wir wissen aber nicht, warum sich

die kleinen Clavierstücke sollten vertreten lassen, da sie sich
ganz füglich selbst vertreten können. Es ist schlimm
genug, daß sich die größeren Clavierstücke so oft
durch Opernarien müssen verdrängen lassen,
die man mit Gewalt auf den Flügel zwingt, ob
sie gleich darauf mehrentheils so leer klingen
müssen, als sie mit den dazugehörigen Stimmen
angenehm sind."

Wie wenig so verständige Zurechtweisungen auch in ihrer
häufigen Wiederholung fruchteten, ist bekannt. Die Opern-Melodien
gewannen von Jahr zu Jahr in allen Arrangements immer größere
Beliebtheit und Verbreitung und als den Dichtern und Componisten
gelang, das Liederspiel für eine Zeit wenigstens einzubürgern und
als die dramatische Musik in den glatten und knappen Formen des
Liedes ein mehr volksmäßiges Gepräge gewann, da holte sich das
Volk am Liebsten seine Lieder von der öffentlichen Schaubühne, ja
es machte an die Dichter und Componisten geradezu die Anforde-
rung, daß sie bei ihren dramatischen Erzeugnissen möglichst treu für
Befriedung seiner Sangeslust sorgten.

Entscheidender und nachhaltiger als alle genannten Umstände
mußte endlich der Gesangunterricht in den Volksschulen
auf die Umgestaltung des Volksgesanges werden. Daß der Gesang
eine der wesentlichsten Disciplinen in den ersten Volksschulen war,
ist wohl außer allem Zweifel. Von Mönchen und Geistlichen
gestiftet und Jahrhunderte lang von ihnen überwacht, boten die
Volksschulen die beste Pflanzstätte für den Kirchengesang, und eine
Thiersage: „Der Wolf in der Schule" von einem unbekannten
Dichter des dreizehnten Jahrhunderts, bestätigt, daß „Lesen und
Singen" die Hauptgegenstände des Unterrichts gewesen sind.

Wie früh indeß auch der weltliche Gesang in den Volksschulen
Eingang fand, dürfte schwer zu bestimmen sein. Jedenfalls nicht
vor, vielleicht lange nach dem vierzehnten Jahrhundert, dem Jahrhundert der Städteerhebung. Erst als die Städte der Geistlichkeit
das alleinige Patronat über die Volksschulen streitig machten und
zur Theilnahme an der Leitung des Schulwesens gelangten, dürfte
auch die Pflege des weltlichen Liedes begonnen haben, dem sich die
Geistlichkeit zu keiner Zeit sehr zugethan erwies. Daß es indeß

auch jetzt noch weniger das Volkslied, sondern vielmehr „die guido=
nische Solmisation,“ „der Figuralgesang“ und „die jetzige italie=
nische Art und Manier im Singen“ waren, die dort gepflegt wur=
den, beweisen die Anweisungen zur Singekunst für Schulen, die
„der lieben Jugend zum Besten“ oder „vor diejenigen Knaben, so
noch jung und zu keinem Latein gewöhnet, verfertigt,“ vom Beginn
des siebenzehnten Jahrhunderts in beträchtlicher Anzahl erschienen.
Eigentliche Schul= oder Jugendlieder mögen erst lange nachher,
vielleicht kurz vor der beginnenden Blüthe des volksthümlichen Liedes
gedichtet worden sein. So fand der Kunstgesang ausschließlich
eifrige Pflege auch in den Schulen und der Jugend schon gieng die
naïve Lust am Schaffen, die das Volk einst hatte, und welche die
Meister dieser Jahrhunderte in der vollständigen Beherrschung der
Kunstmittel erst wieder erlangten, schon früh und meist für immer
verloren. Sie wuchs unter und mit dem Kunstgesange auf, und es
lösten sich nach und nach alle Beziehungen zum ursprünglichen
Volksgesange. Die sich allmälig ausbreitende allgemeine Musik=
bildung drängt auch ihn in die knappen, festen Formen des kunst=
mäßigen Gesanges. Die reiche Melismatik der alten Volksmelodie
weicht einem mehr syllabischen Gesange und an die Stelle der
alten, mannichfach zusammengesetzten und gegliederten Rhythmik
tritt die neue gleichmäßigere, dem einfachen Sprachmetrum enger
anschließende. Nur eine kleine Zahl der alten Volksgesänge erhielt
sich unter diesem Umgestaltungsprozeß und wurde mit hinüber
gerettet in die neue Zeit; der ungleich größere Theil erwies sich ihm
spröde und ungefügig und mußte absterben. Auch für die Lieder
des Volkes wird jetzt eine mehr kunstmäßige Form nothwendig, und
aus diesem Bedürfniß heraus entstand das volksthümliche Lied.
Es steht sonach in der Mitte zwischen dem eigentlichen Volks=
liede und dem Kunstliede. Von diesem hat es die abgerundete,
glatte Form, von jenem die Allgemeinheit, die leichte Faßbarkeit
und Verständlichkeit seines Inhalts.

Alle Lieder, die jetzt noch im Volke entstehen, auch wenn sie
nicht von Künstlern oder dem musikalisch höher gebildeten Dilet=
tantismus ausgehen, sind dennoch immer ein Produkt der Musik=
entwicklung. Schule und Leben haben dem Einzelnen aus dem
Volke, in dem sich der alte Schaffensdrang regt, den, wenn auch
dürftigsten doch ausreichenden Apparat für musikalische Darstellung

zugeführt; er sucht und findet daher keinen andern. Das Volkslied mußte auch diesen erst erfinden und die Naivetät, die Ursprünglich=keit und Macht der Empfindung und der Reichthum des Volks=gemüths läßt ihn zu einer so üppigen Fülle der mannichfachsten Gestaltung anwachsen, wie ihn das, jetzt im Volke noch entstehende volksthümliche Lied nimmer haben konnte, und wie er noch mannich=faltiger und reicher nur unter der Hand des Künstlers anwuchs. Denn auch er geht zunächst von jenem einfachsten harmonischen Gestaltungsprozeß, der Wechselwirkung von Tonika und Dominant und der entsprechenden Bewegung nach der Unterdominant aus, aber er bleibt hierbei nicht stehen. Löst er sich ganz von ihm los, so verliert er den Zusammenhang mit dem Volksgemüth und wird unverständlich und im glücklichsten Falle zur Carricatur. Er muß an ihm festhalten, aber in der besonderen Weise, in welcher er ihn melodisch und rhythmisch darstellt, in der Besonderheit der Wege, welche er einschlägt, um zu jenen Angelpunkten der gesamm=ten Construction zu gelangen, beruht die Besonderheit seines Wir=kens. Wenn er hier sich eigenthümlich erweist, bringt er einen, bisher unausgesprochenen Theil des Volksgemüths zur Darstellung, und wird dadurch volksthümlich in der höchsten Bedeutung des Worts.

Hiernach scheiden sich die volksthümlichen Lieder in drei Gruppen:

> in solche, die ohngeachtet ihrer allgemein faßbaren Form dennoch einen besonderen Inhalt in besonderer Weise dar=stellen;
>
> in solche, die nur die Allgemeinheit des Volksgemüths zum Inhalt haben und endlich
>
> in solche, die nur der absichtslosen Lust am Gesange Befrie=digung gewähren.

Wir beginnen mit den Liedern der zweiten Gattung, weil sie sich am innigsten an das Volkslied anschließen. An sie wird sich dann leicht die erstere, ihrer näheren Verwandtschaft mit dem Kunst=liede wegen, anreihen lassen.

Die dritte Gattung wird uns weniger beschäftigen, weil sie geringe Bedeutung hat und weil wir in dem Kapitel: „Noble Bänkelsänger" specieller ihrer gedenken müssen.

Die Hauptvertreter jener zweiten Gattung des volksthümlichen Liedes sind:

Johann Adam Hiller,

Johann Abraham Peter Schulz,

Peter von Winter,

Joseph Weigl,

Anselm Bernhard Weber,

Johann Andrée,

Friedrich Heinrich Himmel,

Hans Georg Nägeli,

Conradin Kreutzer,

Friedrich Schneider;

und in einzelnen Liedern:

Carl Heinrich Graun,

Joseph Gersbach,

Gustav Reichardt,

Christian Gottlob Neefe,

August Pohlenz,

Friedrich Burchard Beneken,

Friedrich Silcher,

Albert Methfessel und

August Neithardt.

Der Bildungs- und Lebensgang Johann Adam Hiller's führte ihn früh auf jene, bereits characterisierte und im Volke schon außerordentlich lebendige, volksthümliche Weise der Lied=composition und machte sie zur Grundlage seines gesammten künst=lerischen Wirkens. Er ist am 25. December 1728 zu Wendisch=Ossig, einem Dorfe in der Oberlausitz, geboren, und seine Erziehung zur Musik entspricht ganz der Art und Weise seiner Zeit, die wir oben darzustellen versuchten. In seinem sechsten Lebensjahre verlor er seinen Vater, der Schullehrer in dem genannten Orte war, und sein Nachfolger im Amte unterrichtete den, nun in noch drückendere Armuth versetzten Knaben in den Anfangsgründen des Clavier= und Violinspiels. Seine gute Sopranstimme verschaffte ihm Aufnahme in das mit dem Gymnasium in Görlitz verbundene Singechor und hiermit zugleich die Gelegenheit zur Vorbereitung für die Univer=sität. Daneben war er eifrig bemüht, sich auf mehreren Instru=menten zunft= und handwerksmäßig nach der Weise seiner Zeit zu unterrichten und in dem neu errichteten Collegium musicum spielte er den Baß, machte auch ohne Kenntniß der Setzkunst schon Versuche in der Composition. Seine große Armuth zwang ihn mehrmals als Schreiber Dienste zu suchen und eine Stelle an der Kreuzschule in Dresden anzunehmen, ehe er **1751** die Universität bezog, um sich zum Juristen auszubilden.

In Dresden wurde Homilius sein Lehrer auf dem Clavier und im Generalbasse. Einflußreicher noch als dieser Unterricht wurde für ihn das Studium der Werke jener beiden Meister, welche damals das ganze öffentliche Musiktreiben beherrschten, Hasse und Graun. Mit einem seine Gesundheit zerstörenden Eifer wandte er sich ihm zu und ihm verdankt er zumeist die Kenntniß der wirkungsreichen Mittel, welche seine Popularität begründen. Auch in Leipzig, wo in dem Verkehr mit Gottsched und Gellert das volksthümliche Element in ihm erneute Nahrung erhielt, trieb er jetzt noch Musik nur zur Erholung und als Broderwerb. Ein kurzer Aufenthalt im Hause des sächsischen Ministers Grafen Brühl als Informator des jungen Grafen wurde entscheidend für sein ferneres Leben. Das Unglück, welches der bald darauf ausbrechende siebenjährige Krieg über dies Haus brachte, verdüsterte seinen Sinn, so daß er sich Jahre lang am Rande des Grabes glaubte. Er lebte, nachdem er **1760** seine Stellung und Pension aufgegeben, in stiller Zurückgezogenheit mit Uebersetzungen beschäftigt, bis er die Direction des in Leipzig nach dem Kriege errichteten wöchentlichen Concerts übernahm. Hier war er namentlich für Förderung des Gesanges thätig und zwei seiner Schülerinnen: Coronna Schröter und Gertrud Schmähling, die nachmalige Mara, erwarben sich europäischen Ruf. Wichtiger indeß ist, daß er jetzt auch jene Werke schrieb, welche seine Bedeutung für die Kunstgeschichte und speciell für das Lied entschieden. Der Director des Leipziger Theaters Koch verlangte Operetten nach der damaligen, in Frankreich beliebten Weise des Vaudeville, und Felix Weise, der bekannte Verfasser des „Kinderfreundes" und unser Hiller entsprachen diesem Verlangen. Jener lieferte die Texte und Hiller componierte sie und zwar dem Bedürfniß der Sänger, die nur Liederartiges ausführen konnten, nicht weniger entsprechend, als dem des Publikums, das nur derartiges wünschte. Das erste Stück dieser Art war „Die verwandelten Weiber" und das Lied: „Ohne

Lieb und ohne Wein" wurde, wol das erste derartige volksthümliche
Lied, bald ein Lieblingslied des deutschen Volkes. Diesem Liederspiel folgten bald: „Der lustige Schuster," „Lottchen am Hofe"
und „Die Liebe auf dem Lande." Den durchgreifendsten Erfolg
errang indeß: „Die Jagd" und das Lied Rösen's aus diesem
Singspiel: „Als ich auf meiner Bleiche" hat nicht nur diese
Operette, sondern vielleicht die ganze Gattung lange überlebt.

Wir würden auf Wiederholungen geführt werden, wollten wir
die Weise Hiller's näher ausführen. Sie entspricht so vollständig
der des volksthümlichen Liedes im Allgemeinen, daß nur in wenigen
Andeutungen darauf zurückzuweisen ist. Das ganze Musikempfinden
Hiller's ist von vornherein mit jenen knappsten Ausdrucksmitteln
so eng verwachsen, daß er unwillkürlich nach ihnen greift und seine
gesammten Lebensschicksale waren nicht geeignet, ihn darüber hinauszuführen. Er singt seine Melodien aus dem beschränktesten harmonischen Material, Tonika und Dominante heraus und in festem
Anschluß an das Sprachmetrum. Aber, indem er diese beiden
Angelpunkte der Tonart in immer interessantem Wechsel, oft in
zierlicher Verschlingung einführt und sie meist durch die leicht und
sicher geführte Melodie zu Zielpunkten macht, verfällt er eigentlich
nirgend jenem Bänkelsängerton, der später sich aus dieser Gesangsweise entwickelte. Seine Lieder behalten, trotz ihrer großen Dürftigkeit, doch immer ein gewisses künstlerisches Gepräge. Ein
tieferes Erfassen seiner Texte war auch kaum möglich. Da, wo er
es versucht, wie z. B. in einigen der: „Sammlung der Lieder aus
dem Kinderfreunde," Leipzig 1782., konnte es nur in der, auf
Aeußerlichkeiten ausgehenden Weise Graun's geschehen. Dieser
Eigenthümlichkeit seines Wesens entspricht auch seine Stellung zur
gesammten übrigen Kunst und zu deren Erzeugnissen. Im Jahre
1771 hatte er in Leipzig eine Gesangschule für Knaben und Mädchen errichtet, mit der er 1775 das Concert spirituell gründete und
die Concerte im Gewandhause 1781 eröffnete. Hier, wie in den
Aufführungen, die er in Berlin 1786 und in Breslau 1787 veranstaltete, wie später von 1789 an in seiner Stellung als Thomascantor sind es neben dem „Tod Jesu" von Graun, die Händelschen Oratorien, denen er sich mit besonderem Eifer zuwandte,
Bach und Gluck entschieden vernachlässigend. Beide imponierten
ihm wol durch die Größe ihrer Erscheinung, aber er fühlte viel zu

wenig Verwandtes mit ihnen in sich, um sie auf sein Programm
zu nehmen, und daß er später die beiden Haydn lieb gewann und
schon in den, „von 1766—70 von ihm herausgegebenen wöchent=
lichen Nachrichten", dem aufsteigenden leuchtenden Gestirn Mo=
zart mit Interesse folgt, dürfte auf die gleichen Ursachen zurück=
zuführen sein. Er starb am 16. Juni 1804, und wie groß seine
Verdienste um Leipzigs öffentliches Musikleben sein mußten, bewies
die allgemeine und tiefe Trauer über seinen Tod. Ein bleibendes
Denkmal in der Kunstgeschichte setzte er sich mehr als durch seine
Werke in der Wiedererweckung der Händel'schen Oratorien in
Deutschland durch jene oben erwähnten Aufführungen.

Hiller wurde durch Naturell, Bildungs= und Lebensgang
auf das volksthümliche Lied geführt; sein unmittelbarer Nachfolger
auf diesem Gebiete:

Johann Abraham Peter Schulz, wandte sich ihm zu
mit Absicht und Bewußtsein, wie wir aus dem mitgetheilten Vor=
bericht ersahen.

Er ist am 30. März 1747 zu Lüneburg geboren. Sein Vater
hatte ihn für den geistlichen Stand bestimmt und so wurde es ihm
unendlich schwer, von diesem die Erlaubniß zu erwirken, sich der
geliebten Kunst widmen zu dürfen. 1762 durfte er nach Berlin
gehen, um bei Kirnberger, dem damals berühmten Lehrer des
Contrapunktes Musik zu studieren. Sechs Jahre blieb er hier und
genoß nicht nur den Unterricht, sondern nahm auch an den theo=
retischen Untersuchungen seines Meisters regen und selbstthätigen
Antheil, und legte so den Grund zu einer tiefen, weitumfassenden
Gelehrsamkeit.

Nicht minder wichtig wurden die nächstfolgenden fünf Jahre
für seine künftige Stellung innerhalb der Kunst. Im Jahre 1768
bot sich ihm die Gelegenheit, im Gefolge der polnischen Fürstin
Sapieha eine Reise durch Frankreich und Italien, und später durch
Polen und Ostpreußen zu machen und diese Reise, von welcher er
erst 1773 wieder nach Berlin zurückkehrte, gewährte ihm einen
weiten Blick in die Musikzustände dieser Länder. Bei seiner Rück=
kehr waren Kirnberger und Sulzer mit der Herausgabe der
„Theorie der schönen Künste" beschäftigt und Schulz übernahm
die Ausarbeitung der noch fehlenden musikalischen Artikel. Daneben
componierte er noch unter dem Einflusse Kirnbergers Motetten,

Chorgesänge, deutsche Lieder und Clavierstücke. 1776 übernahm er die Direction des neu errichteten Orchesters am französischen Theater in Berlin und gieng, in Folge der Auflösung desselben, 1780 als Kapellmeister des Prinzen Heinrich nach Rheinsberg. Hier schrieb er neben den oben angeführten Liedern und Gesängen mehrere Werke für die Bühne, wie: die Chöre und Gesänge zu Racine's Athalia (1785), das Melodram „Minona" oder „Die Angelsachsen" (1786) und zwei französische Opern.

Sein entschiedener Hang zum Volksthümlichen spricht sich in allen diesen größeren Werken aus. Nach dieser Seite entwickelte sich die Individualität des Künstlers indeß vollständig erst in Kopenhagen, wohin er 1787, einem ehrenvollen Rufe folgend, als Hofkapellmeister gieng. Durch die Schrift: „Ueber Bildung des Volkes und über Einführung der Musik in die dänischen Schulen", verschaffte er zunächst seinen Ideen über die Musik als Bildungsmittel Eingang und nun war er eifrig bemüht, volksbildende Musik zu schreiben. Seine Opern, wie „Aline" und seine Oratorien: „Johannes und Maria" und „Christi Tod," wie sein Singspiel: „Das Erndtefest" sind alle in diesem Sinne geschrieben, und in dem gleichen Streben veröffentlichte er mehrere Schriften für das Volk, wie auch für die Kunstverwandten.

Es ist anzunehmen, daß Schulz durch die gleichen Bestrebungen einer Anzahl Männer in Deutschland, die sich um den Berliner Buchhändler Friedrich Nikolai, den Herausgeber der „Allgemeinen deutschen Bibliothek" schaarten, um Aufklärung und das Princip des Gemein = Nützlichen zu verbreiten, angeregt worden war. Daß er aber nicht, wie diese, lächerlich und philisterhaft wurde, dankt er seiner reichen Musikbildung und seiner wirklich poetischen Natur. Wir kommen später auf die Bestrebungen dieser Männer zurück.

1795 mußte Schulz, in Folge seiner bedeutend angegriffenen Gesundheit, seinen Abschied nehmen; er kehrte nach Deutschland zurück und starb am 10. Juni 1800 zu Schwedt.

Mit jedem der beiden Meister des volksthümlichen Liedes, Hiller und Schulz, beginnt eine eigenthümliche Richtung desselben.

Hiller wurde auf das volksthümliche Lied durch seine durchaus nur dilettantische Musikbildung geführt, während Schulz gerade durch seine tiefe und umfassende Musikbildung befähigt wurde, das Bedürfniß des Volkes zu erkennen und ihm zu dienen. Jener konnte, dieser wollte nichts anderes, als volksthümlich schreiben, und jedem der beiden Sänger des volksthümlichen Liedes haben sich eine große Menge Nachfolger angeschlossen, die alle die gleichen Ausgangspunkte haben.

Schulz wollte, wie er selbst sagt, durch seine Melodien gute Liedertexte allgemein bekannt machen, und sah hierin den Endzweck des Liedercomponisten. Es kann hier um so weniger der Ort sein, die Einseitigkeit eines solchen Standpunkts darzulegen, als diese durch die ganze bisher und weiter verfolgte Entwicklung des Liedes von selbst klar heraustreten dürfte. Für seine Zeit war er indeß ein ganz berechtigter und nothwendiger. Nachdem die deutsche Lieder= dichtung fast durch zwei Jahrhunderte hindurch in täudelnde und spielende Reimerei ausgeartet war, erhoben sie in den siebenziger und achtziger Jahren die Dichter des Göttinger Hainbundes: Boie, Bürger, Claudius, Hölty, Miller, Overbeck, die beiden Stolberge, Voß u. A., nicht nur zu größerer poetischen Bedeu= tung, sondern gaben ihr auch erst wieder die Möglichkeit einer allgemeinen und weiten Verbreitung. Aus diesem Dichterkreise giengen Lieder hervor, die, weil sie sich an das Volkslied anlehnten und es nachzuahmen trachteten, der weitesten Verbreitung werth waren. In den höhern Ständen wurde diese durch die, seit 1770 erscheinenden Musen=Almanache ermöglicht, in den niedern aber waren die Lieder erfolgreich nur mit der Melodie zu verbreiten. Daher dichteten die Poeten ihre, als fliegendes Blatt „gedruckt in diesem Jahr" zu verbreitenden Lieder nach Volksweisen, oder sie trugen möglichst Sorge für die musikalische Composition. In diesem Sinne nun wirkte Schulz treuer und nachhaltiger, als irgend ein anderer. Eine Menge seiner Lieder, wie: „Blühe liebes Veil= chen," „Seht den Himmel wie heiter," „Süße heilige Natur," „Warum sind der Thränen," „Hurre, hurre, hurre!" „Klipp und klapp," „O der schöne Maienmond," „Der Mond ist aufge= gangen," „Wonne schwebt, lächelt überall," „Herr Bachus ist ein braver Mann," „Mädel schau mir ins Gesicht," „Ich will einst bei Ja und Nein," sind lange Jahre in allen Gauen Deutschlands und in allen Kreisen der Gesellschaft gesungen worden, und noch heute sind viele der erstgenannten Lieblingsgesänge der Jugend; das aber ist bezeichneuder, als alles andere für ihre eigenthümliche Stellung. Der Jugend imponiert nur, was frisch und lebensfähig ist, wie sie selber, und frisch und lebensfähig sind die Lieder Schulz's fast alle. Vom Hiller'schen volksthümlichen Liede unterscheiden sie sich melodisch und rhythmisch. Schulz singt seine Lieder aus demselben einfachsten harmonischen Apparat heraus, aber weil ihm. dieser ungleich geläufiger ist, als er Hiller sein konnte, erheben sich seine Melodien schwunghafter, freier und unbeengter von der harmonischen Unterlage, als die Hiller's, und nach dem Maße seiner bedeutenderen Bildung erweiterten sich ihm auch die rhythmischen Darstellungsmittel des Sprachmetrums, dem er mit ungleich größerer Treue nachgeht, als Hiller. Bei diesem ist der Rhythmus nicht selten ein monotones Geklingel, bei jenem fast immer ein feinsinnig gegliedertes Gefüge. Das, was in die Ohren des Volkes geht, hatte Schulz dem Volksliede außerordentlich treu abgelauscht; mehr freilich auch nicht, das beweisen seine Melodien zu Bürger's „Molly=Liedern" oder die Compositionen von Hölty's „Schwermuthsvoll und dumpfig hallt Geläute" und mehreren Liedern der Stolberge, die alle schon mehr subjek= tives Gepräge haben, wofür Schulz keine Ausdrucksmittel mehr besaß.

Der Hiller'schen Weise schlossen sich am innigsten Ferdi= nand Kauer und Wenzel Müller an. Beide wandten ihre Hauptthätigkeit dem Wiener Volkstheater zu, wodurch ihre eigen= thümliche Richtung von vorn herein bestimmt wurde.

Ferdinand Kauer wurde 1751 zu Klein=Taha in Mähren geboren und starb in größter Dürftigkeit 1831 in Wien. Sein „Donauweibchen" mit dem: „In meinem Schlößchen ists gar fein" gehört zu den weitverbreitetsten Volksstücken in Deutschland.

Größeren Erfolg errang noch Wenzel Müller, geboren am 26. Septbr. 1767 zu Türnau in Mähren und gestorben am 3. August 1835 zu Wien. Seine, mit dem Volksdichter Ferdi= nand Raimund verfertigten Liederspiele: „Der Alpenkönig und Menschenfeind," „Der Verschwender," „Der Bauer als Millionär" und die von Pirinet gedichteten: „Die Schwestern von Prag" und „Das neue Sonntagskind" erfreuen sich noch heute der Gunst des Publikums, wenn auch die Lieder daraus: „Die Katze läßt das Mausen nicht," „Ich bin der Schneider Kakadu," „Brüderlein fein! Mußt ja nicht so böse fein!" „So mancher steigt herum," „Da streiten sich die Leut' herum," „Ach die Welt ist gar so freundlich," „Ach wenn ich nur kein Mädchen wär'," „So leb' denn wohl du stilles Haus" und „Wer niemals einen Rausch gehabt" nicht mehr so lebendig im Volke fortleben, wie sonst. Der musikalische Bildungsgang der beiden genannten Volkstondichter entspricht ganz dem unsers Hiller. Allein ihm führte das Studium Graun's und Hasse's noch mancherlei andere künstlerische Mittel zu, die jenen beiden wol ewig fremd blieben und die ernste Beschäftigung mit den Werken der echten Kunst, zu welcher ihn seine öffentliche Thätigkeit in Leipzig veranlaßte, hielt ihn immer über dem Niveau der bloßen Bänkelsängerei, unter welches jene beiden oft herabsanken. Die eigentliche Oper war Wenzel Müller so fremd, daß er seine Stellung als Director der Prager Oper, die er im Jahre 1808 antrat, 1813 wieder aufgab, um zurück nach Wien an die Leopoldstadt, seine eigentliche Sphäre, zu gehen.

Weniger durch Naturell und Bildung, als durch Laune oder äußere Einflüsse angeregt, cultivierten noch zwei dramatische Tondichter in einzelnen Werken das volksthümliche Element: Peter von Winter und Joseph Weigl.

Peter von Winter wurde 1754 geboren und bildete sich früh zum trefflichen Violinspieler aus. Seine contrapunktischen Studien waren und blieben sehr dürftig. Als er später unter Salieri ernstlich die Tonsetzkunst studierte, führte ihn dieser bald in die italienische Weise der dramatischen Musik ein, und ihr ist er vorwiegend treu geblieben, selbst in dem „Unterbrochenen Opferfest," welches namentlich in einzelnen melodischen Phrasen, wie: „Wenn mir dein Auge strahlet," „Ich war, wenn ich erwachte" und „Im Arm der Liebe ruht sich's gut" das meiste Volksthümliche enthält.

Auch Joseph Weigl war ein Schüler Salieri's, doch scheinen bei ihm die deutschen Einflüsse entscheidender und nachhaltiger gewesen zu sein, als die italienischen. Das eine Werk zum mindesten, und zwar das einzige, wodurch er sich zum volksthümlichen Tondichter machte: „Die Schweizerfamilie" und namentlich das Duett: „Setz dich liebe Emmeline" und die Arie (volksthümliches Lied): „Wer hörte wohl jemals mich klagen?" sind unmittelbarer aus dem gesammten Volksempfinden herausgesungen. Jene

Winter'schen volksthümliche Gesänge sind daher auch mehr in Clavierarrangements verbreitet gewesen, während die Weigl's fleißig gesungen wurden. Weigl wurde am 28. März 1766 zu Eisenstadt in Ungarn geboren. Anfangs für das Studium der Jurisprudenz bestimmt, widmete er sich später ganz der Tonkunst und wandte seine Thätigkeit gleichfalls vorherrschend der Bühne zu. Eine große Menge von Opern, Operetten und Balletten, Oratorien und Cantaten, neben einigen Kirchenwerken und kleineren Tonstücken sind Zeugnisse seines geschäftigen Fleißes, doch errang keines dieser Werke auch nur noch die Bedeutung der „Schweizerfamilie." Er starb am 3. Februar 1843 zu Wien.

Bereits früher wurde darauf hingewiesen, daß das volksthümliche Lied der gesammten Musikentwicklung folgt, daß es sich aus ihren Elementen fortwährend zu erneuen sucht. Der erste, in dem dies in der durch Hiller eingeschlagenen Richtung entschiedener zu Tage tritt, ist

**Friedrich Heinrich Himmel,** 1765 zu Treuenbrietzen im Brandenburgischen geboren. Auch er trieb Musik Anfangs nur dilettantisch in seinen Erholungsstunden und erst durch den König Friedrich Wilhelm II. wurde er bewogen, das Studium der Gottesgelahrtheit, für welches er sich entschieden, aufzugeben und unter Naumann, dem seiner Zeit hochberühmten Operncomponisten in Dresden, Musik zu studieren. Naumann dürfte der letzte entschiedene Vertreter jener sogenannten „galanten Schreibart" sein, die durch Prätorius und Schütz in Deutschland eingeführt wurde und hier bald derartig das Bürgerrecht erlangte, daß jeder strebende Musiker, wollte er irgendwie zu Bedeutung gelangen, die galante Schreibart in Italien selbst erlernen mußte. Auch Naumann hatte sie dort gelernt und geübt, aber zu einer Zeit, in welcher durch sie schon die Macht der ursprünglichen italienischen Cantilene gebrochen und die Melodie in saftlosen Schnörkeln und Verbrämungen untergangen war. So übte sie Naumann und überlieferte er sie seinem Schüler und in diesem trieb sie eine neue Weise des volksthümlichen Liedes. Das im Ganzen feste Gefüge des Hiller'schen Liedes wird aufgelöst und mit jenem neuen fremden Element versetzt. In jenem sind noch Melodie und Harmonie ziemlich eng verbunden und darum schwer zu trennen, in diesem fallen beide schon auseinander. Die Melodie tritt so dominierend auf, daß die Harmonie nichts weiter als dürftige Unterlage bildet, und sie selbst ihren eigentlichen Charakter und feste Construction verliert. Auch die Hiller'sche Melodie erfaßt Text und Stimmung eigentlich wenig und nur ganz oberflächlich, aber in dem sichern Anschluß an das Wort und das Sprachmetrum, bei einheitlichem Zuge der Melodie, bildet sich dieser doch ein ganz bestimmter Charakter an. Davon ist jetzt kaum noch die leiseste Spur. Alle Melodien dieser Richtung haben fast unterschiedloses Gepräge, daß man sie beliebig verwechseln könnte. Sie setzen sich nur aus einzelnen Phrasen zusammen, höchstens mit Berücksichtigung der Reimzeilen. Es gilt dies noch weniger von den Liedern aus Himmel's „Fanchon": „Es kann ja nicht immer so bleiben" und „Die Welt ist nichts, als ein Orchester," die noch der Hiller'schen Weise entsprechen. Aber schon: „An Alexis send ich dich" steht so hart an der Grenze, daß es mehr jener letztern Gattung des volksthümlichen Liedes angehören dürfte.

Mit den Gesängen aus Tiedge's „Urania," welche der Königl. Preuß. Hofkapellmeister und Kammercompositeur in der Vorrede für sein liebstes Werk erklärt, beginnt die höhere Cultur des volksthümlichen Liedes unter empfindsamen Schreibern, gebildeten Schneidergesellen und gefühlvollen, nicht mehr zu jungen und guitarrespielenden Jungfrauen. Die Melodie des: „Mir auch war ein Leben aufgegangen" wurde der Typus für eine unendliche Reihe volksthümlicher Lieder, die sich in jenen Kreisen bis in die jüngste Zeit erhalten haben, während sie in den höhern gar bald von anderen verdrängt wurden. Wir kommen, wie schon bemerkt auf diese Erscheinungen später noch zurück.

Positiv Bedeutenderes lieferte jene zweite Reihe, die sich an J. A. P. Schulz anschließt. Die Sänger jener Gruppe sind vorwiegend dilettantisch, diese mehr handwerksmäßig, aber tüchtig durchgebildete Musiker.

Wir nennen zuerst

**Bernhard Anselm Weber,** zu Mannheim 1766 geboren. Auch er war ursprünglich für den geistlichen Stand bestimmt, folgte aber seinem natürlichen Drange und wurde Musiker. Durch energische Studien unter Abt Vogler's Leitung, wie durch das eigne Studium der Händel'schen und Gluck'schen Opern bildete er sich zu einem echt deutschen Meister volksthümlicher Musik. Seine

Musik zu den Schiller'schen Dramen, die er meist für die Ber=
liner Bühne schrieb, ist weder tief noch originell, aber echt deutsch,
und sein: „Mit dem Pfeil und Bogen" könnte auch von J. A. P.
Schulz componiert sein.

Ganz im selben Geiste sind mehrere seiner Gesänge mit
Pianofortebegleitung erfunden, ebenso die melodramatische Bear=
beitung von Schiller's: „Gang zum Eisenhammer." Er starb
am 23. März 1821 als Königl. Kapellmeister in Berlin.

Treuer noch und erfolgreicher war nach derselben Richtung
**Hans Georg Nägeli,** ein geborner Schweizer, thätig.
Im Jahre 1793 gründete er eine Musikalienhandlung in Zürich
und von dieser Zeit an war er mit regem Eifer bemüht, volksthüm=
lichen Gesang zu verbreiten. Von seinen eigenen Liedern hat
namentlich das Lied: „Freut euch des Lebens" die weiteste Ver=
breitung gefunden. Größere Verdienste um die Verbreitung dieser
Liedgattung erwarb er sich durch seine Bestrebungen um Organi=
sation der Männergesangvereine in der Schweiz, jener Vereine, die
auch bald in dem gesammten übrigen Deutschland die Pflege des
volksthümlichen Liedes übernehmen sollten.

Wir haben bereits eines philologisch = musikalischen Kränzchens
in Frankfurt gedacht, und G. W. Fink giebt in der Leipziger
Allgemeinen Musik=Zeitung (1832. No. 43.) von einem Männer=
gesangvereine Nachricht, der **1673** in Greiffenberg in Hinter=
pommern in Blüthe stand. Doch erst mit der wachsenden Ver=
allgemeinerung der Musikbildung scheinen diese Vereine zu größerer
Bedeutung für die öffentliche Musikübung gelangt zu sein.

In **Marpurg's** historisch = kritischen Beiträgen finden wir
Notizen über mehrere Musik=Gesellschaften Berlins, wie über die
Academie, welche sich bei dem königl. Kammermusikus Janitsch
aller Freitage versammelte. Die Assemblee fand alle Montage
bei dem Königl. Kammermusikus Schale statt. Beide scheinen
indeß vorwiegend die Instrumentalmusik gepflegt zu haben. Vocal=
Musik wurde auch in dem, bei dem Königl. Kammermusikus
Agricola, Sonnabend stattfindenden Concert geübt. Größere
Bedeutung scheint indeß erst die sogenannte Musik übende Ge=
sellschaft, welche, durch den Kammermusikus Sack angeregt,
1749 ins Leben trat, gewonnen zu haben. Oben genannte Blätter
geben Nachricht von einer öffentlichen Aufführung von Graun's

„Tod Jesu," welche diese Gesellschaft im Dom veranstaltete. Aus=
schließlich Gesang, und zwar Anfangs Gesang ohne Instrumental=
begleitung übte der, von dem Königl. Kammermusikus Carl Fasch
im Jahre 1789 gegründete Dilettantenverein, der bis zum Jahre
1792 schon eine solche Ausdehnung gewonnen hatte, daß ihm ein
Saal in dem Academie = Gebäude eingeräumt wurde und die Gesell=
schaft sich als Berliner Singacademie constituierte. Nach
ihrem Muster verbreiteten sich bald über ganz Deutschland ähnliche
Vereine, und sie haben für Verbreitung einer tieferen musikalischen
Bildung unendlich viel gewirkt. Seit fast hundert Jahren vermitteln
sie dem größern Publikum die Bekanntschaft mit den bedeutendsten
und großartigsten Werken aller Länder und aller Zeiten und zwar
nachhaltiger und durchgreifender, als dies alle die, von der Laune
Einzelner abhängigen Institute je thun konnten. Die rege Theil=
nahme, die in allen Kreisen sich ihnen zuwandte und fortwährend
im Wachsen ist, ist das beste Zeugniß für ihre Nothwendigkeit in
dem gesammten Kunstleben der Nation.

Neben diesen Vereinen nun, die sich vorherrschend mit den
höchsten Erzeugnissen der Kunst beschäftigten, entstanden bald jene,
welche die, mehr auf behagliche Ausschmückung, auf den Comfort
des Lebens berechneten Kunsterzeugnisse cultivierten. Die Männer=
gesangvereine nahmen früh schon einen mehr geselligen Charak=
ter an, die Schweizer=Vereine weniger noch, als die nord=
deutschen.

Die schweizerischen Männergesangvereine giengen aus dem
unmittelbaren Bedürfniß des Volkes hervor. Bereits am Anfange
dieses Jahrhunderts war es üblich, daß die, zur Landsgemeinde
ziehenden Appenzeller bei ihrer Ankunft auf dem Landsgemeindeplatz
als Gruß ein altes schweizerisches Lied sangen. Es bildeten sich
meist kurz vor dem Tage, dem letzten Sonntage im April, an
welchem die Landsgemeinde stattfand, einzelne Gesellschaften, welche
sich zu dem angegebenen Zweck Lieder einübten, und nach beendeter
Landsgemeinde wieder auseinander giengen bis der Pfarrer Weis=
haupt in Wald auf den Gedanken kam, die einzelnen Gesellschaften
zur gemeinschaftlichen Ausführung ein und desselben Liedes zusam=
men zu fassen. Der Gedanke fand großen Anklang, und bald gab
die Landsgemeinde nicht mehr genügende Gelegenheit für Bethäti=
gung der Gesangeslust; es wurde die Feier von Sängerfesten

beschlossen und **1818** damit in Appenzell begonnen. Dies gab den äußern Anstoß, daß sich die einzelnen Sängergesellschaften zu festen Vereinen verbanden. Anfangs war es der ein =, höchstens der zweistimmige Gesang, der in den ersten Sängergesellschaften zur Landsgemeinde geübt wurde, bis **Nägeli** ums Jahr **1810** den vierstimmigen Männergesang einzubürgern begann, wie wenig zum Vortheil der Vereine selbst, werden wir später einsehen lernen.

Die Geschichte der **norddeutschen Männergesang= vereine** ist wesentlich verschieden von jener.

Hier gab **Carl Friedrich Zelter**, der Nachfolger von **Fasch** als Director der Singacademie, den ersten Anstoß. Einzelne Mitglieder der Singacademie versammelten sich zeitweilig zur Aus= führung von Männergesängen, und bei Gelegenheit eines Abschieds= mahles, das diese einem scheidenden Freunde gaben, kam **Zelter**, der Freund **Göthe's**, auf die Idee, eine Liedertafel, nach Art von König Arthur's Tafelrunde, zu gründen und schon im Decem= ber **1808** wurde sie ausgeführt; **Zelter** wurde **Meister**, der Dichter **Bornemann Tafelmeister**.

Aus einem Briefe **Zelters** an **Göthe** ersehen wir, daß die Gesellschaft aus **25** Mitgliedern bestand, die sich monatlich einmal bei einem Abendmahl von zwei Gerichten versammelten und an gefälligen, deutschen Gesängen vergnügten.

Die Mitglieder mußten entweder Dichter, Sänger oder Com= ponisten sein, und alles „was sie auf die Tafel brachten," mußte eben gesungen werden. Das Neueste machte in der Regel den Anfang und Dichter und Componisten konnten verlangen, daß das Lied so oft wiederholt wurde, bis sie glaubten, daß es gut vorge= tragen und verstanden war. Erlangte es Beifall, so gieng eine Büchse herum, in welche Jeder nach dem Grade seines Beifalls einen oder mehrere Groschen warf, die dann an der Tafel aus= gezählt wurden. Fand sich darin so viel, daß eine silberne Medaille, einen Thaler an Werth, bezahlt werden konnte, so wurde sie dem Verfasser des Liedes vom Meister überreicht. Hatte ein Mitglied zwölf solcher Medaillen errungen, so erhielt er eine goldene Medaille, **25** Thaler an Werth und wurde auf Kosten der Gesellschaft bewirthet.

Die Einrichtung dieser Liedertafel zeigt kaum eine Spur von Aehnlichkeit mit jenen schweizerischen Männergesangvereinen. Die

Berliner Liedertafel war eine Vereinigung von Männern der Kunst, die im gesellschaftlichen Verkehr Anregung und Genuß suchten; die Schweizer-Vereine bestanden ausschließlich aus Männern des Volkes und der niedern Stände, die im Gesange das einigende Band sahen, und seine befruchtende Macht, wenn auch nicht gleich erkannten, doch ahnten. Dort machte nur künstlerische Befähigung, hier einzig die Lust zum Gesange beitrittsfähig. Nach dem Muster der Zelter'schen Liedertafel entstanden ähnliche in Frankfurt a. O. und in Leipzig, beide unter denselben Beschränkungen.

Die Freiheitskriege und ihre nächsten Folgen brachten auch hier eine Umgestaltung hervor. Die Zelter'sche Liedertafel durfte die ursprüngliche Zahl ihrer Mitglieder nicht überschreiten und so wurde 1819 am 24. April durch Ludwig Berger und Bernhard Klein die jüngere Liedertafel gegründet, die jene Abgeschlossenheit aufgab, und die Hauptbedingung der Mitgliedschaft nur in der Gesangesfähigkeit sah. Ihr folgten rasch ähnliche Vereine in Königsberg, Breslau, Magdeburg, Dessau, Hamburg und andern Städten, und gegenwärtig sind Liedertafeln, Männergesangvereine und Liederkränze über ganz Deutschland verbreitet.

Diese Vereine konnten und mußten das volksthümliche Lied pflegen und dies würde dadurch zu neuer Blüte, vielleicht vergleichbar der, in welcher das Volkslied einst stand, emporgetrieben sein, wenn sie ihren ursprünglichen, jenen schweizerischen Charakter bewahrt hätten; wenn nicht die Bemühungen Nägeli's, den vierstimmigen Gesang zum Hauptgegenstand des Interesses und der Pflege in den Männergesangvereinen zu machen, solch durchgreifenden Erfolg gehabt hätte. Der vier- und gar mehrstimmige Männergesang ist unnatürlich und darum höchst verderblich geworden.

Die Natur scheidet den gesammten Gesangchor in zwei Hauptpartien, in Frauen- oder Knaben und in Männerstimmen, und jede derselben wiederum in zwei Stimmgattungen, jene in Sopran und Alt, diese in Tenor und Baß. Dieser natürlichen Scheidung nach kann es nur einen zweistimmigen Frauen- und einen zweistimmigen Männerchor geben. Nun lehrt allerdings die Erfahrung, daß häufiger fast noch in beiden Chören Stimmen vorhanden sind, welche nur durch die sorgfältigsten Studien zu einer oder der andern jener Normalklassen erzogen werden können, aus diesen würde sich für jeden der beiden Chöre eine dritte Stimme ergeben, die nach Umfang und Klangfarbe vermittelnd zwischen beide tritt. Diese Ansicht, die auch bei den alten Italienern, den feinen Kennern der Menschenstimme ihre Bestätigung findet, war in der Zelter'schen Liedertafel, ja selbst bei Nägeli noch vorherrschend. Die meisten uns bekannten Männerlieder, welche aus jener hervorgiengen, sind ein= oder zweistimmige Sololieder mit Chor, und dieser tritt in der Regel nur dreistimmig auf.

Auch die bedeutendsten Lieder für Männerchor der neueren Zeit, wie die von Mendelssohn, sind vorherrschend dreistimmig behandelt. Zur ausschließlichen Herrschaft gelangte die Vierstimmigkeit erst durch die jüngere Berliner Liedertafel, als sich dem Männergesange so bedeutende Talente, wie Bernhard Klein, Louis Berger und später Carl Löwe zuwandten. Namentlich des ersteren: „Acht Hefte Hymnen, Psalmen und Motetten" bildeten durch mehrere Decennien hindurch die Grundlage der Uebungsprogramme der gesammten norddeutschen Liedertafeln und erzeugten eine ganz eigenthümliche Literatur auf diesem Gebiete. Bedeutenden Antheil an diesen Erfolgen haben die verwandten Bestrebungen Carl Maria von Weber's auf demselben Gebiete ebenso, wie auf dem der dramatischen Musik, der Oper. Als Klein sich dem Männergesange zuwandte, war es jenem Meister schon gelungen, von der Bühne herab durch den „Freischütz" und die Musik und die Gesänge zur „Preziosa" dem berückenden Zauber des Klangcolorits und der unter seiner Herrschaft einzig und allein erfundenen Melodie Eingang zu verschaffen und sie volksthümlich zu machen. Auch in seinen Liedern der Freiheitskriege, in den Liedern aus Körner's „Leier und Schwert" ist es nicht die Macht der tief empfundenen, aus dem innersten Volksgemüth heraustreibenden Melodie, welche ihnen eine so weite Verbreitung und auch sicher einen so bedeutenden Antheil an dem großen Freiheitskampfe gewährte, als vielmehr das glanzvolle, das Ohr so anziehende und berückende Klangcolorit. In ganz ähnlicher Weise erfaßte Bernhard Klein das, bei aller Gewalt doch so eigenthümlich weiche Klanggepräge des Männerchors und formte aus ihm echt künstlerische Gebilde. Wie Weber in den weiteren, so fand Klein in den engeren Kreisen der Männergesangvereine damit den fruchtbarsten Boden, und wie jener den Anstoß zur Veräußerlichung der

dramatischen Musik gab, so dieser zur Vergröberung des Männer-
liedes. Die reiche Begabung Kleins und sein ernster, dem Höchsten zugewendeter Sinn, führte ihn auf die polyphone Schreibart,
und diese erhält das Kunstwerk immer noch auf echt künstlerischer
Höhe und verhilft zu jener Meisterschaft der Melodiebildung, die
ihn auch auf dem Gebiete des Kunstliedes Bedeutung erlangen ließ
und ihm die Erfindung des volksthümlichen Liedes: „Treue Liebe
bis zum Grabe" möglich machte. In seinen, auf gleichem Gebiet
in gleicher Richtung thätigen Zeitgenossen indeß, bei Friedrich
Schneider und Conradin Kreutzer gestaltet sich das Verhältniß des Liedes für Männerchor, das sie mit großem Fleiße
anbauen, zum Kunstgesange und zum Volksliede wesentlich anders.

Johann Christian Friedrich Schneider wurde zu
Waltersdorf bei Zittau am 3. Januar 1786 geboren.

Seine erste musikalische Bildung erhielt er von seinem Vater,
welcher Organist in genanntem Orte, und eifrig für Ausbreitung
der Musikbildung bemüht war. Da der Sohn studieren sollte,
bezog er 1794 das Gymnasium in Zittau, und hier, wie auch
Anfangs noch in Leipzig, wohin er 1805 gieng um seine Studien
auf der Universität zu absolvieren, übte er Musik zwar fleißig,
aber immer noch nicht ausschließlich, bis er 1806 Gesanglehrer an
der Rathsfreischule wurde. Von dieser Zeit an finden wir ihn
ausschließlich auf dem Gebiete der Tonkunst, als Componisten, Virtuosen, Theoretiker, Lehrer und Dirigenten thätig. 1807 wurde er
Organist an der Universitätskirche, 1810 Musikdirector bei der
Seconda'schen Schauspielergesellschaft und 1817 am neu eröffneten
städtischen Theater in Leipzig. Im Mai 1821 folgte er einem
Rufe als Kapellmeister an das Hoftheater in Dessau, in welcher
Stellung er bis an seinen 1853 am 23. November erfolgten
Tod blieb.

Seine Bedeutung für die Kunstentwicklung im Allgemeinen,
wie namentlich auf dem Gebiete des Oratoriums, auf dem er mit
großer Vorliebe thätig war, kann uns hier nicht weiter beschäftigen.
Ein eigenthümlich geschäftiges Naturell, das ihn drängte, in allen
von seiner Zeit vorherrschend gepflegten Formen nach Erfolgen
zu ringen, führte ihn auch dem Männerchor zu. Den äußern
Anstoß hierzu mag zuerst die 1815 errichtete Leipziger Liedertafel
gegeben haben, für welche er mehrere Gesellschaftslieder, nach der

Weise jener Zelter'schen componirte. Später suchte er in jenem, durch Bernhard Klein angeschlagenen Ton zu singen, was ihm übrigens nur in einigen Schulliedern, wie in dem: „Wie lieblich schallt, durch Busch und Wald," das von der Schule aus auch ins Volk drang, gelungen ist. Auch er pflegt noch mit Vorliebe die polyphone Schreibweise, aber viel weniger aus innerm Drange, als aus handwerksmäßiger Gewohnheit, und seine Melodik ist reizlos, nur formell ansprechend durch ihre Glätte. Seine Männerquartette und Chöre halfen so namentlich jene Zeit mit vorbereiten, die sich nur mit dem Reiz der Mehrstimmigkeit begnügte, auf alles Uebrige Verzicht leistend. Die Melodien Schneider's, wolgebildet aber reizlos, haben viel zur Ertödtung des Sinns für eine inhaltreiche Melodik beigetragen. An ihnen zu allermeist gewöhnte sich das Ohr darauf zu verzichten und sich durch den Reiz unterschiedener Klang= effekte den Mangel ersetzen zu lassen. Die gesammte Männerlieder= literatur schlägt jetzt mit wenig Ausnahmen jene Richtung ein, welche das Lied für Männerchor als gesungene Instrumentalmusik erscheinen läßt, und die leider bis heute die herrschende geblie= ben ist.

**Conradin Kreutzer** ist zuerst ausschließlich in dieser Rich= tung für den Männergesang thätig. Er ist am 22. Novbr. 1782 in Meßkirch im Großherzogthum Baden geboren, und bildete sich früh zum Musiker. Durch eine rastlose Thätigkeit als Virtuos auf dem Clavier und auf der Clarinette, und als gewandter Dirigent wie auch als Componist hatte er sich eine große Routine ange= eignet, die ihn bald zu einem vom großen Publikum geschätzten Musiker machte. Mit entschiedener Vorliebe wandte er sich der Vocalcomposition zu und eignete sich begierig jene zerrissene, aus einzelnen klangreichen Phrasen zusammengesetzte italienische Melodie an, die namentlich durch Rossini in Deutschland sich einbürgerte und die Kreutzer durch die Kunstmittel, welche ihm seine deutsche Bildung zugeführt hatte, aufzuputzen suchte. Von seinen zahlreichen dramatischen Werken vermochte sich nur „Das Nachtlager von Granada" dauernden Erfolg zu erringen. Für den Männergesang indeß wurde sein Wirken in obigem Sinne entscheidend. Keins seiner Lieder, auch nicht die volksthümlich gewordenen: „Was schimmert dort auf dem Berge so schön" und: „Das ist der Tag des Herrn" entsprechen den Anforderungen, welche wir aus der gesunden künstlerischen Entwicklung herzuleiten versuchten. Von jener machtvollen, innerlich und äußerlich concentrierten Melodik, die in ihren Ausgangs= schon ihre Gipfel= und Endpunkte mit nothwendiger Consequenz bezeichnet und erkennen läßt, und die für das Lied überhaupt, und namentlich für das volksthümliche Lied unbedingt Nothwendigkeit ist, finden wir keine Spur mehr. Die Melodien Kreutzer's sind phrasenhaft zerstückelt und nur sinnlich wirksam und die Harmonik und Rhythmik seiner Lieder folgt dem gleichen Zuge. Diese ist so bunt als möglich und nirgends von der gestaltenden Kraft, wie sie selbst im volksthümlichen Liede noch lebt und jene verläßt vielfach, auch in den einfachsten Liedern den ursprünglichen natürlichen Gang, sie folgt überall nur dem Bestreben, klangreich, sinnlich reizvoll zu sein. Hierauf einzig und allein beruht die scheinbare Volksthümlichkeit dieser Lieder. Das Volk hatte bereits schon aufgegeben, jene höheren Mächte musikalischer Dar= stellung zu fordern; es begnügte sich mit dem sinnlichen Klange. Es ergötzt sich am Genusse dieser klangvollen Lieder, aber sie selbst zu singen vermag es schon nicht mehr. Darum darf man die Männergesangvereine, nachdem sie diesem Zuge einseitig folgten, nicht mehr als Pflanzstätten des volksthümlichen Gesanges betrachten. Sie fröhnen selbst nicht mehr der ganz allgemeinen Gesanges=, sondern der noch niedrigern Klangeslust.

Zwei Künstler noch versuchten dem Männergesange eine andere Richtung zu geben, indem sie aus echt deutschem Gemüth und in festem Anschluß an das Kunstlied heraus volksthümlich sangen: Carl Löwe und Felix Mendelssohn = Bartholdy, aber erfolglos. Jener schrieb sogar zwei Oratorien: „Die eherne Schlange“ und: „Die Apostel zu Philippi,“ um dem Männer= gesange eine mehr künstlerische Grundlage zu geben, und sie gehören zu dem besten, was er überhaupt geschrieben und sind von entschieden volksthümlichem Gepräge; aber, obgleich noch unter den Lebenden, ist sein Name längst verschollen in jenen Vereinen. Daß Men= delssohn nicht ein gleiches Geschick traf, verdankt er zwei Liedern, von denen später die Rede ist.

Die Männergesangvereine wurden jetzt die rechte Heimath des Dilettantismus, aber nicht jenes durchaus ehrenwerthen, der, als nothwendiges Produkt einer gesunden Kunstentwicklung, tief im Herzen des Volkes wurzelt, weil er sich mit liebevoller Hingebung

in energischer, folgerichtiger Kunstübung die volksthümlichen musikalischen Darstellungsmittel anzueignen strebt, sondern jenes Dilettantismus, der nur im müßiggängerischen Naschen Befriedigung
findet. Alles, was nur irgendwie auf den anderen Gebieten der
Tonkunst im Volk Glück macht: Instrumentalsachen, wie die Ouverture zur Zauberflöte, Polka's und Walzer, ja Opern, Ensemblesätze und Finale's werden für Männerchor arrangiert und die
Tenöre übernehmen ganz ernsthaft die Ausführung der Frauen-
partien, ungeniert durch den Blödsinn, der in solchem Verfahren
liegt. Die Literatur des Männergesanges kommt fast ausschließlich
in die Hände jenes Musikproletariats, das weder an der Kunst
noch an dem Volksgesange groß gezogen, vom Kunstgesange einige
Phrasen und nicht einmal die klangvollsten, aber immer die bedeu-
tungslosesten entlehnt, und hiermit den gesammten Bedarf der
Männergesangvereine bestreitet. Der letzte Rest künstlerischer Gestaltung mußte schwinden, als in den „Burschen- und Gesellen-
fahrten," „Der Mordgrundbruck" und den verwandten Erzeugnissen
August Schäffers und Max Kunz's jene mittelalterliche
Lanzknechtslaune herrschend wurde, die in ihrer neuen Auflage
geradezu widerwärtig ist, weil sie überall da raffiniert roh werden
mußte, wo jene noch naturwüchsig realistisch derb ist. Vergebens
waren Friedrich Silcher, Ludwig Erk und Wilhelm
Greef bemüht, das Volkslied wieder einzubürgern. Die Männergesangvereine verfolgten jene Richtung mit einem Eifer, daß ihnen
Conradin Kreutzer und Carl Zöllner mit ihren Phrasen
und Instrumentaleffecten gar bald zu Classikern wurden und daß
nur an hohen Sonn- und Festtagen der Liedertafeln auch einige
der überschwenglich sentimentalen Lieder von Jul. Otto, Abt,
Becker und Möhring, oder gar eins der gesunderen von Reißiger, Heinrich Marschner und Ferdinand Hiller ihre
Programme ziert. Wol regte sich auch in diesen Vereinen noch ab
und zu das Verlangen nach wirklichem Gesange, allein diesem konnte
der vierstimmige Männerchor nur in jener polyphonen Weise Bernhard Klein's und Mendelssohn's Rechnung tragen; ihr
aber waren jene Vereine längst entfremdet und so entstand das
schmachvollste Erzeugniß dieser ganzen Richtung, das Lied mit
Brummstimmen. Während eine Stimme, in der Regel der erste
Tenor oder ein Baryton, eine immer im echten Bänkelsängerstyl

gehaltene Melodie ausführt, erniedrigen sich die andern zur Ausführung einer halbstummen Begleitung, in einer Weise, welche die allgemeinsten Regeln des Anstandes verbieten. Es ist dies allerdings die letzte Consequenz der ganzen Richtung. Weiter sind die Experimente mit dem rein sinnlichen Material kaum zu treiben; wenn es nicht etwa noch einer unternimmt, auch der Solostimme das Wort zu entziehen und ein Lied ganz brummen zu lassen. Wol mögen einzelne Vereine sich frei erhalten haben von diesem unsaubern Treiben, aber die höchste Mission der Männergesangvereine, die Pflege des volksthümlichen Liedes, hat wol keiner ganz erreicht. Was will es denn bedeuten, daß ein Verein, der Kölner, auch den Engländern die Lust am Männerchorklange bereiten konnte? Daß einzelne Vereine auf Gesangfesten und bei Wettgesängen Preise errangen? Das konnte doch nimmer mehr ihr Zweck sein. Und bedeutendere, höhere Erfolge haben sie wol nirgend erlangt. Das Volk ist mehr verstummt, als es früher war. Es ergötzt sich an dem Stimmklang der Männerchöre vielleicht mehr als an jedem andern, aber das ist auch alles. Kann ja doch der Gesangvereiner seine Stimme kaum anderswo, als im Vereine singen, da selten selbst der Tenor eine einigermaßen einheitliche Melodie hat. Wenn das Volk singen will, so ist es immer noch auf jene Lieder angewiesen, die ihm die Schule zugeführt, oder es holt sie sich auf dem noch immer offenen Markte der Gemeinheit. Nur einige wenige Lieder sind durch die Männerchöre volksthümlich geworden, und sie gehören jener Richtung an, die wir als die einzig künstlerisch mögliche bezeichneten. Ehe wir uns ihnen zuwenden, möchten wir noch mit einigen Worten auf den großen Nachtheil hinweisen, den die Männergesangvereine nothwendig für unsere weitere Entwicklung haben müssen. Mehr noch, als die ungenügende und meist verkehrte Gesangsbildung unserer Jugend in den Schulen, tragen die Männergesangvereine zu dem immer fühlbarer werdenden Mangel an Tenorsängern bei.

Es ist wahr, viele Stimmen werden in der Schule durch ungeschickte, plan= und gewissenlose Behandlung für immer ruiniert, aber was diese dann noch verschont ließ, geht sicher in den Männergesangvereinen zu Grunde.

Die durch die Zusammensetzung des Männerchors bedingte Scheidung des Tenors macht die Theilung seines ohnehin nicht

8 *

bedeutenden Umfangs nöthig. Die höhere Hälfte fällt dem ersten, die tiefere dem zweiten Tenor zu. Die Töne des Stimmbruchs werden somit zur Grenze für beide Stimmen und die dadurch ver= ursachte häufige Verwendung derselben muß ungeschulte Stimmen früh ruinieren, um so eher, als ihnen der Gebrauch des ganzen Umfangs, der ihnen die nöthigen Ruhepunkte böte, versagt ist. Dazu kommt noch, daß die Beschränkung auf einen so geringen Umfang ermüdend und abspannend auch auf geschulte Sänger wirkt, und daß die den Gesang begleitenden geselligen Freuden der Stimme nichts weniger als förderlich sind.

Von wirklich volksthümlichen Liedern, die eine Seite des allge= meinen Volksempfindens in noch künstlerischer Form darstellen, und die zum Theil durch jene Vereine weitere Verbreitung fanden tragen wir noch nach: Graun's „Auferstehen, ja auferstehen"; „Wie sie so sanft ruhn" von Friedrich Burchard Beneken (geb. am 13. August 1760, gest. am 22. Septr. 1822 als Pastor zu Wülfingshausen bei Hannover); „Der alte Barbarossa" von Joseph Gersbach (geb. am 22. Decbr. 1787 zu Säckingen bei Mannheim, gest. am 3. Decbr. 1830 als Musiklehrer des Schul= lehrer=Seminars in Carlsruhe); „Die Lorelei" von Friedrich Silcher (geb. zu Schnaith bei Schorndorf im Würtembergischen am 27. Juni 1789 und gest. am 26. August 1860 als Universitäts= musikdirector in Tübingen); und wol auch noch: „Auf Matrosen, die Anker gelichtet" von August Pohlenz (zu Saalgast 1795 geboren und am 10. März 1843 als Musikdirector in Leipzig gestorben). Ferner: G. Reichardt's (geb. bei Demmin in Vor= pommern am 13. Novbr. 1797): „Was ist des Deutschen Vater= land?" „Ich bin ein Preuße, kennt ihr meine Farben?" von August Neithardt; und „Wer ist der Ritter hochgeehrt?" und „Im Herbst da muß man trinken" von Heinrich Marschner (geb. zu Zittau am 16. August 1795).

Das höchste Interesse gewährt jene Gruppe von Künstlern, die einen bisher unausgesprochenen Theil deutschen Gemüths in echter Kunstform zur Erscheinung brachten. Es sind dies nur Meister der Kunst in der höchsten Bedeutung des Worts.

Den Reigen eröffnet:

**Georg Friedrich Händel**, geboren am 23. Februar 1685 in Halle an der Saale. Erzogen in und durch die Zeit, in welche noch der alt italienische Gesang mit all seiner geheimnißvollen Pracht hineinragte, während der protestantisch innige Kirchengesang schon in herrlichster Blüthe stand und die köstlichsten Früchte in Seb. Bach treiben sollte, und in welcher bereits das Volkslied auch die weltliche Musik hervortrieb, sollten sich alle diese Elemente in ihm vermitteln.

Nachdem er als Knabe schon durch die Energie seines Charakters seinem Vater, der sich dem Musiktreiben widersetzte, die Erlaubniß, der göttlichen Kunst sich widmen zu dürfen, abgenöthigt hatte, bildete er sich unter Friedrich Wilhelm Zachau, Organist an der Marktkirche in Halle, einem tüchtigen Contrapunktisten, zu einem so bedeutenden Clavierspieler, daß er, ein Knabe noch, am Hofe des prachtliebenden Churfürsten Friedrich III. (als König von Preußen Friedrich I.) allgemeines Aufsehen erregte. Daneben studierte er fleißig den Contrapunkt und schrieb bereits von seinem zehnten Jahre an für jeden Sonntag ein kleines Kirchenstück. In Hamburg, wohin er sich 1703 wandte, um an der neu errichteten Opernbühne mitzuwirken, und später während seines Aufenthalts in Italien von 1709—10 studierte er den Theaterstyl seiner Zeit mit solchem Erfolge, daß er mit seinen Opern nicht nur in Hamburg, sondern auch in Italien und später in England, wohin er Ende des Jahres 1710 gieng, die größten Triumphe feierte. Seine kunstgeschichtliche Bedeutung sollte er indeß erst in England erreichen. Nachdem er von diesem ersten Besuch Englands wieder in seine Stellung als Kapellmeister der Oper in Hannover zurückgekehrt war, gieng er 1712 im December wiederum nach diesem Lande, um es, einige Reisen abgerechnet, nicht wieder zu verlassen.

Auch jetzt noch ist er fast ausschließlich für die Bühne thätig. Im Jahre 1720 war ihm die Direction der neugegründeten Academie übertragen worden, und bis zum Jahre 1729 hatte er für dieselbe zehn Opern componiert. Da wurde sie die Ursache Jahre langer Sorgen und Kränkungen.

In einem Streit zwischen ihm und dem Castraten Senesino trat der Adel, als Gründer der Academie, auf Seite des Sängers und so erfolgte der Rücktritt Händel's und die Auflösung der Academie. Zwar setzte er seine Opernaufführungen zuerst auf dem Haymarkettheater und später auf Lincolns-Innfield fort, allein auch sie mußte er, mit dem Verluste seines Vermögens, aufgeben.

Und nun trat jener Wendepunkt ein, der ihn zu einem der
größten Meister der Tonkunst machte. Das Opernwesen war ihm
so verleidet worden, daß er sich jetzt jener Form zuwandte, welche
seiner genialen Kraft den rechten Schaffenskreis gewährte und die
er darum zur herrlichen Vollendung führte, dem Oratorium.
Schon 1720 hatte er ein Oratorium: „Esther" componiert und
1733: „Athalia," aber sie sind noch vorherrschend im Theaterstyl
geschrieben und auf Darstellung im Kostüm berechnet. Erst als der
Londoner Bischof Dr. Gibson sich derartigen Aufführungen widersetzte, wurde Händel auf die Form geführt, welche, ohne die
Hebel äußerer Darstellung, nur durch die Macht der Poesie und
Musik dramatische Stoffe darstellt. Das „Alexanderfest" (1735)
steht auf der Grenzscheide der alten und neuen Wirksamkeit,
„Israel in Aegypten" (1738), „Messias" (1741), „Samson"
(1742), „Judas Maccabäus" (1746) und „Josua" (1747)
bekunden seine höchste Meisterschaft.

Das, was diesen Werken ihre ewig hohe Bedeutung gewährleistet, ist das echt volksthümliche Element, das in ihnen so mächtig
wirksam ist. Als er sich diesen Stoffen zuwendete, die sich so
gewaltig auf dem Grunde des Volksbewußtseins erheben, da regte
sein Genius, der lange unter den unwürdigeren Arbeiten der
früheren Jahre gefesselt schlummerte, mächtig die Schwingen, und
der Meister wird der Verkündiger der Wunderthaten des Reiches
Gottes. Nichts anderes, als die Größe und Tiefe seines protestantischen Bewußtseins und die Gewalt seiner Stoffe drängten ihn auf
das Gebiet der volksthümlichen Musik und die ganze Summe seiner
reichen Bildung befähigte ihn, dies in einer Weise anzubauen, die
von keinem Meister außer ihm wieder erreicht worden ist. Auch bei
dem Aufwande der höchsten künstlerischen Mittel bleibt er volksthümlich übersichtlich und leicht faßlich. Im festen Anschluß an die
allgemein gültigen Gesetze der Melodik, Metrik und Harmonik ent-
wirft er uns die reich ausgeführtesten Bilder aus der heiligen
Geschichte, in solcher Lebendigkeit, daß sie uns auch ohne äußere
Darstellung leibhaftig gegenwärtig werden, und zugleich in solchem
Reichthum und mit solcher Gewalt, daß wir uns in sie zu vertiefen
vermögen. So wird sein Streben nicht nur im großen Ganzen
populär — wie mächtig die Aufführung seiner Oratorien den Sinn
für volksthümliche Musik weckte, ist bereits angedeutet worden —

sondern auch in Deutschland, nicht nur in England, gehen einzelne seiner liedmäßigen Chöre ins Volk. Der Chor aus „Judas Macca bäus," den der Meister selbst wol besonders liebte, da er ihn auch dem „Josua" einverleibte, ist in seiner ursprünglichen Gestalt, wie in mancherlei Arrangements, in unsern volksthümlichen Instituten weit verbreitet. Lange Zeit schrieb man ihm auch die englische Volkshymne: „God save the king," die mit deutschem Texte auch in mehreren deutschen Ländern, wie Preußen, Weimar, Hannover und Braunschweig zur Volkshymne geworden ist, zu, bis die neueren Forschungen ergaben, daß diese ein Jakobitischer Gesang und von Harry Carey gedichtet und in Musik gesetzt ist.

Zunächst weniger aus künstlerischer Nothwendigkeit, als viel mehr auch durch seinen Bildungs= und Lebensgang wurde jener erste große Meister des Südens der volksthümlichen Weise zuge führt:

Joseph Haydn. Er ist der Aelteste von zwanzig Geschwi stern, in Rohrau, einem Dorfe Nieder=Oesterreichs am 31. März 1732, also in einer Zeit, in welcher die junge Kunst bereits viel fach in Wechselbezüge zum Leben getreten war, geboren. Auch im elterlichen Hause unsers Haydn wurde sie fleißig geübt. Der Vater hatte auf der Wanderschaft Gelegenheit gehabt, die Harfe zu erlernen und er übte sie auch später fort und begleitete oft den Gesang seiner Frau. An dieser Hausmusik betheiligte sich denn auch früh schon der kleine Joseph, natürlich in seiner Weise. Einst besuchte die Familie ein Verwandter, der Schulrector aus Haimburg, und zu Ehren des geistlichen Herrn Vetters wurde auch Hausmusik gemacht, an der sich der kleine Joseph derartig bethei ligte, daß er mit einem Stocke auf dem linken Arm strich, als ob er die Violine spielte. Er that dies mit so feinem Gefühl für Tact, daß er die ganze Aufmerksamkeit des Schullehrers erregte, und daß dieser den Eltern rieth, den Sohn nach Haimburg zu schicken, damit er die Kunst gründlich erlerne, die ihn gleichfalls zu einem „geistlichen Herrn" machen müsse. Die Eltern giengen, Angesichts dieser großen Zukunft, freudig auf den Vorschlag ein, und der kleine Haydn kam im sechsten Jahre zu dem geistlichen Vetter nach Haimburg. Drei Jahre blieb er hier und lernte etwas Lesen, Schreiben und Singen und übte fast alle Blasinstru mente. Dann verschaffte ihm seine schöne Sopranstimme Aufnahme im Kapellhause der Stephanskirche und hier blieb er bis in sein siebzehntes Jahr und erhielt neben einem dürftigen Unterricht im Latein eine gründliche Ausbildung auf verschiedenen Instrumenten. In der Composition wurde er indeß wenig unterrichtet; er variirte auf Anrathen des Hofkapellmeister Reutter fleißig die Kirchen= gesänge, bei deren Ausführung er mitwirkte. Nebenbei studirte er Mattheson's „vollkommenen Kapellmeister" und namentlich den „Gradus ad Parnassum" von Fux mit vielem Fleiß und seltener Ausdauer, und diesem Studium verdankt er wol zumeist und aus= schließlich seine Gewandtheit in den contrapunktischen Formen. Als seine Stimme mutirte, mußte er das Kapellhaus verlassen, und nun beginnt eigentlich die rechte Vorbereitung für seine große Mission: dem Leben in seinen mannichfachsten Erschei= nungen Einfluß auf die Gestaltung des Kunstwerks und den Gang der Kunstgeschichte zu verschaffen, um so dieses in ein genau bestimmtes Verhältniß zu jenem zu setzen. Das Kunstwerk ist nach wie vor sich selbst Zweck und der Künstler schafft auch jetzt noch, zunächst nur getrieben und getragen von der, ihn erfüllenden und nach Offenbarung drängenden Idee; aber indem er dieselbe äußerlich Gestalt werden läßt, entspricht er zu= gleich den Anforderungen und Bedürfnissen des Lebens.

Diese Richtung giebt Haydn dem Kunstwerk. Seine Indivi= dualität ist fast ausschließlich am Leben groß gezogen. Als er das Kapellhaus verlassen mußte, war er in so hülfloser Lage, daß er, um seinen Lebensunterhalt zu erwerben, genöthigt war, in Straßen= orchestern bei Ständchen und andern Gelegenheitsmusiken mitzu= wirken, oder wie er es nennt „gassatim zu gehn." Hier lernte er nicht nur die Bedürfnisse des Volkes kennen, sondern seinem Genius erschloß sich auch der poetische, echt künstlerische Gehalt des Volks= lebens. Er gewinnt dadurch eine wesentlich andere Stellung zu diesem, als jeder seiner Vorgänger. Hiller und seine unmittel= baren Nachfolger ebenso, wie J. A. P. Schulz, und die, in seinem Sinne schaffenden Tondichter eignen sich, jene instinctiv, diese mit Bewußtsein das an, was im Volke bereits klingt, nur fassen es höchstens umbildend zu mehr künstlerischen Tonbildern zu= sammen. Händel und Haydn dagegen lassen das Leben selbst an ihrer Phantasie vorübergehen, jener das längst vergangene, nur in Sage und Geschichte wieder erweckte, dieser das gegenwärtige, sich fort und fort erneuende, damit es dort Tonbilder erwecke, wie sie im Volk sich nimmer erzeugen. Einmal nimmt Händel auch eine Volksweise auf, er verwendet den Gesang der Pifferari zur Sinfonie pastorale des „Messias." Von Haydn wüßten wir kein derartiges Beispiel anzugeben, aber alle seine Werke sind dem Leben unmittelbar entsprossen. Selbst in seine Messen, die ursprünglich wol die geringste Beziehung mit diesem haben, ragt es hinein. In dem „Agnus dei" der Messe „In tempore belli," die er **1796** schrieb, als die Franzosen in Steyermark waren, setzte er die Eingangsworte: „Agnus dei, qui tollis peccata mundi" mit Begleitung der Pauken, „als hörte man den Feind schon in der Ferne kommen," und in einer, **1801** componierten schrieb er das: „Qui tollis peccata mundi" nach der Melodie des Duetts aus der Schöpfung: „Der thauende Morgen," weil die schwachen Sterblichen doch meistens nur gegen die Mäßigkeit und Keuschheit sündigen.

Diese ganze Richtung ist dem vocalen Kunstwerk weniger günstig, als dem instrumentalen. Daher konnte auch Haydn seine Hauptbedeutung nur auf diesem, nicht auch auf jenem gewinnen. In seiner Stellung als Fürstl. Esterhazy'scher Kapellmeister, die er **1760** annahm, nachdem er eine ähnliche beim Grafen Morzin aufgegeben hatte, und in welcher er bis an den Tod des Fürsten (**1790**) verblieb, erwarb er sich jene feinsinnige Erkenntniß der Ausdrucksfähigkeit des Instrumentalen, gewann er jene Herrschaft über das Orchester, die ihn befähigte, aus dem eigensten Organismus desselben heraus zu erfinden. Wie Händel der populärste Oratorien-, so wurde Haydn der populärste Instrumentalcomponist in England. Wie jener, wurde auch er während seines ersten Aufenthalts dort (**1790**) und noch mehr während des zweiten (**1794/5**) mit Ehren aller Art überhäuft. Auch er hat zwei Oratorien geschrieben: „Die Schöpfung" und die „Jahreszeiten," die früher in Deutschland eine fast noch größere Verbreitung fanden, als die Händelschen, aber mit diesen nicht auf gleiche Stufe zu setzen sind. Für das Vocale fehlte ihm die Tiefe und Macht der Innigkeit eines Bach oder Händel. Er ist überall, auch wenn er seinem Gott dient, ebenso nur äußerlich angeregt, als wenn er die bunte Lust von Wald und Feld verkündet. Nur die Liebe zu seinem Kaiserhause vermochte in ihm jenen tief innigen und echt volksthümlichen

Gesang: „Gott erhalte Franz den Kaiser" zu erwecken. Er war
so ganz das Kind seines Landes, und dem väterlichen Herrscher=
thron Oesterreichs in so treuer Liebe ergeben, daß die glänzendsten
Anerbietungen des Königs von England und der enthusiastische Bei=
fall, der ihm in diesem Lande wurde, ihn nicht seinem Vaterlande
entfremden konnten. Er kehrte zurück in seine bescheidenen Verhält=
nisse, um wieder ganz Oesterreicher sein zu können. Aus dieser
Gesinnung heraus sang er jenes Lied. Lange Zeit hindurch konnte
Italien es dem Meister streitig machen und es bedurfte erst einer
„Beweisführung, daß Joseph Haydn (und nicht Niccolo
Zingarelli) der Tonsetzer des allgemein beliebten österreichischen
Volks= und Festgesanges sei," von Anton Schmid (Wien=
Rohrmann 1847), um die Autorschaft Haydn's unanfechtbar fest=
zustellen. Wie hätte es auch einem Italiener gelingen sollen, so
echt deutscher, kindlicher Weihe voll, dies Lied zu singen. Das
vermochte nur Haydn, der seinem Gott, seinem Kaiser, seinem
Volk und seiner Kunst in gleich treuer Ergebenheit zu dienen emsig
bemüht war. Seinen Liedern mit Clavierbegleitung, wie den mehr=
stimmigen Gesängen, liegen meist volksthümliche Gesangsphrasen,
vielfach instrumental zersetzt, zu Grunde, und sie konnten weder
für den volksthümlichen noch für den Kunstgesang von größerer
Bedeutung werden. In seinem Kaiserliede dagegen singt er eine
ganz specielle Seite des Volksgemüths in echt künstlerischer Form
aus. So wenig nun auch dies Lied eine Vergleichung mit jenem
Händel'schen herausfordert, so sehr dürfte es doch interessieren,
zu beobachten, wie verschieden beide Meister ihre im Grunde
gleichen Aufgaben lösen. Händel besingt seinen Helden in einem
ebenso melismatisch=melodisch wie rhythmisch und harmonisch reich
und glänzend ausgestatteten Liedsatze; Haydn betet für seinen Kai=
ser in der einfach herzlichsten Weise, und Choral und weltliches
Lied verschmilzt er zum Ausdruck volksthümlicher Frömmigkeit. Der
Meister hatte für dies Lied auch eine ganz besondere Vorliebe vor
allen anderen bedeutenderen Schöpfungen. In dem Cdur=Quartett
macht er es zur Grundlage reizender Variationen, und als er im
Jahre 1808 mit dem Leopolds=Orden geschmückt zu werden erwar=
tete, und sich kindlich darauf freute, wußte er dem Landesvater
nichts zu sagen, als: wie lieb ihm dies Lied unter allen seinen
Werken noch sei. In seinen letzten Tagen spielte er es fast täglich,

kurz vor seinem Tode, am 26. Mai dreimal hinter einander mit einem Ausdrucke, der ihn selbst verwunderte. Am 31. Mai 1809 entschlummerte er in gänzlicher Entkräftung.

Eine ganz andere Seite des Volksgemüths brachte der Meister, der, ein Zeitgenosse Haydn's, die tiefgreifendste Bedeutung nicht nur für die Kunst, sondern auch für die volksthümliche Musik gewinnen sollte, in echt künstlerischer Weise zur Erscheinung:

**Johann Chrysostomus Wolfgang Amadeus Mozart,** 1756 am 27. Januar zu Salzburg geboren. Wie Händel bildete auch er sich früh zum Virtuosen aus und erlangte als solcher schon als Knabe auf seinen Kunstreisen, die er mit seinem Vater Leopold Mozart, Vice-Kapellmeister des Erzbischofs von Salzburg, ein nicht nur musikalisch, sondern auch wissenschaftlich und gesellschaftlich hochgebildeter Mann, und seiner, gleichfalls reichbegabten Schwester Maria Anna unternahm, einen europäischen Ruf. Daneben regte sich bei ihm gleichfalls früh der Trieb, selbst zu schaffen. Seine Biographen erzählen, daß er schon in seinem dritten Jahre Stunden lang am Claviere saß, um die consonierenden Zusammenklänge aufzufinden, und entzückt war, wenn er Terzen und Sexten aufgefunden hatte. Von seinem fünften Jahre an erfand er schon, immer noch am Clavier, kleine Stücke, die dann der Vater zu Papier bringen mußte, und jetzt war die Lust an der Musik schon so stark in ihm, daß er über ihr die kindlichen Spiele versäumte, ja daß sie, sollten sie ihn erfreuen, mit Musik verbunden sein mußten. Der Vater nun leitete den genialen Knaben früh nach jener Richtung auf jene Kunstgebiete, auf welcher er seine große kunstgeschichtliche Bedeutung gewinnen sollte, wol nicht nur aus dem Grunde, weil er diese von vorn herein erkannte, sondern auch hauptsächlich deshalb, weil er glänzende Erfolge erwartete und voraussah. Das Virtuosenthum stand schon in voller Blüte und versprach goldene Frucht, und die Oper fand bereits in allen Kreisen enthusiastischen und lohnenden Beifall. Auf diese beiden Kunstgebiete führte der Vater seinen Sohn hinüber. Zwar mußte dieser auch früh schon energische contrapunktische Studien machen und Messen und Kirchencompositionen schreiben, aber wol mehr, um in der Weise der damaligen Zeit zünftig zu erscheinen. Früh war der Vater bemüht ihm den Auftrag, eine Oper zu schreiben, zu verschaffen, und die im Winter 1767 unternommene

Reise nach Wien wurde nach dieser Seite auch erfolgreich. Der nunmehr zwölfjährige Knabe erhielt vom Kaiser Joseph den Auftrag, eine komische Oper: „da finta semplice“ zu componieren, die auch Hasse's, des seiner Zeit berühmtesten, jetzt längst vergessenen Operncomponisten und Metastasio's, des Dichters, Beifall erhielt, aber nicht zur Aufführung gelangte. Eine andere deutsche Operette (nach dem Französischen „Bastien et Bastienne“) wurde auf dem Gesellschaftstheater eines Freundes, des Dr. Meßmer, aufgeführt. Vorwiegend der oben angeführte Grund bewog den Vater wol auch, mit unserm Wolfgang Ende des Jahres 1769 nach Italien zu gehen, dem Lande, in welchem die Oper fast ausschließlich das gesammte Musiktreiben beherrschte, und das, wie wir bereits früher erwähnten, einen bedeutenden Einfluß auch auf die deutsche Musik ausübte. Der junge Künstler fand auch hier den ergiebigsten Boden. Nachdem seine erste Oper, die er für Mailand schrieb, 1771 mit allgemeinem Beifall in Scene gegangen war, wurden ihm Aufträge von allen Seiten, die er fast durchgehends unter dem größten Beifall ausführte, und diese Thätigkeit mußte von der entscheidensten Bedeutung für seine gesammte Entwicklung werden. Die Italiener verlangten ja damals schon nichts weiter, als einen, durch seine Klangschönheit berückenden Gesang, der den dramatischen Anforderungen höchstens in dem größeren oder geringeren Grade der Leidenschaftlichkeit oder Sentimentalität gerecht wird. Höheren Anforderungen vermochte wol auch der Knabe, trotz seiner Genialität und frühreifen Meisterschaft, noch nicht zu genügen. Seine contrapunktische Fertigkeit durfte er in seinem für die Kaiserin Maria Theresia (1770) geschriebenen Te deum oder in der von dem Churfürsten von Baiern bestellten Motette bekunden, aber in der italienischen Oper war hierzu keine Gelegenheit. Hier mußte er sich auf all das beschränken, was Wirkung machte und die Massen ergriff, und daneben hatte er noch die speciellen Fähigkeiten der Darsteller zu berücksichtigen. Dadurch lernte er alle Mächte musikalisch-dramatischer Darstellung kennen und. sein außerordentlich feingebildetes Ohr erschloß ihm die feinsten Abstufungen derselben, und als er sie sich so zu unumschränkter Herrschaft zu eigen gemacht, erhob er sie durch seine deutsche Contrapunktik zu echt künstlerischen Darstellungsmitteln, in den Dienst der Idee. Alle genannten Arbeiten waren bis zum Jahre 1780 ebenso nur

Vorarbeiten, wie die contrapunktischen Studien des Vaterhauses und die meisten Instrumentalcompositionen dieser Zeit. Erst mit diesem Jahre gewinnt er jene Meisterschaft in Verwendung des musikalischen Darstellungsmaterials, die allein es ihm möglich machte, durch seine überquellende Innigkeit den gesammten Forma= lismus der Oper und der Instrumentalmusik zu einem lebendigen Organismus zu beseelen. Wir haben an einem andern Orte nach= zuweisen versucht, wie Haydn die Selbständigkeit der Instrumental= musik formell feststellt, indem er jedem einzelnen Instrument seine eigensten Naturlaute ablauscht und so das Orchester seine eigene Muttersprache reden lehrt, und wie erst Mozart die Instrumente sich ihm unterthänig macht, um ihnen seine reiche und weiche Innerlichkeit einzuflößen, daß sie, ein jedes nach seinem Vermögen, seine Sprache reden. Hier kann uns dieser Gegenstand nicht weiter beschäftigen. Die Thätigkeit des Meisters auf dem Gebiete der Oper erfordert unser Interesse ausschließlich, weil er hier für die volksthümliche Musik eine noch tiefergehende Bedeutung gewinnt, als selbst Händel in seinen Oratorien.

Die Gluck'sche heroische Oper vermochte andauernd nur bei jenem gebildeten Publikum Interesse zu finden, das in ihr die Wiedererweckung der antiken Tragödie, als der höchsten Kunstform begrüßte. Schon die Stoffe, einer dem deutschen Volke fremden Welt entnommen, liegen dem deutschen Empfinden viel zu fern, und die Gluck'sche Weise der Behandlung, die sich ihnen rigo= ristisch = peinlich anschließt, war nicht geeignet, sie ihm näher zu führen. Die Mozart'sche romantische Oper findet ihre Stoffe in allen Zeiten und Ländern, wo Menschen menschlich empfinden. Sie greift hinein in das volle Leben und stellt dies dar, nicht in abstracten Formen, sondern wie es sich in der Wirklichkeit in nie endendem Wechsel, in fortwährend veränderter Gestalt aufs Neue erzeugt. Die romantische Oper hat daher nicht abstracte Gebilde, sondern Menschen, in denen warmes Blut pulsiert, Menschen, wie sie Zeit und Umstände erzeugen, darzustellen, und die Tonkunst unterstützt sie hierin mit ihrem eigensten Vermögen. Dadurch wird die Oper echt volksthümlich, nicht in jenem Sinne wie bei Hiller und seinen Nachahmern bis auf die neueste Zeit, durch jene ange= nehmen, leicht verständlichen und faßbaren Gesangsphrasen, die längst schon im Volke tausendfach moderiert erklingen, sondern in

dem viel höheren, einzig künstlerischen, in welchem das Händel=
sche und Haydn'sche Kunstwerk populär wurde, durch die hohe
Meisterschaft der Darstellung eines wirklich positiv neuen Inhalts. In
Mozart's letzten sieben Opern gewinnt ein bisher nur noch ganz
oberflächlich im Volksliede ausgesprochener Theil des Volksempfindens
Form und Klang. Die gährenden, das ganze Leben bewegenden
Leidenschaften und Witz und Humor fanden weder in dem
Bach=Händel'schen, noch im Gluck'schen Kunstwerk eine Stelle,
und in Haydn's Orchesterwerken werden sie erst äußerlich lebendig.
In Mozart's Opern dagegen sind sie die wahrhaft innerlich
bewegenden Mächte, und weil er sie mit aller Gluth seiner reichen
Innerlichkeit wirken läßt, überall gehalten und getragen von seiner
Meisterschaft in der Formgestaltung, wird er populär in der höchsten
und edelsten Bedeutung. Er zeigt nirgends das Bestreben volks=
thümlich zu sein, sondern immer nur, seinen genialen Intentionen
die höchste Kunstform zu geben, und indem er sich hierbei den
allgemein gültigen Gesetzen des musikalischen Gesammtorganismus
unterwirft, gewinnt er jene vollständige Durchdringung von Form
und Inhalt, durch welche allein das Kunstwerk die Möglichkeit
gewinnt, von einer Gesammtheit in seiner Wirkung gefaßt, in seinen
Schönheiten erkannt, populär in dem edelsten Sinne des Worts
zu werden. Und so will es auch bei Mozart weniger bedeuten,
daß der größte Theil seiner Opernsätze in allen möglichen Arran=
gements tief ins Volk gedrungen ist. Von weit höherer Bedeutung
wurde seine Oper, daß sie als Ganzes, als untrennbares Kunstwerk
dort festen Boden gewann, als Volksoper im höchsten Sinne
wol der bedeutsamste Factor für die gesammte Umgestaltung der
volksthümlichen Musik wurde. Denn in allen Bestrebungen auf
diesem Gebiete seit Mozart begegnen wir, von J. A. P. Schulz
bis herab zu den Bänkelsängern, seinen Einflüssen ebenso, wie sie
bald nach seinem am 5. Decbr. 1791 erfolgten Tode auf dem Kunst=
gebiete sich geltend machten.

Der nächste Meister, der in ähnlicher Weise thätig ist und
Bedeutung für die volksthümliche Musik gewinnt:

Carl Maria von Weber wurde zu Eutin am 18. Decbr.
1786 geboren. Wie Mozart wandte auch er sich früh der drama=
tischen Composition zu. Sein Vater sorgte für die sorgfältigste
Erziehung und der Knabe hatte Anfangs größere Neigung zur

Malerei, als zur Tonkunst. Er malte nicht nur in Pastell und Oel, sondern versuchte sich auch mit der Radiernadel. Indeß gewann doch die Liebe zur Musik die Oberhand. Er bildete sich zum Pianoforte-Virtuosen aus und schrieb als Knabe schon außer Claviersonaten, Variationen, Violintrio's und Liedern auch eine große Messe und eine Oper, die indeß ein Raub der Flammen wurde. Im Jahre 1800 schon brachte er die Oper: „Das Wald= mädchen" und später in Salzburg: „Peter Schmoll und seine Nachbarn" zur Aufführung. Für Weber mußte dieser eigenthüm= liche Bildungsgang noch bedeutsamer werden, als früher für Mo= zart. Er hatte ja noch weniger, wie einst der frühreife Knabe Mozart, genügende Einsicht in die Besonderheit der musikalisch= dramatischen Darstellungsmittel. Seine Technik war weit weniger durchbildet als die des genialen Knaben, und während sich dieser überall noch von der unbestimmten, naiven Lust am Schaffen leiten läßt, will der kaum fünfzehnjährige Knabe Weber schon Erfolge erreichen. So wird er früh darauf geführt, sich die mehr äußer= lich wirkenden Darstellungsmittel anzueignen, und weder seine eigne Individualität noch auch der Unterricht des seiner Zeit hoch= berühmten Orgelvirtuosen und Contrapunktisten Abt Vogler ver= mochten ihn darüber hinauszuführen. Die sinnlich reizvolle Seite des gesammten Darstellungsmaterials gewinnt bei ihm derartig das Uebergewicht, daß das Bedürfniß künstlerischer Gestaltung immer mehr verloren geht, und für die Oper nicht mehr die dramatische Entwicklung, sondern die dramatische Wirkung das Hauptziel wird. In diesem Streben wird Weber der volksthümlichste Meister seiner Zeit, der Sänger der Freiheitskriege, des deutschen Patriotismus, der seit mehreren Jahrhunderten wieder zum ersten Male sich glänzend bethätigte.

Seit fünf Jahrhunderten war Deutschland politisch zersplittert, und den Bestrebungen deutscher Gelehrten, Dichter und Künstler war es nur gelungen, die Idee von einem gemeinsamen deutschen Vater= lande wach zu erhalten. Die deutschen Fürsten hatten wenig Ver= anlassung daran zu erinnern, da sie die höchste Macht und Unab= hängigkeit ihres eigenen Hauses zu erlangen strebten. Hierzu kam noch die Erbunterthänigkeit des Landmanns und die Ohnmacht des allein belasteten Bürgers, gegenüber dem durch die großen Privi= legien stark gewordenen Adel, welches alles zusammengenommen

einen deutschen Patriotismus nicht aufkommen ließ. Daher darf es
auch nicht verwundern, daß die Franzosen, welche die Unterthänig=
keit des Landmanns brachen, dem Adel den größten und wichtig=
sten Theil der Privilegien raubten und ihn ebenso besteuerten, wie
die übrigen Unterthanen, sich bald die Sympathie des deutschen
Volkes erwarben, und Außerordentliches mußte erst geschehen, ehe
der deutsche Patriotismus in heiligem Zorn aufloderte. Die über=
müthigen Sieger von Jena und Austerlitz mußten Schmach über
Schmach auf das deutsche Volk häufen; die deutschen Gelehrten
mußten die alten Heldensagen aus dem Staube der Bibliotheken
aufspähen und in den ursprünglichen Quellen der Geschichte das
deutsche Vaterland in altem Glanze zeigen und Fichte seine berühm=
ten Reden an das deutsche Volk in Berlin mitten unter den Feinden
halten, und als dann Ernst Moritz Arndt mit glühenden Wor=
ten den Kaiser Napoleon als den Erzfeind des deutschen Volkes
darstellte, da erwachte endlich der alte deutsche Geist wieder in
einem flammenden, alles Undeutsche verzehrenden, opferfreudigen
Patriotismus. Alles andere vergessend einten sich die Patrioten
aller deutschen Stämme in dem einen Bestreben, die fremden Unter=
drücker aus dem Lande hinauszutreiben, und zum ersten Male seit
vielen Jahrhunderten wirkte ein echt deutscher Geist gestaltend auf
das fernere Geschick des eigenen Vaterlandes. Aus diesem Geiste
heraus dichteten Ernst Moritz Arndt, Max von Schenken=
dorf, Friedrich Rückert und Theodor Körner ihre Lieder
und sang Carl Maria von Weber seine Weisen. Eine Menge
Lieder jener Zeit, wie Fouqué's: „Frisch auf zum fröhlichen
Jagen" oder Hiemer's: „Schön ist's unter freiem Himmel"
sind alten Volksmelodien angepaßt, oder ihre Melodien sind dem
volksthümlichen Liede nachgebildet. Ganz neu und eigenthümlich,
aus dem neuen Geiste heraus sang Weber seine Weisen zu Kör=
ners: „Leyer und Schwerdt." Die träumerische Innigkeit der
alten Volksmelodie wußte er mit dem ganzen Glanz der neuen,
mächtig nach außen drängenden, nach Thaten durstigen Stimmung
zu verschmelzen. Wir begegnen in diesen Liedern nirgend einer tief
innerlichen oder sonderlich schön geformten Melodie, aber in allen
lebt jenes Arndt'sche:

> „Laßt brausen, was nur brausen kann,
> In hellen lichten Flammen!"

Sie sind alle harmonisch glänzend ausgestattet, und das berühmte Lied: „Lützows wilde Jagd" scheint wie für Hörne und Trompeten geschrieben zu sein. Vorherrschend dieselbe Eigenthümlichkeit zeigen noch die volksthümlich gewordenen „Chöre und Solosätze" der „Preciosa" und des „Freischütz," die der Meister, welcher 1817 Königl. Sächsischer Kapellmeister geworden war, bezeichnend genug für Berlin schrieb, woselbst sie auch, Preciosa 1820 und der Freischütz 1821, zuerst zur Aufführung kamen.

Wol begegnen wir hier überall fester gefügten und selbständiger geführten Melodien, aber auch sie sind nur durch das eigenthümlich berückende Colorit, welches der Meister mit großer Virtuosität behandelt, bedeutsam und volksthümlich geworden.

Weber starb in der Nacht vom 6. zum 7. Juni 1826 in London, wohin er gegangen war um seinen, für diese Stadt geschriebenen „Oberon" zu dirigieren.

Die Kunstgeschichte wird ihm keine so hohe Stellung einräumen können, weil er auf dem Gebiete des Dramatischen, dem er sich mit vieler Vorliebe zuwandte, in derselben einseitig effectuierenden Richtung thätig war und dadurch den Verfall des musikalischen Drama's vorbereiten half. Aber für die Geschichte des volksthümlichen Liedes wird er in diesem Streben bedeutungsvoll bleiben für alle Zeiten, indem er einen durchaus wesentlichen Zug des deutschen Gemüthslebens zur Erscheinung brachte. Daß er auch hier nächste Veranlassung wurde zu jener Verirrung des Männergesanges, welche wir bereits charakterisierten, ist viel weniger seine Schuld, als die seiner talent- und einsichtslosen Nachahmer. Seine Bedeutung für das Kunstlied wird uns noch später beschäftigen.

In derselben süßharmonischen Weise, aber viel mehr nach innen bewegt, singt ein Zeitgenosse, der alle die angegebenen Elemente nur innerlich in sich verarbeitet hat, seine Lieder: **Franz Schubert,** und ebenso weiterhin dessen Nachfolger: **Felix Mendelssohn-Bartholdy.**

In den Liedern Schubert's: „Das Wasser rauscht, das Wasser schwoll," „Das Wandern ist des Müllers Lust," „Du schönes Fischermädchen," „Ich schnitt es gern in alle Rinden ein," „Ueber allen Wipfeln ist Ruh," „Ich hört ein Bächlein rauschen," und in Mendelssohn's: „Wer hat dich du schöner Wald," und „Es ist bestimmt in Gottes Rath," hat das Kunstlied bei allem

Reichthum seiner Erscheinungsform wieder die alte Naivetät des ursprünglichen Volksliedes gewonnen. Diesen beiden Meistern ist das gesammte reiche Darstellungsmaterial für die tiefgehendste, subjektivste Charakteristik so geläufig geworden, wie einst dem dichtenden Volke seine bescheideneren Mittel, und wie dieses vom Instinkt, so werden jene durch ihre hohe Künstlerschaft auf die objektive, plastisch heraustretende, allgemein verständliche Form des Liedes geführt. Was sie im Liede austönen, ist ihr eigenstes, reinstes und reichstes Empfinden; aber die faßliche Art der Darstellung macht es zum Eigenthum der ganzen Nation. Wir können uns hier den speciellen Nachweis ersparen, da wir auf beide großen Meister des Liedes in einem spätern Kapitel ausführlich zurückkommen müssen. Ebenso dürfte es hier genügen, auf jene früher und noch gleichzeitig thätige Berliner Künstlergruppe hinzuweisen — auf Friedrich Reichardt, Carl Friedrich Zelter, Bernhard Klein und Ludwig Berger — die, ohne eine specielle Seite des Volksempfindens darzulegen, dennoch in einzelnen Liedern im besten Sinne populär werden, indem sie sich fester an das Wort anschließen und die Sprachmelodie zur selbständigen Melodie erweitern und erheben. Wir müssen auch ihnen, weil mit diesem Streben eigentlich die Blüte des Kunstliedes beginnt, ein besonderes Kapitel widmen.

So hätten wir nur noch mit wenigen Worten der Lieder zu gedenken, die wir unter den Begriff „Bänkelsängerlieder" fassen, und deren Bedeutung wir nur gering anzuschlagen vermögen.

Ihre Blüte beginnt eigentlich mit jener Zeit, als die Poeten — namentlich die Dichter des Göttinger Hainbundes — nach dem Muster des Volksliedes Lieder dichteten und bemüht waren, diese mit singbaren und gefälligen Melodien unter das Volk zu bringen, namentlich aber unter den Bestrebungen der bereits erwähnten Partei der Volksaufklärung trieb das Bänkelsängerlied üppig empor. Die Lieder, welche von ihnen ausgiengen, wie der ungleich größte Theil der im Jahre 1799 unter dem Titel:

„Mildheimisches Liederbuch von 518 lustigen und ernsthaften Gesängen über alle Dinge in der Welt und alle Umstände des menschlichen Lebens, die man besingen kann. Gesammelt für Freunde erlaubter Fröhlichkeit und ächter Tugend, die den Kopf nicht hängt, von Rudolph Zacharias Becker."

erschienenen Liedersammlung, konnten kaum anders als in der
Bänkelsängerweise gesungen werden. Die Stoffe und ihre Darstel=
lung entbehren meist so vollständig all und jeder Poesie, daß sie
selbst nicht einmal jene einfachsten volksmäßigen Liedphrasen in der
schaffenden Phantasie zu erwecken vermochten, sondern daß diese
ganz absichts= und planlos beliebige Instrumental= und Vocal=
phrasen nothdürftig an einander reiht, nach Anleitung des sprachlich
Formellen, und das ist das charakteristische dieser ganzen Gattung.
Während das volksthümliche Lied auf seiner untersten Stufe künst=
lerischer Gestaltung, bei Wenzel Müller und Knauer, immer
noch einheitlichen Zug und wirklich vocalmelodisches Gefüge zeigt,
ist bei den Bänkelsängern kaum noch eine Spur hiervon vorhanden.
Landläufige Phrasen, aus allen Gebieten der Kunstmusik zusammen=
gelesen, werden aufgegriffen, wie und wo sie sich zeigen, unbeküm=
mert um Text und Stimmung, nur der gedanken= und absichts=
losesten Lust am Gesange zu Liebe. Für jene Zeit indeß waren
auch diese Lieder fast nothwendig. Die wenigen Volkslieder, welche
sich in die neue Zeit herübergerettet, und die von Dichtern und
Tonsetzern geschaffenen echt volksthümlichen Lieder waren kaum im
Stande, die neu erwachte Sangeslust zu sättigen und so fand der
Dilettantismus tausendfach Anregung in jenem angegebenen Sinne,
Lieblingstexte mit Melodien zu versehen, die dann bei ihrer Leicht=
faßlichkeit und weil sie in der Regel aus Modephrasen zusammen=
gesetzt waren, sich blitzschnell weiter verbreiteten. Ja diese Weise
fand gar bald eine solche Verbreitung, namentlich in der schlappen
Zeit der Restauration, daß ihr, wie wir sahen, selbst Künstler von
einiger Begabung, wie Himmel, sich zuwandten. Eine etwas
verbesserte erneuerte Auflage erlebte sie innerhalb der letzten zwan=
zig Jahre, die wir gleichfalls, ihrer tiefern Beziehung zur Blüte
des Kunstliedes und zum modernen Musiktreiben und Musikempfin=
den wegen, in einem besondern Abschnitte etwas specieller behan=
deln müssen.

Indem wir uns jetzt wieder zunächst ausschließlich dem Kunst=
liede zuwenden, werden wir auch erkennen lernen, wie weit das
volksthümliche Lied einflußreich auf die Weiterentwicklung des Kunst=
liedes geworden ist.

Freunde des volksthümlichen Gesanges, welche einen speciellen
Nachweis aller dieser Lieder suchen, verweisen wir auf Hoffmann

9*

von Fallersleben's: „Unsere volksthümlichen Lieder," zuerst
im ersten Heft des sechsten Bandes des Weimarischen Jahrbuchs
für deutsche Sprache, Literatur und Kunst, herausgegeben von
Hoffmann von Fallersleben und Oscar Schade, und
später, vielfach vermehrt, als besonderes Buch gedruckt.

# Drittes Kapitel.
## Die neue lyrische Dichtung erfordert festen Anschluß an das Wort.

Bei dem Volksliede bis in das sechzehnte Jahrhundert hinein
wird das einzelne Wort schon entschieden einflußreich auf die Besondersgestaltung der Melodie. Da beide, Text und Melodie, fast
immer gleichzeitig entstehen, so ergänzen sie sich gegenseitig und
wenn im Allgemeinen auch die musikalische Darstellung die sprach=
liche meist bedeutend überragt, so wird doch in vielen Liedern der
Gang der Melodie durch einzelne, besonders bedeutsame Worte
geradezu bestimmt. Im Kunstliede muß dies Verhältniß zwischen
Wort und Ton noch inniger werden. Die Stimmung hat im Text
schon einen viel bestimmtern Ausdruck gewonnen, als im Volksliede,
und die Melodie wird daher durch den innigsten Anschluß an ihn
erst Allgemeinverständlichkeit und Ausdrucksfähigkeit erlangen. Allein
schon im ersten Jahrhundert des werdenden Kunstliedes begann
dieser Einfluß des Textes sich allmälig zu verlieren. Verschiedene
Umstände trugen hierzu bei. Hauptsächlich wol der, daß jenes
Verfahren, nach welchem die eine Melodie zu mehreren Texten
benutzt wurde, das uns schon im Volksgesange früherer Jahrhun=
derte begegnete, immer allgemeiner wurde, namentlich seit dem es
im Kirchengesange fast ausschließlich Anwendung fand. Man ver=
langte bald von der Melodie nichts weiter, als Uebereinstimmung
mit Versmaß und Strophenbau des Textes, kaum noch mit der
Grundstimmung. Für das weltliche Lied konnte auch die Melodie
jetzt kaum höhere Bedeutung haben, denn Sprache und Verskunst

erhoben sich nur allmälig aus ihrer Verwilderung, ohne schon wieder zu einem wirklichen Gefühlsinhalt zu gelangen. Dieser war einem tändelnden, geist- und gemüthlosen Spiel mit Empfindungen gewichen, und er fand sich erst spät, als Sprache und Verskunst längst in größerer Reinheit sich erhoben hatten, wieder.

Wir haben in einem vorhergehenden Kapitel gesehen, wie die Tondichter diese Zeit melodischer Selbständigkeit benutzten, um die Form musikalisch feiner und freier herauszubilden und ihr die verschiedenen anderweitigen eindringenden fremden Elemente zu vermitteln.

Die letzte Hälfte des achtzehnten Jahrhunderts führte nun jene Wendung auf dem Gebiete der lyrischen Dichtung herbei, durch welche ein innigeres Verhältniß der Musik zur Dichtkunst nicht nur möglich, sondern für beide sogar nothwendig wurde. Zwar ist schon bei Hiller und Schulz ein solches vorhanden, aber es ist doch mehr äußerlich. Ihre Melodien schließen sich dem Text knapp an, ohne ihm durch eine feinere Interpretation näher zu kommen.

Die wenigsten lyrischen Lieder jener Zeit bedurften auch einer solchen, und alle Versuche jener Meister, sie, wo es ihnen nöthig erschien, auszuführen, scheiterten an der Unzulänglichkeit ihrer Mittel.

Erst als die gesammte Dichtung wieder beginnt die verborgensten Mächte des bewegten und erregten Innern zu entschleiern, werden auch die Tonkünstler gedrängt, die gesammten musikalischen Ausdrucksmittel sich anzueignen und sie zur Darstellung des neuen Inhalts zu verwenden. Das gesungene Lied wird jetzt der Ausdruck zweier individuell Empfindender und wir werden uns nun auch mit dem Dichter specieller beschäftigen müssen, um nachweisen zu können, wie die Individualität des Tondichters sich an der des Poeten entzündet; wie beide in inniger Verschmelzung zur Erscheinung kommen.

Die neue Periode der Entwicklung des lyrischen Liedes beginnt für die Dichtkunst eigentlich schon mit Johann Christian Günther (1693—1723), doch scheint seine Wirksamkeit selbst für die Poesie nicht erfolgreich gewesen zu sein. Für die Tonkunst und die Entfaltung des gesungenen Liedes gewann er nur äußere Bedeutung, indem er die Lust am Liede nährte. Der rein ideelle Gehalt seiner Lieder kommt musikalisch noch vollständig in der Weise des No. 29.

der Notenbeilage mitgetheilten Liedes aus: „Sperontes singender Muse an der Pleiße" zur Erscheinung. Die größte Zahl seiner Lieder findet man auch in der genannten Sammlung mit Musik versehen.

Wenig bedeutender musikalisch sind die lyrischen Lieder der nachfolgenden Dichter: Friedrich von Hagedorn (1708—54), Christ. Fürchtegott Gellert (1715—69), Magnus Gottfried Lichtwer (1719—83), Fr. W. Zachariä (1726—77), Gottl. Conrad Pfeffel (1736—1809) und selbst Friedrich Gottlieb Klopstock (1724—1803), ebenso wenig wie die Anakreontiker: J. W. Gleim (1719—1803), Peter Uz (1720—96), Ewald Christ. Kleist (1715—59), Carl Wilh. Ramler (1725—98) und J. Georg Jacobi (1740—1814) vermochten dem Liede einen eigentlich musikalisch bedeutsamen Inhalt zuzuführen. Ihre „Oden" sind noch vollständig in der Weise der Liedersammlungen des vorigen Jahrhunderts, mit den Mitteln eines Graun, Benda, Nichelmann, Agricola und Marpurg, oder eines Hiller und Schulz musikalisch darzustellen. Zwar regten die Lieder des bedeutendsten der genannten Lyriker, Klopstock's, den großen Tonmeister Christoph von Gluck zu von der gewöhnlichen Praxis abweichenden Versuchen, sie musikalisch darzustellen, an, und unzweifelhaft wirkte dieser hierdurch, wie überhaupt durch seine gesammte künstlerische Thätigkeit der letzten Decennien seines Lebens fördernd auch auf Weiterentwicklung des Liedes, allein directen Einfluß konnte er nicht gewinnen. Er sah in Klopstock viel weniger den Lyriker, als den wiedererstandenen Barden. Seine Biographen erzählen, daß er nur ungern die Musik zu diesen Liedern niederschrieb. Am liebsten improvisirte er sie am Clavier. Mit wenigen, nur ihm verständlichen Zeichen markirte er sich die Accente der Textesworte und sang die Lieder dann mit freier Declamation nach Art des gemessenen Recitativs zu einer, meist aus vollen gehaltenen Accorden bestehenden Clavierbegleitung. Diesen Ursprung haben unstreitig auch die uns erhaltenen Compositionen der sechs Klopstock'schen Oden: „Vaterlandslied," „Wir und Sie," „Schlachtgesang," „Der Jüngling," „Die Sommernacht" und „Die frühen Gräber."

Daß selbst ein so reich begabter und durchbildeter Meister wie Gluck auf diesem Wege die neue, durch den neuen poetischen

Inhalt gebotene Form des Liedes nicht finden konnte, ist unzweifel
haft. Die Gluck'schen Lieder sind kaum Illustrationen der einzelnen
Strophen, sie sind eigentlich nur aus potenzierten Hauptaccenten,
die sich auf dem Grunde eines mehr psalmodierend einförmigen
Gesanges klangvoller herausheben, zusammengesetzt. Schon sein
unmittelbarster Nachfolger in dieser Richtung, obgleich dem Meister
sonst untergeordnet, Friedrich Reichardt, verstand besser das
neue Element auch im festen Anschluß an die alte vollendete Form
einzuführen. Daß aber einzelne Klopstock'sche Oden einen bedeu=
tenderen musikalischen Inhalt dem Tondichter entgegen brachten, als
Gluck in seiner Declamation zur Erscheinung bringt, das zeigte
fünfzig Jahr später Franz Schubert.

Größeren Einfluß gewann das musikalische Element in der
Poesie indeß erst durch die Dichter des Göttinger Hainbundes.
Nach seiner mehr volksmäßigen Richtung betrachteten wir diesen
schon im vorigen Kapitel. Er sollte auch für die Entwicklung des
Kunstliedes einflußreich werden.

Nicht alle Lieder von Gottfr. Aug. Bürger (1748—94),
Ludwig Heinrich Christoph Hölty (1748—76), den beiden
Grafen zu Stolberg Christian (1748—1821) und Fr. Leo=
pold (1750—1819) und Johann Heinrich Voß (1751—
1826) boten, wie die von Matth. Claudius (1740—1815),
nur Raum für eine volksmäßige Melodie in der Weise von J. A. P.
Schulz. Namentlich einige Lieder von Bürger und Hölty sind
mit einem so bedeutenden Gefühlsinhalt erfüllt, daß nur die süßeren
und innigeren Weisen der spätern Meister ihn musikalisch darzu=
stellen vermochten und zwar nicht ohne die ausgebreitetste Betheili=
gung der Instrumental=, namentlich der Clavierbegleitung. Das
fühlten schon die Tondichter jener Zeit, und bei Hiller, mehr noch
bei Schulz versucht hin und wieder die Clavierbegleitung dem
Text selbständig näher zu kommen. Allein es geschieht dies meist
auf Kosten der Melodie, die in solchem Falle immer nackt rezitierend
oder inhaltlos phrasenhaft wird. Die Begleitung selbst aber kommt
nirgents über jene Situationsmalerei hinaus, die im Lied der
„Spinnerin" das Schnurren des Spinnrades, oder in dem Hölty=
Schulz'schen: „Schwer und dumpfig hallt Geläute" die dumpfen
Schläge der Glocken nachzuahmen versucht.

Erst als durch **Wolfgang von Göthe** (1749—1832) das
unbeirrte Naturgefühl in der gesammten deutschen Dichtung und
namentlich im lyrischen Liede ausschließlich die Herrschaft erlangt,
beginnt für das gesungene Lied die neue Periode, in welcher
Melodie und Begleitung die geheimsten und feinsten Züge des
menschlich empfindenden Herzens darlegen. So wird der größte
deutsche Dichter auch der Schöpfer des modernen gesungenen
Liedes.

Zwei Tondichter sind es zunächst, die sich fast ausschließlich
dem **Göthe**'schen Liede zuwenden: **Johann Friedrich Reichardt**
und **Carl Friedrich Zelter.**

**Reichardt** wurde am 25. November 1751 zu Königsberg in
Preußen geboren. Früh erwählte er die Tonkunst zu seinem Lebens=
beruf und erlangte namentlich als Geiger eine solche Bedeutung,
daß ihn, nach seinem ersten öffentlichen Auftreten in Berlin 1775
der König Friedrich II. an Stelle des verstorbenen Graun zu
seinem Hofkapellmeister ernannte. In dieser Stellung verblieb er
indeß nur bis zum Jahre 1794, in welchem ihn der Nachfolger
des großen Preußenkönigs, Friedrich Wilhelm II. verabschiedete.
Reichardt lebte jetzt ohne bestimmten Wirkungskreis längere Zeit
in Stockholm und Hamburg und kaufte sich später in Holstein ein
Landgut, mußte aber vor dem eindringenden Feinde bald auch von
hier flüchten und gieng nach Danzig. Später ernannte ihn der
König zum Inspector der Saline in Halle und Reichardt lebte
in Giebichenstein, bis er 1806 durch das Vordringen der Franzosen
wieder zur Flucht genöthigt wurde. Er lebte jetzt ein ganzes Jahr
abwechselnd in Danzig, Königsberg und Memel. Nach dem Tilsiter
Frieden gieng er wieder zurück nach Halle, da aber mittlerweile die
Stelle als Salinendirector aufgehoben war, wandte er sich nach
Kassel, und bewarb sich um die dasige Hofkapellmeisterstelle, die er
auch erhielt. Er mußte indeß auch diese Stelle, nicht ohne eignes
Verschulden wieder aufgeben und gieng nach Wien. Unterhand=
lungen, welche er mit der dortigen Theaterdirection pflog, führten
zu keinem Ziel, und so siedelte er wiederum nach Giebichenstein
über, wo er am 27. Juni 1814 starb.

**Reichardt** war der erste, der für das von ihm in Berlin
errichtete „Concert spirituel" den Zuhörern die gedruckten Texte der
Vocalcompositionen in die Hände gab, und er lieferte schon hierdurch

den Beweis, wie tief er die Bedeutung des Wortes für den Gesang erkannt hatte. Das Wesen des Wortaccents scheint ihm Gluck erschlossen zu haben.

Mit regem Eifer wahrte er die Interessen dieses Meisters, gegenüber der Berliner Kritik, die dem Componisten der Iphigenien und des Orpheus hartnäckig die gebührende Anerkennung versagte und ihn ausnahmslos geringschätzig behandelte. In dem persönlichen Verkehr, den Reichardt mit Gluck während eines Aufenthalts in Wien pflog, scheint ihm namentlich die Anregung geworden zu sein, die Gluck'schen Principien ausgebreiteter auf die Liedform anzuwenden, als jener Meister selbst, und er erreichte größere Erfolge damit als Gluck, weil er sich dabei mit vieler Vorliebe zugleich an das Volksthümliche anlehnte. Wiederholt weist er in seinen zahlreichen theoretischen Schriften auf die große kunstgeschichtliche Bedeutung des Volksliedes hin, und ihm selbst schwebte es bei seinen Liedschöpfungen als Muster vor. Doch eine rechte Verschmelzung der Gluck'schen mit der Volksweise erreichte er nur in wenigen. Volksthümlich Empfundenes und nach Gluck'schem Princip Erfundenes steht meist unvermittelt neben einander. Es gilt dies weniger von den Melodien zu Klopstock's Oden. Sie sind nur in der Form volksthümlich, der eigentliche Gesang erhebt sich nirgend über eine trocken reizlose Declamation der Textesworte. Dagegen bot die Göthe'sche Lyrik ein unendlich weiteres Feld für Experimente im oben angegebenen Sinne. Das Göthe'sche Lied quillt so unmittelbar aus dem unendlich reichen und tiefbewegten Innern des Dichters heraus, daß in den Worten selbst schon eine bezaubernde Sprachmelodie liegt, welcher der Componist nur nachzugehen braucht, um einen reizenden Gesang zu erfinden. Es ist mit den farbigsten Bildern so mannichfaltig belebt; jeder Gedanke hat so bestimmt faßbare Gestalt gewonnen, daß die erhöhte Sprachmelodie gleichsam nur den Untergrund bildet, auf welchem das Ganze eingewebt ist. Freilich hat die Tonkunst mit dieser Melodie noch wenig für die Darstellung des, das Gedicht erzeugenden Gefühlsobjekts gethan, und wir werden bei den spätern Meistern des Liedes sehen, welch andere Mittel sie noch aufbieten mußten, um den Liederfrühling auch musikalisch emportreiben zu lassen, den der Altmeister der lyrischen Dichtung in der Poesie heraufgezaubert hatte. Doch bei dem Stande des gesungenen Liedes zu Reichardt's

Zeit war seine Weise doch immer ein bedeutsamer Fortschritt. Sie bezeichnete den Weg, den die Tondichter einzuschlagen hatten, um zu jenem Liederfrühling zu gelangen. In einzelnen Liedern, wie in den naiven: „Sah ein Knab ein Röslein stehen," oder „Die Trommel gerührt," ja selbst noch in dem andern Liede Clärchens: „Freudvoll und leidvoll" hat auch Reichardt die Verschmelzung von Volksweise und Sprachaccent so vollständig erreicht, daß diese von späteren begabteren Tondichtern nicht übertroffen worden sind. Allein in den meisten erreichte er sie nicht, weil er die Volksweise doch nicht vollständig erkannte. Er bleibt meist an der tönenden Gesangsphrase haften, ohne zum rechten Bewußtsein des Gefühls= inhalts, noch zur Erkenntniß der wahrhaft plastisch heraustretenden und durchbildeten Form, in welcher diese äußere Gestalt gewinnt, zu gelangen. Er adoptiert daher ebenso Phrasen des Bänkelsänger= liedes, wie des eigentlichen Volksliedes. Namentlich gilt dies von seinen Melodien zu Liedern der Romantiker, wie zu Tieck's: „Im Windsgeräusch," vor allem aber von den Melodien zu den lyrischen Gedichten Schiller's. Ihnen mangelt die tiefe Innerlichkeit Göthe's. Schiller's Poesie ist mehr Gedankenpoesie. Daher fehlt den Liedern auch die bezaubernde Sprachmelodie und Reichardt schwankt in seinen Melodien zwischen dem, doch meist noblen Bänkel= sängerton und einem, durch die Gluck'schen Principien herbei= geführten, nicht selten phrasenhaften Bühnenpathos. Intimer gestal= tet sich das Verhältniß zwischen Melodie und Text und Stimmung schon in den Liedern von

Carl Friedrich Zelter. Er ist in Berlin am 11. Decbr. 1758 geboren. Auch er gehört jenem Kreise von Dilettanten an, die sich durch echt künstlerisches Streben mannichfache Verdienste um die Kunstentwicklung erwarben. Dem Willen seines Vaters gemäß ergriff er den Beruf desselben und wurde ein tüchtiger ehrenfester Maurermeister. Daneben genoß er das Glück einer sorgfältigen Erziehung. Auch die Musik blieb davon nicht ausgeschlossen. Doch zeigte der Knabe wenig Drang zu dieser Kunst, bis er im achtzehn= ten Jahre mit solcher Heftigkeit in ihm erwachte, daß der Jüngling sich ihm ganz zu widmen trachtete. Allein dem widersetzte sich der Vater mit aller Entschiedenheit, und weil der Sohn nicht hoffen durfte den Widerstand des Vaters je zu besiegen, so warf er sich mit um so größerem Eifer auf Erlernung seines Handwerks, um

möglichst früh zu der Selbständigkeit zu gelangen, die ihm auch die
Möglichkeit verschaffte, sich mit seiner geliebten Kunst zu beschäftigen.
Schon im 25. Jahre konnte er sich in seiner Vaterstadt als Meister
etablieren und nun trieb er so fleißig neben seinem eigentlichen
Beruf Musik, daß er nicht nur eine locale Bedeutung für Berlin,
sondern eine allgemeine für die Kunstgeschichte gewann. Nach dem
Tode des Stifters und Dirigenten der Singakademie, Fasch, mit
dem er eng befreundet war, übernahm er die Leitung derselben.
1809 ertheilte ihm der König das Prädikat eines Professor der
Tonkunst und er wurde als solcher zugleich unter die Mitglieder
der Akademie für Kunst und Wissenschaft aufgenommen. Die letz=
ten Jahre seines Lebens widmete er ausschließlich der Tonkunst.
Er starb allgemein verehrt am 15. Mai 1832.

Einzelner Lieder Zelter's mußten wir bereits im vorigen
Kapitel Erwähnung thun. Hier wird uns namentlich seine Stel=
lung zu den Liedern Göthe's, mit dem er innig befreundet war,
beschäftigen. Zelter überragt in seinen Liedcompositionen Rei=
chardt nach allen Seiten. Zunächst begegnen wir bei ihm wieder
einer größeren formellen Abrundung wie bei Reichardt. Er hat
dem Volksliede nicht nur einzelne klangvolle Phrasen, sondern das
feste Formgefüge abgelernt. Das strophische Gebäude bildet er auch
musikalisch sorgfältig und zu gewisser Selbständigkeit aus. Dadurch
kommt in das Ganze ein einheitlicher Zug der Stimmung, der dem
Liede von Reichardt nur zu oft fehlt. Dem entsprechend sind
auch seine Melodien geformt. Wortaccent und Volksliedweise durch=
dringen sich schon so, daß die Melodie innig und doch charakteristisch
und leichtfaßlich sich dem Text anschmiegt und die Bedeutung einer
wirklichen Interpretation desselben gewinnt. Die Volksliedweise
läßt die Grundstimmung mehr allgemein ausklingen und erst in
der Aufnahme der Sprachaccente erlangt sie fast begreifliche
Bestimmtheit.

Durch eine reichere Harmonik und gewähltere Clavierbegleitung
verleiht Zelter seinen Melodien ferner schon etwas von jener
Süße, welche das Lied in seiner Blüte auszeichnet. Reichardt
wählt seine Begleitungsfiguren mehr in dem Bestreben, die har=
monische Grundlage claviermäßig aufzulösen — Zelter erfindet schon
charakteristische, der Stimmung entsprungene Motive, aus deren
dialektischer Entwicklung sich diese dann von selbst ergiebt. So steht

Zelter den Meistern, welche das Lied zu höchster Blüthe brachten, näher als Reichardt.

Zwei Meister des Liedes sind demnächst zu nennen, die den Bestrebungen der vorhergenannten sich anschlossen, und von denen je einer nach einer bestimmten Seite wiederum einen Schritt weiter zur vollkommenen Kunstgestalt des Liedes that: **Ludwig Berger** und **Bernhard Klein:**

**Berger** ist gleichfalls in Berlin, am 18. April 1777, geboren. Die Amtsverhältnisse seines Vaters machten früh seine Uebersiedelung nach Templin und später nach Frankfurt a. O. nothwendig und in diesen beiden Orten verlebte Ludwig Berger seine Knaben- und Jünglingszeit, bis er nach Berlin zurückgieng, um sich ganz der Tonkunst zu widmen. 1801 wandte er sich nach Dresden, um den Unterricht des damals berühmten Componisten und Capellmeister Naumann zu genießen. Allein der so plötzlich erfolgte Tod desselben vereitelte die Ausführung dieses Plans. Nachdem Berger sich längere Zeit vergeblich bemüht hatte, eine Anstellung in Dresden zu gewinnen, gieng er wieder zurück nach Berlin. Im Jahre 1804 veranlaßte ihn Clementi, mit ihm die Reise nach Petersburg zu machen und Berger gieng um so williger darauf ein, als ihm Clementi Unterricht in dem Clavierspiel und seinen Rath in der Composition zusagte. Sechs Jahr blieb Berger in Petersburg und gieng dann über Stockholm nach London, woselbst er bis 1815 verweilte. In diesem Jahre kehrte er wieder nach Berlin zurück und lebte hier bis an seinen am 16. Febr. 1839 erfolgten Tod.

Die wenigen veröffentlichten Werke lassen in ihm ein seltenes Talent erkennen. Seine Lieder sind denen Reichardt's näher verwandt als denen Zelter's. Wie jener berücksichtigt er vorwiegend die Declamation, so daß die größte Anzahl der Lieder nur in der harmonischen Grundlage und der Clavierbegleitung die Liedform bestimmt ausgeprägt zeigen, die Melodie hingegen sich meist in Phrasen des gebundenen Recitativs auflöst. Doch unterscheidet sich seine Weise der Accentuation von der Reichardt's namentlich dadurch, daß er die Accente nicht melodisch, sondern harmonisch klangvoller herausbildet. Ludwig Berger war zugleich ein geschätzter Claviervirtuos, und wie seit Mozart das Clavier die ganze Entwicklung der Tonkunst überhaupt beherrscht, so macht es jetzt einen bedeutenden Einfluß auch auf die Weiterbildung des Lieres geltend. Bei Berger freilich noch nicht in der Weise, daß es das instrumental auszuführen trachtet, was im Vocalen noch unausgesprochen zurückgeblieben ist, sondern durchaus mehr äußerlich durch den Klang des Instruments den Gesang unterstützend. Höchstens versucht er jene Situationsmalerei, der wir schon früher begegnen. Seine Melodien entbehren in ihrer recitativischen Führung jener Weichheit und Innigkeit, die dem lyrischen Ausdruck die Süße verleiht, und so sucht er die letztere durch das Instrumentalcolorit zu erreichen. Er wählt seine Harmonien und die besondere Weise ihrer Darstellung nur in dem Bestreben, jenen berückenden Klang zu erzielen, den sonst die Innigkeit und Weichheit der Melodie und der ihr abgelauschten Harmonie dem Volksliede und dem späteren Kunstliede geben. Die Stimmung klingt nur instrumental aus und zwar auch nicht seelisch belebt, sondern nur äußerlich erregt. Mit einzelnen Liedern, wie dem „Nachtlied" aus „Die schöne Müllerin" (Op. 11.), tritt er allerdings von alle den bisher genannten den spätern Meistern des Liedes am nächsten. Allein daß auch diese höchstens als Vorboten des neuen Frühlings gelten können, wird uns noch klarer werden, wenn wir Schubert's „Die schöne Müllerin" einer specielleren Betrachtung unterziehen.

Der vierte Berliner Künstler endlich, dem wir in verwandtem Streben begegnen:

Bernhard Klein, ist zu Köln 1794 geboren und genoß Anfangs einen nicht sehr umfassenden Unterricht in der Musik. Im Jahre 1812 fand er Gelegenheit nach Paris gehen und dort den Unterricht Cherubini's genießen zu können. Vielfach bereichert an Erfahrungen und Kenntnissen übernahm er nach seiner Rückkehr die Oberleitung der musikalischen Aufführungen im Dome und des damit verbundenen Instituts. 1819 gieng er auf Kosten des Ministeriums nach Berlin, um die dortigen Musikinstitute kennen zu lernen und kehrte dann als ordinierter Dom=Capellmeister nach Cöln zurück. Allein der Aufenthalt in Berlin hatte eine solche Vorliebe für diese Stadt in ihm geweckt, daß er sich um eine Stelle bei der dort neu gegründeten Organistenschule bewarb. Man übertrug ihm Generalbaß und Contrapunkt zu lehren und zugleich die Stelle als Musikdirector und Gesanglehrer an der Universität. In diesen Kreisen wirkte er mit Eifer und Erfolg bis an seinen 1832 am 9. September erfolgten Tod.

Mit besonderer Vorliebe hatte Klein sich auch den dramatischen Formen zugewendet und zwei seiner Oratorien: „Jephtha" und „David" haben auch in weiteren Kreisen Anerkennung gefunden.

Ueber seine Stellung zum Liede hatten wir schon mehrmals Gelegenheit, uns auszusprechen. Dadurch, daß er die Melodien mehr formell abgerundet wie im Volksliede herausbildet, schließt er sich inniger an Zelter an; aber er überragt ihn, indem er ihnen ein glänzenderes Kolorit verleiht, und zwar nicht wie Berger instrumental, sondern wirklich vocal durch ein Anbilden des Männerchorklanges. Sie erhalten dadurch schon eine Anmuth und Süße, die fast die mangelnde Innigkeit und Innerlichkeit zu ersetzen im Stande ist. Namentlich vermeint man aus einzelnen seiner Göthe=Lieder schon eigenes und persönliches Selbstempfinden herausklingen zu hören. Doch scheint dies nur so. In diesen Berliner Künstlern lebte das nur vereinzelt, was vereint zusammen wirken mußte, um die Göthe'sche und die moderne Lyrik überhaupt auch musikalisch wieder gebähren zu können. Die Innigkeit des Volksliedes mußte sich mit der Verständlichkeit und Präcision des Wortausdrucks und mit dem ganzen Reichthum und dem berückenden Zauber des Vocalen wie des Instrumentalen zu untrennbarer Einheit verschmelzen und in dem einen Meister sich schaffend erzeigen; so nur konnte der neue Liederfrühling auch musikalisch herauftreiben. Annähernd versuchten diese Verschmelzung zwei Meister, denen wir hier noch einige Worte widmen, obgleich beide, weder hierdurch noch anderweitig, Bedeutung für die weitere Entfaltung des deutschen Liedes gewinnen konnten:

Louis Spohr und Heinrich Marschner.

Spohr, am 4. April 1783 in Braunschweig geboren, bildete sich früh zum Geigenvirtuos aus und erlangte als solcher Weltruf und historische Bedeutung. Daneben studierte er fleißig schon früh die Composition und erlangte auch hierin, weniger noch durch seine wirklich positiv bedeutenden Leistungen, als vielmehr durch seinen außerordentlichen Fleiß und seine Allseitigkeit, und allerdings auch durch einen Zug seiner Individualität, der ihn namentlich für unsern Gegenstand interessant macht, und von dem wir daher noch reden, Bedeutung. Er war wol auf allen Gebieten der musikalischen Composition thätig. Von seinen Opern hat nur

„Jessonda" ein tiefer gehendes Interesse erregt; seine übrigen zahlreichen Werke, seine Oratorien, Symfonien, Quartette u. s. w.
haben ihn eigentlich alle, mit Ausnahme einiger Violinconcerte und
Etüden überlebt. Nach seiner ganzen Eigenthümlichkeit war er
vielleicht schon berufen, jene Verschmelzung, die das Lied erforderte,
zu vollenden, und weil er dies verkannte, konnte er überhaupt nur
untergeordnete Bedeutung als schaffender Tonkünstler erlangen.
Auch er begann früh sich dem weltlichen und geistlichen Oratorium
zuzuneigen, obgleich er eine durchaus wenig dramatisch angelegte
Natur ist, und vielmehr zu lyrischer Selbstbeschaulichkeit, als zu
energischer Objektivierung seines Innern an großen Bildern geneigt
ist. Dies war ein ungewöhnlich reiches und vielleicht wäre in ihm
die Blüte des Liedes früher herangetrieben, wenn er nicht über
dem vergeblichen Bestreben, seine Individualität an größern Ereignissen und Vorgängen zusammen zu halten und sie in größere Formen zu gießen versäumt hätte, sich überhaupt die Kunst der plastischen Formgebung anzueignen. Wie er jede einzelne Scene der
Oper oder des Oratoriums in einzelne Gefühlsergüsse aufzulösen
gezwungen ist, so selbst seine Lieder. Die ursprünglich gefestete
Liedform ist selten oder nie bei ihm herausgebildet. Er geht mit
dem ernsten Willen an seine Texte, ihren Inhalt musikalisch vollständig zu erschöpfen und erreicht dies auch meist im sichern Anschluß an das Wort und durch feinsinnige Verwendung all' der
genannten Ausdrucksmittel; aber er vereinzelt alles und die Macht
seiner Empfindung ist nicht stark genug, die einzelnen feinen Züge
einheitlich zum Ganzen zusammenzufassen. So nähert sich seine
Liedgestaltung jener Form, die, freilich von andern Voraussetzungen
ausgehend, von den Meistern des dramatischen Styls versucht wurde
und die als scenische Erweiterung des Liedes die letzte Vorbereitung
des neuen Liederfrühlings ist. Spohr starb am 22. Octbr. 1859.

Eine ähnliche Stellung wie Spohr nimmt, wie schon angedeutet, Heinrich Marschner dem Liede gegenüber ein.

Er ist im Jahre 1795 zu Zittau geboren und war Anfangs
für das Studium der Jurisprudenz bestimmt. Allein nachdem er
1813 die Universität bezogen hatte, wurde er ihr untreu und widmete sich ganz der Tonkunst. 1816 gieng er nach Wien und nahm
später eine Musiklehrerstelle in Preßburg an. 1822 finden wir ihn
in Dresden, woselbst eine Oper von ihm aufgeführt wurde, und

im nächsten Jahre erhielt er hier eine Musikdirectorstelle. 1826 gieng er nach Leipzig und 1830 als Hofkapellmeister nach Hannover, woselbst er noch rüstig schaffend thätig ist. Bei ungleich größerer dramatischer Begabung fehlt ihm die Feinheit, Tiefe und Innigkeit der Empfindung, die Spohr in so hohem Maße besaß, und hierin vor allem liegt wol der Grund, daß Marschner nicht wie Spohr zu einem eignen Styl gelangte. Eine große Anzahl seiner Lieder singt er ganz in der Weise des volksthümlichen Liedes, häufig mit modernen Elementen, sogar des noblen Bänkelsanges versetzt, andere wieder in Spohr'scher Weise fast scenisch erweitert.

So bedeutsam die Bestrebungen Beider an sich sind, von Einfluß sind sie nicht geworden. Die musikalischen Darstellungs= mittel für die neue Lyrik waren durch jene Berliner Künstler mit großer Bestimmtheit bezeichnet, und nachdem die Meister des Drama= tischen: Mozart und Beethoven die erschöpfende Darstellung der neuen Lyrik in der scenisch erweiterten Liedform versucht hatten, bedurfte es keiner weiteren Anleitung, daß auch der volle Ausdruck in der knappen Form des Liedes gefunden wurde.

---

# Viertes Kapitel.

## Die neue Lyrik verleitet zu scenischer Erweiterung des Liedes.

Wenn die ganze Weise der Berliner Liedercomponisten schon an sich noch äußerst wenig der neuen, durch Göthe gewordenen lyrischen Dichtung entsprach, so konnte sie noch weniger jenen drei großen Meistern genügen, in deren Phantasie jede äußere Anregung gewaltige und mächtige Tonbilder erzeugte, die zu den Texten ihrer Vocalwerke von vorn herein in ein anderes Verhältniß traten. Jene Berliner Künstlergruppe ist von ihren Liedertexten nur ganz oberflächlich angeregt, und namentlich aus den Liedern Göthe's hören sie wenig mehr heraus, als was bereits in der Sprachmelodie singt und klingt. Ein echter Tondichter darf dabei nicht stehen bleiben. Er nimmt den Text vollständig in sich auf, läßt dann die, dadurch seinem Gefühl vermittelte Stimmung in seiner Phantasie Gestalt gewinnen, und bringt dies Gestaltgewordene durch eigene Mittel in eigener Weise in Melodie und Begleitung zu äußerer Erscheinung. Hierbei darf er sich aber weder des phonetisch = musikalischen Elements der Sprache, jener Sprachmelodie, entäußern, noch darf er das dadurch bedingte Formgerüst zerbrechen; denn mit dem Begrifflichen der Sprache verliert die Musik die Bestimmtheit des Ausdrucks, mit der Form die tiefere Beziehung zum Text, und in den meisten Fällen selbst die Möglichkeit des Ausdrucks.

Nur durch die innigste Verbindung von Sprache und Musik, wenn jene musikalischen Tonbilder sich nach Anordnung und unter dem entschiedensten Einfluß des Textes darstellen, gewinnt der Geist den höchsten menschlichen Ausdruck.

Mozart war der Erste, welcher dem Göthe'schen Liede gegenüber diese Stellung einnimmt. Einem Künstler von seiner Größe und dem absolut = musikalischen Gefühlsinhalt, wie er ihn besaß, konnte die bloße, auch noch so klangvolle Notierung der Sprachaccente nimmer genügen. Wie alles, was sein immer nach außen offener Geist aufnimmt, so setzen sich auch jene Texte sofort in musikalische Bilder um, und diese bringt er nicht in die der lyrischen Stimmung, sondern seiner Stellung zur Kunst im Allgemeinen entsprechenden Formen.

Mit seinem unmittelbaren Vorgänger und Zeitgenossen Joseph Haydn war die Tonkunst erst in ein näheres und bestimmtes Verhältniß zum Leben getreten, so daß dies auf den Gang ihrer Geschichte von Einfluß wird, und wie dieser hatten auch Mozart und der dritte Zeitgenosse und Nachfolger, Ludwig van Beethoven, die große Mission, dies Verhältniß zu bestimmen und in allen Consequenzen zu verfolgen. Der eine faßte das Leben, wie es in bunten Gestalten in Wald und Feld in der realen Welt sich entwickelte, der andere, wie es sich im Getriebe der gährenden Leidenschaften und der dritte endlich, wie es der äußern Erscheinungsformen blos, als gigantisches Phantasiebild sich gestaltet. Jene lyrische Selbstbeschaulichkeit, wie sie das Lied erfordert, mußte ihnen in solchem Bestreben immer fern bleiben.

Haydn's Lieder sind, bis auf jenes Kaiserlied, dessen wir schon gedachten, ohne Ausnahme in jenem volksthümlichen Instru-

mentalstyl geschrieben, den zu finden und zu vollenden seine künst=
lerische Aufgabe wurde.

Mozart's Individualität war so reich und innig, daß er
eine Menge musikalischer Darstellungsmittel für die lyrische Iso=
lierung herbeischaffte, aber ohne die rechte Form für das Lied selbst
zu finden. Er sollte die individuellen Mächte des Lebens entfesseln,
nicht wie sie sich in einem Einzelnen, sondern in der gesammten
Menschheit wirksam erweisen. Daher singt er seine Lieder innig,
aber entweder in der Weise des volksthümlichen Liedes, oder, wo
sich ihm ein tieferer ideeller Inhalt aufdrängt, scenisch erweitert,
wie „Das Veilchen" von Göthe.

Das Gedicht ist musikalisch entschieden ebenso lied= oder höch=
stens romanzenmäßig zu behandeln, wie Göthe's „Fischer" oder
„Haidenröslein." Mozart wählt weder die eine, noch die andere
Form. In jeder derselben war die Darstellung der Grundstimmung
Hauptbedingung und die Einzelzüge des Gedichts durften nur so
weit berücksichtigt werden, als sie im Stande sind, die Grund=
stimmung zu erhöhen und zu befestigen. In Mozart wird jeder
einzelne Zug mit gewisser Selbständigkeit lebendig, und so stellt er
ihn auch musikalisch dar. Er scheidet im Gesang schon den Ton
der ruhig fortlaufenden Erzählung von dem der herbsüßen Worte
des redend eingeführten Veilchens und läßt dann das ganze Ereig=
niß an uns vorübergehen. Wir sehen mit dem Componisten das
Veilchen „in sich gebückt" vor uns stehen und die Schäferin (im
sonnenhellen D dur) „mit leichtem Schritt und munterm Sinn"
daher kommen; fühlen die stille Sehnsucht des Veilchens, sehen es
„sinken" und „sterben" und empfinden, wie es sich freut, daß es
durch sie, zu ihren Füßen stirbt, und wir rechten dann mit dem
Componisten nicht, daß er dem Gedicht willkürlich einen Anhang
giebt, um dem Veilchen seine ganze Theilnahme auszudrücken, ganz
besonders aber um die Grundstimmung am Schluß charakteristisch
ausklingen zu lassen. Der Meister fühlte wol, daß in dieser
Behandlung, wie in jedem, noch so complicierten Kunstwerk die
Grundstimmung aus allen Einzelheiten sich ergiebt, aber nicht mit
der zwingenden Nothwendigkeit, wie beim lyrischen Liede, in welchem
sie alle andern Momente der Darstellung beherrscht. Die ursprüng=
liche Liedform ist nur noch in dem Einfluß, den sie überhaupt auf
derartige erweiterte Formen ausübt, zu erkennen. Reim und

Strophenbau finden nicht weiter Berücksichtigung, als die, im Uebrigen von beiden unabhängige musikalische Construction es gestattet. Von entscheidendem Einfluß auf die Weiterbildung des Liedes wird diese Behandlung ganz besonders dadurch, daß die harmonische Grundlage sich nach den ungleich größern Dimensionen des Ganzen bedeutend erweitert. Bisher bietet jener einfachste, natürliche Harmonisationsprozeß das ausreichende Material für die Liedgestaltung. Die Haupttonart, als Träger der Grundstimmung, wird am Entschiedensten festgehalten. Ein reicherer Inhalt erfordert dann wol auch die Ausprägung der Dominant= oder Unterdominant=Tonart und weiterhin sogar die der Ober= und Untermediante zu gewisser Selbständigkeit. So entstehen innerhalb der Form einzelne Partien, die sich gewissermaßen selbständig zu Theilen abrunden, aber nur wie die Stollen der älteren Liedform. Sie werden, wie wir an mehreren Liedern nachwiesen, durch harmonische Verschränkung oder sequenzenmäßig zu einem strophischen Versgefüge zusammengefaßt. Die scenische Erweiterung des Liedes verläßt diese Gestaltung. Das Bestreben, die einzelnen, im Text angeregten Tonbilder zu möglichst charakteristischen Gruppen herauszubilden, macht die Einführung selbst leiterfremder Tonarten und ihre selbständige Ausprägung nöthig. Das „Veilchen" von Mozart zeigt nicht nur die Haupttonart G dur und die Dominant D dur vollständig ausgeprägt, sondern auch die G moll=, die Es dur= und B dur=Tonart erlangen die Bedeutung selbständiger Tonarten. Dadurch aber wird die strophische Gliederung unmöglich gemacht. Das bedeutendere Material fügt sich ihr nicht mehr; die einzelnen Partien treten nur noch harmonisch in Beziehung, und die, im Großen gestaltende Macht des Rhythmus faßt sie einheitlich zusammen. So entsteht eine neue Form des Liedes, in welcher der ganze poetische Inhalt des Gedichts sich vollständig und rückhaltslos ausspricht, doch nicht mit der Schlagfertigkeit des ursprünglichen Liedes. Allein der Weg hierzu wird dadurch so genau bezeichnet, daß der eigentliche Meister des Liedes, Schubert, den letzten Schritt thun konnte, um den reichen Inhalt auch in echter Liedweise darzustellen. Indem er wieder zurückgeht auf jene ursprüngliche knappe, strophisch=gegliederte und künstlich ineinander gefügte Liedform, innerhalb derselben aber den ganzen Harmoniereichthum des scenisch erweiterten Liedes ver-

10*

wendet, erwächst jenes kleine Kunstwerk, in welchem die zartesten und die stärksten Regungen des Innern ganz und energisch wirksam in die äußere Erscheinung treten. Jener Meister hält fest an dem ursprünglichen Formgerüst und indem er die Haupttonart bestimmt ausprägt, gelangte er zu der Einheit der Stimmung, welche für das lyrische Lied Haupt=bedingung ist; allein zur weitern Darstellung beider, zwischen die Angelpunkte der Form, gleichsam auf dem Wege zu ihnen, nimmt er jenes fremde Material des scenischen Liedes mit auf und erreicht dadurch die Möglichkeit, die Stimmung bis in die feinsten Ver=schlingungen verfolgen zu können.

Weniger noch, als Mozart, war es seinem großen Nachfol=ger auch auf diesem Gebiete,

**Ludwig van Beethoven,** vergönnt, die neue Form zu finden. Er hatte sich gewöhnt, alles in seinen weitesten Beziehungen zu fassen, in seinen größten Dimensionen anzuschauen, und wie ihm die lyrischen Ergüsse der Messe in seiner Missa solemnis zu dramatischen Gebilden sich personificieren, wie er den echt bürger=lichen Stoff seiner Oper: „Leonore" durch die Größe seiner An=schauung zu heroischer Macht steigert, so erweitert er das Lied, das ihm einen ungewöhnlichen Gefühlsinhalt bietet, noch energischer als Mozart.

**Beethoven** wurde am **17. Decbr. 1770** in Bonn geboren. Sein Vater, Tenorist an der churfürstlichen Kapelle, war ein Mann von rohen Sitten und tyrannischem Charakter und mißhandelte den Sohn nicht selten bei geringfügigen Kleinigkeiten. So bildete sich in diesem früh jenes trotzige Selbstgefühl und jener energische Trieb lastende Schranken zu durchbrechen, der ihn zwar in der Welt früh vereinsamen ließ, aber um so heimischer innerhalb seiner Kunst machte.

Neben einer leiblichen Schulbildung erhielt der Knabe auch Unterricht in der Musik; anfangs von seinem Vater. Später wur=den der Musikdirector Pfeiffer und die Hoforganisten van der Eden und Neefe seine Lehrer. Schon im Jahre 1785 wurde er Organist an der churfürstlichen Kapelle und bei seiner ersten An=wesenheit in Wien im Winter des Jahres 1786 erregte er die Auf=merksamkeit Mozart's in so hohem Grade, daß dieser in die prophetischen Worte ausbrach: „Auf den gebt Acht, der wird ein=

mal in der Welt von sich reden machen." 1792 gieng er aber=
mals nach Wien, um bei Joseph Haydn, der auf dem Gipfel
seines Ruhmes stand, sich weiter auszubilden. Mit allem Eifer
begann er unter der Leitung dieses Meisters Contrapunkt und Gene=
ralbaß zu studieren, allein er verließ ihn bald, weil ihm sein
Unterricht nicht gewissenhaft genug erschien. Er wählte nun den,
seiner Zeit wol bedeutendsten Contrapunktisten und erfahrenen
Lehrer Albrechtsberger, und holte durch energische Studien
nach, was er früher hierin versäumt hatte. Mit dem Jahre 1795
beginnt seine öffentliche Thätigkeit. In Wien hatte er viel früher
durch seine genialen Improvisationen allgemeines Aufsehen erregt
und sich zum Liebling der Aristokratie gemacht. In dem oben
genannten Jahre veröffentlichte er sein erstes Werk; die drei Haydn
gewidmeten Trio's für Clavier, Violine und Violoncell, und von
nun an schuf er eine fast ununterbrochene Reihe von Meisterwerken
in der verhältnißmäßig kurzen Zeit von dreißig Jahren und unter
der, freilich vielfach selbst verschuldeten Misère des gemeinen Lebens,
die vielleicht noch empfindlicher auf ihm lastete, als auf Mozart.
Sein großes und durchaus begründetes künstlerisches Selbstgefühl,
das ihn, freilich erfolglos, seine einzige Liebe in den höchsten aristo=
kratischen Kreisen suchen ließ, und seine Ungefügigkeit sich den
Formen der äußern Welt anzubequemen, bereiteten ihm manchen
empfindlichen Zusammenstoß mit ihr. Es bildeten sich jene Ecken
und Schrullen aus, die den persönlichen Verkehr mit ihm ungeheuer
erschwerten und ihn den Menschen immer mehr entfremdeten.
Beschleunigt wurde dies noch durch jenes schrecklichste der Leiden,
die einen Musiker treffen können, daß er taub wurde. Schon in
seinem dreißigsten Jahre wurde er von einem Gehörleiden heim=
gesucht, das später in fast völlige Taubheit übergieng. So ver=
ringerte sich der Kreis seiner nähern Umgebung und auch unter den
wenigen, die zu diesem gehörten, waren nicht alle von Verehrung
und Liebe gegen ihn erfüllt. Es ist hinlänglich bekannt, daß
namentlich seine Brüder Johann und Carl nicht eben brüderlich
an ihm handelten, und daß besonders der Sohn des letzteren, für
den er nach des Vaters frühem Tode väterlich zu sorgen bemüht war,
im Verein mit der unwürdigen Mutter ihm großes Herzeleid bereitete.

Im Jahre 1809 war er geneigt, einem Rufe zu folgen, den
der König von Westphalen an ihn ergehen ließ. Allein seine hoch=

gestellten Gönner und Freunde, der Erzherzog Rudolph und die
Fürsten Kinsky und Lobkowitz, wußten ihn Oesterreich zu erhalten,
indem sie ihm einen Jahrgehalt von 4000 Gulden aussetzten.
Durch die bekannten österreichischen Finanzmaßregeln wurde diese
Summe indeß 1811 schon bis auf ein Fünftel reduciert. Beethoven
starb am 26. März 1827.

Wir haben seine Stellung zum Liede und zum Vocalen über=
haupt schon annähernd bezeichnet. Mit jenen Improvisationen,
durch die er so großes Aufsehen erregte, ist die Richtung bestimmt,
welche sein wunderbarer Genius einschlagen sollte. Nicht eigentlich
das Vocale, sondern das Instrumentale ist das Feld seiner welt=
historischen Thätigkeit geworden. Er sollte die Grenzen der Instru=
mentalmusik bestimmen; durch ewig mustergiltige Kunstwerke dar=
thun, welchen Antheil die Instrumentalmusik an der künstlerischen
Darstellung des wunderbaren Waltens des Weltgeistes nicht nur
im Großen und Ganzen, sondern auch in seiner Erscheinung im
Einzelnen nimmt. Daher bildet sich bei ihm eine Größe und Weite
der Anschauung, die sich nimmer in den knappen Rahmen der Lieb=
form bannen läßt. Noch weniger als Mozart ist er im Stande,
die einzelne lyrische Stimmung an sich zum Darstellungsobjekt zu
machen. Wo sich ihm eine solche aufdrängt, verfolgt er sie wie
in seinen Instrumentalwerken in allen ihren weiteren Beziehungen.
Dieser Grundzug seiner Individualität hindert selbst da, wo er
keine Gelegenheit zu solcher Ausbreitung findet, in den Liedern, die
er strophisch behandelt, den echt lyrischen Erguß der Stimmung.
Die einzelnen Züge, in welche Mozart diese auflöst, sind alle
so weich und süßinnig gehalten, daß man jeden für ein lyrisches
Lied halten könnte, wenn sie nicht so bestimmt unter einander in
Beziehung gebracht wären. Die Innigkeit ist ja so der Grundzug
seines Wesens, daß er sie selbst seinen Instrumentalwerken aufprägt.
Beethoven geht auch in seinen Strophenliedern mehr dem Gedan=
ken, der sich im Text ausspricht, als der ihm zu Grunde liegenden
Empfindung nach, wie in den „Sechs deutschen Gedichten" aus
Reißig's „Blümchen der Einsamkeit" oder in den „Acht Liedern,
Op. 52." und selbst in den „Sechs geistlichen Liedern Gellert's,
Op. 48." Sie sind alle, etwa mit Ausnahme von Göthe's Mai=
lied: „Wie herrlich leuchtet mir die Natur" und: „Die stille Nacht
umdunkelt" mehr gedacht als empfunden. An Wohllaut und Süße

stehen sie tief unter den lyrischen Liedern, die er in den Andante's und Adagio's seiner Symfonien, Sonaten, Quartetten und Trio's aussingt, wie er überhaupt durch seine Instrumentalwerke einen ungleich größeren Einfluß auf die Vollendung der Liedgestaltung in Franz Schubert gewann, als durch seine Vocalwerke. Das Wort legte ihm überall Fesseln an, die er vergeblich zu sprengen trachtet. Es erweckt nicht wie bei Mozart und bei den Meistern des lyrischen Liedes süße wundersame Melodien in seiner Phantasie, sondern bannt diese vielmehr in den Zauberkreis des Gedankens, aus dem er nicht wieder herauskommt. Die Melodien dieser Lieder sind eng mit dem Wort verknüpft, aber nicht als erhöhte Sprach= melodie und noch weniger als unmittelbarer Erguß der im Wort sich äußernden Stimmung, sondern vielmehr als versuchte Ver= körperung des Gedankens, der im Text sich ausspricht. Daher sind die Instrumentalmelodien Beethoven's viel inniger und weicher als diese Vocalmelodien. Jene sind, als unmittelbarer Ausdruck seines Innern, wahr und tief empfunden; diese der Situation angepaßt, mehr gedacht und erfunden. Demselben Bestreben, dem Gedankeninhalt näher zu kommen als dem Gefühlsinhalt, erwächst die eigenthümliche Behandlung der Clärchen = Lieder aus „Egmont." Das Lied hat im Schauspiel eine mehr decorative Bedeutung. Es nimmt selten und auch dann nur sehr geringen Antheil an der Motivierung des besonderen Ganges der Handlung und ist daher musikalisch nur als einfach lyrisches Lied, mit Berücksichtigung der Situation, durch die es bedingt wird, zu fassen. Das „Trommel= liedchen" entspricht noch dieser Anschauung, allein das zweite Lied: „Freudvoll und leidvoll" wird durch die Musik von Beethoven vollständig aus dem ursprünglich engen Rahmen herausgedrängt. Harmonisch hält sich der Meister noch ganz innerhalb der durch die Form gesetzten Schranken. Zwar vertauscht er schon in der zweiten Verszeile die Haupttonart A dur mit der nur entfernt verwandten A moll = Tonart und prägt in der dritten Verszeile die, nur mit dieser in näherer Beziehung stehende C dur = Tonart aus; allein er thut dies in der Weise, die wir früher schon als nothwendige Bedingung für die Weiterentwicklung des Liedes erkannten. Jede der drei Verszeilen findet harmonisch ihren Gipfelpunkt in der Dominant= tonart E dur; in dem aber jede einen andern Weg einschlägt, um zu diesem zu gelangen, wird die Grundstimmung nicht aufgegeben,

sondern nur innerlich vertieft. Allein mit der recitativischen Behand=
lung der Strophe: „himmelhoch jauchzend, zum Tode betrübt"
ist die lyrische Stimmung unterbrochen und der leidenschaftlich sich
ausbreitende und durch die Wiederholung der Textesworte sich fort
und fort steigernde Schluß macht das Ganze zu einem Hymnus an
die Liebe und nicht zu dem „Eya popeya," mit dem Clärchen ihr
Herz in Ruhe singen möchte.

Ganz instrumental gedacht, wie die Adagio's seiner Orchester=
werke, ist die Musik Beethoven's zu den „Sechs Liedern von
Göthe, Op. 75." Der große Bilderreichthum, in welchem der
Dichter die Grundstimmung äußere Gestalt gewinnen läßt, kann
leicht einen erfindungsreichen Tondichter zu scenischer Erweiterung
verleiten. Allein die strophische Gliederung ist gerade in diesen
Liedern so innig mit der Grundstimmung verwachsen, sie ist ein so
bedeutsames Darstellungsmittel derselben geworden, daß sie auch der
Phantasie des Tondichters als formelles Band gelten muß. Aus
Rhythmus, Reim und Versgefüge klingt uns jetzt wieder jene
wundersame Sprachmelodie entgegen, welche bei allem Bilderreich=
thum die Grundstimmung fortwährend durchtönen läßt und der die
Tondichter seit Beginn der neuen Epochen so eifrig nachhorchen, die
sie dem Liede abzulauschen bemüht waren. Auch unser Meister
beachtet das strophische Gebäude, wenngleich er bei seiner eigen=
thümlichen Stellung zum Vocalen wenig thut, um es auch musi=
kalisch bedeutsamer und feiner herauszubilden. Er erfindet seine
Melodien zu diesen Liedern gleichfalls weniger unter der Herrschaft
jener Sprachmelodie oder der Empfindung, aus welcher sie ent=
springt, als vielmehr des Gedankens, der dem Ganzen zu Grunde
liegt, aber er schließt sie ziemlich eng an die Textesworte an. Die
Erweiterung des Liedes erfolgt hier nur instrumental.
Die Melodie der ersten Strophe gilt für alle übrigen, aber die
Clavierbegleitung wird bei der Wiederholung, und zwar nicht selten,
nur nach instrumentalem Bedürfniß variirt. Es würde zum min=
desten nicht leicht sein, überall aus dem Text die Nothwendigkeit
der veränderten Clavierbegleitung in den verschiedenen Strophen
nachzuweisen. Der eigentliche Liedsatz wird ebenso instrumental
verarbeitet, wie der Hauptgedanke im Adagio der Sonate und
Symfonie. Dadurch gewinnt die Clavierbegleitung eine Bedeu=
tung für die gesammte Liedgestalt, die sie bisher selbst bei Mozart

noch nicht hat. Bis auf J. A. Hiller und J. A. P. Schulz
dient sie nur dem Gesange als Unterstützung, indem sie die harmonische Grundlage in der besondern Behandlungsweise des Claviers
darstellt. Diese beiden Meister versuchten sie dadurch charakteristischer zu gestalten, daß sie Localtöne aufnahmen, um die Situation,
der das Lied seine Entstehung verdankt, näher zu bezeichnen und
dadurch der Stimmung schon einen bestimmteren Ausdruck zu geben.
Den Berliner Künstlern Zelter, Berger und Klein gelang es
schon in dem Motiv, aus dem sie ihre Clavierbegleitungen dialectisch
entwickeln, die Grundstimmung auch ideell mit den reichern Mitteln
des Instrumentalen darzustellen. Wie Beethoven endlich im Allgemeinen die Ausdrucksfähigkeit des Instrumentalen feststellte, so
auch dem Vocalen gegenüber. Wol nur einmal in seiner „Adelaide" ist jene Situationsmalerei vorwiegend. Das süßlich=senti-
mentale Gedicht Matthison's bot in seiner marklosen Verschwom-
menheit für eine scenische Erweiterung keine andre Möglichkeit, als
die einzelnen Bilder des feinen und correcten Landschaftgemäldes,
das der Dichter vor uns ausbreitet, musikalisch nachzubilden. Wie
sehr unterscheidet sich indeß auch diese Malerei von der früher und
später ausgeführten!

Die Vorgänger Beethoven's kommen wenig über das
Bestreben hinaus, ihre Motive aus den Naturlauten zusammen zu
setzen; das was in der Natur wirklich klingt, ihr abzulauschen und
künstlerisch zu verarbeiten. Unser Meister nimmt eine ganz andere
Stellung zur Natur ein. Ihm hat die Materie überall nur so
weit Bedeutung, als sie Träger einer Idee ist; und so hörte er
auch in dem Klingen und Singen in Flur und Wald mehr als
alle andern; er fühlte den poetischen Inhalt heraus, und diesen
suchte er musikalisch zu verdichten. Als er das ausgeführteste
musikalische Landschaftsgemälde, die Pastoralsymfonie schrieb, da
war bereits jenes furchtbare Ereigniß eingetreten, das ihn vereinsamen ließ inmitten der ländlichen Lust und Fröhlichkeit. Da konnte
er schon die Natur nicht mehr copiren; die Stimmen des Waldes
wie des Feldes waren für ihn schon längst verstummt; sie lebten
nur in seiner Phantasie noch fort. So ist „das liebliche Zauberlicht,
das durch wankende Blütenzweige zittert," über die besonders reich
ausgeführte Clavierbegleitung der „Adelaide" ausgegossen und das
„Säuseln der Silberglöckchen," das „Rauschen der Wellen" und

das „Flöten der Nachtigallen" haben an der Besondersgestaltung
der Begleitung entschieden Antheil, aber nirgends mit der Absichtlichkeit einer nur äußern Copie. Sie sind nur Farbenpunkte in
dem Tongemälde, welches das Gedicht an dem innern Ohr des
Meisters vorüberführt, und alle diese einzelnen feinen Züge werden
durch die Gewalt der Grundstimmung zusammengehalten. In der
Musik zu den Göthe'schen Liedern ist selbst von dieser Situationsmalerei kaum noch eine Spur, obgleich auch sie noch Gelegenheit
hierzu boten. In der ersten Strophe faßt Beethoven den ideellen
Gehalt des ganzen Liedes in einen musikalischen Gedanken zusammen
und mit schwelgerischer Lust an dem Reichthum seiner instrumentalen
Mittel vertieft er sich in diesen und giebt ihm mit jeder neuen
Strophe instrumental eine neue Deutung, wie in dem Liede: „Kennst
du das Land?" oder: „Was zieht mir das Herz so, was zieht
mich hinaus?" Hier wird das Instrumentale das wirksamste
Mittel für die Darstellung der lyrischen Stimmung. Allein es
steht nur in der ersten Strophe noch in einem richtigen Verhältnisse
zum Vocalen; in den andern gewinnt es eine Ausdehnung, daß der
Gesang vollständig überwuchert und nicht selten in seiner Wirkung
gehemmt wird. Auch hierin sollten erst Schubert, Mendelssohn und Schumann das rechte Verhältniß herstellen, so daß
Vocales und Instrumentales sich mit ihren reichsten Mitteln gegenseitig ergänzend zu gemeinsamer Wirkung eng verknüpfen. Einen
bedeutsamen Schritt auf dieser Bahn thut der Meister noch selbst
in dem Liederkreis: „An die ferne Geliebte, Op. 98." Ganz entsprechend seiner besonderen Weise des lyrischen Ausdrucks, faßt er
die sechs lyrischen Ergüsse zu einem einheitlichen Ganzen zusammen.
Die Sechs Lieder von Al. Jeitteles sind nur durch die Situation,
der sie ihre Entstehung verdanken, verbunden. Beethoven leitet
den einen Erguß der lyrischen Stimmung in den andern hinüber,
so daß er nicht mehr isoliert dasteht, daß alle sich zu einem einheitlichen Zuge vereinen. Allein diese Ueberleitung erfolgt vorwiegend
instrumental, nachdem vocal in jedem einzelnen Liede die Stimmung
ziemlich selbständig ausgeprägt ist. Zwar ist auch hier noch das
Instrumentale ganz in der früher angedeuteten Weise vorherrschend;
die Stimmung wird in No. 1. 2. 4. und 6. nur durch die Clavierbegleitung von Strophe zu Strophe weiter und tiefer gefaßt; allein
die Melodie ist doch echt vocal erfunden, innig und tief empfunden.

In No. **3.** und noch mehr in **5.** ist aber der instrumentale Ausdruck mit dem vocalen so eng verbunden, daß man beide, wenn sie
nicht noch in scenischer Weitschweifigkeit sich ausbreiteten, für
S ch u b e r t'sche Lieder halten könnte. Melodie und Clavierbegleitung nehmen beide mit ihrem eigensten Vermögen an der Darstellung
der Stimmung Antheil, ohne daß sie sich in ihrer Wirkung beeinträchtigen, sondern vielmehr gegenseitig ergänzen und unterstützen,
und das ist die höchste künstlerische Liedgestaltung.

Endlich müssen wir hier noch jenes Meisters gedenken, der
weniger durch seine Liedschöpfungen, als durch sein gesammtes
künstlerisches Wirken die Blüte des deutschen Liedes zeitigen half:
**Carl Maria von Weber.** Jener eigenthümliche Zug
seiner Individualität, der ihn volksthümlich in der höhern Bedeutung dieses Wortes machte, sollte auch einflußreich auf die Vollendung der Kunstform des Liedes werden. Noch fehlte diesem der
berückende Zauber des Klanges, der so recht geeignet ist, die ganze
Süße der lyrischen Empfindung auszutönen. Bei M o z a r t fanden
wir bereits die Anfänge hierzu, allein noch zu vereinzelt, in den
weich vermittelnden harmonischen Uebergängen. In dem Vocalen
B e e t h o v e n's tritt dies neue Element entschieden wieder mehr
zurück; es weicht einer gewissen Kälte und Starrheit des musikalischen Gedankens. W e b e r's Individualität und Bildungsgang
ließen ihn seine Haupterfolge in der künstlerischen Verwendung des
mehr sinnlich-reizvoll wirkenden, als echt kunstmäßig geformten
Darstellungsmaterials suchen und erreichen. Er hat sich in allen
Formen des Liedes, von der mehr volksmäßigen bis zur scenisch
erweiterten versucht. Außer jenen, im zweiten Kapitel dieses Buches
genannten, haben indeß nur wenige, wie: „Schlaf Herzenssöhnchen,"
„Vöglein einsam in dem Bauer" und ein reizendes Wiegenlied:
„Wenn's Kindlein süßen Schlummers Ruh" weitere Verbreitung
gefunden. Auch ihm war es nicht vergönnt, den nicht gerade
überreichen Schatz seiner Innerlichkeit mit weiser Sparsamkeit
energisch zusammenhalten und überall vollwichtig ausgeprägt zu
Tage fördern zu können. Früh trat er auf die öffentliche Schaubühne, um auf die Massen zu wirken, und so mußte er sich vor
allem die musikalisch wirksamen Mittel aneignen. Es bildet sich
bei ihm vorwiegend der Sinn für Klangcolorit und Klangschönheit
aus und drängt das Bedürfniß nach psychologischer Entwicklung in

künstlerischer Form immer mehr zurück. Damit konnte er nur indirect Einfluß auf die Weiterbildung des Liedes gewinnen. Jener Sinn für die formvollendete psychologische Entwicklung gilt diesem als erste Bedingung und ist nur in den seltensten Fällen durch jenen für Klangfarbe einigermaßen zu ersetzen. So vermochte Weber selbst in keinem der volksthümlichen Lieder ein wirklich bedeutendes, mustergiltiges Kunstwerk zu schaffen; aber in dem neuen Element der sinnlichen Klangwirkung, das er dem Liede zuführt, erfüllte er die letzte der Bedingungen, unter denen die Blüte des Liedes herauftreiben sollte. Mit dem Absterben des alten Volksliedes war auch die sinnliche Gluth erloschen, die dem Liede seine zündende und zeugende Macht verleiht. In Weber erwachte sie wieder, allerdings zunächst nur in der mehr äußern Weise nervenreizender Klangwirkung, weil ihm die andern höhern Darstellungsmittel der lyrischen Stimmung nicht so geläufig waren. Sein genialer Zeitgenosse, Franz Schubert, eignet sich auch dies neue Element an und erhob es durch seine Meisterschaft in der Beherrschung des gesammten Ausdrucksmaterials zu physischer Bedeutung, und in ihm und seinen unmittelbaren Nachfolgern Felix Mendelssohn-Bartholdy und Robert Schumann erreicht das Lied die Höhe seiner Kunstgestalt.

# Fünftes Kapitel.

### Das deutsche Lied in höchster Blüte.

Nur einer Innerlichkeit, die so reich und so tief angelegt war, wie die eines Mozart oder Beethoven, und die weder durch äußere Verhältnisse, noch durch das Bewußtsein einer höhern Mission oder den ungestümen Drang: durch Lösung der höchsten künstlerischen Aufgaben äußere Erfolge zu erreichen an der, in lyrischer Beschaulichkeit erfolgenden Concentration aller im Innern waltenden subjektiven Mächte gehindert wurde, war es beschieden, das Lied zu erfinden, das die Bedingungen höchster Vollendung,

die wir an den vorhergenannten Meistern vereinzelt fanden, einheitlich zusammenfaßt.

In **Franz Schubert** ist nur diese Innerlichkeit schaffend,
und der gesammte Gang seines Lebens wie seiner Kunstbildung
führte sie zu herrlicher Entfaltung. Er wurde am 31. Januar 1797
in Wien geboren und hatte, wie mehrere unserer großen Meister,
das Glück einer Familie anzugehören, in welcher Musik fleißig
geübt wurde. Sein Vater, Lehrer an der Pfarrschule zu Lichtenthal,
einer Vorstadt Wiens, ertheilte ihm früh, unterstützt durch den
ältern Bruder Ignaz, Unterricht in der Musik. Später wurde
er dem regens chori Holzer übergeben, und als ihm 1808 seine
ausgezeichnet schöne Stimme Aufnahme in das k. k. Convict verschaffte, wurden der Hoforganist Ruziczka und der Hofkapellmeister Salieri, der seiner Zeit berühmte Rival Mozart's,
seine Lehrer. Mehr als diesem Unterricht verdankt er unstreitig den
praktischen Uebungen, an denen er vor und während seines Aufenthalts im Convict, hier und im elterlichen Hause selbstthätigen
Antheil nahm. Schon als Knabe von elf Jahren wirkte er als
Solist im Gesange und auf der Violine auf dem Chor der Lichten-
thaler Pfarrkirche mit. Nachdem er Sängerknabe der k. k. Hofkapelle geworden war, fand er auch Aufnahme in dem, aus Zög-
lingen des Convicts gebildeten Orchester. Hier wurden die Symfonien von Haydn, Mozart und Beethoven fleißig geübt
und erfüllten den Knaben schon mit Staunen und Entzücken. Daneben war er bei den im elterlichen Hause fast täglich stattfindenden
Uebungen im Quartettspielen als Bratschist eifrig thätig. Auch auf
dem Programm dieser Uebungen nahmen die Quartetten jener drei
genannten Meister eine bevorzugte Stelle ein und an ihnen namentlich lernte Schubert die meisterliche Handhabung der Technik und
erhielt durch sie erneuerten Anstoß zu eigenem Schaffen. Diese
Uebungen boten ihm zugleich Gelegenheit, seine eigenen Schöpfungen,
mit denen er früh begann, auszuführen und deren Wirkung zu
beurtheilen. Das aber war für eine Individualität wie die seine,
welche, um einen durchaus selbständigen Gefühlsinhalt zur Darstellung zu bringen, sich eine eigne, von der bisherigen bedeutend
abweichende Technik schaffen mußte, die beste Schule. Am lebendig
gewordenen Kunstwerk studierte er die vorhandenen Ausdrucksmittel,
und da Produktion und Reproduktion Hand in Hand giengen,

wuchſen ſie ihm gewiſſermaßen geiſtig an, daß er ſie faſt inſtinkt=
mäßig überall im treuſten Anſchluß an ſein Empfinden verwenden
lernte. Daher erſcheint bei ihm wieder das Lied, obgleich in höch=
ſter Formvollendung, doch, wie einſt das Volkslied, als ein Pro=
dukt der naiven Luſt am Schaffen. Er lebte ſich in die Tonſprache
des Herzens ſo hinein, daß ſie ihm geläufiger wurde, wie ſeine
Mutterſprache und ihm ungeſucht immer neue Combinationen zu
verfeinertem und doch überzeugendem Ausdruck darbot. Dieſer
ganzen Richtung ſeiner Individualität, der liebevollen Hingabe an
ein ſüß=ſchwelgeriſches Muſikempfinden und der abſichtsloſen Ent=
äußerung deſſelben entſpricht ſeine äußere Stellung zum geſammten
Muſiktreiben ſeiner Zeit ebenſo, wie der einfache Verlauf ſeines
Lebens.

Im Jahre 1813 verließ er, da ſeine Stimme mutierte, das
Convict und lebte im Elternhauſe ganz ſeiner Kunſt, bis er, um
der Conſcription zu entgehen, Schulgehülfe ſeines Vaters wurde.
Drei Jahre lebte er ſo in getheilter Thätigkeit. Wenn auch wider=
ſtrebend, erfüllte er doch die Pflichten ſeines neuen Amtes mit Eifer
und Pünktlichkeit, vernachläſſigte dabei aber auch ſeine geliebte Kunſt
nicht. Er ſchrieb während dieſer Zeit eine Menge von Vocal= und
Inſtrumentalwerken aller Art, und darunter einige ſeiner bedeutend=
ſten Lieder. Im Jahre 1815 ſchon entſtanden die Oſſians=Geſänge:
„Kolma's Klage,“ „Loda's Geſpenſt,“ „Shilric und Vinvela,“
„Das Mädchen Iniſtore,“ ferner „Hectors Abſchied,“ „Des Mäd=
chens Klage“ und „Clärchens Lied.“ Das Jahr 1816 brachte von
Liedern: „Der Tod Oscars,“ „Der König von Thule,“ „Schwager
Kronos,“ „Kennſt du das Land?“ „Haideröslein“ und „Jägers
Abendlied,“ „Der Wanderer“ und die Ballade: „Ritter Toggen=
burg“. Aus dem Jahre 1817 ſtammen die Lieder: „Das Lob der
Thränen,“ „Gretchens Gebet“ aus Fauſt, „Antigone und Oedi=
pus,“ „Hänflings Liebeswerben.“ Daß ihm bei dieſer raſtloſen
Thätigkeit ſein Amt eine Laſt wurde, die er bemüht war ſo früh
als möglich wieder abzuwälzen, iſt leicht erklärlich. Im Jahre
1816 bewarb er ſich vergeblich um eine Muſikdirectorſtelle in
Laimbach. Im Sommer des Jahres 1818 folgte er dem Grafen
Joſef Eſterhazy auf deſſen Gut Zeléz in Ungarn, kehrte indeß bald
wieder nach Wien zurück. Jetzt erregten namentlich ſeine Lieder
ſchon in einzelnen kunſtliebenden Kreiſen Aufſehen, und Männer

von Rang und Bildung folgten seinen Leistungen mit Theilnahme.
1820 erhielt er den Auftrag für das Kärnthnerthor=Theater eine
kleine Oper: „Die Zwillingsbrüder" in Musik zu setzen. Er ent=
ledigte sich desselben ohne irgend welchen Erfolg. Größern Beifall
erhielt seine Musik zu dem Melodram: „Die Zauberharfe," die in
demselben Jahre im Theater an der Wien zur Aufführung gelangte.
In diesem Jahre war auch das erste Werk Schubert's: „Der
Erlkönig" gedruckt worden. Vergeblich hatten sich der kunstsinnige
Dr. Ignaz von Sonnleithner, Advokat, Professor und kaiser=
licher Rath in Wien, und ein anderer Freund Schubert's:
Josef Hüttenbrenner bemüht, einen Verleger für einige der
zahlreichen Werke des jungen Meisters zu suchen. Diabelli und
Haslinger lehnten die Herausgabe selbst bei Verzichtleistung auf
das Honorar ab und so entschlossen sich die Freunde, den „Erl=
könig" auf eigene Kosten drucken zu lassen. Er erschien im Februar
1821 und der Erfolg war ein so günstiger, daß in gleicher Weise
noch elf Hefte für eigene Rechnung gestochen werden konnten. Erst
dann kaufte Diabelli dem Componisten die Platten und das
Verlagsrecht für ein außerordentlich billiges Honorar ab. Eben so
wenig wie Mozart verstand Schubert seine Arbeiten so auszu=
nutzen, daß sie ihm auch nur eine bescheidene Existenz zu sichern
im Stande gewesen wären. 1826 bewarb er sich um die zweite
Hofkapellmeisterstelle an der Wiener Oper gleichfalls vergeblich.
Sie wurde an Weigl vergeben und so lebte der geniale Meister in
den einfachsten Verhältnissen nicht selten von Verlegenheiten drücken=
der Art heimgesucht, bis ihn ein früher Tod am 29. Novbr. 1828
der Kunst entriß.

Jene anspruchslose Bescheidenheit, die ihren reichsten Lohn
nur innerhalb der Kunst findet, war auch der Grundzug seines
Charakters. Selbst jener Anerkennung in den engern Kreisen der
Freunde und Gönner, die für viele Künstler nothwendiges Lebens=
element ist, bedurfte er nicht. Er sang seine Lieder wie einst das
Volk, weil er singen mußte, unbekümmert um ihre Erfolge. Und
so stand er eigentlich inmitten seiner Zeit ebenso vereinsamt da,
wie einst Johann Sebastian Bach. Das deutsche Volk, durch
die kurze Zeit des Handelns in den Freiheitskriegen übermüdet und
in größere Schlaffheit zurückversunken, ergötzte sich lust= und zer=
streuungssüchtig an den saftlosen aber süßen Tändeleien der Italiener;

an dem genialen Brillantfeuerwerk Rossini's. Langsam nur
erweiterte sich der verhältnißmäßig kleine Kreis derer, die an der
leidenschaftlichen Gluth Mozart's ihre Phantasie entzündeten oder
denen die Macht der Beethoven'schen Tonbilder imponirte. Für
die sinnige Thätigkeit Schubert's hatten nur wenige Sinn und
Verständniß. Jahre vergiengen noch, ehe die Nation erkennen lernte,
was ihr der bescheidene, social fast verkommene Meister gewesen.
Aber gerade diese stille Abgeschlossenheit, in welcher er der ruhe-
und rastlosen Welt gegenüber verharrte, war nothwenig seine Individualität zur Reife zu bringen. Immer energischer wurde er zur
Einkehr in sein Inneres gedrängt und so nur ward es ihm möglich,
in einem an Jahren kurzen Leben eine so große Zahl vollendeter
Werke zu schaffen; so nur konnte er finden, was bedeutende Meister
vor ihm vergeblich suchten: den rechten musikalischen Ausdruck für
die neue Lyrik.

Die innigste Verwandtschaft in der besondern Weise des Schaffens zeigt Schubert mit dem größten deutschen lyrischen Dichter,
Göthe. Auch er sang seine Lieder wie einst das Volk. Ungesucht
und ungerufen stellten sie sich bei ihm ein. Sie sind ebenso unmittelbar empfangen, wie die Volkslieder. „Alle meine Gedichte,“
sagt er selbst, „sind Gelegenheitsgedichte; sie sind durch die Wirklichkeit angeregt und haben da ihren Grund und Boden.“ Das
gilt indeß nur sehr beschränkt auch für den Tondichter. Es ist für
ihn nicht absolut nothwendig, auf einer Grundlage wirklicher Zustände und Erlebnisse seine Werke anzubauen. Er entzündet vielmehr seine Phantasie an den Erlebnissen und dem Seelenzustande
des Dichters, indem er sich in sie hineindenkt und sie sich so erst
zu eigen macht. Auch der Altmeister der deutschen Dichtung,
Göthe, ließ alle seine Seelenerfahrungen völlig reifen, ehe er sie
in Reime ergoß. Die Ereignisse, welche die lyrische Stimmung
und der Drang nach ihrer Entäußerung in ihm weckten, mußten
erst in eine gewisse Entfernung treten, damit er sie als etwas
Fremdes objektiv betrachten lernte und zu freier Bewältigung geschickt
wurde, und dieser Standpunkt entspricht dem des Tondichters
vollkommen. Ihm ist diese objektive Anschauung von ursprünglich
fremden Erlebnissen um so mehr Nothwendigkeit, weil die besondere
Natur seines Darstellungsmaterials im entgegengesetzten Falle leicht
zu subjektiver Willkür und zu selig-schwelgender, objektloser Ver-

schwommenheit führt. Für den lyrischen Tondichter wird erst durch
Schubert dieser Standpunkt vollständig fixiert. Jene Berliner
Künstler blieben an der Oberfläche des dichterischen Kunstwerks
haften, ohne in seine poetischen Tiefen einzubringen, ohne es aus
ihrem eignen Geiste heraus neu zu schaffen. Die großen Meister
Mozart und Beethoven faßten es dagegen in zu weiten Dimen=
sionen und verloren die Prägnanz des lyrischen Ausdrucks. In
Franz Schubert weckt das lyrische Gedicht sofort den bestimmten
Gefühlszug, dem es entsprungen ist, in seinem ganzen Reichthum,
aber auch in energischer Abgrenzung und in der objektiven Fassung
des Dichters. An seiner Hand lebt er die Seelenerfahrungen
desselben stetig entwickelt durch und sie krystallisieren sich ihm Zug
um Zug in klingenden Tonformen. Die ursprüngliche Empfindung
beherrscht die Darstellung so vollständig, daß Melodie, Harmonie
und Rhythmus sich leicht und willig ihm fügen und zu wirklichen
Trägern der lyrischen Stimmung werden. Diese drei Mächte der
musikalischen Darstellung erleiden somit jetzt eine wesentliche Umge=
staltung. Die Melodie Schubert's bildet die Sprachaccente viel
treuer und sorgsamer nach, als die jener Berliner Künstler, ja
selbst als die Gluck's. Sie schließt sich oft so eng an's Wort,
daß sie mit ihm zu untrennbarer Einheit verwächst. Die Sprach=
melodie ist in ihr so vollständig aufgegangen, daß selbst unwesent=
liche Aenderungen im Text kaum unternommen werden können, ohne
ihr Gewalt anzuthun. Viele Lieder der österreichischen Dichter
Vogl, Seidl, Levitschnigg und Tschabuschnigg würden
durch solche gelegentliche Textänderungen nur gewinnen. Allein
durch die Schubert'sche Melodie sind sie meist unmöglich gemacht.
Dabei erhebt diese sich zu einer Macht selbständigen Ausdrucks, die
uns nur im alten Volksliede begegnet. Der Meister bildet ihr
jenes reizende harmonische Klangcolorit an, das Weber der Melodie
bereits wieder gewonnen hatte, und weil er sie an das ursprüng=
liche, bei ihm aber harmonisch viel reicher ausgebildete Formgerüst
knüpft und in einheitlichem, aber fein gegliedertem Zuge entfaltet,
erlangt sie die alte Gluth der Empfindung neben höchster Verständ=
lichkeit.

Zu welch großem Reichthum ihm das harmonische Material
anwächst, ist schon flüchtig angedeutet worden. Die Melodie beschreibt
in ihren Wellenlinien eigentlich nur den Gang, den die Empfindung

nimmt; die Harmonie erst kann als ihre eigentliche Verkörperung gelten. Die Melodie dient demnach mehr dem präcisen, leicht faßbaren und erregenden, die Harmonie dem wahren und vollen, dem vollständig erschöpfenden Ausdruck. Zwar ist den Schubert=schen Melodien ihre harmonische Abstammung so sicher aufgeprägt, daß die Accorde überall hindurchklingen, daß sie sich aus den einzelnen Melodietönen wie von selbst zusammensetzen, wenn man einigermaßen aufmerksam in sie hinein lauscht; aber das volle Bild giebt immer erst die hinzutretende vollständig ausgeprägte Har=monie. Diese nun erfaßt Schubert tiefer als jeder seiner Vor=gänger, so tief wie Seb. Bach. Doch ist die Harmonik beider wesentlich verschieden. Bach gelangt zu seinem wunderbaren har=monischen Reichthum mehr auf melodischem Wege. Indem er in jeder einzelnen Stimme die Melodie mit rücksichtsloser Consequenz verfolgt, kommt er zu immer neuen harmonischen Combinationen. Es liegt im Wesen des Liedes, daß bei ihm die Harmonie mehr selbständig auftritt, daß die Melodie ihre Harmonie gleichsam mit auf die Welt bringt, und in dieser Besonderheit liegt der Grund, daß Schubert für den mehrstimmigen Gesang weniger Bedeutung erlangen konnte, als für den einstimmigen. An dem formalen Bande jenes ursprünglichen harmonischen Formengerüstes wagt Schubert die kühnsten und weitesten Modulationen und zwar nie aus eitler Lust an Klangeffecten noch viel weniger in dem Bestreben, zu experimentieren oder wol gar aus thörichter Originalitätssucht, sondern, wie wir später nachweisen werden, immer aus innerer Nothwendigkeit. Wir hatten schon Gelegenheit, es auszusprechen, die Tiefe und Fülle der natürlich vermittelten Harmonik namentlich bedingt die Tiefe und Macht des lyrischen Ausdrucks. Einen besondern Reiz gewinnt sie endlich noch durch die besondere Weise, in welcher sie Schubert in der Clavierbegleitung darstellt. Nur in einigen wenigen, wie in dem Göthe'schen: „Meeresstille" oder dem „Haideröslein," giebt sie nur accordisch die Grundlage. In der Regel wird sie aufgelöst und zu einem feinen Gewebe ver=flochten. In einem bestimmten Motiv wird die Grundstimmung auf ihren schlagendsten Ausdruck reduciert zusammengefaßt und dann zu einer Begleitung entwickelt, die nicht nur den Gesang unterstützt, sondern die selbständig mit ihrem eigensten Vermögen sich an der Darstellung der ganzen Stimmung betheiligt.

Diesem großen melodischen und harmonischen Reichthum gegen=
über ist die Rhythmik in den Liedern Schubert's nicht immer
entsprechend mannichfaltig genug ausgeführt. Jenes süße Versenken
in den Zauber des Harmonischen und Melodischen nimmt den
Meister oft so gefangen, daß er darüber die Monotonie des Rhyth=
mus übersieht. Häufiger allerdings stellt er den, nur intensiv
unterscheidenden Sprachrhythmus, musikalisch auch extensiv in Quan=
titätsmessung außerordentlich fein abgestuft dar. Durch längeres
Verweilen auf dem einen bedeutsamen Wort unterbricht er den
ruhigen Gang des Metrums, und bringt durch die feinsinnigste
Abstufung und Gruppierung der Accente ein so wunderbar rhyth=
misches Spiel, ein so mannichfaltig zusammengesetztes Versgefüge
hervor, das nur dem des Volksliedes in seiner Blüte vergleichbar
ist. Das waren die Bedingungen, unter denen zunächst das
Göthe'sche Lied musikalisch wieder geboren werden konnte. Die
formelle Abrundung desselben zügelt die reiche Phantasie Schubert's,
so daß er nirgends zu jenen harmonischen und melodischen Aus=
schreitungen, die er, wenn auch selten, andern Dichtern gegenüber
wagt, sich verleitet fühlt. Er geht zunächst von jener einfachsten
Liedconstruction aus: „Der Fischer" und „Nähe der Geliebten"
aus Op. 5., „Das Haidenröslein" und „Jägers Abendlied" aus
Op. 3., ferner „Wanderers Nachtlied," das erste aus Op. 4. wie
das zweite aus Op. 96.: „Das Lied des Harfner," aus „Wilhelm
Meister" (Op. 12.): „An die Thüren will ich schleichen," wie das
Lied an Mignon aus Op. 19.: „Ueber Thal und Fluß getragen"
zeigen jenes einfachste Formengerüst, das sich nur aus Tonika,
Dominant und Unterdominant zusammensetzt und zu seiner Bildung
nur sparsam einen oder den andern leitereigenen Accord hinzunimmt.
Zugleich wird es wieder wie einst beim Volksliede und dem Kunst=
liede bis Schein und Hammerschmidt eine wirklich musika=
lische Reproduction des strophischen Versgebäudes, in dem es die
Reimschlüsse auch harmonisch zu Zielpunkten macht und sie durch
die harmonische Wechselwirkung unter einander verschränkt. Es
wird keines weitern Hinweises bedürfen, wie einfach und meisterlich
zugleich in den genannten Liedern das strophische Gebäude harmo=
nisch nachgebildet ist. In diesen Liedern ist es vor allem die Melo=
die, welche den ganzen Zauber der Worte zu einheitlichem Zuge
zusammenfaßt. Die fein und frei in den klangvollsten Intervallen

sich bewegende Declamation in „Das Wasser rauscht" und „Ueber allen Gipfeln ist Ruh" wird durch reizende Melismen und Vorhalte nur noch reizender gemacht. Aus der Melodie des „Ich denke dein" klingt die Harmonie in den arpeggierenden Figuren so vernehmbar hindurch, daß man fast die Clavierbegleitung entbehren könnte. Eine feinsinnige Behandlung erfährt hier, wie fast immer, bei Schubert die Sequenz. Sie ist selten oder nie harmonisch und melodisch zugleich. Das harmonische Material ist bei ihm von so bestimmter Farbe, daß ihm eine bloße Transposition nach einer fremden Tonart fast unmöglich wird, daß die neue Tonart auch eine oft sehr wesentliche Veränderung der Melodie herbeiführt, und gerade aus dieser Eigenthümlichkeit weiß der Meister, wie wir noch speciell nachweisen, für die vocale nicht nur instrumentale Vertiefung der lyrischen Stimmung den größten Vortheil zu ziehen.

Daß der Meister auf kleinem Rahmen auch einen großen Reichthum von Rhythmen zu entwickeln vermochte, beweist namentlich das andere Nachtlied: „Der du von dem Himmel bist," in welchem das Metrum fast in jeder Strophe eine andere, musikalische Darstellung findet. Namentlich der melodisch und rhythmisch breite Schluß macht das Lied zu einem der süßesten und innigsten Gebete, die je aus eines Menschen Brust gedrungen. Einen besondern Antheil an der Darlegung der Stimmung nimmt die Clavierbegleitung eigentlich noch in keinem der genannten Lieder. Es ist nicht zu verkennen, daß dem Tondichter bei der Wahl des Begleitungsmotivs zum „Fischer" das Wogen des Wassers vorschwebte, und daß in beiden Nachtliedern die Gebetsstimmung auch die Weise der Clavierbegleitung erzeugt hat, aber sie sind doch zu wenig charakteristisch, um als wirklich beabsichtigt zu erscheinen. Am meisten könnte man dies noch von der Begleitung zu „Jägers Abendlied" vermuthen. Die chromatischen Durchgangstöne charakterisieren vortrefflich die Grundstimmung um so mehr, als dies Motiv auch harmonisch am Schluß in die Erscheinung tritt.

· Eine charakteristische harmonische Erweiterung begegnet uns in dem wunderbar schönen Liede der Mignon aus Op. 62.: „So laßt mich scheinen, bis ich werde." Das Lied ist ganz treu zweitheilig construiert und jeder einzelne Theil symmetrisch herausgebildet. Allein der zweite Theil verläßt den ursprünglich harmonischen Apparat, „er öffnet" in dem sonnenklaren D dur „den

frischen Blick" und faßt in dem dadurch bedingten H moll der näch=
sten Versszeile und dem plötzlichen Wiedereintritt der Haupttonart
H dur die süße Herbigkeit der Grundstimmung zu schlagendem Aus=
druck zusammen. Die zweite Strophe führt, in feinsinnigem Anschluß
an das Wort, sogar die Modulation an derselben Stelle nach D moll
und der Ausdruck wird durch die veränderte Bedeutung, in welcher
H moll zu D moll tritt, entschieden vertieft. Schubert hat viel
reicher und tiefer gefaßte Lieder geschrieben, aber wenige nur, die,
weil zu gleich schlagendem Ausdruck concentriert, gleich mächtig
unser ganzes inneres Sein gefangen nehmen. In wenigen nur
dürfte auch die Clavierbegleitung sich so eng der Stimmung anschmie=
gen, wie gerade in diesem Liede. Obgleich außerordentlich einfach,
ist sie doch hochbedeutsam, weil sie in ihrer Gedrängtheit und innern
Sättigung eine himmlische Verklärung über das Ganze ausbreitet.

Eine bedeutsame Formerweiterung hat der Dichter in dem
Liede: „Gretchen am Spinnrade" aus „Faust" selbst genau vor=
gezeichnet. Durch die mehrmalige Wiederkehr der ersten Strophe
werden die einzelnen vorangegangenen einheitlich zusammengefaßt
und für die musikalische Behandlung wird die Rondeauform noth=
wendig. Sonach scheidet sich das Lied in bestimmt heraustretende
Theile, von denen jeder die D moll=Tonart doch harmonisch in
anderer Weise darstellt. Der erste Theil stützt sich im Anfange
mehr auf die Paralleltonart F dur, obgleich er sie erst nach längern
Umschweifen ziemlich am Ende bestimmt erreicht. Auch der zweite
weist bestimmt auf F dur hin, aber er erreicht es früher und erhebt
sich dann viel leidenschaftlicher in einem raschen und reichen
Wechsel auch entfernter und leiterfremden Tonarten bis zur Do=
minant. Der dritte Theil beginnt wieder wie jeder der beiden
vorigen, allein der Anfang seiner zweiten Hälfte schon leitet sofort
in die durchaus in weiterem Grade verwandte Es dur=Tonart über
und steigert in harmonischen Sequenzen den Ausdruck noch ener=
gischer als der vorige Theil und zwar bis zur Dominant und
gelangt durch sie zur Haupttonart zurück. Durch diese weite und
in der lyrischen Stimmung durchaus bedingte Construction werden
Textwiederholungen, die der practische aber gewiß nicht künstlerische
Zug unserer Zeit so arg verpönt, geradezu nothwendig. Der
musikalisch=lyrische Ausdruck soll nicht blos fragmentarisch bleiben;
er muß zur Plastik des abgeschlossenen, weit und sorgfältig aus=

geführten großen Ganzen zu gelangen trachten. In diesem Streben aber wird die Musik vielfach durch einen zu knappen Text eingeengt und in solchen Fällen werden verständig eingeführte Textwieder=holungen absolut nothwendig.

Auch die Clavierbegleitung nimmt in dem bezeichneten Liede in charakteristischer Weise an der Darstellung Antheil. Das Beglei=tungsmotiv ist dem Summen des Spinnrades abgelauscht und ununterbrochen folgt es bald verengt, bald erweitert den feinern Nüancen der Stimmung, bis es in immer heftigerer Bewegung bei dem „und ach, sein Kuß!" plötzlich abreißt und still steht, wie das Fädchen des Spinnrades. Langsam setzt es sich wie das Rädchen wieder in Bewegung; steigert sich nochmals allmälig zu großer Hast, um ebenso wieder zurück zu gehen und im leisesten Pianissimo die ganze Stimmung verklingen zu lassen. Es ist dies eine Situations=malerei, die vortrefflich geeignet ist, das Stimmungsbildchen zu vollenden.

Noch feiner und freier in der Construction ist Schäfer's „Klagelied" (aus Op. 3.). Im vorigen Liede ist die Haupttonart vorwiegend. Dem einzelnen Theile liegt immer die D moll=Tonart zu Grunde. Die erste Strophe des letztern Liedes gehört der C moll=, die zweite der parallelen Es dur, die dritte der As dur= und die vierte der As moll=Tonart an. Die fünfte und sechste Strophe führen die Stimmung wieder auf den Ausgangspunkt zu=rück, die fünfte mit der Musik der zweiten, die sechste mit der Musik der ersten Strophe. Diese harmonische Erweiterung wird aber zugleich instrumental ausgeführt, in dem die Clavierbegleitung die harmonische Grundlage des ersten Verses in Accorden darstellt, in der zweiten Strophe aber in Achtel= und in der dritten in Sechszehntheilfiguren auflöst. Dennoch ist diese ganze Bear=beitung keine scenische Erweiterung im Sinne Mozart's oder Beethoven's. Schon der oben geschilderte eigenthümliche Gang der Construction weist auf einen viel engern lyrischen Zusammen=hang hin als die einzelnen Partien des zur Scene erweiterten Liedes zeigen. Vor allem aber ist es die Melodie, die ihren lyrischen Charakter nirgends verliert. Die Melodie der ersten Strophe klingt durch die der zweiten, und diese wiederum durch die der dritten noch so vernehmlich hindurch, daß die zweite eben nur als ihre Uebertragung in die Es dur= und die dritte als Uebertragung in die

Asdur-Tonart erscheint; und in demselben Verhältniß steht die vierte Strophe zu den vorhergehenden. Das ist eine wirklich vocale, nicht mehr nur instrumentale Erweiterung der Stimmung, und in dieser Weise hat das sogenannte durchcomponierte Lied immer größere Bedeutung als das nur strophische, in welchem die Melodie der einen Strophe unverändert für alle übrigen gilt. Auch Strophenlieder werden von unserm Meister vocal umgestaltet, wie das Harfnerlied: „An die Thüren will ich schleichen" (aus Op. 12.). Die erste Strophe ist so fein herausgebildet und sequenzenartig aufgebaut und die Verszeilen sind harmonisch so meisterlich verschränkt, wie nur im Volkslied in seiner Blütezeit. Die zweite Strophe ist eine getreue Wiederholung der ersten, allein die Declamation der ersten Zeile erfordert eine veränderte Melodie.

Die Construction des Liedes: „Der Musensohn" (aus Op. 87.) wird dadurch merkwürdig, daß immer eine Strophe in der Haupttonart — G dur — und die andere in der der Obermediante — H dur — steht. Die Vertiefung erfolgt hier harmonisch. Die Dominant wäre zu matt gewesen; daher war die Obermediant die nächst entsprechende, und, weil sie der Haupttonart den Charakter der Molltonart verleiht, wirksamer als die Dominant. Die Molltonart hat ihre nächste Bewegung nicht nach der Dominant, sondern nach der Obermediante, und indem die Durtonart diesen Weg macht, nimmt sie selbst Mollbedeutung an. Minder Bedeutendes schuf der Meister in der Musik zu Göthe's antikisierenden Gedichten: „An Schwager Kronos," „Grenzen der Menschheit," „Prometheus" und „Ganymed." Hier vermochte er dem Dichter nicht zu folgen und so behandelt er diese Dichtungen ganz wie die glühenden tief innerlichen lyrischen Lieder.

Gleich die Clavierbegleitung zu „Schwager Kronos" paßt viel besser zu No. 14. der „Müllerlieder," mit welchem sie verwandt ist und die Hornfanfare am Schluß findet ebenfalls in „Die Post" (Nr. 13. der „Winterreise") eine viel entsprechendere Stelle. Dagegen war die Individualität Schubert's wie der große Reichthum seiner Darstellungsmittel ganz geeignet, dem Altmeister der deutschen Dichtung in den Suleika-Liedern nach dem Orient zu folgen, um seinen Duft wie seine Schwüle auch musikalisch darzustellen; ebenso wie sie ihn mit Walter Scott (Op. 52.) den

„Ritt in's romantische Land" unternehmen läßt und an der Hand
Offian's (Schubert's nachgelaffene Dichtungen, Lief. 1—5.)
nach dem fernen Nebelland, dem unwirthlichen Caledonien, führt,
daß er die Wunder der Sage und der Natur dieses Landes vor
unfern Augen ausbreite.

In Suleika's erftem Gesange (Op. 14.): „Was bedeutet
die Bewegung?" ift es namentlich das reizende Wechselspiel zwischen
H moll und H dur, das auf der Dominant ihren Stützpunkt findet,
in welchem die sehnsüchtig = heiße Stimmung pointirt zum Ausdruck
kommt. Die Construction entspricht ganz den bisher gemachten
Andeutungen. Bis zum Schluß schwelgt die Clavierbegleitung in
der duftigften Situations = und Detailmalerei. Am Schluß wendet
sie sich ausschließlich nach innen, die ganze Außenwelt schweigt
vor dem süßeften Gedanken und so tönt jetzt nur, feinsinnig auf
der Dominant, das wunderbar gehobene Leben, das im Innern
erwacht ist, auch in der Begleitung aus. In Suleika's zwei=
tem Gesange (Op. 31.): „Ach um deine feuchten Schwingen," ver=
binden sich die wahrhaft berückende Melodie, die zwar weiten aber
auch außerordentlich weich vermittelten Ausweichungen und die durch=
sichtige, luftige Begleitung um die ganze Gluth der Stimmung
auszutönen.

Weniger glücklich ist Schubert auch in Behandlung der=
jenigen Göthe'schen Lieder gewesen, in denen die strophische Abthei=
lung nicht festgehalten ist, wie: „Raftlose Liebe" und „Erfter
Verluft" aus Op. 5. Im erften Liede besonders hemmt ihn die
große und reizende Mannichfaltigkeit des Rhythmus und namentlich
von der Stelle an, mit welcher der Dichter den aus einem Dacty=
lus und einem Trochäus gebildeten adonischen Vers — ◡ ◡ | — ◡
festzuhalten beginnt, ift der Componist ziemlich rathlos und mehr=
mals genöthigt, den Trochäus in einen Fuß zusammenzuziehen:
„fliehen" und „ziehen" in „flieh'n" und „zieh'n" zu verwandeln,
an anderer Stelle wiederum ein „O" einzuschieben: „O Liebe bift
du!" um die rhythmische Monotonie aufzuheben.

Nicht viel beffer geftaltet sich das Verhältniß unfers Meifters
zu den lyrischen Liedern des andern bedeutendften deutschen Dichters:
Friedrich von Schiller. Die Individualität dieses Dichters
war der eigentlichen Lyrik, dem musikalischen Liede wenig günstig.
Die Fähigkeit der unmittelbaren Formgebung des ebenso unmittelbar

Empfundenen besaß er in zu geringem Grade, um wirklich lyrische
Lieder zu erfinden. Er sucht zu allem, was ihn fesselt, die Ideen,
und vertraut diese dann in bildlicher Anschauung dem Gedicht.
Seine Lieder sind vorwiegend didactisch gehalten und darum für
Musik wenig günstig. Wol einmal nur ist es ihm gelungen, das
Fluthen seines Innern in seiner ganzen Unmittelbarkeit zu fassen,
in dem Liede Thekla's aus Wallenstein: „Der Eichwald braust, die
Wolken ziehn," und dies hat denn auch in Schubert ein wunderbar
schönes Tonstück heraufgezaubert („Des Mädchens Klage" Op. 58.).
Schon das kurze aber harmonisch reiche Vorspiel mit seinen herben
Vorhalten läßt uns den großen Schmerz des, unter den harten
Schlägen noch zuckenden aber still resignierenden Herzens der
Tochter Wallensteins, dieses lieblichsten Gebildes der Phantasie des
Dichters, empfinden; und wie mächtig ergreifend erhebt sich über
der, mit dem feinsten Instinkt zwar einfachen aber doch höchst
eigenthümlich gewählten harmonischen Grundlage die Melodie! Wie
fein ist die Declamation und doch auch wiederum wie klangvoll
melismatisch herausgebildet! Zu welch wunderbarer, herbsüßer Wirkung legen sich der Dominantaccord der Cmoll = und der der Esdur =
Tonart neben einander, und wenn sich dann vom 9. Tact an die
Melodie so mächtig steigert und im 11. Tact der verminderte Sept=
accord nach dem Sextaccord $\frac{es}{b}$ wendet, da ist es, als ob das Herz
$g$
zerspringen möchte vor Liebesweh und Liebespein, und wir fühlen
die ganze Schwere der Resignation, mit der in Melodie und Har=
monie die Stimmung wieder herabsinkt in das düstere in sich ver=
harrende Cmoll. An einem andern Gedicht Schiller's „Nacht
und Träume" (Op. 43.) ersetzt er, so weit dies überhaupt möglich
ist, die fehlende lyrische Stimmung durch ein eigenthümlich süßes
Klangcolorit. In melodischem Fluß erhebt sich die Musik nur noch
etwa in „Thekla." In allen übrigen kommt sie über eine hin und
wieder selbst an den Bänkelsang erinnernde Phraseologie nirgends
hinaus. „Hektors Abschied" und „Emma" sind sprechende
Beweise dafür.

Um so bedeutendere Schöpfungen weckten in ihm die letzten vollen,
vernehmbaren Klänge der eigentlichen Romantik die Lieder Wilhelm
Müller's, des Dichters, mit dem Schubert nächst Göthe die
meiste Verwandtschaft hat. Auch die Lyrik Müller's ist naiv und

unmittelbar wie das Volkslied; nicht so tief und reich, wie die des Altmeisters der Dichtkunst, aber ebenso sangbar und ungekünstelt, sie ist wahr im Gefühl und poetisch in der Anschauung. Der Liedercyklus: „Die schöne Müllerin" Op. 25. und der andere: „Die Winterreise" Op. 89., beide nach Dichtungen von Wilhelm Müller, zählen zu den genialsten Schöpfungen Schubert's.

Der Cyklus: „Die schöne Müllerin" besteht ursprünglich, den Prolog und Epilog mitgerechnet, aus 25 Liedern. Schubert hat deren nur 20 in Musik gesetzt; „Das Mühlenleben," „Erster Schmerz" und „Letzter Schmerz," wie der Prolog und der Epilog fehlen bei ihm. Beethoven hatte mit dieser Gattung den Anfang gemacht und wir sahen, wie er nur innerlich verbundene Gedichte auch äußerlich, ganz treu seiner ganzen Kunstanschauung, verbindet. Die einzelnen Müllerlieder sind unter einander, wir möchten sagen, zu einer Novelle verbunden, und eine Behandlung im Sinne Beethoven's wäre hier eher gerechtfertigt gewesen. Allein eine solche konnte weder in der Absicht, noch, wie wir bei der Betrachtung des Meisters als Balladencomponist deutlicher erkennen werden, in seiner besonderen Befähigung liegen. Er hatte nur Sinn und Auge und nur die Mittel für die lyrische Beschaulichkeit, und wenn dennoch durch seine Lieder-Cyklen ein gewisser einheitlicher Zug hindurchgeht, so ist das weniger beabsichtigt, als vielmehr unwillkürlich herbeigeführt. Dem Meister lag es gewiß fern, einen epischen Zusammenhang herzustellen, wie das später mehrfach wieder von Schumann versucht wurde; er ist vielmehr nur darauf bedacht, die einzelne Stimmung vollständig zu erschöpfen; aber diese haarscharfe Charakteristik stellt ganz absichtslos in ihrer stetigen Entwicklung einen, wenn auch nicht eben epischen, doch logischen Zusammenhang her. Wir leben mit dem Müller das ganze Ereigniß in seinen einzelnen Stationen durch und stimmen am Schluß tiefbewegt in „Des Baches Wiegenlied" mit ein.

Der großen Mannichfaltigkeit des Inhalts und Verschiedenheit der Situation entspricht zunächst wieder die große Verschiedenheit und Mannichfaltigkeit der Formen unter sich. Vom einfachen Strophenliede volksmäßig naiv gehalten, wie: „Das Wandern ist des Müllers Lust" und „Gute Ruh!" oder mehr kunstmäßig erwogen, wie: „Ich schnitt es gern in alle Rinden ein" und „War es also gemeint?" bis zu jenem, sich fort und fort instru-

mental wie vocal vertiefenden durchcomponierten Liede sind alle die,
im Vorigen besprochenen Formen meisterlich herausgebildet; selbst
da, wo der Declamation zu Liebe einzelne Stellen rhythmisch bedeut=
sam herausgehoben, oder recitativisch behandelt werden, wie in
No. 5. „Der Feierabend":

> „Und der Meister spricht zu Allen:
> Euer Werk hat mir gefallen;
> Und das liebe Mädchen sagt
> Allen eine gute Nacht."

oder in No. 6. „Der Neugierige":

> „Ja, heißt das eine Wörtchen."

hält sich auch diese Darstellung immer an dem formalen Bande, so
daß die Form nicht verletzt oder carriciert, sondern nur freier heraus=
gebildet wird. Auf die einzelnen Lieder specieller einzugehen, dürfte
nach allem bisher Erörterten überflüssig erscheinen, und so beschrän=
ken wir uns darauf, die bedeutsamsten Züge der einzelnen Lieder
hervorzuheben.

Zunächst ist es im hohen Grade interessant, wie fein und
charakteristisch Schubert schon in der Begleitung Situation und
Stimmung äußerlich und innerlich concentriert ausprägt. Jenes
Begleitungsmotiv, das dem Rauschen des Wassers abgelauscht ist,
wird auch Begleitungsmotiv für mehrere Müllerlieder, natürlich in
sinniger Umgestaltung. In innigster Verwandtschaft steht das
Begleitungsmotiv jener Romanze: „Der Fischer" und das des
ersten Müllerliedes: „Das Wandern." Jenes tritt mehr accordisch,
nur die Mittelstimmen arpeggierend, und in der im Claviersatz
gewöhnlichen Lage des gemischten Chors auf: die Begleitung soll
den süßen Sirenengesang andeuten, der aus den Wassern ertönt.
Das Begleitungsmotiv des Müllerliedes arpeggiert den ganzen
Accord nur in der tiefern, der Tenorlage des Instruments und
gewinnt dadurch jenen unternehmenden, zwar innerlich gesättigten,
aber mächtig nach außen drängenden Charakter, der so vortrefflich
der Stimmung entspricht. Im zweiten Müllerliede: „Ich hört ein
Bächlein rauschen" wird es tonreicher und lebendiger durch die
Auflösung in Sechszehntheil = Triolen und ist vielmehr geeignet, an
das lustig rauschende Bächlein zu erinnern; die Lage, in der es
auftritt, ist wieder die des gemischten Chors, denn „es singen wol
die Nixen tief unten ihren Reih'n" und die Syncopen im Baß

vollenden das Bild des wunderbaren Wellenspiels. Im vierten
Müllerliede: „Danksagung an den Bach" hat es von seinem Ton-
reichthum nur soviel behalten, als nöthig, um den ursprünglichen
Charakter nicht ganz einzubüßen; wendet sich aber jetzt vielmehr
nach innen, wie es die Seligkeit der Stimmung erfordert. In den
folgenden Liedern entwickelt unser Meister eine große Mannichfaltigkeit in den Begleitungsformen, bis er in No. 11.: „Mein!"
„Bächlein, laß dein Rauschen sein!" wiederum auf jenes erste
zurückkommt, aber so vollständig überfluthend, daß der Gesang mit
hingerissen wird, sich an seiner Darstellung zu betheiligen. Vollständig erkennbar erscheint es dann erst wieder im vorletzten, No. 19.:
„Wo ein treues Herze" aber wie vortrefflich der Situation angepaßt. Das Bächlein rauscht nicht mehr so munter und die Nixen
singen auch nicht mehr so süß, wie im zweiten Liede. Im letzten
endlich: „Des Baches Wiegenlied" erinnert es mehr an No. 4.,
aber es ist der tragischen Situation entsprechend ruhiger geworden
und harmonisch vertieft.

Auch harmonisch bieten diese Lieder wiederum eine Menge von
interessanten Einzelheiten. Im Allgemeinen ist die harmonische
Grundlage die einfachste. Keins dieser Lieder gab Gelegenheit zur
Entfaltung eines größern Harmoniereichthums, und wir wissen, daß
der Meister nie mit seinen Mitteln prahlt. Dem „Morgengruß:"
„Guten Morgen schöne Müllerin" fehlt selbst die Modulation
nach der Oberdominant. Wo diese auftritt, erscheint sie im sogenannten Halbschluß, und jede fremde Tonart, die eingeführt ist,
weist immer auf Cdur zurück. No. 16.: „Die liebe Farbe" ruht
dagegen wiederum ganz auf der Dominant, die bald für Dur, bald
für Moll gilt, daß in dem Wechsel von Hdur und Hmoll die
Stimmung ganz vortrefflich ausklingt.

Auch im nächsten Liede: „Die böse Farbe" entfaltet sich
dieser Wechsel von Dur und Moll zu treustem Ausdruck der halb
leidenschaftlichen, halb sentimentalen Stimmung.

Ein besonders bemerkenswerthes rhythmisches Gebäude zeigt
No. 7.: „Ungeduld." Das Metrum ist bis zur Schlußzeile ganz
treu nachgebildet, allein in der besondern Gruppierung der Accente,
aus dem Widerspruch, in dem sich der logische mit dem harmonisch
bedingten Accent oft befindet, erhebt sich ein reizvolles rhythmisches

Spiel und der gewichtvolle, die natürliche rhythmische Anordnung wieder herstellende Refrain ist dann von großer Wirkung.

Jener zweite Liedercyklus, dessen wir bereits erwähnten, ist nur eine Abtheilung eines noch umfassenderen größeren, aus drei Abtheilungen bestehenden, gleichfalls von Wilhelm Müller gedichteten Cyklus, unter dem Namen: „Reiselieder" bekannt. Schubert componierte nur die zweite Abtheilung: „Winterreise" und die einzelnen Lieder gehören zu den vollendetsten Kunstschöpfungen. Er schrieb sie in der Zeit seiner höchsten Reise, und wir fanden ihn noch wenige Tage vor seinem frühen Tode mit der Correktur beschäftigt. Er hat die kurze Zeit seines Lebens so treu und fleißig gearbeitet, daß er auf diesem Gebiete die höchste Meisterschaft erlangen mußte. Die Lieder der Winterreise werden ewig Muster=gültigkeit behalten. Sie sind ebenso vollendet in der Form, als rückhaltslos erschöpfend im Ausdruck. In den meisten der bereits besprochenen Lieder macht sich häufig noch eine Weitschweifigkeit des Ausdrucks geltend, die ihn zu formellen Ausschreitungen zwingt. Er hält sich bei den einzelnen Zügen noch mit solcher Vorliebe auf, daß es ihm oft nur durch die complicierte Form möglich ist, die verschiedenen Nüancen der Stimmung zu einheitlichem Ausdruck zu bringen. Erst in den Liedern der „Winterreise" gewinnt er jene höchste Form des lyrischen Ausdrucks, die alle Einzelzüge der Stim=mung auf ihre Pointen zurückführt, und in einheitlicher, einfach gegliederter Form Gestalt werden läßt. Immer seltener wird jetzt die Einführung fremder Tonarten in selbständiger Ausprägung; sie werden vielmehr in dem Bestreben herbeigezogen, die Haupttonart reicher auszustatten und dadurch die Grundstimmung zu vertiefen. Fast jedes einzelne Lied der Winterreise giebt einen Beleg hierzu; ganz besonders aber No. 4.: „Erstarrung," in dem nur die nächst=verwandten Tonarten, C moll, Es dur, G moll und As dur, aber in fortwährendem Wechsel von Accorden und accordähnlichen Gebil=den, bestimmter ausgeprägt sind. In No. 10.: „Rast" und No. 15.: „Die Krähe" ist in derselben Weise nur die Haupttonart wirklich herrschend, und die der Molltonart eigene Erhebung nach der Obermediante tritt auch nur ganz vorübergehend ein. Das ist jene Liedgestaltung, die erst den knappsten und doch reichsten Ausdruck vermittelt. Eine wunderbare harmonische Construction zeigen noch No. 16.: „Letzte Hoffnung" und No. 24.; „Der Leiermann." Wir

haben schon vielfach erfahren, welch wunderbare Wirkung Schu=
bert aus jenem nebelhaften mystischen Wechselspiel von Dur und
Moll erreicht. Das Vorspiel ebenso wie der Anfang des genannten
Liedes lassen es vollständig unbestimmt, ob das Lied der Esdur= oder
der Esmoll=Tonart angehört. Nun endet zwar die erste Zeile
mit einem Schluß in Esdur, und die nächste setzt sich auf deren
Obermediante fest, allein die nächste schon wendet sich zu einem
Halbschluß, der viel nähere Verwandtschaft mit Esmoll als mit
Esdur hat, und der nächste Theil prägt auch Esmoll ganz bestimmt
aus. Der Schluß erfolgt zwar in Esdur, aber nimmt immer noch
wieder Bezug auf den vorhergehenden Mollcharakter. Das letzte
Lied: „Der Leiermann" ist noch merkwürdiger in seiner harmoni=
schen Construction. Das ganze Lied erhebt sich über einem Orgel=
punkt. Der Baß hält unverändert Grundton und Quint des
Amoll=Dreiklangs fest, und in der Singstimme und den obern
Stimmen der Begleitung wechseln der Amoll=Dreiklang und der
Dominantaccord mit einander ab. Dieser Harmoniearmuth gegen=
über erlangt natürlich die Melodie eine größere Selbständigkeit und
es ist bewunderungswürdig, wie mannichfaltig und charakteristisch
zugleich Schubert die wenigen Töne, welche ihm jene beiden
Harmonien boten, verwendet. Wir kommen hier auf eine neue
Eigenthümlichkeit, die alle Melodien dieser Lieder auszeichnet, daß
sie sich viel selbständiger, von der Harmonie unabhängiger gestalten,
als dies in den meisten frühern Liedern der Fall ist. In diesen
entstehen Harmonie und Melodie meist so gleichzeitig, daß die eine
in der andern die Bedingung ihrer Existenz findet. Mit der
steigenden Meisterschaft in der Beherrschung des Materials werden
ihm beide zu besondern Mächten des musikalischen Ausdrucks. Jede
folgt ihrem eignen Zuge mit einer Consequenz, wie wir sie in
höherm Maße nur noch bei Joh. Seb. Bach finden. Beide
bedingen sich nicht mehr nur, sondern sie ergänzen sich jetzt. Fast
in jeder dieser Melodien begegnen wir einzelnen Tönen, die der
ursprünglichen harmonischen Grundlage nicht angehören, die aber
auch nicht als Durchgangs= oder Vorhaltstöne gefaßt werden können,
und die wir deshalb harmoniefreie Töne nennen möchten, weil sie
eben nur der consequenten Verfolgung des melodischen Zuges ihre
Existenz verdanken. Gleich das erste Lied der Winterreise erlangt
durch sie seine wehmüthig süße Innigkeit. Dem gleichen Zuge folgt

die Harmonik dieser Lieder. Wenn sie auch in den frühern nur
selten in ihrer rein materiellen Erscheinung als Accord, sondern
vorherrschend in reizenden Arpeggien, in harmonischer Figuration
verwendet wird, so ist das mehr eine äußere Verfeinerung, von der
die Grundharmonie nicht berührt wird. In dem neuen Liede wird
di e s e schon viel feiner und freier, wir möchten sagen, flüssiger,
und indem sie nicht nur harmonisch, sondern auch melodisch figuriert
wird und oft dem selbständigen Zuge einer ihrer Stimmen folgt,
gelangt sie zu Accordgebilden, die sich auf jenen ursprünglichen
Formationsprozeß nicht mehr direct zurückführen lassen. Dadurch
wird auch die Clavierbegleitung zu einer viel bedeutsamern Selb=
ständigkeit geführt, als sie bisher erreichen konnte. In No. 1.:
„Gute Nacht," No. 4.: „Erstarrung," No. 5.: „Der Linden=
baum," No. 6.: „Wasserfluth," No. 9.: „Irrlicht," No. 11.:
„Frühlingstraum," No. 14.: „Der greise Kopf," No. 15 : „Die
Krähe," No. 16.: „Letzte Hoffnung," No. 17.: „Im Dorfe,"
No. 18.: „Der stürmische Morgen," No. 19.: „Täuschung,"
No. 20.: „Der Wegweiser," No. 21.: „Das Wirthshaus" und
No. 22.: „Muth" der „Winterreise" folgt sie ganz bewußt ihrem
eignen Zuge in selbständiger Führung, in charakteristischen Vor=,
Zwischen= und Nachspielen mit ihren eigensten Mitteln sich an der
Darstellung des poetischen Inhalts zu betheiligen. Detailmalereien,
wie· „die Nachahmung der Klänge des Posthorns" in No. 13.,
„das Rauschen der Zweige" in No. 5., „das Flackern der Irr=
lichter" in No. 9. und „das Krähen der Hähne" in No. 11.
werden immer häufiger, aber treten noch weniger mit der Absicht=
lichkeit bloßer Situationsmalerei auf, als früher. In dem Beglei=
tungsmotiv, das unter ihrem bestimmten Einfluß entsteht, beherrscht
sie dort häufig die Stimmung vollständig. Die Clavierbegleitung
der Lieder der Winterreise versucht eine möglichst erschöpfende Dar=
stellung des ganzen Stimmungsbildchens und jene localen Töne und
Farben finden nur so weit Berücksichtigung, als sie in die Phan=
tasie des Tondichters hineinragen. So werden Melodie und Har=
monie zu zwei ganz selbständigen Mächten herausgebildet, und in
ihrem Zusammenwirken kommt der ganze poetische Gehalt zu voll=
ständig erschöpfendem Ausdruck. Dem größeren Reichthum der
instrumentalen Gestaltung gegenüber erhebt sich die Melodie immer
bedeutsamer und selbständiger durch eine klangvolle Melismatik

herausgebildet. Recitativische Gebilde, welche früher die Construction
der Form häufig zeitweise aufheben, werden dieser jetzt fest einge=
fügt, indem sie die Clavierbegleitung, wie in dem Liede No. 7.:
„Auf dem Flusse" energisch weiterführt. Hiermit hat Schubert
zugleich den Weg bezeichnet, auf dem die musikalische Wiedergeburt
der Lieder **Heinrich Heine's**, des größten lyrischen Dichters
nach Göthe, gefunden werden konnte.

Heine's erstes Auftreten erfolgte erst kurz vor dem Tode
Franz Schubert's, und so war es diesem nur vergönnt, mit
wenigen Liedern der neuen Aera, die auch für die musikalische Dar=
stellung mit diesem Dichter beginnt, Plan und Ziel bestimmt vor=
zuzeichnen. Diese Lieder wurden erst nach seinem Tode in der Lieder=
sammlung: „Schwanengesang" veröffentlicht. Es ist dies kein
Liedercyklus in dem früher erörterten Sinne, sondern nur eine vom
Verleger zusammengestellte Sammlung von Liedern aus dem Nach=
lasse Franz Schubert's.

Die Heine'sche Lyrik ist noch pointenreicher als die Göthe=
sche. Sie faßt die Stimmung noch präciser in noch kleinerem
Rahmen zusammen und das Wort wird daher bei ihm von ungleich
größerer Wichtigkeit als bei Göthe und natürlich auch bedeutsamer
für den Tondichter. Mit größerer Treue noch als in allen früheren
Liedern geht ihm denn auch Schubert nach, und so bildet sich
der mehr rezitierende Liedstyl, wie ihn, zwar sehr weich melodisch
abgerundet, schon: „Am Meer" („Das Meer erglänzte weit hin=
aus"), vollständig ausgeprägt aber: „Die Stadt" („Am fernen
Horizonte") und „Der Doppelgänger" („Still ist die Nacht")
zeigen. Die Stimmung musikalisch einheitlich zusammen zu fassen
fällt dann der Clavierbegleitung anheim. Wie das Wort sich jeder
weiteren Ausführung enthält und nur die Hauptmomente andeu=
tungsweise heraushebt, so bezeichnet auch der Gesang nur die ein=
zelnen Farbenpunkte, die dann die Clavierbegleitung einheitlich zu=
sammenfaßt. Wir werden erfahren müssen, wie auf diesem Wege
später die Clavierbegleitung ein großes Uebergewicht über den
Gesang erlangt. Bei Schubert ist das noch nicht der Fall. Die
bevorzugtere Stellung der Clavierbegleitung erhöht bei ihm zugleich
die Wirkung des Gesanges. Ein Muster dieser Behandlung ist
das bereits genannte: „Der Doppelgänger." „Die Stadt" liefert
den Beweis, daß dem Meister auch die Poesie des einen Accordes,

die sich in Beethoven oft so wunderbar treibend darstellt, erschlossen war; der Mittelsatz dieses Liedes: „Ein feuchter Wind= zug" ruht auf dem verminderten Quint=Sext=Accord a—c—es —fis. Wir werden bei der speciellern Betrachtung des Verhält= nisses der nachfolgenden Meister des Liedes: Mendelssohn und Schumann zu Heine auf diese Lieder noch zurückkommen müssen.

Von größeren Cyklen hätten wir nur noch die, als die fünf ersten Lieferungen der „Nachgelassenen musikalischen Dichtungen" Franz Schubert's veröffentlichten, „Ossians Gesänge" und die als Op. 52. gedruckten „Sieben Gesänge" aus W. Scott's „Fräu= lein vom See" zu erwähnen. Nur zwei jener Gesänge Ossian's: „Das Mädchen von Inistore" und „Ossian's Lied nach dem Falle Nathos" haben Liedform. Alle übrigen sind mehr episch aus= gebreitet im Balladenton gehalten. Und da auch jene beiden Lieder formell nichts bemerkenswerthes Neues bieten, so dürfen wir den ganzen Cyklus in das erste Kapitel des nächsten Buches verweisen, um so mehr, als wir dort das Wirken des Tonkünstlers einer speciellen Betrachtung unterziehen, der auch die Gesänge Ossian's zuerst componierte: Johann Rudolph Zumsteeg.

Die Gesänge Walter Scott's gehören noch ganz jener ersten Periode an, in der ihm die musikalischen Mächte der Dar= stellung in ihrer Selbständigkeit noch nicht aufgegangen waren und so versenkt er sich noch mit schwelgerischer Lust in den süß um= strickenden, aber unbestimmten Zauber der harmonischen und melo= dischen Klangwirkung und den monoton prägnanten Rhythmus um Luft und Duft der mittelalterlichen Romantik heraufzubeschwören, und Hörnerklang und Sporen= und Schwertergeklirr bilden wesent= liche Momente in dem reizenden Bilde. Die „Hymne an die Jungfrau" hat fast volksthümliche Bedeutung erlangt. Nicht weniger verdienen es „Ellen's zweiter" und „Norman's Gesang." Räthselhaft erscheint es, daß Schubert sich von den Liedern des Dichters, der sich wie er gern in die geheimnißvollen Tiefen der Natur und die Zeit der mittelalterlichen Romantik versenkt, Lud= wig Uhland's so wenig angezogen fühlt. Das vollständigste Ver= zeichniß seiner Lieder weist nur ein Lied von Ludwig Uhland: „Die linden Lüfte sind erwacht" auf. Imponierte ihm der Adel, die Hoheit und Energie des Gedankens so sehr, daß er unterließ sie mit seinen Arabesken zu umranken oder scheute er sich, den gefesteten Bau aus seinen Fugen zu treiben; ein Zug, der sich in seinen Balladen, wie wir später sehen werden, vielfach geltend macht. Auch von Friedrich Rückert und Aug. Graf von Platen-Hallermünde, diesen beiden großen Verskünstlern, hat er nur wenig Lieder componiert; von jenem fünf, von diesem nur zwei, vielleicht aus demselben Grunde. Die „Vier Gedichte von Rückert und Graf Platen Op. 59." bestätigen diese Vermuthung. Schubert hatte noch nicht die Präcision des Ausdrucks gefunden, die bei allem Reichthum doch, wie in der „Winterreise" und dem „Schwanengesang" die engste Geschlossenheit der Form möglich machte. Er erschöpft auch den Ausdruck in diesen Liedern vollständig, aber mehr stoßweise, in einzelnen Interjektionen. So bedeutend sie an sich immer sind, darf man sie doch nur mehr als Experimente betrachten, und sie werden dadurch mehr historisch merkwürdig. Es wird dies noch klarer bei der eingehenden Betrachtung der musikalischen Wiederdichtung, namentlich Rückertscher Lieder, durch Robert Schumann werden. Eine große Anzahl von Liedertexten lieferten ihm endlich die österreichischen Dichter: Johann Nepomuk Vogl, Johann Gabriel Seidl, Ritter von Levitschnigg, Tschabuschnigg, Leutner und Mayrhofer, wol nicht weil er mehr Verwandtes als den allgemeinen landsmännischen Zug mit ihnen verspürte, sondern weil sie seiner Individualität die wenigsten Schranken setzten. Ihnen gegenüber nimmt er fast einzig die Stellung des Instrumentalcomponisten ein. In den meisten muß er sich mit der flüchtigen Andeutung der Stimmung begnügen, die er dann selbständig mit der bekannten Meisterschaft ausbildet, und so macht er das Ganze erst bedeutungsvoll. Intimer konnte sich sein Verhältniß schon zu den Dichtungen Ludwig Rellstab's, deren im „Schwanengesang" mehrere enthalten sind, darunter das bekannte, weit verbreitete Ständchen: „Leise flehen meine Lieder," gestalten, wenn sie auch eben so wenig wie einzelne Lieder von Schlegel: „Das Lob der Thränen" und die „Rose" oder Shakespeare's „Ständchen" einen besondern Inhalt darboten, oder einen neuen Zug seiner Individualität erweckten und ihn zu neuen Formen anregten.

Seine Hauptbedeutung knüpft sich an Göthe und Heine. An der Phantasie Göthe's entzündete er seine eigne, daß aus ihr der neue Liederfrühling auch musikalisch hervortrieb, und an den Liedern Heine's zeigte er dann, wie er nochmals zu neuer Blüte gelangen konnte. Zwischen beide tritt vermittelnd Wilhelm Müller. So dürfen wir auch an den Liedern von Klopstock, Hölty und Claudius vorübergehen. Was irgend musikalisch in ihnen ist, erlangt durch Schubert in der Weise der Lieder der ersten Periode äußere Darstellung.

Auch sein Verhältniß zum mehrstimmigen Gesange wurde schon flüchtig bezeichnet. Er konnte hier nicht so hohe Bedeutung gewinnen, wie im einstimmigen Liede. Die Gewalt der Polyphonie, die allein zu künstlerischen Erfolgen führt, erschloß sich ihm erst in den letzten Jahren seines Lebens. Er wirkt in den mehrstimmigen Gesängen vorwiegend homophon durch die Macht des Klanges. Daher auch seine Vorliebe für den Männergesang. Selbst die Oberstimme ist viel weniger melodisch ausgestattet, als in seinen einstimmigen Liedern. Sie verbindet sich vielmehr mit den Unterstimmen zur klang= vollen Ausprägung der wunderbaren Harmonie und einzelne Män= nerchorlieder, wie „Mondenschein" Op. 102., „Im Walde" und „Nachtmusik" Op. 156. überragen alles, was in dieser Richtung je geschrieben worden ist.

Es ist charakteristisch und lehrreich zugleich, daß dieser ganze Prozeß, der im Norden Deutschlands in jenen Berliner Künstlern beginnt, im Süden, und zwar in einem heißblütigen Kinde desselben sich vollzieht. Ein Sohn des Nordens sollte ihm wieder eine neue Richtung geben:

**Felix Mendelssohn=Bartholdy.** Er wurde in Ham= burg am 3. Februar 1809 geboren. Sein Vater Abraham Mendelssohn, der Sohn des berühmten Philosophen Moses Mendelssohn, war ein sehr vermögender, aber auch feingebil= deter und kunstliebender Mann, und so erhielten seine Kinder eine sorgfältige Erziehung. Namentlich überwachte die Mutter, eine geborne Bartholdy, die Entwicklung unsers Felix mit großer Sorgfalt, und da sie in ihm, wie in der etwas ältern Schwester Fanny die herrliche Begabung für die Kunst entdeckte, wurden diese bald ihr Stolz, wenngleich sie auch die beiden andern Geschwister mit gleicher Liebe umfaßte.

Das bedeutsamste Ereigniß aus der frühesten Jugendzeit Men= delssohn's ist die Uebersiedelung seiner ganzen Familie nach

Berlin. Hier, in der Metropole des Nordens, gepflegt von den bedeutendsten Kräften derselben entwickelten sich die Anlagen des Knaben so staunenerregend, daß man vielfach versucht ward, ihn mit Mozart zu vergleichen. Seine musikalische Bildung leitete namentlich Zelter, der Director der Berliner Singacademie und Louis Berger; beide, wie wir sahen, auch auf dem Gebiete des Liedes schöpferisch thätig.

Bereits im achten Jahre gehörte Mendelssohn zu den fertigen Clavierspielern der Residenz, und als ihn Zelter im November 1821 bei Göthe einführte, erregte er dessen Interesse in hohem Grade und Göthe verfolgte von nun an mit großer Aufmerksamkeit die weitere Entwicklung des genialen Knaben. Diese war eine rasche und glänzende. Unter der Leitung Zelter's und Ludwig Berger's schrieb er eine nicht geringe Zahl von Tonstücken aller Art. Daneben aber versäumte er auch nicht die wissenschaftlichen Studien. Als Knabe bereits hatte er unter Leitung seines Hauslehrers Heyse Andria von Terenz übersetzt, und 1827 bezog er, um seine klassische Bildung zu vollenden, die Universität, obgleich er sich schon für die Künstlerlaufbahn entschieden hatte. Noch im Jahre 1825 scheinen in ihm Zweifel in Bezug auf seinen künstlerischen Beruf aufgestiegen zu sein, zu deren Lösung er seine erste Reise nach Paris unternahm. Er spielte hier vor Cherubini sein A moll=Quartett, und das Urtheil dieses Meisters scheint entscheidend für ihn geworden zu sein; er verfolgte von nun an energischer seine Künstlerlaufbahn als früher. Unter der Leitung von Ignaz Moscheles, eines der bedeutendsten Clavierspieler und geschätzten Componisten, der nach langem Aufenthalt in England 1824 nach Berlin gekommen war, bildete sich auch Mendelssohn zu einem der bedeutendsten Claviervirtuosen aus, und Lehrer und Schüler umschloß bald das innigste Freundschaftsband. Moscheles veranlaßte ihn auch zu der ersten Reise nach London, und mit ihr, die im Frühjahr 1829 erfolgte, beginnt seine eigentlich öffentliche Laufbahn.

In England fand er als Claviervirtuos, namentlich aber als Componist enthusiastischen Beifall. Außer mehreren Opern, darunter „Die Hochzeit des Gamacho," mehreren Quartetten und Sonaten, zwei Symphonien, Clavierstücken und zwei Heften Liedern hatte er bereits die beiden Ouverturen zum „Sommernachtstraum" und

„Meeresstille und glückliche Fahrt" componiert, und die Ouverture zum „Sommernachtstraum" wurde während seiner ersten Anwesenheit in London zweimal unter stürmischem Beifall aufgeführt. Nach einem längeren Aufenthalt in London machte er noch mit Moscheles eine Reise nach Schottland und sie regte wol schon die Idee zur „Hebriden-Ouverture" in ihm an. Im Mai 1830 kehrte er nach Deutschland zurück, verweilte einige Zeit in Weimar im Hause Göthe's und gieng dann nach einem längeren Aufenthalt in München nach Italien. In Rom, wo er mehrere Monate verweilte, componierte er „Die erste Walpurgisnacht," gieng dann nach Neapel und durch die Schweiz nach Paris, woselbst er im Februar 1852 anlangte. Auch hier brachte er seine „Sommernachtstraum-Ouverture" zur Aufführung und reiste dann zu neuen Triumphen wieder nach London. Im Juni desselben Jahres finden wir ihn wieder in Berlin, wo durch den Tod Zelter's die Stelle des Directors der Singacademie frei geworden war. Mendelssohn bewarb sich, jedoch ohne Erfolg, um diese Stellung. Sie wurde an Rungenhagen vergeben. Der Sommer des nächsten Jahres erst brachte ihm einen bestimmten Wirkungskreis. Nach einem abermaligen Aufenthalt in London wurde er zur Leitung des großen rheinischen Musikfestes nach Düsseldorf berufen, was weiter zur Folge hatte, daß man ihm den, für ihn eigens gegründeten Posten eines städtischen Musikdirectors übertrug, den er auf drei Jahre annahm. Hier konnte seine Thätigkeit eine außerordentlich segensreiche werden. Im Frühjahr 1834 hatte er im Verein mit dem, auch als dramatischen Schriftsteller thätigen Dichter Immermann und dem bekannten Schriftsteller von Uechtritz die Leitung des Düsseldorfer Stadttheaters übernommen, und da man nicht materiellen Gewinn erzielen wollte, so konnte dies Theater eine Musteranstalt werden. Allein früh schon entstanden Zwistigkeiten zwischen Immermann und Mendelssohn, die schließlich den vollständigen Bruch herbeiführten. Mendelssohn gab die Leitung der Oper auf und auch das frühere intime Verhältniß zu Immermann war gestört. Zwar schloß er sich jetzt um so inniger dem ihm von Italien her bekannten Kreise der Maler an, allein jene Mißhelligkeiten mochten ihm doch den Aufenthalt in Düsseldorf verleidet haben, und so ließ er sich um so bereitwilliger auf Unterhandlungen mit Leipzig ein, das ihn zu

gewinnen suchte. Zwar schlug er den ihm von der Stadt ange=
botenen Lehrstuhl für Musik, der für ihn gegründet werden sollte,
aus, nahm aber die Leitung der Gewandhausconcerte, die man ihm
übertrug, bereitwillig an. Leipzig wurde ihm nun eine neue Hei=
math, und seine Verdienste um das musikalische Leben dieser Stadt
sind heute noch dort in lebendigem Andenken. Durch seine prak=
tische Wirksamkeit als Dirigent und Claviervirtuos weckte er hier
ein so reiches musikalisches Leben, wie es diese Stadt wol nimmer
vorher kannte, und dabei gab er ihr durch die Werke, die er von
hier aus veröffentlichte und die den Kreis der Mendelssohnianer in
steigender Progression erweiterten, eine Bedeutung, die sie gleichfalls
noch nie gehabt hatte. Er fühlte sich aber auch hier so heimisch,
daß ihn nur ein ehrenvoller Ruf des geistvollen und kunstsinnigen
Preußenkönigs Friedrich Wilhelm IV. auf kurze Zeit bestimmen
konnte, Leipzig mit Berlin zu vertauschen. Nachdem ihn 1836
schon die Leipziger Universität zum Doctor der Philosophie creiert,
ernannte ihn der König von Sachsen 1841 zu seinem Kapellmeister,
und fast gleichzeitig ergieng auch an ihn der Ruf des Königs von
Preußen, der ihn gleichfalls, mit einem bedeutenden Gehalt, zu
seinem Kapellmeister ernannte. Mendelssohn folgte diesem
Rufe und dieser neuen Stellung verdanken wir einige der bedeutend=
sten Werke, indem der König die Idee in ihm anregte, die antike
Tragödie mit Musik in Scene zu setzen. Die Ouverture, Chöre
und Melodrama's zur „Antigone" schrieb Mendelssohn auf
den besondern Wunsch des Königs. Ebenso die Musik zu Raci=
ne's „Athalie" und die noch fehlenden Sätze der Musik zu
Shakespeare's „Sommernachtstraum."

Allein Berlin vermochte ihn auf die Dauer nicht zu fesseln,
da er wol den Wirkungskreis nicht fand, den er suchte. Zwar
ernannte ihn der König 1843 zu seinem Generalmusikdirector und
in der Leitung des Domchors wie der Symfonie=Soirées eröffnete
sich ihm auch eine praktische Thätigkeit; allein schon im November
1844 erbat er seinen Abschied und gieng zunächst nach Frankfurt
und im August des Jahres 1845 in seine alte Stellung nach Leip=
zig zurück. Hier war mittlerweile das Conservatorium für Musik
ins Leben gerufen worden, und auch ihm wandte er seine Thätig=
keit mit allem Eifer zu, leider nur wenig Jahre noch. Bereits im
Jahre 1846, nach seiner Rückkehr aus England, wohin er aber=

mals gereist war, um auf dem Musikfest in Birmingham seinen „Elias" aufzuführen, begann er zu kränkeln, so daß er vielfach in seiner Thätigkeit gehindert wurde. Zwar ist er im April 1847 wieder in England, um seinen „Elias" in der Exeterhall zu dirigieren, und am 11. Mai führte er im philharmonischen Concert seine Musik zum „Sommernachtstraum" auf und spielte Beethoven's G dur=Concert, aber das war auch seine letzte öffentliche Thätigkeit. Jenes traurige Ereigniß, der Tod seiner geliebten, ihm so innig nahen kunstverwandten Schwester Fanny beschleunigte auch seinen Tod.

In der Schweiz, in dem reizend gelegenen Interlaken, wohin er sich mit seiner Familie zurückzog, suchte er Stärkung für seinen müden Geist. Er fand sie so weit, daß er sich wieder lebhaft mit größern Werken beschäftigte. Er arbeitet wieder an einem neuen Oratorium „Christus" und an einer Oper „Loreley," zu der ihm Geibel den Text geschrieben hatte, doch sollten beide Werke unvollendet bleiben.

Erheitert und gestärkt kehrte er zwar nach Leipzig zurück, allein ein vorübergehender Besuch in Berlin scheint ihm den Verlust der geliebten Schwester so lebendig vor die Seele geführt zu haben, daß die kaum vernarbte Wunde wieder aufbrach und kurze Zeit nach seiner Rückkehr nach Leipzig ereilte ihn der Tod am 3. Novbr. 1847. Die Trauer um ihn in ganz Deutschland und dem verwandten England war aufrichtig und groß und namentlich Leipzig erwies ihm königliche Ehren. Dies verlor in ihm zugleich den rastlos für seinen Ruf und sein öffentliches Leben thätigen Bürger.

Wol schwerlich dürfte es außer ihm noch einen Meister geben, dessen Individualität so ungetrübt, so ganz ohne Rest in seinen Werken zur Erscheinung käme, wie bei ihm. Jedes einzelne ist ihr so treuer Abdruck, daß sie alle unverkennbare Familienähnlichkeit haben. Diese Individualität ist keine außergewöhnlich reich= und tiefangelegte, aber sie ist ungewöhnlich durchbildet, harmonisch abgerundet und geklärt. Und weil sie eben eine ganz bestimmte, wir möchten sagen einseitig ausgeprägte ist, nimmt Mendelssohn eine ganz andere Stellung dem Dichter gegenüber ein, als Schubert. Während dieser der Phantasie des Dichters die unbeschränkteste Einwirkung auf seine eigene gestattet, daß sie dort neue, ihr unge=

wöhnliche Bilder erzeugt, wird die Phantasie Mendelssohn's
von der des Dichters nur erregt, und während Schubert seine
eigene Individualität mit der des Dichters befruchtet, um sie reicher
und glänzender, doppelgestaltig und von doppeltem Gehalt dann in
die Erscheinung treten zu lassen, empfindet Mendelssohn die
Individualität des Dichters nur in dem beschränkten Rahmen seiner
eignen und zieht sie in seine eigne hinein, um sie dieser anzupassen.
So sehen wir in Schubert ganz bestimmte Dichterindividualitäten
musikalisch lebendig werden: Göthe, Ossian, Walter Scott,
Wilhelm Müller und Heinrich Heine — Mendelssohn
setzt nur einzelne Lieder musikalisch um, und wie Schubert in
erster Reihe nach Wahrheit und intensivem Reichthum des Ausdrucks ringt, erwachsen ihm immer neue Mittel der Darstellung
und neue Formen, und nicht immer gelingt es ihm, die Plastik der
Formgebung zu finden. Mendelssohn stellt die Schönheit
des Ausdrucks immer über die Wahrheit desselben. In dem
Streben nach Schönheit der Darstellung kommt das künstlerische
Schaffen häufig in Conflict und die Gewalt des Ausdrucks wird
nothwendig soweit abgeschwächt werden müssen, als es die Schönheit
der Form verlangt. In solche Conflicte ist Mendelssohn wol
nie gerathen. Seine Erziehung war von frühester Jugend an auf
jene harmonische Durchbildung gerichtet, die derartige Conflicte
von vornherein ausschließt. Er hat das Bewußtsein einer bestimmten ideal-schönen Form, in die er seine Individualität gießt, und
diese zu finden konnte ihm nicht schwer fallen. Durch eine strenge
Schule und einen unermüdlichen Fleiß hatte er sich das gesammte
Darstellungsmaterial angeeignet, aber er verwendet es nur, soweit es
seiner abgeklärten Individualität zusagt, nirgends in der rücksichts-
losen Weise eines Beethoven, Schubert oder Schumann.
In den Liedern namentlich macht sich der Einfluß der Berliner
Schule geltend. Seine Lehrer Zelter und Berger suchten auch
den neuen lyrischen Ausdruck mehr nur im formellen Anschluß an
den Text zu erreichen. Mendelssohn folgt diesem Zuge, aber
nicht so einseitig wie diese beiden Künstler. Er öffnet seine ungleich
leichter entzündbare Phantasie und sein rascher erregtes Innere auch
fremden Einflüssen. Er sucht Bach und Händel, Mozart,
Beethoven, Weber und Schubert seiner Individualität zu
vermitteln, so weit sie eben Raum darin finden, und auch jener

andere Zug, nach welchem er die Traumwelt, aus der das instru=
mentale Kunstwerk Schubert's stammt, mit Elfen und Kobolden
bevölkert und sie in die Erscheinungsform der realen Welt erhebt,
bleibt nicht ohne Einfluß auf seine Liedgestaltung. Daher haben die
Lieder der Periode, in welcher die Vermittelung jener verschiedenen
Einflüsse noch nicht erfolgt ist, kein eigentlich individuelles Gepräge.
Jetzt, nachdem sich uns die Individualität Mendelssohn's voll=
ständig erkennbar offenbart hat, wird es auch nicht schwer, sie aus
den Liedern Op. 8. und 9. zu fühlen, allein ohne diese Kenntniß
des ganzen Mendelssohn würde es doch kaum möglich werden,
weil das Fremde, Angelernte das Eigene überwiegt und unvermittelt
neben diesem steht. Erst nachdem sie instrumental, in der Ouver=
ture zum „Sommernachtstraum" und mehr noch in dem ersten
Heft „Lieder ohne Worte" bestimmte Richtung gewonnen hat,
beginnt sie auch vocal sich selbständiger zu gestalten. Schon in dem
Liederheft Op. 19. ist sie, wenn auch noch weitschweifig und um=
ständlich, doch fest und sicher erkennbar. Ulrich von Lichten=
stein, der letzten Minnesinger einer, trägt im „Frühlingslied"
(No. 1.) ganz dieselbe Physiognomie, wie Heinrich Heine, der
letzte Romantiker im „Gruß" (No. 5.), denn keiner trägt seine
eigene, sondern die Mendelssohn's. In Heine's „Neue
Liebe" (No. 4.) hört und fühlt der Meister, wiederum treu seiner
Individualität, auch nur den romantischen Spuk heraus, ohne seine
eigentliche dichterisch. psychologische Bedeutung nur entfernt auch
musikalisch anzudeuten. „Das erste Veilchen" (No. 2.) ist am
Wenigsten mendelssohnisch, dagegen vom Einfluß Mozart's stark
berührt. Am Bestimmtesten spricht sich seine Individualität in dem
„Winterlied" (No. 3.) und dem „Reiselied" (No. 6.) aus. Mit
diesen beiden Liedern ist eigentlich der Kreis von harmonischen und
melodischen Wendungen schon bestimmt, aus dem der Meister nur
selten herausgedrängt wird und innerhalb dessen Grenzen er eine
große Mannichfaltigkeit entwickelt. Denn das ist eine Eigenthüm=
lichkeit, die sich von jetzt ab immer entschiedener geltend macht: der
Kreis seiner Ausdrucksmittel wird eher verengt als erweitert, aber
in der besondern Darstellung und Gruppierung derselben ist er
unerschöpflich. Wie Schubert durch den wahrhaft verschwen=
derischen Reichthum seiner Mittel imponiert, interessiert Mendels=
sohn durch die weiseste Sparsamkeit, die doch auch nie zu jener

kalten Berechnung der Berliner Künstler wird. Seine Lieder sind
daher weniger mächtig ergreifend, als anziehend und fesselnd, und
gerade damit kam er dem Bedürfniß seiner Zeit in der edelsten
echt künstlerischen Weise entgegen. Schon das nächste Liederheft
Op. 34. enthält die Lieder, die ihn zum Liebling eines großen
Theils der Nation machten: „Leucht't heller als die Sonne," „Auf
Flügeln des Gesanges," „Es brechen im schallenden Reigen" und
„Ringsum erschallt in Flur und Wald." Wer wollte verkennen,
daß diese Lieder alle im Sinn und Geiste der größten Meister
empfunden sind, daß aber der Ausdruck auf jenes Maß zurück=
geführt und abgeschwächt ist, das ihnen die weiteste Verbreitung
sichert. Mendelssohn fühlte, daß sein Sehnen, Wünschen und
Hoffen das einer ganzen großen Gesammtheit ist, und so empfand
er keinen Drang darüber hinauszugehen; es in weniger leicht faß=
lichen, aber mehr vertieften Formen auszutönen. Seine Melodien
und Harmonien, seine Rhythmen wie seine Clavierbegleitungen ver=
leugnen selten ihre immer gleiche Abstammung; aber immer weiß er
sie auch in neuer Gestaltung vorzuführen. Sie erscheinen uns als
alte liebe Bekannte, die in ihrer neuen Gewandung und ihrer
immer erneuten Jugendfrische nur um so willkommener werden.
Daß Mendelssohn in diesem Streben große Bedeutung weniger
für die Kunst, als für die Culturgeschichte seiner Zeit gewann,
leuchtet von selbst ein. Mit dieser vermittelnden Thätigkeit führte
er die heiligen Gefühlsströmungen der größten Meister sicherer und
schneller in die weitesten Kreise der Gesellschaft, als dies auf andere
Weise geschehen wäre. Eine eigentliche Entwicklung konnte er aber
allerdings bei dieser Richtung nicht haben. Nachdem er den for=
mellen Ausdruck gefunden, galt es nur, diesen der jeweiligen Auf=
gabe gemäß umzugestalten. Etwas positiv Neues bringt daher keins
der nächsten Hefte, dagegen wieder einige Lieder, in denen die
liebenswürdige Persönlichkeit des Tondichters in ihrer ganzen herz=
gewinnenden Anmuth sich ausspricht. Das nächste Heft (Op. 47.)
schon enthält jenes Lied, das einen Grundzug des deutschen Gemüths
so trefflich austönte, daß es in allen Schichten und Kreisen des
deutschen Volks sich mit gleicher Schnelligkeit festsetzte, das Volks=
lied: „Es ist bestimmt in Gottes Rath" und wo hätten das reizend
naive Wiegenlied: „Schlummre und träume von kommender Zeit"
und das stillselige Frühlingslied: „Durch den Wald, den dunkeln,

geht holde Frühlingsmorgenstunde" desselben, oder das, mit den prächtigsten Farben und der ganzen Gluth des Südens gezeichnete Venetianische Gondellied: „Wenn durch die Piazetta die Abendluft weht" des nächstfolgenden Hefts (Op. 57.) je ihre Wirkung verfehlt? In wem erwecken nicht die beiden herrlichsten Lieder des nächsten Hefts (Op. 71.), Klingemann's Frühlingslied: „Der Frühling naht mit Brausen" und das Eichendorff'sche Nachtlied: „Vergangen ist der lichte Tage," Empfindungen der ernstesten und heiligsten Art?

Die Lyrik Mendelssohn's ist so, obgleich subjektiv in hohem Grade, doch eine Massenlyrik geworden und dadurch brachte er, und das ist vielleicht sein Hauptverdienst, den mehrstimmigen Liedergesang wiederum zu hoher Blüte. Ueber sein Verhältniß zum Männergesang haben wir uns hinreichend ausgesprochen. Den gemischten Gesangchören liegt die Gefahr, in einem unkünstlerischen Treiben sich zu verlieren, weit weniger nahe, als den Männerchören. Sie haben von jeher seit ihrer Verallgemeinerung sich mit besonderer Vorliebe der Pflege der höchsten Kunstgattungen zugewendet, und diejenigen, welche vorwiegend die Hausmusik pflegen, fanden in den Frauen das läuternde Element. Die Achtung vor den Frauen, die noch immer ein Grundzug des deutschen Charakters ist, und ihr natürlicher Tact waren bisher immer noch im Stande, die Laune der Männer zu zügeln, daß sie in ihrer Gegenwart nicht gleich zügellos ausbrach, wie nur zu häufig in den Männerchören. Seit Jos. Haydn seine Quartetten und Mozart seine Canons für diese Kreise schrieben, wandte sich ihm allerdings lange Zeit kein Meister von Bedeutung zu. Von Beethoven wären nur „Meeresstille und glückliche Fahrt," das „Bundeslied" und das „Opferlied" zu nennen, und Carl Maria von Weber und Franz Schubert fühlten sich vom Männerchorklange mehr angezogen. Aber dieser Zweig der Gesangsliteratur war doch immer in Händen von tüchtigen Musikern, wie Gottfried Weber, Andreas Romberg, C. Eberwein, A. F. Annacker und J. W. Berner.

Mendelssohn führt auch auf dies Gebiet in seinen: „Vierstimmigen Liedern im Freien zu singen" alle die, in seiner Individualität abgeklärten Elemente des Musikempfindens seiner Zeit hinüber, und sie trugen dort fast noch herrlicher und rascher Frucht, als seine einstimmigen Lieder. Dieser vierstimmige Liedergesang ist so recht Mendelssohn's eigenstes Lebenselement geworden. Er stellt nirgends Anforderungen, die außerhalb der Individualität des liebenswürdigen Künstlers lagen. Die subjektive Vertiefung wie die Verdichtung zu großen und weit angelegten Tonbildern ist dem Chorgesange eben so fremd als unserm Tondichter. Psychologisch subtile Feinheiten der Empfindung finden nur so weit auch hier Berücksichtigung, als sie sich noch in Chorweise darstellen und dem Gesammtempfinden vermitteln lassen — und gerade hierin liegt Mendelssohn's unübertroffene Meisterschaft. Sein Empfinden ist das Gesammtempfinden seiner Zeit, aber in feinster und freiester Durchbildung. Dabei gab ihm der vierstimmige Chorsatz die beste Gelegenheit, die an Bach und Händel geschulte Chortechnik zu verwenden, und daß und wie Mendelssohn dies thut, macht seine Chorlieder für alle Zeit zu Mustern dieser Gattung. Der polyphone Begleitungsstyl, den Schubert dem Liede gewonnen hat, erlangt im Chorliede jetzt höchste Bedeutung und der feinsinnig gestaltenden Hand Mendelssohn's eröffnet sich ein weites Feld für seine, im Kleinen so reizende, ordnende Thätigkeit. Der Chorgesang bietet ihm immer neue Wege, sein bescheidenes Material anders zu gestalten, seine Melodien ausdrucksvoller in einander zu fügen, seine Harmonien klangvoller auszuprägen und seine Rhythmen und das Versgefüge bestimmter herauszubilden, und er gelangt dadurch zu einer Mannichfaltigkeit des Ausdrucks, die er in keiner andern Gattung der Tondichtung erreichte.

So erscheint das Mendelssohn'sche Lied durchaus als ein Fortschritt in der Entwicklung des Liedes, der indeß mehr practisch als künstlerisch bedeutsam ist. Das Lied Mendelssohn's ist knapper in der Form, aber es erreicht diese nur in der Schwächung des Ausdrucks, und das war mehr für die Verbreitung, als für die künstlerische Weiterbildung des Liedes eine Nothwendigkeit. Größere Bedeutung erlangte auch für das Lied derjenige Meister, welcher jene knappe Liedform fand, ohne den Gesammtausdruck abzuschwächen:

**Robert Schumann.** Dieser wunderbarste der neuern Tondichter ist am 7. Juli 1810 zu Zwickau in Sachsen geboren. Sein Vater, ein angesehener und wohlhabender Buchhändler im genannten Orte, scheint ihn für das Studium der Rechtswissenschaft bestimmt zu haben, und ließ ihn deshalb nicht nur das Gymnasium der Vaterstadt besuchen, sondern sorgte auch für Förderung einer umfassenden Bildung anderweitig. Dazu gehörte auch der Unterricht im Clavierspiel und der junge Schüler entwickelte namentlich in dieser Disciplin schon früh eine eigenthümliche Thätigkeit. Sein ungewöhnliches musikalisches Talent entfaltete sich zu immer größerer Bedeutung und früh schon ist er mit Compositionsversuchen beschäftigt. Doch der Plan, die Künstlerlaufbahn zu verfolgen, scheint erst in Heidelberg, wohin er im Jahre 1830 gieng, um seinen akademischen Cursus zu absolvieren, namentlich durch den Verkehr mit Thibaut, einem seiner akademischen Lehrer und eifrigen Pfleger der altitalienischen Kirchenmusik geweckt worden zu sein und kam erst in Leipzig, seinem spätern Aufenthaltsort, zur Reife und Ausführung. Das geschah zu einer Zeit, als das Virtuosenthum in vollster Blüte stand, und so war es wol natürlich, daß auch er diesem allgemeinen Zuge folgte. Allein der ungestüme Eifer, mit dem er sich den technischen Studien zuwandte, scheint ihm eine Lähmung des einen Fingers zugezogen zu haben, und dadurch wurde er an der Verfolgung seines ursprünglichen Planes gehindert. Um so größeren Fleiß verwandte er auf die Composition. Neben ernstern Studien, die er unter Leitung des damals in Leipzig thätigen Musikdirector Dorn vornahm, componierte er fleißig und schon um das Jahr 1832 erschienen seine ersten Clavierwerke: „Die Variationen" über den Namen „Abegg" und „Die Papillons." Es ist in der Richtung der ganzen Zeit ebenso, wie in der Individualität Schumanns selbst tief begründet, daß er sich Anfangs ausschließlich mit Clavierwerken beschäftigte. Erst nachdem er hierin eine große Macht des Ausdrucks erlangt, und nachdem seine reiche Innerlichkeit in der Liebe zu der genialen Künstlerin Klara Wieck, seine nachmalige Frau, einen erhöhten Aufschwung genommen, wendet er sich auch dem Vocalen zu und so erschien als Op. 24. das erste Liederheft, der Liederkreis von Heine.

Mittlerweile waren seine Kunstprincipien, zum Theil neu, zum Theil noch unausgesprochen, so mächtig in ihm geworden, daß es ihn drängte, auch diesen Anerkennung zu verschaffen. Schubert und Mendelssohn, wie später Chopin galten der gesammten Fachkritik immer noch nur als liebenswürdige Specialitäten und nicht als die nothwendige Consequenz der gesammten musikalischen

Entwicklung. Um dies zu vermitteln, um die Anerkennung der
Nothwendigkeit jener Meister in der Entwicklung seit Bach herbei-
zuführen und das Princip dieser Entwicklung festzustellen, gründete
Schumann mit gleichgesinnten und gleichstrebenden Tonkünstlern
die „Neue Zeitschrift für Musik," deren erster Jahrgang 1834
erschien. Welch großen Einfluß auf den Gang der Entwicklung der
Kunst er dadurch gewann, kann uns hier nicht weiter beschäftigen.
Seine Hauptthätigkeit blieb indeß nach wie vor die Composition.
Im Jahre 1841 schrieb er seine erste Symfonie und nun folgen
seine musikalischen Veröffentlichungen in fast unheimlich gesteigerter
Progression.

Auch als Lehrer war er an dem in Leipzig errichteten Conservatorium der Musik thätig, bis er 1845 nach Dresden übersiedelte.
Um das Jahr 1850 folgte er einem Rufe als städtischer Musikdirector nach Düsseldorf und war auch in dieser Stellung rastlos
thätig, bis 1853 jenes schreckliche Ereigniß eintrat, das seinen Geist
umnachtete und ihn noch lebend seiner Familie und seiner Kunst
entriß. Die bangen Hoffnungen seiner zahlreichen Freunde wurden
nicht erfüllt: der Irrsinn, der so früh eine reiche und gesegnete
Thätigkeit hemmte, verließ ihn nicht wieder bis an seinen am
29. Juli 1856 erfolgten Tod.

In Robert Schumann begegnen wir wieder einer folge-
richtigen consequenten Entwicklung. Mendelssohn läßt eine
solche eigentlich ganz vermissen, und Schubert gewinnt sie nur in
seinen Dichtern und der eigenthümlichen Stellung, die er ihnen
gegenüber einnimmt. Diese letztere gestaltet sich wiederum bei
Schumann anders als in Schubert.

Schumann's Entwicklung nimmt vom Clavier ihren Ausgang und schon in seinen Compositionsversuchen der frühesten
Jugend macht sich die Richtung geltend, welche der Meister einschlug.
Schon früh versuchte er Scenen des Kinderlebens auf dem Piano
in freien Phantasien darzustellen, und dieser Zug, die Musik zum
Träger seiner Innerlichkeit zu machen, ist die Grundlage seiner
gesammten Wirksamkeit geworden.*) Alles, was ihn irgendwie

---

*) Es sei uns erlaubt, einiges aus der Charakteristik Schumann's, die
wir bereits früher (Von Bach bis Wagner. Zur Geschichte der
Musik. Berlin bei Guttentag. 1861.) versuchten, hier herüber zu
nehmen.

anregt, sucht er in sich musikalisch zu verarbeiten, für den Ausdruck
der Tonsprache zuzurichten, und dabei geht ihm fast jenes andere
Ausdrucksmittel, die Wortsprache, verloren. Inmitten jenes regen
Lebens, das er namentlich in Leipzig hervorrief, war er eigentlich
schon ein einsamer, wortkarger Träumer, der stundenlang dem
buntesten Treiben anscheinend theilnahmlos gegenüberstand, und erst
eine musikalische Kundmachung verrieth, wie ihm von alle dem
nichts entgangen, wie jeder einzelne Zug schaffend und bildend sich
seinem Geiste aufgeprägt hatte. Das Instrumentale fügt sich solchem
Zuge natürlich am Erfolgreichsten und daher erstreckt sich Schumann's Thätigkeit zunächst ausschließlich auf die Claviercomposition.
Er schafft wieder unter dem Einfluß eines ganz bestimmten Objekts,
aber in anderer Weise, wie jeder der vorhergehenden Tondichter.
Während bei Beethoven und dann bei Mendelssohn die
reale Welt und ihre Darstellungsobjekte nach ihrer begrifflichen
Seite vielfach in die künstlerische Darstellung hineinragen, ist dies
bei Schumann immer seltener der Fall. Seine wunderbar reiche
Phantasie umrankt das ursprüngliche poetische Bild mit einer so
überaus reichen Fülle von Arabesken, daß dies meist schließlich ganz
verloren geht, daß man immer weniger leicht den eigentlichen Ausgangspunkt erkennen kann. Solch äußere Situationsmalerei, die
wir noch häufig bei Schubert und Mendelssohn finden und
die noch ein Hauptzug in den Papillons ist, verschwindet gar bald
gänzlich. Schon sein „Carneval" ist ohne jede Beziehung zur
realen Wirklichkeit, ein zwar gestaltreiches, aber durchaus phantasti-
sches Bild, und endlich verlieren auch seine Objekte, diese Bilder
selbst schon ihre Beziehung zur äußern Welt. In den „Davidsbündlertänzen" ist es eben nur ein geträumter Kampf, in den
„Kinderscenen," die, in der Erinnerung heraufbeschworene Kinderwelt, in der „Kreisleriana" ein phantastisch aufgeputzter Lebenslauf
und in den „Phantasiestücken" sind es förmliche Visionen, welche
die Phantasie des Tondichters erfüllen und in ihr zu Tonbildern
sich verdichten. Schumann tritt dadurch in viel nähere Verwandtschaft zu Schubert als zu Mendelssohn. Er faßt wie
jener das geheime Weben der Phantasie nach ihrem innersten
Wesen, aber mit noch größerer Sorgfalt und Emsigkeit die einzelnen
Regungen und Verschlingungen desselben verfolgend. Und während
Mendelssohn nur nöthig hatte, die Schubert'sche Technik in

seiner Weise umzugestalten, war die gesammte Technik, und zwar sowol die der Composition wie die des Claviers nicht zureichend, um seine Tonbilder darzustellen, er mußte beide umgestalten, mußte sich eine neue Technik schaffen. Jenes Bestreben, seinen Darstellungsobjekten die Beziehung zur realen Welt zu nehmen, hat nothwendig zur Folge, daß er sich von vorn herein mehr dem polyphonen, als dem homophonen Styl zuwendet. Der polyphone Styl erst nimmt dem Darstellungsmaterial das Stoffliche seiner Existenz, drückt der Materie den Stempel des Geistes auf, und wo Schumann mehr in Accorden schreibt, da geschieht dies in so eigenthümlichen, meist weiten Tonlagen, daß sie wiederum dadurch das Derbsinnliche ihrer materiellen Erscheinung verlieren, daß sie in die geistigere, ideale Sphäre der Polyphonie erhoben werden.

Diese Eigenthümlichkeit seiner Individualität erklärt auch die freie Behandlung der Harmonie und des Rhythmus. Wir werden hier ganz bedeutenden Abweichungen von der Weise aller vorhergehenden Tonkünstler begegnen. Man hat ihm namentlich in Beziehung hierauf häufig ein Haschen nach Originalität vorgeworfen und gewiß immer mit Unrecht. Eine Individualität wie die seine, originell und mit so durchaus neuen und selbständigen Kunstprincipien, hat nicht nach Originalität, sondern nur nach faßbarer Darstellung zu ringen, und nicht jene, sondern diese macht ihm Noth. Wir möchten daher an Schumann nichts „gesucht," sondern nur manches für „nicht gefunden" erklären. Eben weil seine Technik eine wesentlich andere als die hergebrachte sein mußte, und weil sie sich auch nicht so natürlich aus jener entwickeln ließ, blieb sie oft hinter seinen Intentionen zurück, und er fand bei der eigenthümlichen Hast seines Schaffens nicht immer die entsprechende Vermittelung. Zu alle dem kommt noch, daß, wenn man auch einerseits gerade in den kleineren Formen die größte formelle Abrundung mit allem Recht fordern muß, doch auch wiederum gerade in ihnen die subjektivste Freiheit herrschen darf. Wenn nur die Persönlichkeit des Tondichters eine bedeutende, anziehende ist, so versenken wir uns gern in dieselbe mit all' den Schrullen und Unebenheiten. Wie viel aber in der Schumann'schen Persönlichkeit allgemein Menschliches lebt und schafft, das beweist er zuerst schlagend in seinen Liedern.

Hier gewinnt er wieder, wie Schubert, eine ganz bestimmte Stellung zu seinen Dichtern, so daß durch ihn gewisse Dichter-

individualitäten musikalisch wiedergeboren werden. Wie Schu=
bert dem größten Dichter der alten Lyrik, Göthe, sich zunächst
anschließt, so Schumann dem größten der neuen: Heinrich
Heine, und in dieser Stellung zu ihren Dichtern liegt zugleich
ein tief greifender Unterschied beider so eng verwandten Künstler=
naturen.

Nach der einen Seite sollte schon Franz Schubert die
Eigenthümlichkeit Heine'scher Lyrik darstellen, in dem mehr reci=
tierten Liebe. Die ganze Tragik der Grundstimmung kommt darin
zu ergreifendem Ausdruck. Allein diese Tragik ist ja doch nur die
eine Seite der Heine'schen Lyrik, die andere bleibt von diesem
Liedstyl unberührt. Mendelssohn konnte ihr ebenfalls nicht
näher kommen, er gewann auch hier nur formelle Bedeutung. Erst
Schumann erfaßte den ganzen Heine, indem er sich wie dieser
über die Wogen seines Gefühls stellt, sie beherrscht und sich von
ihrer Macht befreit, und dadurch den Standpunkt gewinnt, den
die Romantiker einseitig genug den ironischen nennen.

Heinrich Heine bezeichnet nicht nur die Vollendung, sondern
zugleich die Auflösung der Romantik. Die romantische Schule, die
in den neunziger Jahren des vorigen Jahrhunderts etwa entstand,
hatte Anfangs sich die Aufgabe gestellt, alle Erscheinungen der
Kunst und Wissenschaft durch die Poesie dem Leben zu vermitteln,
so daß gewissermaßen das gesammte Gebiet des Geistes wie des
Lebens in der Poesie ihren Brennpunkt finden sollte; allein
nur zu bald verlor sie dies reelle Princip und verlief sich in
das Phantastische. Sie erbaute sich mit phantastischer Willkür
eine eigene Welt, die in ihrem directen Widerspruch mit der
realen Welt nur aus verschwommenen Nebelbildern zusammen=
gesetzt sein konnte und nothwendig zur Carricatur werden mußte.
Die Romantiker hatten die ganze Welt für eitel erklärt und
zu einem Spiel des souverainen Ichs gemacht; Heine zog die
letzte Consequenz, indem er dieses Ich selbst für eitel erklärte
und es mit der ganzen Schärfe seiner Skepsis zersetzte, und
er vollbrachte dadurch zugleich die Auflösung der Romantik:
„Mit der Zauberruthe der Romantik hob er noch einmal ihre
goldenen Schätze, um sie dann mit kühnem Spott in die Lüfte zu
streuen." Den ganzen erborgten Apparat der Romantik: Feen
und Nixen, Gespenster und marmorblasse Leichen, Todtenhemb

und Sarg beschwört er noch einmal herauf, um sie dann unerbittlich
über Bord zu werfen.

So erklingen die Saiten seines Herzens in Accorden und
Melodien, so voll und so weich, wie vor ihm nur bei einem, bei
Göthe; aber sie erklingen meist erschütternder nur deshalb, weil
sie selten so rein gestimmt sind, wie bei jenem. In Schubert
nun wird nur jene tiefsinnige, weihevolle Liebesandacht der Heine=
schen Lyrik musikalisch lebendig, nicht auch ·ihre skeptische Ver=
wüstung. Schubert nimmt Heine gegenüber noch ganz den
keuschen Standpunkt ein, wie Göthe und Wilhelm Müller
gegenüber. Er vertieft sich in die Heine'sche Lyrik noch mit dem=
selben Ernst, wie in die Göthe'sche, und die größere Kürze und
Prägnanz jener veranlaßt ihn nur die Form noch entschiedener
und schlagfertiger zusammen zu halten und innerhalb derselben dem
Wortausdruck mit größerer Sorgfalt nachzutrachten. Schubert
steht zu sehr unter der Herrschaft seines eigenen überfluthenden
Empfindens, als daß er jenen sogenannten ironischen Standpunkt
hätte finden können. Schumann's ganzer Bildungsgang führte
ihn unmittelbar darauf hin. Dieser wird von vorn herein in und
durch die Romantik bestimmt, und in der kritischen, wie in der
selbstschöpferischen Thätigkeit Schumann's ist der Einfluß nament=
lich E. T. A. Hoffmann's unverkennbar. Eins der bedeutend=
sten Clavierwerke: „Die Kreisleriana" weist direct darauf hin.
Wir finden ihn viele Jahre ausschließlich mit Clavierwerken beschäf=
tigt und ernstlich bemüht, bestimmte Tonbilder zu entwerfen und
auszuführen, die Anfangs nur noch im Zusammenhange mit der
realen Welt stehen, ihn nach und nach aber immer mehr verlieren.
Selbst diejenigen, die diesen Zusammenhang noch zeigen, wie die
„Papillons" und „Kinderscenen" mußte er in seiner Phantasie erst
wieder mit Hülfe des Gedankens reconstruieren, um sie dann erst
seinem Empfinden zu vermitteln.

Diese Weise der Production entspricht aber der der Romantiker
vollständig. Daher wurde es Schumann auch nicht schwer, Heine
gegenüber den richtigen Standpunkt einzunehmen. Von Schubert
eignet er sich zunächst jenen recitierenden Liedstyl an, und zwar so
energisch ausgebildet, daß sich diese von allen übrigen seiner Lieder
wesentlich unterscheiden. Er führt ihn zugleich bedeutsam über
Schubert hinaus. Bei jenem ist die Clavierbegleitung nothwendig,

um die strophische Liedform herauszubilden. Schumann dagegen
stuft die Accente melodisch ab, daß die einzelne Strophe nicht so wol
durch einen bestimmt melodischen Zug, sondern eben vielmehr nur
durch die melodisch abgestuften Accente nach den Reimschlüssen hindrängt. Es gilt dies noch weniger von dem ersten Cyklus Heine-
scher Lieder, den Robert Schumann veröffentlichte, Op. 24.:
„Liederkreis von Heinrich Heine," und ebenso von denen, welche
der folgende Liederkreis: „Myrthen" Op. 25. enthält. Die Lieder
des ersten Cyklus: „Morgen steh' ich auf und frage," „Es treibt
mich hin," „Ich wandelte unter den Bäumen," „Lieb Liebchen,
leg's Händchen," „Schöne Wiege meiner Leiden," „Warte, warte
wilder Schiffsmann," „Berg und Burgen schau'n herunter,"
„Anfangs wollt' ich fast verzagen" und „Mit Myrthen und Rosen"
sprechen das allerdings meist schon krankhafte Gefühl noch mit dem
ganzen magischen Zauber der Sprache seines tief erregten Herzens
aus, ohne all und jeden Nebengedanken. Sie boten wenig Veranlassung zu einer von jener Weise Schubert's wesentlich
abweichenden Behandlung, und Schumann hat auch einzelne, wie:
„Schöne Wiege meiner Leiden" und „Mit Myrthen und Rosen"
viel inniger und melodisch weicher gehalten, als selbst Schubert
seine mehrfach erwähnten Lieder Heine's. Weniger noch bieten
die in der nächsten Sammlung Op. 25. veröffentlichten Lieder des
genannten Dichters formell oder ideell etwas Abweichendes. Die
Lieder: „Die Lotosblume ängstigt," „Was will die einsame Thräne"
und „Du bist wie eine Blume" sind mit all' der tiefen weihevollen
Andacht gesungen, deren bisher nur Schubert fähig war, und sie
gehören in ihrer berückenden Wahrheit und Weichheit der Stimmung
zu dem Vollendetsten, was im Liedfache je geleistet worden ist und
sind längst die Lieblinge des deutschen Volkes geworden. In einigen
andern Liedern aus Op. 25. macht sich entschieden schon ein Suchen
nach dem neuen Standpunkt geltend, sie sind aber unfertig und
schwanken zwischen dem Ton der Ballade und dem der lyrischen
Stimmung, wie: „Es treibt mich hin, es treibt mich her" und
das Lied: „Lieb Liebchen, leg's Händchen auf's Herze mein" wird
dadurch fast komisch blasirt. Vollständig gewinnt Schumann den
neuen, jenen ironischen Standpunkt, von welchem aus er auch die
tragische Gewalt der Stimmung erfaßt, erst mit dem Liedercyklus
von H. Heine Op. 48.: „Dichterliebe." Der Cyklus ist Frau

Wilhelmine Schröder-Devrient gewidmet, ein sehr beachtens-
werther Umstand für jeden, der da weiß, wie unübertroffen diese
berühmte Sängerin im Vortrage des mehr recitierenden Liedes
dasteht, und es ist bekannt, daß sie namentlich mit dem Liede: „Ich
grolle nicht" ungeheure Erfolge errang.

Das melodische Gefüge der Lieder dieser Sammlung erst entspricht ganz der Weise, die wir bereits zu charakterisieren versuchten.
Jedes einzelne bietet eine so sorgfältige Declamation, wie sie wol
noch nie, weder vor -noch nach Schumann versucht worden ist,
doch nicht recitativisch, wie vorherrschend noch bei Schubert,
sondern in einem durchaus gefestigten strophischen Versgebäude.
Die einzelnen Accente sind so fein abgestuft, daß sie sich zwar nicht
zu melodischem Schwunge erheben, aber doch in ihrer Gegenwirkung
sich zu festen Formen zusammenfügen. Eine andere Behandlung
lassen die Worte hier auch kaum zu. Sie deuten ja den ganzen
Reichthum der Empfindung nur ganz oberflächlich an, ohne ihn,
wie bei Göthe, auch weiter auszuführen. Diese Ausführung übernimmt naturgemäß und erfolgreich die Clavierbegleitung. Man hat
dem Meister diese Behandlung vielfach zum Vorwurf gemacht, und
doch ist sie für das Heine'sche Lied die einzig richtige; daran aber,
daß seine talentlosen Nachahmer kritik- und gedankenlos diese nur
für das Heine'sche Lied nothwendige Weise für die ganze Gattung
wählten, ist er ohne Schuld.

Die Lieder Heinrich Heine's beginnen meist so mitten aus
der Stimmung heraus empfunden, daß ein ausgeführtes Vorspiel
nothwendig wird, um die Voraussetzungen, welche der Dichter ver-
schweigt, zum Mindesten anzudeuten, wenn es nicht dem Tondichter
zweckmäßiger erscheint, auch hier dem Poeten zu folgen, und wie in
den Liedern: „Im wunderschönen Monat Mai," „Ich will meine
Seele tauchen," „Das ist ein Flöten und Geigen" und „Am
leuchtenden Sommermorgen" mit Accorden zu beginnen, die, weil
sie in dem ursprünglichen Harmonisationsprozeß keine Accordreihe
beginnen, sondern zu ihrer Voraussetzung andere haben, uns ebenfalls sofort mitten hinein in die Stimmung versetzen.

Ferner eröffnet der Dichter in der Schlußpointe meist so weite
Perspectiven, daß der Tondichter, der dem Poeten vollständig nach-
zuempfinden trachtet, zu weit ausgeführten Nachspielen gedrängt
wird. Solche Lieder sind in dem angegebenen Cyklus: „Ich will

meine Seele tauchen," „Im Rhein, im heiligen Strome," „Und
wüßtens die Blumen, die kleinen," „Das ist ein Flöten und Geigen,"
„Hör' ich ein Liedchen klingen," „Ein Jüngling liebt ein Mäd=
chen," „Am leuchtenden Sommermorgen," „Aus alten Mährchen
winkt es" und „Die alten bösen Lieder," und in diesen Nachspielen
ganz besonders, mehr noch als in den Vorspielen entfaltet Schu=
mann eine solche Meisterschaft des Ausdrucks, er versenkt sich so
liebevoll hingebend in die Intentionen des Dichters, daß diese uns
dadurch erst lebendig gegenwärtig werden. Das ist nun allerdings
auch vorwiegend instrumentale Vertiefung des lyrischen Ausdrucks,
aber sie ist doch ganz anderer Art und von andern Voraussetzungen
ausgehend, wie bei Beethoven. Dieser Meister sucht für einen
bereits vocal gewonnenen und vollständig ausgesprochenen Gefühls=
inhalt auch einen immer reicher ausgestatteten instrumentalen Aus=
druck. Das Heine'sche Lied ist vocal gar nicht vollständig zu
erschöpfen, und so sucht Schumann das vocal nur angedeutete,
instrumental selbständig auszuführen. Die Clavierbegleitung erlangt
allerdings gegen die Singstimme ein Uebergewicht, welches sie bei
Schubert nicht hat. Während sich bei ihm eine selbständig heraus=
gebildete Melodie mit einer möglichst selbständig geführten Clavier=
begleitung zu gemeinsamen Ausdruck verbinden, ist das Vocale in
den genannten Liedern Schumann's gewissermaßen nur das Gerippe,
dem erst die Clavierbegleitung Leben einhaucht. Im Allgemeinen
wird nur in jener Weise Schubert's die höchste Liedgestalt erreicht
werden, allein diese Heine'schen Lieder machen in ihrer Aus=
nahmestellung die veränderte Weise Schumann's nothwendig.
Dabei wird das Vocale hier noch nicht durch die reiche instrumentale
Ausführung überwuchert, sondern nur bedeutsamer hervorgehoben.
Da es zu einem festen Versgefüge zusammengefaßt ist, so tritt es
der Begleitung gegenüber, die in durchsichtigem Figurenwerk auf=
gelöst wird, augenfällig plastisch heraus. Ist dies Versgefüge
weniger gedrängt herausgebildet, wie in dem erschütternden Liede:
„Ich grolle nicht," giebt auch die Begleitung ihre Sonderstellung
auf und unterstützt die zu ergreifender Gewalt herausgebildeten
Accente durch eine gewaltige, zu heroischer Schlagkraft aufgelöste
Harmonik. In allen übrigen Liedern gelangt sie zu einer großen
Selbständigkeit; in einzelnen, wie in dem: „Das ist ein Flöten und
Geigen" derartig, daß sie auch losgetrennt vom Gesange selbstredend

ist, und wir meinen mit vollem Recht. Auch die weichste und innigste Melodie, wenn überhaupt eine solche zu den Worten zu finden war, würde nimmer das, was sich hinter ihnen verbirgt, haben wiedergeben können, weil das überhaupt vocal unmöglich ist. Daher singt Schumann seine Melodie in der angegebenen Weise und die Clavierbegleitung übernimmt die Darstellung des Bildes von dem Hochzeitsreigen, das in der Phantasie des Dichters lebendig wurde und das Gedicht erzeugte.

Ehe Schumann zu diesem erschöpfenden musikalischen Aus= druck Heine'scher Lyrik gelangt, versuchte er die musikalische Wiedergeburt bestimmter hervorragender Dichterindividualitäten, wie Justinus Kerner, Friedrich Rückert, Joseph Freiherr von Eichendorff, Adalbert von Chamisso, Emanuel Geibel, Robert Reinick, Lord Byron, Robert Burns und sogar Wolfgang von Göthe.

Obwol Justinus Kerner dem Genius Schumann's viel Verwandtes entgegen bringt — der tiefe Schmerzenszug, wie die unend= liche Sehnsucht nach einem Ueberirdischen in den Liedern Kerner's sind Schumann so nahe verwandt, daß er für beide den treffend= sten musikalischen Ausdruck fand — so vermochten sie doch keinen eigenen Liedstyl in ihm zu erzeugen, weil die Individualität des Dichters selbst nach diesen Seiten nicht entschieden ausgeprägt ist. Naturfrische, lebenswahre Empfindung in echt volksthümliche For= men gegossen, wechselt bei ihm mit nebelhafter, magischer Ver= schwommenheit an jenen erborgten, mit romantischem Raffinement zugerichteten Apparat veräußert, und von beiden wird auch Schu= mann so festgehalten, daß er nirgends über sie hinaus zur Ver= mittelung kommen konnte.

In jener „Liederreihe" von Just. Kerner Op. 35. steht auch bei Schumann volksthümlich wahr Empfundenes neben romantischem Raffinement, und wie er der gesammten Dichter= persönlichkeit keine bestimmte Physiognomie verleihen konnte, so brachte er es selbst in den einzelnen Liedern nur in No. 4.: „Erstes Grün" und No. 9.: „Stille Liebe" zu einem wirklich einheitlichen Stimmungsbildchen.

Nur wenig günstiger gestaltet sich sein Verhältniß zu Fried= rich Rückert. Zwar bilden bei ihm „Natur und Liebe" den sichtbaren Faden, an dem die Perlen einer reinen Lebensweisheit, eines tiefen Gemüths und hoher Gedanken an einander gereiht werden," allein „seine Muse sammelt Blumen, Blüten und Früchte in Deutschland, Italien, Griechenland, Arabien, Persien und Indien; er singt vom stillen häuslichen Kreise, von Erde und Himmel, von den zartesten Rührungen, von den dunkelsten Geheimnissen des Herzens, vom Sturme der Leidenschaften und von der Begeistrung für Freiheit und Vaterland; bald süß und tändelnd, bald ernst und donnernd, bald in freier Form des Volksliedes, bald in den kunstreichsten Rhythmen; jetzt ergriffen vom Hochgefühl des Erhabensten, dann kindliche Mährchen erzählend, nun die schwierigsten Stoffe durchführend, dann in flüchtigen Scherzen reimend;" und in diese Masse von Formen und Tönen vermochte er nur durch die Meisterschaft, mit der er Sprache und Verskunst beherrschte, einen gewissen einheitlichen Zug zu bringen. Dieser aber genierte Schumann augenscheinlich. Nur wo ihm, wie bei Heine, in dem knappsten Rahmen ein bedeutender Inhalt dargeboten wird, vermag er auch das sprachliche Versgefüge sicher und fest auszuprägen; und hinter Rückert's Verskunst verbirgt sich nicht selten der Mangel an Inhalt und warmen Gefühl. So vermochte Schumann diesem Dichter ebenso wie Justinus Kerner gegenüber einen sichern Standpunkt nicht zu gewinnen. Einzelne Lieder, namentlich die in Op. 25. veröffentlichten, singt er mit der ganzen Weiche und Süße und dem großen Reichthum seiner eigenen Innerlichkeit. Oben an steht das weit verbreitete: „Du meine Seele," das Schumann's Ruf in der Oeffentlichkeit eigentlich erst fest begründete. In den „Zwölf Gedichten aus Rückert's Liebesfrühling," die er, ein charakteristisches Zeichen, mit seiner Gattin Clara vereint, herausgab, hindert der große Wortreichthum und die Breite und Behaglichkeit, die den Dichter wenig über eine anmuthige und beschauliche Reflexion hinauskommen läßt, den melodischen Schwung und die rhythmische Festigung derartig, daß uns die Stimmung fast durchweg nur forciert und stoßweise in einzelnen Zügen vermittelt wird. Gewiß wurde dieser Bund des in seinen Bestrebungen und Zielen sich gegenseitig ergänzenden Künstlerpaares in der Absicht geschlossen, in der gemeinsamen musikalischen Wiedergeburt des „Liebesfrühlings" den Grundcharakter der Rückertschen Lyrik um so sicherer musikalisch zu erfassen; und daß es nicht

gelang, verschuldet wol nur der Dichter, der sich und sein Wirken
so vortrefflich in dem Verse charakterisiert:

"Geist genug und Gefühl in hundert einzelnen Liedern
Streu' ich wie Duft im Wind, oder wie Perlen im Gras,
Hätt' ich in einem Gebild' es vereinigen können, ich wär' ein
Ganzer Dichter, ich bin jetzt ein zersplitterter nur."

Erst zu Joseph Freiherr von Eichendorff tritt Schumann wieder in ein bestimmtes Verhältniß. Die einseitige Richtung dieses Dichters, der aus der seligen Verschollenheit der
romantischen Welt heraus seine Lieder improvisiert, mußte auf
unsern Meister eine ganz besondere Anziehungskraft ausüben, weniger
weil sie ihm nahe verwandt war, sondern weil sie seiner Phantasie
einen reichen Stoff zu musikalischer Verarbeitung zuführte. In den
Liedern Eichendorff's kommt nie ein bestimmtes einzelnes Gefühl
unmittelbar zur Geltung, sondern er veräußert es an den ganzen
Apparat der neuen Romantiker. Waldesluft und Waldeinsamkeit,
rauschende Wipfel und die heimliche Pracht der Myrthenbäume, die
phantastische Nacht und die funkelnden Sterne und der wundersame
Märchenklang, der Wald und Flur erfüllt, werden ihm zu Trägern
seiner Empfindung, und für diese hat Schumann einen wahrhaft
luxuriösen Reichthum von Farben und Tönen. Er läßt sich so
gern durch diese poetische Zauberwelt anregen und in seinem
Bestreben, das ursprüngliche Bild mit den reichsten Arabesken zu
umranken, es in der Phantasie vollständig aufzulösen, wird er der
rechte musikalische Interpret der Lieder jener romantischen Verschollenheit. Die Clavierbegleitung wird jetzt fast noch reicher
bedacht, als in den Liedern der Heine'schen Liederkreise. Sie löst
die harmonische Grundlage, die an sich schon aus weicheren, weniger
dissonierenden Accorden zusammengesetzt ist, in viel klangvoller aus-
geweitetes Figurenwerk auf, oder stellt sie in mehr rhythmisch belebter
Weise mit feinsinniger Verwendung der Synkope dar, und leitet
namentlich hierdurch die Einführung jener harmoniefreien Töne,
die wir zuerst bei Schubert fanden und die die Stimmen zu einem
bestrickenden Gewebe verflechten, ein. Die Melodie hingegen wird
in einzelnen Liedern schon bedenklich vernachlässigt. Sie nimmt
zwar etwas von dem weichen Klange der Clavierbegleitung an, und
wird dadurch inniger als die der Heine'schen Lieder; allein der
Mangel eines bestimmten Gefühlsobjects im Text erschwert unserm

Meister die energische Herausbildung des Versgebäudes, und die Melodie verliert sich nicht selten in ein irres Umhertappen, dem kaum noch die Declamation als Leiter dient. Nur in vier Liedern des: „Liederkreis von Joseph Freiherrn von Eichendorff Op. 39.," in No. 2. Intermezzo: „Dein Bildniß wunderselig," No. 4. Die Stille: „Es weiß und räth' es doch keiner," und No. 12. Frühlingsnacht: „Ueberm Garten durch die Lüfte," ganz besonders aber No. 9. Wehmuth: „Ich kann wohl manchmal singen," das den schönsten Liedern Schubert's an die Seite zu stellen ist, wird die Liedform auch in der Melodie bestimmt ausgeprägt, und sie haben daher auch die weiteste Verbreitung gefunden. In einigen andern, wie in No. 5. Mondnacht: „Es war, als hätte der Himmel," No. 8. In der Fremde: „Ich hör' die Bächlein rauschen" und No. 11. Im Walde: „Es zog eine Hochzeit den Berg entlang" faßt der Meister, wie Schubert im „Leiermann" die Stimmung in einer bestimmten Gesangsphrase zusammen, so daß eine oder zwei Verszeilen gewissermaßen eine Strophe bilden und diese Weise ist der Eichendorff'schen Lyrik durchaus entsprechend: die Clavierbegleitung vermag ihrem eigentlichen Zuge vollständig erschöpfend ungehindert zu folgen, und das Vocale kommt, wenn auch beschränkt, zu seinem Recht. In den übrigen, namentlich in No. 2.: „Schöne Fremde" bildet der Gesang nur gewissermaßen die nothdürftig erklärende Unterschrift zu dem Bilde und seinen einzelnen Zügen, welches die Clavierbegleitung ausführt.

Erst in dem folgenden Cyklus: „Frauenliebe und Leben Op. 42." hat unser Meister wieder rein menschliches Empfinden in Liedern auszutönen, und alle Factoren des musikalischen Ausdrucks, Melodie, Harmonie und Rhythmus, gewinnen jetzt wieder gleiche Bedeutung. Der Dichter Adalbert von Chamisso versetzt sich zwar in eine, ihm ursprünglich fremde Welt, allein er thut dies mit all' der liebenswürdigen Innigkeit und Zartheit seines Naturells, und so dichtet er mitten heraus aus dem Bereiche ihres Gefühlslebens.

Dieser Standpunkt entspricht dem des Tondichters vollständig und vor Schumann fanden sich schon bedeutende Meister, wie Carl Löwe, angeregt, diesen Liedercyklus zu componieren. Doch erst diesem jüngsten Liedersänger war es vergönnt, ihn vollständig erschöpfend musikalisch wieder zu dichten. Sein Empfinden war so keusch und innig wie das eines reinen Frauenherzens, und die Tonsprache war ihm längst so geläufig geworden, daß er jetzt auch die Plastik der Formgebung wieder gewinnt.

Schumann faßt den Liedercyklus, wie Beethoven seinen „Liederkreis an die ferne Geliebte" als ein Ganzes, ohne die ein- zelnen Lieder, wie dieser, auch äußerlich in Zusammenhang zu bringen. Nur am Schluß läßt er als Nachspiel noch einmal den ersten Gesang instrumental erklingen, und wie wir meinen mit größerer Nothwendigkeit als Beethoven, der in das letzte Lied seines Cyklus die Melodie des ersten mit aufnimmt. Nachdem dem Frauenherzen „der letzte Schmerz gethan" und es sich „in sein Inneres still zurückzieht," das „sein verlornes Glück und seine Welt" nun einschließt, war es eine feinsinnige Idee, ganz unseres Meisters würdig, uns einen Blick in dies Herz zu eröffnen, indem er in der Clavierbegleitung noch einmal jene erste Weise des begin- nenden Glücks ausklingen läßt. Viel feiner noch ist aber die psycho- logische Entwicklung des Ganzen, durch welche die einzelnen Lieder unter sich verbunden sind. Hauptträger der Stimmung wird jetzt wieder die Singstimme, als das befähigtste Organ des Herzens Lust und Sehnen unmittelbar auszutönen; Strophe und Versbau finden auch in der Melodie ihre musikalische Darstellung, und zwar nicht nur durch die feine Abstufung der declamatorischen Accente, sondern in wirklich melodischer Gliederung. Selbst in den beiden Nummern, in welchen der Gesang in treuem Anschluß an Stim- mung und Situation mehr declamatorisch wird, ist der melodische Zug noch so stark, daß er mit innerer Nothwendigkeit und großer Energie nach den Reimschlüssen drängt, und so das strophische Gebäude auch musikalisch darstellen hilft. Und wie feinsinnig ist das Verhältniß zwischen Gesang und Begleitung abgemessen! Die Begleitung erlangt hier nirgend ein Uebergewicht, wie noch häufig in den früheren Liedern Schumann's, und auch jener Situations- malerei begegnen wir nur einmal in dem lieblichen Brautliede: „Helft mir ihr Schwestern freundlich mich schmücken," in welchem das Nachspiel den Anfang der Melodie, zu einem Hochzeitsmarsch umgestaltet, wiederholt. Im Uebrigen folgt die Clavierbegleitung nur dem tief innerlichen Zuge der einzelnen Lieder, und zwar mit jener keuschen Rückhaltung, die ihr innerstes Wesen nie ganz

herauskehrt und die wir in gleicher Weise nur bei Seb. Bach
finden. Sie namentlich führt jetzt Schumann auf jene harmonie=
freien Töne und zu der Auflösung selbst der Grundharmonien in
melodischem Fluß, der wir auch bei Schubert begegnen. Wir
haben schon darauf hingewiesen, wie Schumann selten den voll
ausgeprägten Accord als solchen verwendet; wie er ihm mindestens
durch eine eigenthümliche Lage das materiell Massige seiner Existenz
abstreift. So behandelt zeigen ihn namentlich die beiden bereits
erwähnten, mehr recitierenden Lieder No. 6. und 8. des Lieder=
cyklus: „Frauen=Liebe und Leben,“ in denen die Begleitung zu dem
süßen Gesange nur die harmonische Grundlage giebt. Vorwiegend
löst er weiterhin den Accord in ein reich figuriertes Figurenwerk
auf, und die romantische Unendlichkeit der lyrischen Stimmung, der
unbegrenzte Drang des Herzens, der das Volkslied häufig auf den
Schluß in der Secunde mit der harmonischen Grundlage der Domi=
nant führt und die Schubert zu der mehr plagalischen Construction
der Harmonie, die in der Dominant Ausgangs= und Endpunkt
findet, drängt, wird bei Schumann so mächtig, daß er den
Dreiklang häufig in der unbestimmtesten Gestalt als Quartsextaccord
verwendet, selten, wie am Anfange des „Brautliedes“ des in
Reben stehenden Cyklus, mit leichter Berührung des Grundtons;
ja daß er mit ihm und selbst mit dem durchaus nach Befriedigung
im Dreiklang verlangenden Dominantaccord einzelne Lieder abschließt.
Allein auch diese Behandlung des Accordes ist ihm für Lieder, wie
die des genannten Cyklus, noch zu derbrealistisch. Zu jener Auf=
lösung der harmonischen Grundlage bot nur ein Lied Gelegenheit,
das „Wiegenlied“ No. 7. Der intensive Gefühlsreichthum aller
übrigen verlangt zu seiner Darstellung einen in sich gesättigten
Farbenton, den nur die Fülle des harmonischen Materials gewinnen
läßt, und diese sucht Schumann nicht durch weite Modulationen
zu erreichen, sondern durch jene harmoniefreien Töne. Wie Schu=
bert in den Liedern der Winterreise hält er sich vorwiegend nur
innerhalb der einfachsten harmonischen Construction, aber diese
selbst erleidet eine so bedeutsame Vertiefung, wie weder bei Schu=
bert, noch bei einem der Nachgeborenen.

Schubert wird durch melodischen Zug der einzelnen Stimme
auf eigenthümliche Accordgebilde geführt; Schumann durch den
melodischen Zug, der die ganze Harmonie erfaßt. Noch das erste

Lied in „Frauen=Liebe und Leben" stellt den harmonischen Fluß
durch Vorhalte= und Durchgangstöne her. Aber vom zweiten Liede
an stoßen wir auf Accordgebilde, die auch der pfiffigste Theoretiker
nimmer aus den, auch noch so demokratischen Satzungen der Tabu=
latur ableiten könnte. Sie sitzen so tief im Gefühl, daß sie auf
gewöhnlichem Wege nicht entstehen, und deshalb keiner Rechtferti=
gung bedürfen, noch viel weniger zu kategorisieren sind. Nur die
letzten beiden Lieder sind wieder einfach harmonisiert. Das Wiegen=
lied erforderte eine arpeggierte Begleitung und ihr wäre jener Har=
moniereichthum nicht förderlich geworden. Im letzten Liede aber ist
die Stimmung so herabgedrückt, daß sie nur in der ruhigsten
Entfaltung der Harmonie entsprechenden Ausdruck finden konnte.

Wie Mendelssohn der Meister der Consonanz, so ist
Schumann der Meister der Dissonanz geworden, natürlich nicht
in dem Sinne, in welchem man noch immer die letztere meint fassen
zu müssen. Nur selten führt er sie um ihrer selbst willen ein, um,
wie in dem Heine'schen Liede: „Ich grolle nicht," in schreienden
Disharmonien die ganze Tragik der Stimmung auszutönen; sie
wird ihm vielmehr zum sichersten Mittel, die Harmonie in Fluß zu
bringen, und durch Abschwächung ihrer mehr sinnlichen Wirkung
dem Ausdruck jenes mystische Hellbunkel zu verleihen, das seiner
keuschen Zurückhaltung so vollständig entspricht. Das ist wol das
bedeutsamste und am meisten charakteristische Moment seines Kunst=
styls, und er hatte es zu großer technischer Meisterschaft ausgebildet,
so daß er auch der derbrealistischen Anschauungsweise von Robert
Burns und Robert Reinick ein höheres Relief zu geben ver=
mochte, ohne sie von ihrem ursprünglichen Boden loszulösen.
Namentlich zu dem größten lyrischen Dichter Schottlands, zu
Robert Burns fühlt sich Schumann sehr hingezogen, wenn er
ihm auch nicht ein so eingehendes Studium widmete, wie seinen
andern Lieblingsdichtern. Ein solches war ja auch kaum nöthig.
Die ganze Empfindung tritt bei dem schottischen Dichter so klar und
realistisch wahr heraus, daß es nirgend nothwendig erscheint, sich
in sie zu vertiefen. Wie bei allen Volksdichtern galt es auch hier
nur, den eigenthümlichen Ton zu treffen, und das gelang unserm
Meister weniger in den Bearbeitungen der Lieder des schottischen
Volksdichters für eine Singstimme mit Clavierbegleitung, als in
den „Liedern für gemischten Chor Op. 55." In jener versucht die

Clavierbegleitung vielfach einzelne Züge des Textes schärfer zu fassen und das Lied tritt dann in der Regel aus dem, immer meisterlich angeschlagenen Volkston heraus. Wol nur zwei: Hochländisches Wiegenlied: „Schlafe süßer kleiner Donald" aus Op. 25., namentlich aber: „Dem rothen Röslein gleicht mein Lieb" aus Op. 27., dessen Begleitung ganz dem mehrstimmigen Chorsatz entspricht, halten den Volkston vollständig fest. Doch auch sie werden noch durch: „Das Hochlandmädchen," „Mich zieht es nach dem Dörfchen hin" und „Hochlandbursch" aus Op. 55., „Fünf Lieder für gemischten Chor," übertroffen. Einfachere und reizendere Melodien wie diese beiden hat wol Schumann nicht wieder geschrieben, und selten nur noch war es ihm vergönnt, jene eigenthümliche Technik zu so berückender Wirkung mit dem Chorklange zu verbinden.

Aehnlich wie zu Robert Burns gestaltet sich Schumann's Verhältniß zu Robert Reinick. Da, wo er diesem Dichter nur die Grundstimmung ablauscht und diese, unbekümmert um die Details derselben, aussingt, wie in dem vielgesungenen: „O Sonnenschein" und dem lieblichen „Ständchen" aus Op. 36. verkörpert er seine eigene Individualität in echt volksthümlichen Gebilden. In den andern Liedern dieses Cyklus wird er skizzenhaft und maniriert, weil er viel in den Dichter hineinzuklügeln versucht, was nicht in ihm liegt. Die wolthuende Unschuld des Dichters wird affectiert und über den frischen Lieberborn wirft die Reflexion ihre Schatten.

Ein natürliches instinctives Gefühl von der Unhaltbarkeit und Erfolglosigkeit dieser Stellung des Tonkünstlers dem Dichter gegenüber scheint Schumann abgehalten zu haben, zwei Dichtern näher zu treten, deren lyrische Dichtungen eine immerhin bedeutende Menge musikalischer Momente bieten: Emanuel Geibel und Eduard Mörike.

So unbefangen mit der Weihe Anakreon's „Wein und Liebe" zu besingen wie Geibel, vermochte Schumann nicht. Die Anschauung dieses Dichters ist ihm zu oberflächlich, seine Poesie zu wenig originell und zu gedankenarm, und von dem Versuche einer Vertiefung in seinem Sinne mochte ihn die Formvollendung des Geibel'schen Gedichts zurückhalten. Wo er sich ihm zuwandte, wie in Op. 29., thut er es wol mehr in dem süßen Drange nach gewohnter Thätigkeit und weil ihm gerade diese

Gedichte die beste Gelegenheit darboten, die Situationsmalerei auch
an der Technik des mehrstimmigen Gesanges zu versuchen, ebenso
wie ihm die drei Gedichte Geibel's des folgenden Werkes Op. 30.
als Brücke, die ihn zum Balladenstyl führten, dienten; weshalb
wir ihrer noch im dritten Buch gedenken müssen.

Eduard Mörike, derjenige der schwäbischen Dichterschule,
der noch die meisten fremden Elemente in sich aufgenommen hat,
zeigt noch weniger innere Einheit und festen Standpunkt, als Ju=
stinus Kerner, und wenn auch Schumann durch die zarte und
weiche echt volksthümliche Gemüthstiefe des Dichters angezogen
worden sein mag, so konnte ihm dieser doch keine höhere Anregung
geben. In dem reizenden Liede von Mörike: „Ach wenn's nur
der König auch wüßt'" aus Op. 64., das die weiteste Verbreitung
verdient, spricht sich ebenso wie in: „Früh wenn die Hähne krähn"
nur Schumann's eigene Individualität aus, ohne jeden Zusatz
von der des Dichters.

Eine eigenthümliche, und wie wir meinen, nicht eben glückliche
Stellung nimmt Schumann den lyrischen Gedichten Göthe's
gegenüber ein. Wir hatten schon mehrfach Gelegenheit, auf den
tiefgreifenden Unterschied der Lyrik Göthe's von der durch Heine
angeregten hinzuweisen, und fanden, daß das Lied Göthe's dem
nachdichtenden Tonkünstler weniger Raum für Entfaltung seiner
eigenen Individualität gewährt, als das Lied Heine's und seiner
zahlreichen Nachfolger. Weil jenes die Stimmung viel unmittel=
barer erfaßt und in einem größeren Reichthum von Bildern ver=
äußert, so hat der Tondichter vollauf zu thun, um sie alle nachzu=
empfinden und einheitlich zusammenzufassen. In vielen Fällen
sahen wir, mußte er das specielle Verfolgen der Stimmung in ihren
Einzelzügen aufgeben und im strophisch componierten Liede sich mit
Darstellung der Grundstimmung begnügen, oder er mußte die ein=
zelnen Bilder in größern Gruppen darstellen und diese dann ein=
heitlich zusammenfassen, wie wir es an Schubert nachzuweisen
versuchten.

Schumann verläßt diesen einzig berechtigten Standpunkt, er
versucht jene, nur ihm eigenthümliche Weise, in der er namentlich
Heine und Eichendorff musikalisch umdichtete, auch an Göthe,
und löst die göttliche Ruhe des Gedichts auf in romantische Zer=
rissenheit und verzerrt seine klassische Formschönheit.

Schon in den Gedichten aus dem „Westöstlichen Divan" in Op. 25. macht sich dieser Standpunkt empfindlich geltend, allein hier sind es immer noch die größern Bilder, die den Tondichter gefangen nehmen und ihm die Ruhe für plastische Formgebung rauben. Aber in Op. 98.: „Lieder und Gesänge aus Wilhelm Meister" kommt er selbst nicht mehr zu gefestigten einzelnen Bildern. Fast jedes Wort erweckt in ihm die Lust zu illustrieren und zu interpretieren, und er gelangt in diesem Bestreben zu wunderbar schönen Einzelheiten, aber die Plastik der Formgebung geht verloren. Seine Phantasie braust in heiligen Strömen einher, aber er findet nicht mehr die Zauberformel, um sie zu bannen. Der Meister ist auf dem Standpunkt angekommen, auf welchem er seine Technik nicht mehr beherrscht. Phantasie und Technik streiten vielmehr um die Herrschaft, und immer seltener werden die vollendeteren Kunstwerke, die aus diesem Streit hervorgehen. Für das Lied beginnt diese neue Phase in der Entwicklung Schumann's schon mit dem „Lieder=Album für die Jugend Op. 79." In jenen Göthe'schen Liedern erreicht sie ihren Höhepunkt. Die Lust an ungewöhnlichen Combinationen führt den Meister auf eine Menge von rhythmischen, harmonischen und melodischen Gebilden, die für den Musiker eine Fülle von Anregung enthalten; er operiert auf die feinsinnigste Weise mit dem Stimmklange, bald im gemischten, bald im mehrstimmigen Frauen= oder Männerchor, aber er kommt nur noch höchst selten über interessante Einzelheiten hinaus. ¹ Was er jetzt noch schafft, hat wenig positive Bedeutung mehr für die Entwicklung des Liedes, es wirkt nur mehr anregend, freilich wie wir bald sehen werden nicht überall zum Segen. Im mehrstimmigen Gesange, den er jetzt mit Vorliebe cultiviert, hat der Meister überhaupt weniger Bedeutung erlangen können, als auf den übrigen Gebieten, über welche sich seine Thätigkeit erstreckte, weil ihm wie Schubert nicht die Stimmen als einzelne Persönlichkeiten aufgegangen sind; weil er sie wie dieser mehr als Gesammtheit faßt und sich von dem Chorklang gefangen nehmen läßt. Die Melodie der Oberstimme selbst folgt häufig nicht ihrem eigenen Zuge, sondern verläßt ihn, um die Harmonie, oft auch nur einen Accord klangvoller auszuprägen. Jeder mehrstimmige Satz von Op. 91. an giebt Belege hierzu. Während er früher die Melodie, wie in No. 1. Op. 55., durch Octavenunterstellung im Tenor noch bedeutungsvoller heraushebt, verliert sie jetzt immer mehr von ihrer Bedeutung und Eindringlichkeit. Das aber nur ist die höchste Chorgestaltung, wenn jede einzelne Stimme in selbständigem Zuge ihre Individualität wahrt und dennoch alle zu einheitlicher Wirkung zusammengefaßt sind, wie im Chorliede von Mendelssohn.

In Schumann selber blühte so der Liederfrühling ab, nach= dem er diejenigen Keime, die Schubert gelegt hatte, ohne sie selbst emportreiben zu sehen, zur üppigsten Blüte und zu reifer Frucht gezeitigt hatte. Aber auch er legte neue Keime. Werden sie uns einen neuen Liederfrühling erblühen lassen? In seinen und Schubert's Zeitgenossen und unmittelbaren Nachfolgern, die wir im nächsten Kapitel betrachten, dürfte nur ein Nachsommer angebrochen sein.

---

# Sechstes Kapitel.

## Einseitige Bestrebungen für Erweiterung des Liedes.

---

Mit Schubert schon beginnt das Lied das ganze Musik= treiben und Musikempfinden der Gegenwart zu beherrschen. Wol pflegen die drei größten Meister des Liedes, Schubert, Men= delssohn und Schumann, auch die größeren Formen der In= strumental= wie der Vocalmusik, denn eine wahrhaft bedeutende Persönlichkeit kann nimmer in grüblerischer Selbstbeschaulichkeit verharren, und so fühlten sich auch jene Meister gedrängt, aus ihr herauszutreten, ihre Individualität in größeren Tonbildern zusammen zu fassen und mit der äußern Welt in Beziehung zu setzen; allein so viel Neues und Vortreffliches sie auch hierin leisteten, so muß doch bezweifelt werden, ob ihre Produktionen auf instrumentalem Gebiet oder auf dem des musikalischen Drama's einen Fortschritt über die ältern Meister hinaus bezeugen.

Das moderne „Lied" ist eine wirklich positiv neue Kunst= schöpfung, und dieser Umstand schon läßt die ungeheure Ver= breitung, die es jetzt findet, erklärlich erscheinen. Die Lust am

Liebe erwachte im Volke mit solcher Gewalt, daß selbst auf dem Gebiete der Poesie die Lyrik alle übrigen Gattungen der Dichtkunst zurückdrängte. Auch die deutschen Tonkünstler wandten sich ihr mit immer größerem Eifer zu, und wir werden einzelnen begegnen, die fast ausschließlich auf dem Gebiete des Liedes thätig sind oder doch nur hier Erfolge erzielen.

Im großen Ganzen erscheint allerdings ideell wie formell in jenen drei Meistern die Entwicklung des gesungenen Liedes abgeschlossen und zwar viel entschiedener als die größern Formen; soll das Lied nicht in subjektiver Willkür verloren gehen, wird es sich immer in den, durch jene Meister gesetzten Schranken halten müssen; allein innerhalb derselben ist dem Subjekt noch große Freiheit der Bewegung möglich, und je nach der Individualität des Dichters und des nachdichtenden Tonkünstlers wird auch das Lied immer wieder neu sich gestalten.

Diese Letztern scheiden sich jetzt entschieden in zwei Richtungen: in jene, die mehr in Mendelssohn'schem Streben nur ihre eigne Individualität in möglichster Klarheit auszutönen trachten, und in jene, die an Schubert-Schumann anknüpfend, dem Dichter näher zu treten versuchen. Beide erreichen dies hauptsächlich dadurch, daß sie eine Seite der Technik der genannten Meister besonders ausbilden; nur wenige versuchen auch für einen bestimmten Zug ihrer Individualität eine besondere Technik sich zu schaffen.

Zu jener ersten Reihe gehört zunächst:

Carl Friedrich Curschmann. Er ist 1805 am 21. Juni in Berlin geboren. Sein Vater, ein vermögender Kaufmann, hatte ihn für das Studium der Rechtsgelehrtheit bestimmt. Allein dabei trieb er mit großem Eifer auch Musik und beschloß endlich, sich ihr ganz zu widmen. Er gieng nach Cassel, studierte bei Spohr und Hauptmann Composition und componierte schon fleißig, unter anderm auch eine kleine Oper. Nach seiner 1829 erfolgten Rückkehr nach Berlin war er fast ausschließlich nur auf dem Gebiete der Liedcomposition thätig und zwar mit großen äußern Erfolgen. Doch ist seine Bedeutung mehr nur eine zeitliche und selbst locale geblieben. Vielleicht hätte sich sein nicht unbedeutendes Talent noch zu größerer Bedeutung entfaltet, wenn ihn nicht ein früher Tod, er starb am 24. August 1841, hinweggerafft hätte.

Obgleich er hauptsächlich in Cassel seine musikalische Bildung sich aneignete, so macht sich doch auch bei ihm früh jener Berliner Einfluß geltend, der, seitdem er in Marpurg, Nichelmann und Agricola eine bestimmte Richtung gewann, sich fortwährend erhält und dem sich selbst ein Meister wie Mendelssohn nicht entziehen konnte. Dieser Einfluß entwickelt sich in dem immer praktischer sich gestaltenden Zuge, das Lied mehr sangbar als tiefeingehend zu construieren, und erlangt in Curschmann das Uebergewicht, weil dieser selbst ein geschmackvoller Sänger war. Vor der Ausartung in den Bänkelsang bewahrte ihn seine tiefere Kenntniß der Harmonik, doch ist diese wiederum nicht durchbildet genug, um in mehr als interessantern Einzelzügen dem melodischen Ausdruck eine tiefergehende Bedeutung zu geben. Curschmann bildet so nur die eine mehr sentimentale und die ihr verwandte naive Seite vorwiegend dem Liede an, und hat deshalb nur einige Wiegenlieder von bleibenderem Werthe schaffen können. Jene naive Seite wurde viel feiner und charakteristischer von dem Berliner Meister ausgebildet, der namentlich mit seinen „Kinderliedern" dem naiven Genre eine wirklich künstlerische Bedeutung gab: **Wilhelm Taubert.** Im Jahre 1811 in Berlin geboren, gewann er auch dort seine musikalische Bildung. Sein Talent entwickelte sich frühzeitig, so daß sich der General von Witzleben bewogen fühlte, ihn auf seine Kosten für die Kunst erziehen zu lassen. Ludwig Berger und Bernhard Klein wurden seine Lehrer, und unter ihrer Leitung bildete er sich zu einem ebenso bedeutenden Clavichervirtuosen, als geschmackvollen Tonkünstler aus. Seit einer langen Reihe von Jahren Hofkapellmeister an der Berliner Oper, ist er in allen Gattungen der Composition thätig, allein jener reflectierende Zug, das Erbtheil seiner Vaterstadt und seiner frühesten Bildung, ließ ihn bis jetzt nur in jener bereits bezeichneten Liedgattung größere und weitere Erfolge erreichen. In einer kleinern Zahl seiner übrigen Lieder vermochte er, wie in dem reizenden „Tröstliche Verheißung" aus Op. 22., oder in einzelnen Liedern in schlesischer Mundart, alle sich ihm mächtig aufdrängenden fremden Elemente der Musikentwicklung so seiner eignen Individualität einzuverleiben, daß sie sich mit dieser einheitlich verschmelzen. In seinen Kinderliedern kommt sie ungetrübt zur Erscheinung. Der Meister nennt die Lieder „Klänge aus der Kinderwelt" und bezeichnet dadurch den veränderten Standpunkt, den er in dieser Thätigkeit Schumann gegenüber einnimmt. Während dieser seine Kunstbildung zu vergessen trachtet, um ganz Kind zu werden, und aus der kindlichen Anschauung heraus seine „Kinderscenen" darzustellen, reconstruiert Taubert mit Hülfe seiner reichen Kunstbildung die Kinderwelt, um ihr 'ihre Klänge abzulauschen. Das ist die letzte und höchste Consequenz jener Berliner Richtung. Diese hört aber damit zugleich auf locale Richtung zu sein. An wem könnten alle die lieblichen Genrebildchen vom „Reiterliedchen" bis zu dem: „Patsch in's Händchen" vorübergehen, ohne ihm die glücklichen Tage seiner Kindheit zurückzurufen.

Auch jene andere Richtung, die in formaler Abrundung mehr die Gefühlsseite berücksichtigt, hat in Berlin noch einige bedeutende Vertreter gefunden; wir nennen den um das öffentliche Musikleben dieser Stadt, wie auch durch seine gesammte Wirksamkeit um die Verbreitung der bedeutendsten Werke des volksthümlichen wie des Kunstgesanges hochverdienten Musikdirector, Professor Julius Stern; den ebenso fein wie allseitig musikalisch gebildeten Kapellmeister Heinrich Dorn, der indeß seiner größern dramatischen Begabung wegen, wie Heinrich Marschner, das Lied mehr scenisch zu erweitern trachtet, wie den strebsamen und gleich fein gebildeten Musikdirector Hermann Krigar, in welchem in letzterer Zeit mehr Schumann'sche Einflüsse sich geltend machen, weshalb wir ihm noch einmal begegnen.

Als Ausläufer des Schubert'schen Liedes muß auch das Lied von Carl Löwe gelten. Allein weil dieser Meister erst in der Ballade seine Hauptbedeutung gewinnt, genügt es ihn hier zu nennen. Das erste Kapitel des nächsten Buches wird uns Veranlassung geben, auch seiner Lieder etwas specieller zu gedenken.

Nur wenige Lieder C. G. Reißiger's gehören gleichfalls hierher. Die Summe der Erzeugnisse Reißiger's steht in gar keinem Verhältniß zu seiner natürlichen Begabung; und weil er bei der Unmasse seiner Lieder und bei seinem Bestreben nach Erfolgen vorwiegend die Phrase pflegen mußte, und zwar häufig auch die instrumentale, nicht nur die vocale, so müssen wir ihn mit der bei weitem größern Zahl seiner beliebten Lieder in das nächste Kapitel verweisen.

14 *

Auch die Lieder des schwedischen Componisten A. F. Lind=
blad (1804 geboren), sind hier zu erwähnen. Seit dem vorigen
Jahrhundert hat Schweden die Leitung seiner bedeutendsten Kunst=
institute deutschen Meistern übertragen. So eigenthümlich und
reich entwickelt das Volkslied schon früh bei den Schweden erscheint,
so spät erst finden wir Anfänge der Kunstmusik bei ihnen und sie
wurden meist von Deutschland aus gepflegt und weitergebildet. Auch
die Lieder Lindblad's verdanken ihre weite Verbreitung bei uns ihrer
Familienähnlichkeit mit den Liedern Schubert's, die allerdings auch
größer ist, als die der oben genannten. Dabei tragen sie auch das
nationale Gepräge: die stille Sehnsucht nach dem milden freund=
lichen Himmel des Südens, die den Nordländer so häufig von
Alters her nach dem Süden trieb und die in allen schwedischen
Volksliedern lebt, klingt auch durch alle Lieder Lindblad's
hindurch.

Ein anderer Skandinavier, der Däne Niels Wilhelm
Gade, am 22. October 1817 zu Kopenhagen geboren, hat für das
Lied keine Bedeutung gewinnen können, obgleich auch er eine
Anzahl Lieder veröffentlichte. Zwar lebte er lange Zeit in Deutsch=
land und leitete in den Jahren 1845 bis 48 eines der ersten Musik=
institute Deutschlands, die Gewandhausconcerte in Leipzig, allein
von deutscher Musik ist ihm kaum die Technik vollständig vermittelt
worden. Seine Hauptstärke ruht im nordischen Colorit, und hier=
mit konnte er wol instrumental in einigen Orchesterwerken ein
vorübergehendes Interesse erregen, nicht aber auch vocal, namentlich
im Liede Bedeutung gewinnen.

Auch Moritz Hauptmann und Ferdinand Hiller
sollten ihre kunstgeschichtliche Bedeutung auf andern Gebieten, als
auf dem des Liedes, das sie gleichfalls, dem allgemeinen Zuge der
Zeit folgend, fleißig anbauten, erringen.

Hauptmann wurde am 13. October 1792 in Dresden
geboren und wählte erst in seinem achtzehnten Jahre die Musik zu
seinem Lebensberuf, nachdem vorher seine Studien vorwiegend
darauf gerichtet waren, ihn für den Beruf seines Vaters, eines
Oberlandbaumeisters zu erziehen. In den Jahren 1811 und 12
genoß er den Unterricht von Spohr in Cassel, und nachdem er
kaum ein Jahr lang als Violinist der Dresdener Hofkapelle angehört
hatte, gieng er auf Reisen. Von 1815 bis 1820 lebte er im

Hause eines russischen Grafen, kehrte dann nach Dresden zurück und ein Jahr später trat er als Violinist in die Hofkapelle zu Cassel. Hier blieb er bis zum Jahre 1842, in welchem er Canter und Musikdirector an der Thomas- und Nikolaikirche in Leipzig wurde und als solcher die Leitung des berühmten Thomanerchors übernahm. In dieser Stellung wirkt er noch und auch das Leipziger Conservatorium zählt ihn zu seinen Stützen. So Tüchtiges er auch in der Composition leistete, seine eigentliche unvergängliche kunsthistorische Bedeutung sollte er erst dann gewinnen, als er die Richtung entschiedener verfolgte, die wol namentlich jene, der Kunst ferner liegenden Studien seiner Kindheit und Jünglingsjahre seinem Geiste gegeben hatten, als er sich der Theorie zuwandte. Sein schon erwähntes Werk: „Die Natur der Harmonik und Metrik" wird nicht nur seine Compositionen, sondern voraussichtlich auch die meisten theoretischen Werke der Gegenwart überleben.

**Ferdinand Hiller** ist der Sohn eines begüterten Kaufmanns und in Frankfurt am Main am 24. October 1811 geboren. Da sich seine Begabung für die Tonkunst früh entwickelte, sorgte der Vater auch früh für eine entsprechende Erziehung und als Hiller in das Jünglingsalter trat, wurde er dem seiner Zeit bedeutendsten Claviervirtuosen, dem weimarischen Hofkapellmeister Hummel, zur weitern Ausbildung übergeben. Der zweijährige Aufenthalt in Weimar wurde auch durch das geistig rege Leben, das damals in den um Göthe versammelten Kreisen, zu denen auch Hiller Zutritt hatte, herrschte, einflußreich auf seine ganze Richtung. Von Weimar gieng er nach Wien und dann in seine Heimath zurück, woselbst er, mit Studien und Compositionen beschäftigt, bis 1828 blieb, in welchem Jahre er nach Paris gieng. Erst 1836 kehrte er von hier wieder in seine Heimath zurück und leitete hier einen Winter hindurch den Cäcilienverein. Im Sommer des nächsten Jahres unternahm er eine Reise nach Italien. Eine Oper, die er während dieses ersten Aufenthalts in Italien auf dem Mailänder Scalatheater aufführte, hatte nur geringen Erfolg. Dagegen fand sein Oratorium: „Die Zerstörung von Jerusalem," das er nach seiner Rückkehr in Leipzig aufführte, allgemeinen Beifall. Ein zweiter Aufenthalt in Italien dauerte bis 1842, in welchem er nach Leipzig gieng, um die Direction der Gewandhausconcerte zu übernehmen. Das Jahr darauf verlebte er wieder in seiner Heimath, nur mit der Composition beschäftigt. Eine große, auch practische Thätigkeit entwickelte er erst wieder in Dresden, wo er sich im folgenden Jahre ansiedelte. 1847 gieng er als städtischer Musikdirector nach Düsseldorf und 1850 in gleicher Eigenschaft nach Köln und hier ist er auch als Director der dasigen Musikschule noch jetzt vielseitig und rastlos thätig.

In einem so eigenthümlich bewegten Leben konnte das Lied, das nur in stiller Zurückgezogenheit gedeiht, keine neuen Blüten treiben. Ferdinand Hiller geht daher auch in dieser Form mehr betretene Wege und zwar folgt er nur der Bahn der großen Meister. Dagegen scheint er nach einem höhern Ziel zu streben, das auch wir für die Aufgabe der nächsten Zukunft halten: die, im Kleinen gewonnenen feinern Ausdrucksmittel auch auf die größern Instrumental- und Vocalformen überzutragen. So interessant und bedeutsam zugleich es sein müßte, zu untersuchen, welche Wege der Meister eingeschlagen und welche Erfolge er bisher erreichte, müssen wir uns hier doch versagen, specieller darauf einzugehen; es genüge die Notiz, daß Hiller sich jetzt ganz der Pflege des Oratorienstyls zugewendet hat.

Jene zweite Reihe, die sich ausschließlich dem Schubert-Schumann'schen Liedstyl anschließt, eröffnet:

**Robert Franz.** Er ist am 28. Juni 1815 zu Halle an der Saale geboren. Auch er fand bei seinen Eltern den entschiedensten Widerspruch, als er Lust zeigte sich der Tonkunst zu widmen und erst im zwanzigsten Lebensjahre durfte er seinen Lieblingswunsch ausführen und die Musik zum Lebensberuf erwählen. Im Jahre 1835 gieng er nach Dessau, um unter dem in jener Zeit als Theoretiker und Componist hochberühmten Hofkapellmeister Friedrich Schneider seine Studien zu machen. Nach zwei Jahren hatte er seinen Cursus absolviert und ging nach seiner Vaterstadt zurück, ohne recht zu wissen, was er mit den erworbenen Kenntnissen und Kunstfertigkeiten beginnen sollte. Erst das Studium der Werke Joh. Seb. Bach's und Franz Schubert's, dem er sich jetzt mit großem Eifer unterzog, und die Anregungen mehrerer Freunde von Geschmack und kritischem Scharfblick, namentlich aber das Auftreten der damals sogenannten romantischen Schule, die kritische wie die producirende Thätigkeit Mendelssohn's und

Schumann's wiesen ihn auf die Bahn, auf der er überhaupt etwas zu leisten im Stande war.

In einem Zeitraum von etwa zwanzig Jahren hat Franz gegen dreißig Liederhefte veröffentlicht, außerdem nur noch in vierstimmiger Bearbeitung ein Kyrie, einen Psalm und ein Heft Lieder für gemischten, ein anderes für Männerchor. *) Einige seiner Freunde, die sich gewöhnt haben, alles an ihm aus höhern Gesichtspunkten zu betrachten, erblickten in dieser Einseitigkeit nur eine weise und verdienstliche Zurückhaltung; andere wiederum giengen sogar so weit, das Unvermögen Franz's, sich an größeren Formen auch nur zu versuchen, der ganzen Zeit aufbürden zu wollen. So liebenswürdig eine solche Pietät ist, so haltlos und gefährlich ist sie in ihren Consequenzen. Der wahrhaft bedeutende Künstler strebt nach dem Höchsten bis an sein Lebensende und wenn es auch nimmer erreichte. Das war auch die künstlerische Haus- und Lebensregel eines Schubert, Schumann und Mendelssohn, und am Ende dürften doch auch ihre großen Instrumental- und Vocalwerke die gesammten Lyriker der Neuzeit, die im Liede ihre höchste Aufgabe sehen, überdauern.

Ein so einseitiges Zurückziehen innerhalb einer an sich beschränkten Form kann nimmer erfolgreich für diese selbst werden. Schubert, Mendelssohn und Schumann wären wol nie zur Vollendung der Liedform, zu rückhaltsloser Darstellung des lyrischen Ausdrucks gelangt, wenn sie nicht unablässig auch bemüht waren, die Einzelempfindung in Beziehung gesetzt zu ganzem Lebenszuge auszuweiten, ihre Technik an den ausgebreitetsten Formen zu versuchen und zu bilden. Wir haben es wiederholt ausgesprochen und die ganze Entwicklungsgeschichte des Liedes beweist es bis zur Evidenz: daß der Künstler, will er nicht den Zusammenhang mit dem allgemeinen Empfinden mit dem Volksgemüth verlieren, sich nie von den ursprünglichen natürlichen Gesetzen, denen das Darstellungsmaterial folgt, von der „Natur der Harmonik und Metrik" loslösen darf. Alle großen Meister seit der Blüte des Volksliedes, von Bach bis auf Schumann, hielten an der ursprünglichen Formation des Tonmaterials fest, und nur in der besonderen Umge-

---

*) Diese ausschließliche Thätigkeit auf dem Gebiete des Liedes dürfte eine eingehendere Betrachtung derselben hinreichend rechtfertigen.

staltung desselben fanden sie die Mittel, ihrer Individualität faßbar äußere Gestalt zu geben. Franz hat diesen einzig berechtigten Standpunkt früh verloren oder vielleicht nie gewonnen. Wir geben gern zu, daß die Anweisung seines Lehrers Friedrich Schneider, dem der Organismus der Tonsprache sich schon zum Mechanismus verknöchert hatte, wenig geeignet war, ihm diesen zu vermitteln; allein daß er ihn nicht selbst fand, daß er durch die Meister, deren Studium er zu seiner Lebensaufgabe machte, nicht darauf geführt wurde, daß er selbst nicht im Stande war, jenen überkommenen Mechanismus zum Organismus, in welchem seine Individualität sich vollständig aussprach, umzubilden, vielmehr genöthigt war, sich von der Technik jener Meister das Entsprechende anzueignen, ist doch eine Schwäche seiner Individualität, die keine andere Bezeichnung zuläßt. Und hierin wol auch einzig und allein dürfte der Grund jener verdienstlichen Zurückhaltung Franz's, die ihn allen anderen Formen fern hielt, zu suchen sein. Mit einer Anzahl Vocabeln und Redewendungen des pointierten lyrischen Ausdrucks, die er jenen Meistern ablernte und die er nach ihrer Anleitung auch vielfach erweitert und vermehrt und meist höchst interessant umgestaltet, ist wol die Form des Liedes zu füllen, nimmer aber auch nur die kleinste musikalisch selbständig herauszubilden. Denn die Aneinanderreihung von passenden Accorden und melodischen oder rhythmischen Phrasen giebt noch keine künstlerisch durchbildete Form. Auch die Entwicklung individueller Formen ist nicht Zufälligkeiten unterworfen, sondern auch sie beruht auf der Gegenwirkung der einzelnen Theile. Die Schönheit der Form verlangt nicht mathematische Regelmäßigkeit, aber alle einzelnen Theile müssen auf einander bezogen werden. Davon kann im Franz'schen Liede kaum mehr die Rede sein, weil ihm die Grundbedingung der Möglichkeit einer solchen Gestaltung, die natürliche harmonische Construction fehlt. Wir sahen bei Schubert und Schumann, daß sie auch bei ihren kühnsten Modulationen sich immer an diesem formellen Bande halten, daß es neben harmonischer Vertiefung ihr Hauptbestreben ist, mit Hülfe der Dominantwirkung die Form festzustellen. Solchem Streben begegnen wir bei Franz nur höchst selten. Er weicht dieser Construction vielmehr geflissentlich aus, weil er eben interessant modulieren muß, viel seltener weil der Textausdruck eine ungewöhnliche Modulation erfordert. Freilich schreibt Franz keine

Lieder, er schreibt „Gesänge," allein das rechtfertigt ihn wol nicht. So lange er seinen „Gesängen" noch Liedertexte zu Grunde legt, in denen die strophische Gliederung vom Dichter sorgfältig herausgebildet ist, muß es als eine große, unkünstlerische Willkür gelten, sich so vollständig von ihr zu emancipieren, wie er dies meistens thut. Es würden sich kaum ein Dutzend seiner „Gesänge" herausfinden lassen, die auch nur den Versuch jener Reimverschlingungen zeigen, welche die Liedform auch musikalisch künstlerisch herausbilden und in ihnen copiert er dann Franz Schubert, wie in: „Der junge Tag erwacht" aus Op. 7., oder er schnürt damit den eigentlich poetischen Inhalt so fest ein, daß man kaum noch etwas davon gewahr wird, wie in „Die blauen Frühlingsaugen" und „Die letzte Rose" aus Op. 20., oder er singt diese in lustiger Bänkelsängerweise aus, wie in „Willkommen mein Wald" aus Op. 21. Wilder noch wird die Form, sowie er auf die Sequenz geführt wird. Da er nirgend das Bedürfniß hat, die strophische Gliederung auch musikalisch darzustellen, so dient die Sequenz bei ihm nur als Lückenbüßer, um ihm einige Tacte weiter zu helfen. Die Sequenzen fügen sich bei ihm nicht in einander, wie Glieder eines organischen Körpers, sondern er reiht sie an einander wie die Perlen einer Perlenschnur. Er erfindet irgend eine harmonische oder melodische Phrase und versetzt sie so lange in andere Tonarten, bis er eine andere findet, mit der er sich in gleicher Weise weiter hilft, wenn er nicht mittlerweile so weit gekommen ist, abschließen zu können. „Da die Kunde kam" aus Op. 7. ist aus vielen andern ein sprechender Beleg. Das Verwunderlichste aber leistet Franz nach dieser Seite in Nr. 6.: „Ja, du bist elend" desselben Hefts. Das ganze drei Seiten lange Lied besteht factisch nur aus den drei Anfangstacten, die, mit unwesentlichen Veränderungen um einen halben Ton höher transponiert, sich fortwährend wiederholen. Für gewisse Leute, die das Mechanische eines solchen Verfahrens nicht kennen, mag es von überraschender Wahrheit sein, aber künstlerisch ist es ganz sicher nicht, vielmehr naturalistisch roh. Die Wirkung mit der rohen Materie ist aber nirgend widerwärtiger als im Liede. Franz bildet das harmonische Motiv und seine Behandlung Franz Schubert's „Gruppe aus dem Tartarus" nach, aber dort haben beide eine ganz andere Bedeutung, was uns im ersten Kapitel des nächsten

Buches klar werden wird. Um wie viel treuer in der Auffassung und künstlerischer in der Darstellung ist Schumann's Behandlung des, in der Stimmung verwandten Liedes: „Ich grolle nicht!" Wir zweifeln nicht daran, daß man auch diese Franz'sche Composition aus höhern Gesichtspunkten betrachten wird, um ihr einen Grad von Berechtigung zu geben, aber so lange man nicht nachweist, daß es nur eine Jahrhunderte andauernde Caprice der lyrischen Dichter und nicht ästhetische Nothwendigkeit ist, das strophische Versgebäude energisch herauszubilden, so lange werden wir auch dem Tondichter das Recht bestreiten müssen, sich gleichgültig gegen Strophe und Versbau zu verhalten oder wol gar beide willkürlich zu zertrümmern. Daß aber Tiefe der Auffassung und künstlerische Vollendung der Form sich vereinigen lassen, das haben Schubert und Schumann evident nachgewiesen und wir sind in vollem Recht, den Standpunkt, von welchem aus die Tiefe der Auffassung nur durch Formverwilderung erreicht werden kann, als einen dilettantischen zu bezeichnen. — So wenig Franz die künstlerische Ausbildung der Form des Liedes zu fördern im Stande war, so gewiß hat er den lyrischen Ausdruck bereichert. Wir haben bereits erwähnt, daß er bei seiner einseitigen Richtung eine nicht geringe Zahl harmonischer Vocabeln und Redewendungen fand, er vermochte nur nicht, sie dem gesammten musikalischen Sprachorganismus einzuverleiben, weil er jene andern beiden Mächte des musikalischen Ausdrucks, Melodie und Rhythmus, zu sehr vernachlässigt. Franz hat nur Sinn für das harmonische Klangcolorit und der Mangel melodischer Zeichnung wird bei ihm um so fühlbarer, als er überall nach großem harmonischem Farbenreichthum trachtet. Er übersieht vollständig, daß die melodische Zeichnung ein nicht weniger nothwendiger Factor des künstlerischen und ganz besonders des lyrischen Ausdrucks ist, als die Harmonie, und daß nur aus der vollständigen Durchdringung von Melodie, Harmonie und Rhythmus die lyrischen Formen in höchster Kunstgestalt hervorgehen. Es ist dies wol der empfindlichste Mangel in Franz's natürlicher Begabung, den er, namentlich in den ersten Liederheften, noch häufig durch harmonische Feinheiten zu überdecken weiß. So lange der harmonische Apparat für den Componisten noch den Reiz einer gewissen Ursprünglichkeit hatte, geht dieser auch in die Melodie über und vermittelt dort den fehlenden organischen Zusammenhang, wie namentlich in einzelnen „Schilfliedern" Op. 2. Allein auch dieser mußte sich verlieren, als Franz nur durch die ausgesuchtesten technischen Kunstgriffe seinen harmonischen Apparat noch zu erweitern im Stande ist. Jetzt fühlt auch er das Bedürfniß nach melodischer Gestaltung, doch kann er es kaum anders als durch Anleihen, die er nicht nur bei Schubert, Mendelssohn und Schumann, sondern auch beim volksthümlichen Liede contrahiert, befriedigen.

Seine rhythmische Gestaltung aber erliegt ganz dem dürftig puristischen Zuge unserer Zeit. Hier kommt er nirgends über die trockenste Darstellung des Sprachmetrums hinaus; jene Schubertsche Monotonie einzelner Lieder ist bei ihm zur Permanenz erklärt. Franz hat die rhythmische Declamation, welche Schumann mit dem feinsten Verständniß in seinem Cyklus „Dichterliebe" anwendet, für seine ganze Liedgestaltung adoptiert, aber er macht nirgend auch nur den Versuch, das rhythmische Versgefüge so feinsinnig herauszubilden, wie jener Meister, und weiß noch weniger durch seine Clavierbegleitung dies äußere Gerippe zu beleben. Diese erhebt sich überhaupt nur in einzelnen Fällen, in den Versuchen von Situationsmalereien über die interessante, aber doch im Allgemeinen in einem sehr beschränkten Kreise von Figuren sich bewegende Darstellung der harmonischen Grundlage. Selbst die Zwischenspiele, mit denen er die Declamation unterbricht, sind vielmehr das unmittelbare Product der dialectischen Entwicklung des Begleitungsmotivs, als das einer versuchten feinern Interpretation des Textes und der Stimmung, und jene Weise Schumann's, die Melodie nicht bestimmt abzuschließen und die Stimmung nur instrumental zu Ende zu führen, die wir in der romantischen Unendlichkeit einzelner Gedichte begründet fanden, wird bei Franz zur Manier.

Nach alledem dürfte Franz viel eher Bedeutung für die gesammte kunstgeschichtliche, als für die weitere Entwicklung des Liedes gewinnen. Seine Gesänge sind Experimente, welche den harmonischen Apparat derartig erweiterten, daß er spätern Meistern, denen auch die rhythmische und melodische Gestaltung wiederum geläufig ist, vielfach Stoff auch für größere Formen geben kann. Von seinen eignen Gesängen dürften ein länger andauerndes Interesse nur einzelne farblos-naive oder sentimentale, wie „Ihr

Auge" aus Op. 1., das Rückert'sche „Ständchen" aus Op. 7.,
„Mei Mutter mag mi net" aus Op. 17., oder „Die Lotosblume"
aus Op. 3., „Die Wasserfahrt" aus Op. 9., und das „Ständ=
chen" aus Op. 17., mit der, der Henselt'schen „Vögleinetüde"
ziemlich treu nachgebildeten Clavierbegleitung, oder das freilich sehr
triviale „Volker spielt auf" aus Op. 27. und das Heft Lieder für
gemischten Chor gewinnen können. Der Chorklang und die aus
dem Studium Bach's gewonnene Chortechnik gaben auch Franz
die Mittel an die Hand, seine Schwächen zu verdecken, so daß
diese Chorlieder entschieden das Beste sind, was er geschrieben.
Stimmungen, die darüber hinaus weisen, wie „Winternacht,"
oder „Verlaß mich nicht" aus Op. 21. werden unter der Hand
Franz's abentheuerlich=grotesque, und können nur Kreise in=
teressieren, denen dies als ein Symptom durchbrechender Genia=
lität gilt.

Aus dem Leben Robert Franz's haben wir noch nachzu=
tragen, daß er seit seiner Rückkehr von Dessau seine Vaterstadt
Halle, einige Reisen abgerechnet, nicht wieder verlassen hat; daß er
von dem, vor einigen Jahren verstorbenen Universitätsmusikdirector
Dr. Naue noch bei dessen Lebzeiten einzelne Amtsverrichtungen
übernahm und gegenwärtig als Organist, Universitätsmusikdirector
und Leiter mehrerer Concertinstitute in seiner Vaterstadt thätig ist.
In Anerkennung der Verdienste, die er sich hierdurch erworben,
erlangte er im Juni 1861 von der philosophischen Facultät der
Universität, an welcher er thätig ist, die Doctorwürde.

Als letzte Consequenz der Bestrebungen Robert Franz's
auf dem Gebiete des Liedes erscheinen die Lieder von Franz
Liszt. Dieser, nach vielen Seiten merkwürdigste Künstler der
neuern Zeit, dem man auch vom gegnerischen Standpunkt Bewun=
derung zu zollen genöthigt ist, wurde am 22. October 1811 in
Raiding bei Oedenburg an der ungarischen Grenze geboren. Sein
Vater, ein Rechnungsbeamter des Fürsten Esterhazy, sorgte früh
auch für Ausbildung seines eminenten musikalischen Talents und im
neunten Jahre bereits wurde er als Wunderkind auf dem Piano
angestaunt. Um dem genialen Knaben günstigere Gelegenheit zu
seiner Ausbildung zu geben, siedelte der Vater mit ihm nach Wien
über und Carl Czerny und Salieri wurden jetzt seine Lehrer.
Auch in Wien erregte er die ungeheuerste Sensation durch sein

eminentes Spiel, ebenso wie in Paris, wohin der Vater **1823** mit
ihm gieng. Es kann nicht unsere Absicht sein, den genialen Vir=
tuosen auf seinen Triumphzügen, die er durch Deutschland, Eng=
land, Frankreich, Italien, Rußland, Spanien, die Türkei und
Amerika hielt, zu begleiten oder die königlichen Ehren, die man ihm
überall erwies, aufzuzählen.

Die Zeit liegt ja noch nicht so weit hinter uns, daß nicht
der größte Theil der Mitlebenden Zeuge davon gewesen wäre.
Auch seine unerreichte Meisterschaft als Claviervirtuose, wie der
Einfluß, den er durch die Umgestaltung der Claviertechnik auf die
gesammte Kunstentwicklung gewann, können uns hier nicht beschäf=
tigen. Und so erwähnen wir nur noch, daß er seit dem Jahre 1848
als Großherzogl. Weimarischer Hofkapellmeister in Weimar seinen blei=
benden Wohnsitz nahm. Mit dieser Zeit beginnt auch eine durchaus
neue Periode für seine künstlerische Thätigkeit. Durch Wort, Schrift
und That propagandiert er Berlioz und Wagner, und nament=
lich der Letztere hätte wol nimmer ohne die energische Verwendung
Liszt's solch bedeutende Erfolge errungen. Daneben entwickelt er
aber auch eine große Thätigkeit, den neuen, der neuen Zeit ent=
sprechenden Kunststyl zu finden, und zwar ganz bedeutsam abweichend
von dem leitenden Princip Wagner's. Während dieser nur im
musikalischen Drama die Aufgabe und das Heil der nächsten Zukunft
sieht, verbreitet sich die Thätigkeit Liszt's gerade über die von
Wagner Preis gegebenen Gebiete; er schreibt Symphonische
Dichtungen für Orchester, eine Sonate, ein Clavierconcert, große
Festmessen und Psalme, er überarbeitet ältere Lieder und com=
poniert neue hinzu. Selbstverständlich beschäftigen uns hier nur
die letzteren.

Wir bezeichneten unsern Standpunkt ihnen gegenüber schon
flüchtig. Uns erscheint das Liszt'sche Lied und wol nicht unge=
rechtfertigt als die letzte Consequenz des Liedes von Robert
Franz. Wenn auch Franz nichts thut, um die dichterische Form
harmonisch, melodisch und rhythmisch herauszubilden, so respectiert er
sie doch immer noch äußerlich durch die Einheit der Tonart und des
Rhythmus; die Strophe ist ihm immer noch ein, wenn auch nur
äußeres formelles Band. Liszt thut den letzten Schritt: er opfert
dem speciellen, dem Wortausdruck auch die dichterische Form, und
wir möchten, trotzdem daß diese Behandlung im diametralen Gegen=

satz zu unserer Anschauungsweise steht, dennoch dem Liszt'schen
Standpunkt dem Franz'schen gegenüber den Vorzug geben. Soll
das Lied wie gesungene Prosa behandelt werden, dann aber auch
ganz und entschieden. Dies Franz'sche juste milieu, dies Lieb-
äugeln auf der einen Seite mit Joh. Seb. Bach, auf der andern
mit Richard Wagner ist auch in der Kunst der unbehaglichste,
unfruchtbarste Standpunkt. So großes Interesse auch Liszt am
Franz'schen Liede nimmt, weil es die natürliche Form negiert, so
konnte er doch nicht bei ihm stehen bleiben. Seine nimmer rastende
geistige Regsamkeit, seine ungeheure Energie führten ihn weit über
dieselbe hinaus, und nur, wie wir meinen, deshalb zu vollstän-
diger Formverwilderung, weil er die Grundbedingung alles künstlerischen Schaffens mißachtet. Liszt hat eine so reiche Phantasie,
er ist der leidenschaftlichsten wie der zartesten Empfindung so fähig
und mächtig, wie nur irgend einer der gottbegnadetsten Sänger,
aber ihm fehlt die Fähigkeit der plastischen Formgebung. Er ver-
fügt über einen großen Reichthum von Mitteln des musikalischen
Ausdrucks, aber er hat sie sich durch seine beispiellos vielseitige
praktische Thätigkeit, durch seine geniale Reproduction der Meister-
werke aller Jahrhunderte, wie durch eigenes Experimentieren angeeignet, und sie sind auch ihm nur Vocabeln oder höchstens Redewendungen geblieben; der Organismus der Sprache hat sich auch
ihm nicht erschlossen. Daher vermag er den poetischen Inhalt
nur in seinen Einzelzügen uns zu vermitteln, und er muß die
dichterische Form vollständig zerschlagen. Wir halten das namentlich
dem Göthe'schen und Schiller'schen Liede gegenüber für eine
arge Versündigung, aber diese Behandlung interessiert uns, weil sich
eine bedeutende Persönlichkeit in ihr kund thut, und sie ergreift
uns wie der ungestüme Drang eines mächtig erregten Menschen
uns ergreift, dem das Bestreben nach Mittheilung und die Empfindung der Ungefügigkeit seiner Ausdrucksmittel jede Fiber und Faser
in Bewegung setzt und dem das Ringen nach dem rechten Ausdruck
die Brust zersprengen möchte.

Wir haben keinen Grund zu fürchten, daß dieser Liedstyl
Liszt's sich verallgemeinern wird. Wer ihn auch nur copiren wollte, ohne ihn zu carriciren, müßte eben Liszt sein,
und Erscheinungen wie er sind seltener noch als wie die
Kometen.

Noch wären eine kleine Zahl jüngerer Künstler zu nennen, die sich Schumann's Liedstyl anschließen. Wir gedenken ihrer passender am Schlusse dieses Buches und wenden uns zu einer Reihe von Liedercomponisten, welche die Kehrseite der bisher besprochenen Richtung bilden.

# Siebentes Kapitel.
## Der noble Bänkelsang.

Während so eine große Reihe der besten Geister der Nation in unabläßigem Ringen bemüht waren, das deutsche Lied, dies wol köstlichste und ausschließliche Eigenthum des deutschen Volks, auf die höchste Stufe der Vollendung zu führen, ruhte auch jene handwerksmäßige Geschäftigkeit nicht, die nur für den offnen Markt des Tages arbeitet und nur darauf bedacht ist, eine recht ausgebreitete Kundschaft zu gewinnen. Wie der Geschäftsmann sich den Wünschen und Bedürfnissen seines Publikums fügt, wie der Fußbekleidungskünstler die Natur des Hühnerauges, der maître tailleur die Anatomie des menschlichen Körpers studiert, so merkte diese dem Marktpublikum sein jeweiliges Bedürfniß ab, um ihren Produkten den höchst möglichsten Cours zu geben. Das deutsche Lied wird als ein neu aufgelegtes, als nobles Bänkelsängerlied ein vielbegehrter Handelsartikel.

Wir sahen das alte Bänkelsängerlied immer noch als eine besondere Gattung des volksthümlichen Liedes aus dem eigentlichen Volksliede sich entwickeln. Der immer mächtiger sich ausbreitenden allgemeinen Musikbildung mußte das Volkslied in seiner ursprünglichen Gestalt weichen und sich zum volksthümlichen Liede umgestalten und endlich nach dem Grade der Musikbildung und des künstlerischen Werths der eindringenden fremden Elemente zum Bänkelsängerliede werden. Wir hatten aber auch Gelegenheit, die praktische Bedeutung des alten Bänkelsängerliedes kennen zu lernen, die keine geringere war, als der neuen, aus ihrer Verwilderung sich allmälig erholenden Poesie die weiteste Verbreitung zu ermöglichen.

Das neue Bänkelsängerlied hat weder eine so ehrliche Abstammung noch auch ein so begründetes Recht seiner Existenz. Es ist durch Speculation auf das niedrigste Bedürfniß und Empfängnißvermögen der Massen hervorgerufen, und verunglimpft die Dichtung nur, indem sie derselben Verbreitung verschafft. Von der Zeit an, als die bedeutendsten Tondichter sich der lyrischen Poesie zuwandten, um ihr in der, dem Volke noch leichter zugänglichen musikalischen Umdichtung Eingang und bleibenden Sitz im Herzen und Gemüth des Volkes zu verschaffen, hat das Bänkelsängerlied den Rechtstitel für seine Existenz verloren, und wir betrachten es nur in seinem weitern Verlauf, weil der Historiker auch die krankhaften Erscheinungen seiner Zeit nicht aus dem Auge verlieren darf, damit er ihre Gemeingefährlichkeit nachweisen kann.

Der erste Liedersänger, der seine, nicht gewöhnliche Begabung und Bildung an die Genußsucht der großen Menge veräußert, ist: **Carl Gottlieb Reißiger.** Er ist am **31.** Januar 1798 zu Belzig bei Wittenberg geboren und erhielt von seinem Vater, einem tüchtigen, musikverständigen Cantor, einen gründlichen Unterricht auch in der Musik. Nachdem er **1811** als Alumnus Aufnahme in die Thomasschule in Leipzig gefunden hatte, erregte sein Musiktalent die Aufmerksamkeit des bekannten, damaligen Thomascantor Schicht, und es wurde ihm dessen specieller Unterricht zu Theil. Er bildete sich so zu einem fertigen Clavier- und Orgelspieler und geschmackvollen Sänger aus. Erst nachdem er die Universität bezogen hatte, um Theologie zu studieren, begann er (1820) unter Schicht gründliche Studien im Generalbaß zu machen, und nun reifte auch der Entschluß gar bald in ihm, sich ganz der Kunst zu widmen. Er gieng, unterstützt durch vermögende Gönner, 1821 nach Wien, um dort seine Studien fortzusetzen, von da 1822 nach München und im nächsten Jahre nach Berlin. Ob und welche Studien er machte, erfahren wir nicht, dagegen daß er unablässig mit der Composition von Werken aller Art beschäftigt ist. Der Aufenthalt in Berlin verschaffte ihm die Unterstützung des Königs von Preußen zu einer Reise nach Italien und Frankreich, die er im Juli 1824 antrat. 1825 kehrte er nach Berlin zurück und folgte im nächsten Jahre einem Rufe als Musikdirector an die Oper nach Dresden. Schon 1827 erfolgte seine Ernennung zum Kapellmeister und als solcher ist er am 7. Novbr. 1859 gestorben.

Reißiger war wol der begabteste und gebildetste der Reihe Liedersänger, die wir mit ihm beginnen. Mit einer bedeutenden wissenschaftlichen Bildung verband er eine nicht gewöhnliche musikalische. Seine Tüchtigkeit als Dirigent, wie seine Fertigkeit im Partiturspiel sind wol hinlänglich anerkannt. Dabei besaß er eine, wenn auch nicht tiefe, doch ungemein elastische Empfindung und hatte eine große Formgewandheit im Ausdruck, so daß er bei größerem Ernst und einer weisen Zurückhaltung sich eine Achtung gebietende Stellung in der Kunstgeschichte sicher errungen hätte. Allein für eine so geschäftige Thätigkeit, wie er sie innerhalb dreißig Jahren entwickelte, waren sein Talent und seine technische Bildung gleich unzulänglich. Er schrieb nicht nur eine Anzahl Opern, Melodramen, Messen, Symfonien und Ouverturen, sondern auch eine bedeutende Menge Quartetten und Trio's in allen Zusammensetzungen, Sonaten und Rondo's und veröffentlichte einige fünfzig Liederhefte.

Nur einer genialen Kraft wäre es bei solcher Produktion möglich gewesen, sich auf künstlerischer Höhe zu halten, und Reißiger war eben nur ein bescheidenes Talent. Er mußte daher häufig unter das Niveau der gewöhnlichsten Kapellmeisterroutine hinabsinken und zwar weniger noch in seinen Instrumental- und größeren Vocalwerken als im Liede. Dort hilft ihm die Technik, die für diese Formen von den großen Meistern bereits geschaffen war, oft über die gefährlichsten Klippen hinweg. Die Themen seiner Instrumentalwerke sind meist die allergewöhnlichsten italienischen Gesangsphrasen, aber er weiß sie durch seine, den großen Meistern abgelernte Technik so effectvoll zu verarbeiten, daß man vorübergehend ihre Abstammung vergißt. Die Technik des Liedstyls aber, die er in gleicher Weise sich hätte aneignen können, war kaum erst gefunden und gewann unter den Musikern langsamer noch Beachtung, als bei dem Dilettantismus. Auch versprach sie im gegenwärtigen Moment noch geringe Erfolge. Eine eigene Technik sich zu schaffen, fühlte er wenig Drang und so griff er nach der nächsten, der Form des Bänkelsängerliedes. Wahrscheinlich hatte er sich durch die Erfolge, die Himmel in Berlin damit errang, imponieren lassen. Vor dem Liede von Himmel hat das Lied Reißiger's den Vorzug einer größern Einheit. Jener flickt die Fetzen von Instrumental- und Vocalphrasen, wie sie ihm gerade

unter die Finger kommen, im buntesten Gemisch an einander.
Reißiger kommt nirgends über die gehaltlose Phraseologie hinaus,
seine Melodie ist nirgends mehr als rhythmisch-melodisches Geklingel,
aber sein natürliches Formentalent giebt ihr doch, auch wenn er sie
aus Instrumental- und Vocalphrasen zusammensetzt, einen durchaus
einheitlichen Zug. Wir merken an ihnen wieder die Nothwendigkeit
der Reimschlüsse. Dabei versäumt er auch nicht die günstigen Gelegen=
heiten, der Melodie durch eine außergewöhnliche harmonische Wen=
dung ein größeres Interesse zu geben und hierauf dürfte sich wol
der ganze Einfluß, den Schubert auf Reißiger endlich doch
noch gewann, beschränken. Ueberhaupt eignet er sich den fremden
Ausdruck weniger bewußt an; dieser vermittelt sich vielmehr unwill=
kürlich seiner, solchen Eindrücken immer offnen Individualität und
meist eben so absichtslos verwendet er ihn wieder als seinen eignen.
Dieser ganzen Eigenthümlichkeit nach konnte er auch nicht die weite
Verbreitung finden, die jeder seiner Nachfolger auf diesem Gebiete
fand. Er war immer noch zu klassisch formkalt.

Von seinen weit verbreitetsten Liedern nennen wir: „Geibels
Zigeunerbub im Norden" und das humoristische: „Als Noah aus
dem Kasten war." Sie sind zugleich diejenigen, welche sein Schaffen
am Treffendsten charakterisieren. Die lustigste Bänkelsängerweise
erscheint in einem ehrbaren harmonischen Gewande.

Einen Schritt weiter auf dieser Bahn geht:

Heinrich Proch; am 22. Juli 1809 zu Wien geboren, war
er Anfangs für die Jurisprudenz bestimmt; er beschäftigte sich aber
nebenbei auch fleißig mit Musik und namentlich bildete er sich zu
einem tüchtigen Violinspieler aus, so daß er 1834 eine Stelle in
der k. k. Hofkapelle erhielt, nachdem er bereits auch seine juristischen
Studien absolviert hatte. So viel uns bekannt, ist er seit einigen
Jahren auch zum Kapellmeister avanciert.

Als Liedercomponist gehörte ihm einst ein außerordentlich großes
Publikum, heut' hat ihn bereits das Geschick der dienstwilligen
Lakaien der Mode ereilt, er ist verschollen und nur einzelne seiner
Weisen leben noch auf Tanzböden, in Straßenorchestern oder im
Leierkasten fort; und dennoch gehört das Proch'sche Lied schon
dem noblen Bänkelsange an. Wir wissen nicht, wie viel innerer
Drang, wie viel Speculation ihn dazu führte, ein Mann des Volks
zu werden; aber als er es wurde, konnte er es schon nicht mehr

mit den Mitteln Himmel's, selbst nicht mit denen Reißiger's werden. Josef Lanner und Johann Strauß hatten zunächst in Wien in ihren rhythmisch wie melodisch und harmonisch viel reicher ausgestatteten Tänzen der Volksmusik eine veränderte Stellung gegeben und sie auf eine höhere Stufe gehoben. Ein Tanz von Strauß oder Lanner ist viel feiner rhythmisiert und harmonisiert, und von ungleich größerer melodischer Eindringlichkeit, als ein Lied von Himmel oder Reißiger; er rundet sich formell viel künstlerischer ab und enthüllt dem Wiener namentlich wirklich einen bestimmten und bedeutsamen Zug seines Lebens. Dieser Strauß-Lanner'sche Tanz bestimmte auch gar bald im übrigen Deutschland die Richtung dieser Art Volksmusik und unter das Niveau derselben durfte natürlich auch das mit ihr rivalisierende Lied nicht herabsinken. Das ist der Standpunkt des Liedes von Proch. Der Strauß-Lanner'sche Walzer bildet seine Grundlage. Er bietet ihm Rhythmus, Harmonie und im Grunde auch die Melodie und bestimmt so vorwiegend seinen Charakter, daß er durch alle laut und vernehmlich hindurchklingt. Dabei ist aber auch das Lied Schubert's nicht spurlos an Proch vorübergegangen; auch von ihm handelt er Gedanken und Wendungen ein und macht sie nach seinem Geschmack zurecht. Wie Schubert schreibt auch Proch vorwiegend in der Form des durchcomponierten Liedes, folgt indeß auch hierbei mehr Strauß-Lanner, die ihre Walzer ähnlich aneinander reihen, als Schubert. Zudem hatte das Lied von Schubert ja bereits sein Publikum, und es war ein großer Vortheil, wenn auch dieses gewonnen wurde. Das Publikum, welches Proch im Auge hatte, liebt es ja auch, sich in Gegensätzen zu bewegen und sein Lied wurde gerade dadurch so angenehm, daß es immer zu rechter Zeit aus dem einen Ton in den andern fiel. Jetzt die thränenreichste Sentimentalität und wenn diese dem Publikum unbequem werden konnte, in demselben Athemzuge der freudigste Aufschwung in Tanzweise. Auch tragische und leidenschaftliche Stimmungen hat Proch hin und wieder, daß er uns oft ernstlich bange macht. Aber er meint es nie so ernsthaft, durch alle die düstern und schwarzen Nebel bricht sieghaft die helle Sonne: Strauß-Lanner hindurch. Das Lied Proch's gehörte namentlich dieser groben Contraste wegen mehr dem Süden und den untern Ständen an; erst:

15 *

**Friedrich Kücken** machte es im Norden cour- und salons-
fähig. Zu Bleckede im Lüneburgischen 1810 geboren, lebte er
längere Zeit in Berlin, später in der Schweiz, in Paris, Hamburg und seit 1851 als Kapellmeister in Stuttgart. Er hat zwar
auch zwei Opern und einige Clavierpiecen geschrieben, doch nur
durch seine Lieder ist er eine Tagesberühmtheit geworden.

Auch diesem Liedersänger ist wol die eigenthümliche Stellung
der Musik dem Text gegenüber nie auch nur annäherungsweise
klar geworden. Wie seinem Vorgänger **Heinrich Proch** ist ihm
die nächste Aufgabe angenehm zu rühren, in anscheinend natürlicher Weise zu unterhalten, und dies zu erreichen ist die Tanzweise immer das geeignetste Mittel. Tritt diese nun auch eigentlich
nirgends bei **Kücken** mit der Absichtlichkeit wie bei **Proch** auf,
so bildet sie doch so unverkennbar die Grundlage seiner Liedschöpfungen, daß viele der weitverbreitetsten ohne jegliche Umgestaltung zu Tänzen und Märschen verwendet werden könnten.
Allein bei dem Norddeutschen ist der Tanz an sich kein so wesent-
liches Lebenselement als bei dem Süddeutschen, und der Componist,
der auf die norddeutsche Durchschnittsbildung der Massen speculirt,
mußte auch der Tanzweise eine höhere Bedeutung verleihen, wollte
er durch sie Erfolge erreichen. Das hat **Kücken** ganz vortrefflich
verstanden. Er hat in der pfiffigsten Weise den Walzer-Galopp-
und Polonaisenstyl zum Liedstyl umgewandelt und da er in der
Wahl seiner Texte ziemlich vorsichtig ist und sich meist auf diejenigen beschränkt, deren ästhetische wie sittliche Grundlage eine
solche Behandlung nicht gerade als große Versündigung erscheinen
läßt, so hat er mit diesen Liedern auch in den gebildeteren Kreisen
Eingang gefunden, denen **Proch** mehr fern bleiben mußte und die
sich selbst mit größerer Hingebung den Meistern des Liedes zu-
neigten. „Ach wenn du wärst mein eigen," „O wär' ich doch des
Mondes Licht," „Was lauscht herein zum Fensterlein," „Die
Blumen und die Sterne," „Ich will vor deiner Thüre stehn"
und eine Menge andere seiner Liedertexte rechtfertigen zur Noth
noch diese Behandlung, ja man könnte, wie im „Maurischen Ständchen," sogar das Bestreben nach „Auffassung" finden, und nachdem die gute Gesellschaft erst so lebenswerthe Eigenschaften an ihrem
Lieblinge entdeckte und als dieser sogar im „Mädchen von Juda"
eine classisch-gelehrte Amtsmiene zeigte, verzieh sie ihm auch seine

früheren und späteren Unarten, mit der er z. B. die Heine'sche Tragödie: „Entflieh' mit mir und sei mein Weib," zur ergötzlichen Posse umstempelt, oder in seinen Duetten den zarten Duft Geibel'scher Gedichte abstreift. Allein die so errungene Gunst hat nun einmal keinen Bestand. Auch Kücken's Stern ist, wie es scheint, im Erlöschen. Der gebildetere Theil der Gesellschaft hat sich ihm wol schon längst ab- und jenen Meistern zugewendet, die mit Auffassung nicht nur coquettieren, sondern welche den Dichter wirklich musikalisch neugestalten und die allein wahrer Bildung würdig und förderlich sind. Mit den mehrstimmigen Liedern und Motetten, die Kücken jetzt mit Vorliebe pflegt, wird er seine frühere Stellung voraussichtlich auch nicht wieder gewinnen, weil sie nur um so viel höher stehen wie die einstimmigen Lieder, als es ihm gelingt, Mendelssohn zu copieren. In den niedern Kreisen, in den Kreisen jener Durchschnittsbildung, macht ihm aber seit Jahren schon **Franz Abt** gefährliche Concurrenz.

**Abt** ist 1819 zu Eilenburg in der preußischen Provinz Sachsen geboren. Nachdem er mehrere Jahre in Zürich als Musikdirector gewirkt hatte, wurde er an des verstorbenen Kapellmeister **Müller** Stelle als Herzoglicher Hofkapellmeister nach Braunschweig berufen und ist als solcher dort noch thätig.

Die Lieder von **Franz Abt** lassen sich nicht so leicht kategorisieren, als die der beiden vorgenannten Liedersänger, weil er zeitweise eine Spur von Entwicklung zeigt. Nur der durch alle hindurch klingende Ton einer überschwenglichen, aber dennoch brutalen Sentimentalität giebt ihnen Familienähnlichkeit und bezeichnet zugleich die Liedertafeln als ihre Geburtsstätte und rechte Heimath. „Wenn die Schwalben heimwärts ziehn" und „Ob ich dich liebe?" sind die zwei saftigsten Früchte dieser ganzen Richtung und begründeten daher naturgemäß seinen Ruf. Alles was sich von moderner Musikbildung in den Männergesangvereinen ablagerte, Instrumental- und Vocalphrasen, Opern-, Tanz- und Volksmelodien, hat sich auch Abt angeeignet und er verarbeitet alles in der, der Richtung jener Vereine entsprechenden Weise. Allein seitdem er ein berühmter Mann geworden, scheint die ganze Verantwortlichkeit seiner Stellung als solcher der Oeffentlichkeit gegenüber manchmal schwer auf ihm zu lasten und ihn zu verzweifelten Anläufen, seinen bedeutenden Ruf nachträglich durch ernste Arbeit zu

verdienen, anzureizen. Einem solchen Moment scheint z. B. Op. 60.
seine Entstehung verdanken zu müssen. Hier begegnen wir ernsten
Versuchen, eine volksthümlich anständige Melodie zu erfinden, sie
harmonisch bedeutsamer auszustatten und die Clavierbegleitung ver=
steigt sich in dem Bestreben sorgfältigerer Ausbildung bis zur
Situationsmalerei (wie in No. 2. „Haidevögelein"); ja bei einigen
Liedern aus Op. 71. scheint es sogar, als ob Abt eben ein
Mendelssohn'sches Liederheft durchblättert hätte, und etwas
davon sei ihm an den Fingern sitzen geblieben. Allein weder ihm
noch seinem Publikum ist recht wol dabei, und so kommt er denn
gar bald wieder in sein eigentliches Fahrwasser hinein.

Selbst so vorübergehende Gemüthswallungen hat der letzte
dieser Gruppe, hat Ferdinand Gumbert wol nie. Dieser
jüngste und reinste Repräsentant des noblen Bänkelsanges wurde
1818 in Berlin geboren. Erst nach dem erfolgten Tode seines
Vaters durfte er dem Comtoir entsagen und sich ganz der Musik
widmen. Zwei Jahre verfolgte er den Plan, sich zum Opernsänger
zu bilden, dann gab er ihn auf und widmete seine Thätigkeit
ganz der Composition, wie nur in seinem, nicht auch zum nur
geringsten Vortheil der Kunst, zeigt der flüchtigste Blick auf seine
zahlreichen Werke.

Außer zwei Operetten und einigen unbedeutenden Claviersachen
hat er nur Lieder geschrieben, und diese beanspruchen unser Interesse
nur deßhalb, weil uns aus ihnen das, ein ehrliches Musikanten=
gemüth wahrhaft erhebende Grablied des modernen Bänkelsanges
entgegen klingt. Will man nicht am gesunden Sinne auch der
Massen ganz verzweifeln, so muß man sich der Hoffnung hingeben,
daß solche Plattheiten bald kein Publikum mehr haben werden. Zu
überbieten sind sie aber nun vollends gar nicht. Gumbert ist so
hart an der Grenze des Miserablen angekommen, daß ein Weiter=
vorgehen undenkbar ist. Proch, Kücken und Abt verwerthen in
ihren Liedern doch noch die bessern Elemente einer immer noch nicht
ganz verkommenen Volksmusik und sie sind dabei auch bestrebt, sich
einige Errungenschaften der künstlerischen Entwicklung anzueignen,
um ihren Produkten einen größern Werth zu geben. Gumbert
zehrt nur von dem unsaubern Bodensatz der an sich schon ver=
sumpften italienischen Phrase. Jene lassen sich immer noch von
einem gewissen Respekt vor dem Text und seinem Inhalt leiten:

für Gumbert ist der Text nur der Puppenkörper, dem er seine Melodielappen anhängt. Eine italienische Cantilene und jene „koulissenreißerischen Abgänge" der großen Oper, das sind die einzigen Ingredienzien seiner Lieder; Rhythmus, Harmonie und Clavierbegleitung sind für ihn nur vorhanden, um sie zu ignorieren. Freilich müßte man das Publikum, dem solche Erzeugnisse der niedrigsten Speculation geboten werden dürfen mehr bejammern als den Componisten, der sie zu bieten wagt. Allein das Publikum ist eben so urtheilslos, als es leicht zu verführen ist. Redet man ihm nicht heute noch, nachdem der deutsche Gesang so herrliche Blüten und Früchte getrieben hat, daß wir nach dieser Seite das beneidetste Volk der Erde sind, vor, nur im italienischen Gesange liege Wahrheit und das Heil der Kunst? Darf man sich wundern, wenn es beide dort sucht und schließlich auch findet? Bei alle dem haben jene italienischen Gesangsphrasen in der Oper immer noch einen Schein von dramatischer Wahrheit, und dieser ist's wol auch und nicht nur die rein sinnliche Klangwirkung, was der ganzen Richtung auch bei unserm gebildetern deutschen Publikum Eingang verschaffte. Auch diesen Schein der Wahrheit verliert jene Phrase am Gumbert'schen Liede, es bleibt nur die grobsinnlichste Wirkung mit dem Klange.

Diese ganze Richtung hat namentlich deshalb eifrige Verfechter gefunden, weil sie anscheinend dem Liede zu größerer Popularität verhilft. Wir sind der Meinung, daß das, was eine weite Verbreitung findet, noch lange nicht populär ist. Die Popularität der Tonkunst ist doch gewiß keine andere, als die der übrigen Künste, und besteht demnach nur darin: daß das Kunstwerk die Möglichkeit in sich schließt, von einer Gesammtheit in seiner Wirkung gefaßt, in seiner Schönheit erkannt zu werden. Diese Möglichkeit erlangt das musikalische Kunstwerk nur im Anschluß an die allgemein gültigen Gesetze des musikalischen Gesammtorganismus, in der vollständigsten Durchdringung von Form und Inhalt. Indem das Einzelsubjekt jenem Organismus sich unterordnet, so daß alles subjektiv Willkürliche sich ausscheidet und das blos subjektiv Wahre nur Bedeutung in seinem Verhältniß zum allgemein Wahren findet, gewinnt das Kunstwerk allgemein faßbare Darstellung, spricht es sich selber aus in höchster Popularität. Diese, und eine andere kann es selbstverständlich gar nicht geben, errangen auch im Liede

nur Künstler von höchster Meisterschaft, wie Schubert und Men=
delssohn und eine Menge Lieder von Schumann würden sie
längst erreicht haben, wenn unsere Lehrer und öffentlichen Institute
mehr bemüht wären, ihre unvergänglichen und faßlichen Schön=
heiten der größeren Menge zu entfalten, ihren echt deutschen volks=
thümlichen Inhalt dem Volksgemüth zu vermitteln. Jene andere
vermeintliche Popularität, welche in der Regel der sogenannten
gelehrten, schwer verständlichen Musik entgegen gesetzt wird, ist
nicht nur ein gefährlicher Feind der Kunst, sondern auch der kunst=
bedürftigen Menschheit. Sie huldigt einem in der Kunst höchst
verwerflichen Nützlichkeitsprincip und sucht die Verständlichkeit des
Kunstwerks nicht in der vollständigen Harmonie von Stoff und
Inhalt, sondern in der Uebereinstimmung derselben mit dem niedrig=
sten Geistesvermögen des Kunstgenuß=Suchenden. Sie fragt nicht
nach den Anforderungen der Kunst, sondern nur nach dem Bedürf=
niß der Mode und des Geschmacks. Sie strebt nirgends mehr zu
sein, als ein Lohnlakai der Zeit, und darum ist diese sogenannte
Popularität ein so gefährlicher Feind des Volks. Weil sie das
Kunstwerk nur für das Gedächtniß construiert, daß es diesem mög=
lichst bald schon nach dem einmaligen Anhören ganz oder stückweis
angehöre, ist sie auf jene inhaltslose Phrase hingewiesen, die ent=
nervend wie Fusel auf das Gemüth wirkt; die wie schillernde
Seifenblasen auf Augenblicke ergötzt, aber nichts zurückläßt, als
einen wässrigen Niederschlag. Wie das Lied in seiner höchsten
Vollendung als ein befruchtender Thau sich in das Gemüth setzt,
um dort wunderherrliche Frucht zu treiben, so ist das Bänkelsänger=
lied nur Selbstbefleckung des nach Kunstgenuß verlangenden Geistes
geworden und nur geeignet, sein gesammtes Vermögen abzu=
stumpfen.

---

Noch ließen sich einige Vertreter des modernen Bänkelsanges
namhaft machen, allein sie haben selbst auf diesem Gebiete nicht
die Bedeutung der Vorgenannten erreichen können; sie schließen sich
diesen vielmehr so eng an, daß sie nur als deren treue Copien zu
betrachten sind. Wir wenden uns daher viel zweckmäßiger am
Schlusse dieses Buches, an das vorletzte Kapitel anknüpfend, einer
erfreulichern Erscheinung, jener Gruppe jüngerer Künstler zu, die

uns berufen zu sein scheinen, das deutsche Lied zu derjenigen Vol=
lendung zu führen, die es überhaupt noch erreichen kann. Es ist
wahr, die wunderbaren Schöpfungen Mendelssohn's und Schu=
mann's auf dem Gebiete des Liedes und der verwandten kleinern
Instrumentalformen verlockten eine große Anzahl jüngere und selbst
bedeutende Talente zu gleicher Thätigkeit und dennoch darf man
nicht behaupten, daß seit jenen Meistern ein bemerkenswerther Fort=
schritt erzielt worden sei, ja daß selbst aus der allgemeinen Lieder=
fluth, deren Wasser bisher höher giengen als zu irgend welchen
Zeiten, sich mehr als ein Bruchtheil auf das trockne Land gerettet
hat. Wir möchten diese Erscheinung aus dem besondern Zuge der
ganzen Zeit erklären. Das, was den jungen Gemüthern an Men=
delssohn und Schumann imponierte, die geniale und neue
Art des Ausdrucks, verwirrte sie zugleich. Mit der jugendlichen
Hast des stürmischen Enthusiasmus für die neue Richtung suchten
sie sich so schnell als möglich nur die Besonderheit der Technik
derselben anzueignen, um in demselben Geiste schreiben zu können.
Sie hatten dabei aber übersehen, daß diese Technik auf keinem
außerhalb der Entwicklung stehenden neuen Organismus beruht,
sondern nur im Zusammenhange mit der alten ursprünglichen Bedeu=
tung gewinnt. Sie übersahen, daß selbst Schumann die alte
Technik sich aneignet, um sie dem Ausdruck seiner Individualität
entsprechend umzugestalten, und mußten deshalb empfindlich genug
erfahren, daß der alte Satz, nach welchem nur die vollständige Beherr=
schung des Handwerks zur Künstlerschaft und zu individuellen Formen
führt, noch zu Recht besteht. Wir fürchten nicht, mißverstanden
zu werden, wenn wir nur von der größern Berücksichtigung des
Formellen in unsrer Kunst neue Erfolge für die nächste Zukunft
erwarten. Das vorliegende Buch dürfte den Beweis liefern, daß
wir in der Form keinen verknöcherten Schematismus, sondern den
lebendigen Organismus sehen, der sich auch dem individuellen Aus=
druck leicht und willig anschmiegt. Weil unsere Zeit nach dem sein
zugespitztesten individuellen Ausdruck ringt, ist ihr, will sie sich
nicht in subjektive Willkür verlieren, formale Festigung nöthiger,
als jeder früheren. Und so sprechen wir es denn unumwunden
aus, daß wir den Bestrebungen einiger jüngerer Berliner Künstler,
die schon auf eine energischere Herausbildung der Form zurück=
gegangen sind, mit großem Interesse folgen. Von Hermann

Krigar erwähnten wir bereits, daß er sein formales Geschick jetzt im Geiste Schumann's zu verwerthen trachtet. Georg Vier=ling stählt seine Technik wie Robert Radecke, Richard Würst, C. Lührs, H. Bellermann und Martin Blum=ner auch an der Bewältigung größerer Instrumental = und Vocal= formen, und dies Bestreben kann nicht ohne den segensreichsten Einfluß auf ihre Thätigkeit im Liede bleiben. Auch in jenen unmittelbaren Erben Schumann's, in Theodor Kirchner, Woldemar Bargiel, Johannes Brahms und Ludwig Meinardus scheint die formale Läuterung sich zu vollenden, so daß wir ganz besonders von ihnen vielleicht in nächster Zukunft schon auch die Entwicklung des Liedes fördernde Beiträge erwarten dürfen. An C. G. P. Grädener bedauern wir nur, daß er in seinen Produktionen zu sparsam ist, um die bedeutende Stellung zu gewinnen, die er namentlich als Liedercomponist ein= nehmen könnte.

So dürfen wir wol getrosten Muthes der Zukunft harren. Es wird keiner gutgemeinten aber dilettantischen „Hausmusik" bedürfen, um das deutsche Lied vor der Verwilderung, zu der es ebenso ein ernster künstlerischer Sinn, wie Leichtsinn und Frivolität führen möchten, zu bewahren.

# Drittes Buch.

## Das deutſche Lied in ſeinen weitern kunſt=geſchichtlichen Beziehungen.

---

Nachdem wir die Entwicklungsgeſchichte des eigentlichen Liedes im vorigen Kapitel bis auf unſre Tage verfolgt haben, könnten wir recht wol unſre Aufgabe für beendet anſehen. Allein die Formen der Romanze und Ballade ſind mit dem Liede, aus dem ſie hervortreiben, ſo eng verwandt, und beide haben gleichfalls eine ſo große kunſtgeſchichtliche Bedeutung gewonnen, daß der Nachweis ihres hiſtoriſchen Entwicklungsganges unzweifelhaft noch einen Theil der Aufgabe vorliegenden Buches bilden muß. Als natürliche Folge des ſo gewonnenen weitern Geſichtskreiſes wird ſich dann die Betrachtung des Einfluſſes, den das Lied auf den geſammten Gang der Muſikgeſchichte ſeit ſeinem erſten ſelbſtändigen Auftreten gewon=nen hat, von ſelbſt herausſtellen, und wir verſuchen den ſpeciellen Nachweis um ſo lieber als gegen eine hierauf bezügliche Aeußerung des Verfaſſers in ſeinem Buche: „Von Bach bis Wagner," von verſchiedenen Seiten Zweifel erhoben worden ſind. Vielleicht gelingt es, ſie zu zerſtreuen und das deutſche Lied als den Haupt=factor der geſammten modernen Muſik erkennen zu laſſen; und dann würden ſich neue Ziele und neue Bahnen für die weitere Entwicklung unſerer Kunſt von ſelbſt ergeben.

---

# Erstes Kapitel.
## Die Gewalt des Lyrischen ergreift auch das Epische.

Die ersten und ältesten Volkslieder sind die Epen. Das Volk vermag sich ursprünglich nur als Gesammtheit, wie sie sich im Mythos in Sage und Geschichte ihm darstellt, anzuschauen. Erst mit dem Fortschritt, den die Individualität zur Freiheit macht, beginnt die lyrische Dichtung, in welcher das Einzelsubjekt sich selbst zur Voraussetzung nimmt und welche die Darstellung seiner Innerlichkeit zum letzten Ziele hat, so daß die vorhandene Welt nur soweit berücksichtigt wird, als sie hineinragt in den momentanen Prozeß der individuellen Erregung und unbedingt in ihm aufgeht. Die Lyrik fällt so ursprünglich mit der epischen Poesie zusammen, sie ist in ihr verhüllt. Erst indem das nationale Epos selbst an Lebendigkeit verliert, tritt sie mit größerer Selbständigkeit auf. Das Epos selbst bleibt natürlich hiervon nicht unberührt, und unter dem entschiedenen Einfluß der Lyrik bildet sich aus dem Epos jene Form, welche die Vermittlung zwischen beiden herstellt, die den Uebergang von dem Epos zur Lyrik bildet — die episch-lyrische Form der Ballade (und der Romanze), welche es noch mit einem objektiv Gegebenen, mit einem realen Stoff, einem äußerlich Geschehenen zu thun hat. Wir begegneten dieser Form schon im vierzehnten Jahrhundert, namentlich in den Liebesliedern. Das süßeste der menschlichen Gefühle wird dem Volke am Leichtesten zu einer Geschichte, und es strömt dasselbe gern in der lyrischen Verarbeitung eines epischen Stoffs aus.

Auch die Melodie dieser Balladen hatte, fanden wir früher schon, einen abweichenden Charakter, und daß sie alle vorzugsweise nur gesungen wurden, ist wol unzweifelhaft. Es liegt in ihrem ganzen Wesen, daß sie lieber gehört, als gelesen sein wollen, und vielleicht dürfte auch der Name auf diese Eigenthümlichkeit sich zurückführen lassen. Bei den Schotten und Britten bezeichnet im Volksgesang der Name ballad das aus den germanischen Heldenliedern vererbte Lied. Daß die italienische Ballata ein kurzes, rein lyrisches Tanzlied war, darf als bekannt vorausgesetzt werden.

In der alten deutschen Volksballade fand der Refrain eine große Berücksichtigung, und namentlich ihm gegenüber machte sich der Balladenton musikalisch ganz besonders geltend. Der Refrain, als Träger der lyrischen Pointe, hielt sich durchaus mehr in selbständig freier Liedform, während die eigentliche Erzählung in dem mehr recitierenden Ton des Rhapsoden vorgetragen wurde.

Sie lebte auch in den nächsten Jahrhunderten noch nur im Volksgesange weiter fort und zwar vorwiegend in der musikalischen Behandlung der Romanze, die „mehr auf lyrische Weisen und Versmaße ausgeht und durch die Einheit des Gedankens auf dieselbe Geschlossenheit der äußern Gestaltung angewiesen ist, welche die Einheit der Empfindung bei der Ballade erfordert." Der Refrain schwindet daher allmälig und mit ihm natürlich auch die zwiegestaltige Weise der Melodie. Diese wird um so viel der des lyrischen Liedes näher verwandt, als die Form der Romanze der Liedform sich nähert. Auch die künstlerische Darstellung der Romanze in der neuern Zeit ist dieser Weise gefolgt, doch mit größerer Berücksichtigung der schärfern Accente der Ballade.

Die eigentliche Ballade erlangt ihre musikalische Bedeutung erst unter der Hand der Künstler wieder.

Weder Poeten noch Componisten fühlten bis Ausgang des vorigen Jahrhunderts Veranlassung, sich an dieser Form zu versuchen, nur im Volksgesange fand sie spärliche Pflege. Erst Gottfried August Bürger, innig vertraut mit der schottischen und englischen Balladenpoesie, führte in Deutschland auch eine neue Zeit für die Pflege der Ballade herauf, und nachdem sie Göthe, Schiller und Uhland zur höchsten Meisterschaft herausgebildet, wenden sich ihr bis auf den heutigen Tag die besten Dichter der Nation mit Vorliebe zu. Die Tondichter hatten sich ja bereits wieder gewöhnt und versucht, den Spuren der Poesie emsiger zu folgen als bisher, und so erlangt die Ballade bald auch musikalisch ihre neue künstlerische Gestalt.

Der erste in diesem Sinne thätige Meister der Ballade ist:

**Johann Rudolph Zumsteeg.** Er ward zu Sachsenflur im Schöpfergrunde im ehemaligen Ritter-Canton-Odenwald am 10. Januar 1760 geboren. Sein Vater, Kammerlakai bei dem Herzog Carl von Würtemberg, verschaffte seinem Sohne die Aufnahme in die damalige militairische Schule auf der Solitüde bei

Stuttgart, in der bekanntlich Unterricht in mehreren Wiffenschaften und Künsten ertheilt, und die später auch zur Akademie erhoben wurde. Zumsteeg sollte Anfangs Bildhauer werden; allein da sich sein musikalisches Talent früh und vielversprechend entwickelte, so trug man auch früh Sorge für die Ausbildung desselben, und dazu bot die Herzogliche Hofkapelle, die zu den besten ihrer Zeit gehörte, vollauf Gelegenheit. Er wählte das Violoncell zu seinem Hauptinstrument und erlangte auf demselben eine bedeutende Fertig= keit. Namentlich aber erregte er durch den tiefen und innigen Ausdruck in seinem Spiel die größte Aufmerksamkeit, und dieser Umstand wol wurde Veranlassung, daß er auch zum selbstschaffenden Tonkünstler ausgebildet werden sollte und dem Unterricht des Kapell= meister Poli übergeben wurde. Mehr als diesem verdankt er indeß dem eignen Studium der theoretischen Werke Matthesou's, Marpurg's und d'Alembert's und indirect wenigstens dem innigen Freundschaftsverhältniß, in welchem er zu Schiller stand. Dieser übertrug ihm gern die Composition seiner Lieder, und zu einer großen Zahl der im Musenalmanach veröffentlichten lieferte Zumsteeg die Musik. Daneben erstreckte sich seine Thätigkeit über alle Zweige der musikalischen Composition. Er schrieb neben Liedern und Balladen Instrumentalsätze, Cantaten, Singspiele und mehrere Opern und alle diese Werke fanden seiner Zeit fast sämmt= lich die günstigste Aufnahme. 1792 wurde er an Poli's Stelle zum Herzogl. Kapellmeister und Director der Oper ernannt. Allein schon 1802 am 27. Januar starb er in Folge eines Schlagflusses.

Zumsteeg gehörte einer Zeit an, in der Poesie und Ton= kunst auf eine bisher ungekannte Höhe der Entwicklung geführt werden sollten. Göthe und Schiller standen bereits im Zenith ihrer gemeinsamen Thätigkeit; auf der andern Seite hatte Haydn schon seinen bestimmenden Einfluß auf die Umgestaltung der Musik gewonnen, Mozart's geniales Wirken fällt ganz in die Lebenszeit Zumsteeg's und auch von Beethoven's erstem Auftreten konnte er Zeuge sein. Eigentlich selbstschöpferische Fähigkeiten, vermöge derer er an jener Neugestaltung sich hätte betheiligen können, besaß er wol nicht, denn auch jenes Auffinden der Balladenform, wodurch er einzig kunstgeschichtliche Bedeutung gewonnen hat, ist mehr das Produkt eines verständigen Calcüls, als genialer Inspiration, oder auch nur natürlichen Instinkts. Er hatte sich eine bedeutende Bil=

dung angeeignet; mit Eifer und Ausdauer studierte er die alten
Meister und als Mozart mit seinen unvergänglichen Werken ans
Licht trat, war Zumsteeg einer der ersten, die sich unter den Einfluß dieses neuen Gestirns stellten. Namentlich die größern Balladen
zeitigten unter den milden und doch so glänzenden Strahlen dieser
neuen Sonne, und gerade dieser Standpunkt war vielleicht der
geeignetste, jene neue, dem Bedürfniß und den Mitteln seiner Zeit
entsprechende Form zu finden.

Wir werden hier die Eintheilung der episch-lyrischen Dichtung
in Romanze, Mähre oder Rhapsodie und Ballade festhalten
müssen, weil sie die Besonderheit der musikalischen Behandlungsweise
bestimmt.

Die Romanze steht der eigentlichen Lyrik am nächsten, indem
bei ihr das Interesse weniger auf der That als solcher, sondern
vielmehr auf deren ethischer Grundlage beruht. Sie ist daher mehr
auf lyrische Weisen und die Geschlossenheit der äußern Gestaltung des Liedes angewiesen. Wir fanden bereits, daß namentlich
diese Form im Volksgesange besondere Pflege erfährt, und auch
Schubert behandelte sie so durchaus liedmäßig, daß wir sie
der Entwicklung des Liedes einreihen konnten, wie: „Sah ein
Knab ein Röslein stehn" und „Das Wasser rauscht, das Wasser
schwoll."

Die Mähre oder Rhapsodie dagegen erfordert, wie
Theodor Echtermeyer in einer, diesem Gegenstand gewidmeten
Abhandlung sehr treffend sagt, den klaren und ruhigen Fluß der
epischen Darstellung; sie muß die That und deren Motive auseinander-
legen und die Charaktere sich plastisch und objektiv entfalten lassen.
Die Mähre ist deshalb nicht einmal an eine streng einheitliche
Umrahmung gebunden, sondern kann ihren Stoff so vertheilen,
daß in einer zusammenhängenden Reihe von Dichtungen die That
mit ihren Motiven, ihrem Verlauf, ihren Folgen sich explicirt,
oder der Charakter des Helden von verschiedenen Seiten in mannichfaltigen Situationen und Conflicten sich darstellt. Die Mannichfaltigkeit der Formen und die größere Freiheit, die sie gestattet, da
selbst die metrischen und prosodischen Mittel nur so weit zu beachten
sind, um die Darstellung von der Prosa zu unterscheiden, hat ihr
zu eben so großer Verbreitung und eifriger Pflege von Seiten der
Tonkünstler verholfen, wie der Romanze, und vielfach sind reine

Balladen von den Componisten in der Weise der Rhapsodie behandelt worden.

Von der Ballade sagt schon Göthe: „Der Ballade kommt eine mysteriöse Behandlung zu, durch welche das Gemüth und die Phantasie des Lesers in diejenige ahnungsvolle Stimmung versetzt wird, wie sie sich, der Welt des Wunderbaren und den gewaltigen Naturkräften gegenüber, im schwächeren Menschen nothwendig entfalten muß." Sie hat daher auch wieder nach großer Geschlossenheit der Form zu ringen und Rhythmus und Vers sind ganz genau zu beobachten und sorgfältiger herauszubilden. Obgleich sie die eigentlich musikalische der genannten Formen ist, so kam sie doch erst später zu einer gewissen Vollendung, und die neueste Zeit vernachlässigt sie schon wieder augenscheinlich, aus Gründen, die uns noch speciell beschäftigen.

Auch Zumsteeg hat sich vorwiegend der Romanzenform und der Form der Rhapsodie zugewendet. Die musikalische Behandlung der Ballade konnte nur das wirklich selbstschöpferische Genie finden, und ein solches war Zumsteeg nicht. Die Form der Romanze dagegen stand längst im Volksgesange in Blüte und für jene rhapsodische Behandlung des episch = lyrischen Gedichts gaben der neue Instrumentalstyl, die scenische Erweiterung des Liedes durch Mozart und die noch immer sehr beliebte Cantatenform die nöthige Anleitung.

Die Lieder von Zumsteeg bieten kaum noch ein historisches Interesse. Es fehlt dem Meister nicht an technischem Geschick, noch weniger an Mitteln des Ausdrucks; jenes war an den besten Meistern geschult und diese hatte er sich mit feinsinniger Erkenntniß des Zeitgemäßen zu in nicht geringem Grade überzeugender Gewalt angeeignet. Allein die Macht der Empfindung fehlte ihm, die allein im Stande ist, die Liedform energisch auszubilden. Er verräth oft ein feines Verständniß für das Detail der Stimmung, aber in dem Bestreben, diesem nachzugehen, verliert er den Zusammenhang. Daher fand er auch für die episch = lyrische Dichtung nicht den neuen, eigentlich epischen Ton, sondern er trägt vielmehr nur die in andern analogen Formen durch die größten Meister gewonnenen Mittel und Behandlungsweisen auf diese neue Form über.

Jener allgemeine Zug der Zeit, der Haydn, und noch entschiedener Mozart und Beethoven zu scenischer Erweiterung

des Liedes drängt, ergreift auch die episch-lyrische Form. Wie
Mozart das Lied meist dramatisch faßt, so dramatisiert Zumsteeg
die Romanze, indem er die Handlung und die Charaktere, die der
Romanze nur als Träger der Idee, als ihre objektive Grundlage
dienen, und die in der musikalischen Form der Romanze eigentlich
gar nicht weiter berücksichtigt werden konnten, entschieden in das
Bereich der musikalischen Darstellung zieht. Der volksthümliche
Romanzenstyl bildet so bestimmt die Grundlage seines Bestrebens,
daß er in den weit ausgeführtesten Balladen, wie in „Ritter Toggen=
burg," „Die Büßende," „Die Entführung," „Leonore," „Des
Pfarrers Tochter von Taubenhayn," fortwährend auf ihn zurück=
kommt. Wir wüßten nur eine Romanze: „Una: Bleich flimmert
in stürmender Nacht" zu nennen, in welcher die ursprüngliche
Romanzenform bestimmt ausgeprägt festgehalten wird. Schon in
„Robert und Käthe" wird der Romanzenton unterbrochen, und sie
leitet zu jener Form hinüber, welche Zumsteeg mit großem Fleiße
und unter dem ungetheilten Beifall seiner Zeitgenossen ausbildete.
Er folgt der stetig fortschreitenden Handlung in dem Bestreben, mit
einem großen Aufwande von Mitteln sie auch musikalisch darzu=
stellen und zu entwickeln. Es ist das unleugbar der richtige Stand=
punkt, und daß Zumsteeg dennoch den rechten Balladenton nicht
fand, verschuldet nur der Mangel eines wirklich selbstschöpferischen
Funkens. Die musikalische Behandlung der Ballade muß die Hand=
lung und die einzelnen Charaktere entschieden berücksichtigen, aber
diese darf ihre ursprüngliche Bedeutung als episch-lyrisches Gedicht
nicht verlieren; sie darf dabei den Romanzencharakter nicht aufgeben,
sie muß ihn vielmehr zum Balladenton umwandeln. Der Ballade
von Zumsteeg fehlt jener einheitliche Zug, welchen das alte Volks=
lied im Refrain herzustellen weiß, und den Löwe dadurch erreichte,
daß er eine bestimmte, mehr rhetorische Gesangsphrase erfindet, die
er mit den, nur durch die weitere Entwicklung gebotenen Modifi=
cationen durchweg festhält und nach ihr die Bedeutsamkeit und Aus=
führung der einzelnen lyrischen Partien bestimmt.

Die Ausführung der einzelnen Details der Ballade ist bei
Zumsteeg meist sehr handgreiflich. Der Ton der Erzählung ist
dem Parlando=Gesang der Cantate nachgebildet und modificiert sich
überall nach der besondern Situation. „Ritter Toggenburg" z. B.
beginnt mit einem mehr arien= als romanzenhaften Erguß der

Stimmung der Geliebten des Ritters und dann erst kommt der
Componist in den eigentlichen Erzählerton. Dieser aber wechselt
mit jeder neuen Vorstellung, die im Erzähler aufsteigt, mit jeder
neuen Situation, in welche die Handlung tritt. Daß sich der Ritter
„blutend losreißt," daß er die Geliebte „stürmisch in die Arme preßt,"
„sich auf sein Roß schwingt und zu seinen Mannen im Schweizer
Lande schickt, um mit ihnen, das Kreuz auf der Brust nach dem
heilgen Lande zu wallen," wird uns auch in der declamierenden
Melodie ziemlich drastisch vor Augen geführt. In einer bestimmt
ausgeprägten Marschmelodie erfahren wir dann, daß „durch der
Helden Arm große Thaten geschehen;" „daß des Toggenburgers
Name den Muselmann schreckt, doch das Herz von seinem Grame nicht
genesen kann," erforderte wieder eine Modification des Marsches
und des dadurch bedingten Erzählertons, und in dieser auch durch
die Melodie die Handlung bis in das Kleinste verfolgenden Weise
geht es weiter, bis der Componist wieder den einfachen ursprüng=
lichen Romanzenton gefunden hat. Die letzten fünf Strophen behan=
delt er ganz in dem volksthümlichen Romanzenstyl. Die eine Weise
der ersten dieser fünf Strophen gilt für alle übrigen.

In andern größeren Balladen, wie in: „Die Büßende,"
namentlich aber in: „Des Pfarrers Tochter von Taubenhayn"
wechselt sogar häufig die eigentlich dramatische Entfaltung der Hand=
lung mit einer mehr romanzenhaften Darstellung derselben, und
wenn dies auch meist nur in Folge einer feinsinnigen Erkenntniß
und Auffassung der bestimmten Situation geschieht, so fehlt doch
die eigentliche Verschmelzung der mehr dramatischen Ausführung
mit dem Romanzencharakter, aus welcher heraus nur die eigentliche
Balladenmelodie hervortreiben könnte. Innerhalb der Romanze
selbst mußte jene dramatische Entfaltung der Handlung vergehen;
es mußte eine Romanzenmelodie gefunden werden, die den Grund=
charakter der Ballade entschieden ausspricht und zugleich der Aus=
breitung der Handlung leicht zu folgen im Stande ist. Diese
fand Zumsteeg nicht. Er war ein weit weniger schöpferisches,
als mehr geistvoll combinierendes Talent und einem solchen war die
Erfindung dieser neuen Weise nicht beschieden.

Daher konnten sie auch die beiden Berliner Meister,
Friedrich Reichardt und C. F. Zelter, die gleichfalls darnach
suchten, nicht finden. Beide nahmen ja selbst dem Liede gegenüber

nur den praktisch verständigen Standpunkt ein, der sie nicht viel über eine klangvolle Notierung der Sprachaccente hinauskommen ließ. Dem entsprechend bilden sie auch für die episch = lyrische Dichtung nur die volksthümliche Romanzenweise weiter aus. Weder für Reichardt noch für Zelter hat die Handlung ein besonderes Interesse. Sie erfinden für die erste Strophe eine Melodie und diese erleidet für die übrigen Strophen höchstens eine, durch die veränderte Declamation bedingte, an sich unwesentliche Modification.

Nur Reichardt versucht hin und wieder ein specielleres Herausbilden einzelner Züge, wie in seinem „Alpenjäger;" allein in dieser Vereinzelung erscheint es fast weniger gerechtfertigt als die Weise Zelter's, der selbst eine so gestaltenreiche Ballade, wie die von Göthe: „Der Todtentanz" ganz wie eine Romanze behandelt. Beide Meister halten zu einseitig nur die Anschauung fest, daß die Ballade gesungen werden müsse. Ihr Bestreben ist deshalb nur darauf gerichtet, eine sangbare Melodie zu finden, die zu gleicher Zeit dem rhetorischen Charakter der ganzen Gattung entspricht. Namentlich den Romanzen Schiller's gegenüber ist dieser Standpunkt wol auch der einzig richtige. Der Stoff, das Factische ist ihnen durchaus Nebensache; das wahre Interesse beruht mehr auf ihrem sittlichen Gehalt und dessen ästhetischer Belebung. Die Muse Schiller's hat den Stoffen all' das der Musik Zugängliche abgestreift, und sie in die Sphäre der Gedankenideale erhoben, wohin die Musik nicht zu folgen vermag.

Mit dieser einseitigen Auffassung konnten jene Meister zwar die entsprechende musikalische Behandlung der Ballade nicht finden, aber sie bezeichneten doch den Weg, der darauf hinführte, viel präciser als Zumsteeg. Der mehr rhetorische Vortragston und das sangbare Rondo der Romanze treten nicht mehr, wie bei Zumsteeg, nur neben einander, sondern sie durchdringen sich jetzt schon so, daß aus der Zelter = Reichardt'schen Romanze sich von selbst jene Balladenmelodie ablöste, welche bei der tiefeingehendsten Charakteristik der einzelnen Momente der Handlung doch die Grundstimmung fortwährend anklingend erhält.

Einen noch bedeutsameren Schritt weiter auf dieser Bahn geht Franz Schubert. Er behandelt die Romanze zwar ganz liedmäßig, aber er bildet ihr zugleich ein Element an, welches ihr bei Zumsteeg ebenso, wie bei Reichardt und Zelter fehlt: jenen

16*

Zug warmen pulsierenden Lebens, der die Göthe'sche Ballade durchdringt, jene Schauer des Geistes, die er, erfüllt von dunklen Seelenregungen, von Furcht und Wolbehagen, gegenüber der ihm fremd und geheimnißvoll dämonisch entgegentretenden Natur empfindet und die wir als charakteristisches Merkmal der Ballade erkannten. Außer den früher genannten ist es namentlich Göthe's: „König in Thule," welche dies neue Element in bestimmtester Fassung zeigt.

Auch jener Zumsteeg'schen Auffassung des lyrisch = epischen Gedichts wendet sich Schubert zu, und er weiß durch einen unendlich größern Reichthum von Darstellungsmitteln und durch ein viel feineres und doch gewaltigeres Herausbilden der einzelnen Momente die Schwäche der Form zu überdecken, ohne diese selbst zu beseitigen.

Eine große Anzahl seiner Lieder drängten ihn schon, wollte er den lyrischen Inhalt vollständig erschöpfen, zu fast epischer Ausbreitung. Er bringt nicht nur durch Situationsmalerei die lyrische Empfindung in Beziehung zur Außenwelt, und verbindet einzelne, wie in seinen Liedercyklen, unter einander zum ganzen Lebenszuge, sondern er weitet einige so vollständig aus, daß sie einen fast epischen Verlauf nehmen. „Der Kampf" und die „Gruppe aus dem Tartarus" von Schiller, vor allem aber: „Ossians Gesänge" sind im Grunde lyrische Ergüsse, aber das ihnen zu Grunde liegende gewaltige Factum ragt so bedeutend in die Darstellung hinein, daß sie weit aus dem engen Rahmen des Liedes heraus gedrängt werden.

Namentlich dürften „Ossians Gesänge" diese Auffassung vollständig rechtfertigen. Die ganze verklungene Herrlichkeit seiner Vorfahren beschwört der greise blinde Dichter in seiner Phantasie in einzelnen Bildern wieder herauf. Die Nacht bevölkert er mit den Gebilden seiner Phantasie. Ihre Nebel werden ihm zu Heldengestalten und in dem Spielen des Windes mit der Klette hört er den leichten Tritt eines Geistes. Loda's Gespenst erscheint und Shilric und Vinvela träumen noch einmal den Traum ihrer Liebe. So drängt sich Bild auf Bild, aber keines derselben ist objektiv fester gefaßt, und alle sind nur durch die Grundstimmung des Dichters, aus der sie hervortreiben, unter einander verbunden. Daher findet auch jene rhapsodische Weise der musikalischen Behandlung des episch = lyrischen Gedichts, die Zumsteeg anregte, einzig

künstlerische Anwendung, und wir haben wol nicht weiter noth=
wendig näher zu erörtern, um wie viel bedeutsamer Schubert
diese Form faßt, als Zumsteeg; wie er überall nur aus dem
Innersten des Dichters heraus schafft, wo sich Zumsteeg nur
äußerlich diesem anbequemt, und wie Schubert das Gedicht für
alle Zeiten musikalisch wiederdichtet, während Zumsteeg ihm nur
ein, der Mode unterworfenes unmusikalisches Gewand umhängen
konnte.

Doch vermochte auch Schubert den letzten Schritt zur voll=
ständigen Ausbildung der Balladenform nicht zu thun. Er übersah,
daß ihm der „Erlkönig," „Der Sänger," „Der Taucher" wie
„Die Bürgschaft" nicht nur einzelne Bilder, sondern eine wirklich
fortlaufende, stetig sich ausbreitende Erzählung entgegenbrachten,
und daß die einzelnen Bilder unter sich dadurch in Zusammenhang
gesetzt werden. Er meißelt diese einzelnen Bilder so meisterhaft
heraus und hebt die lyrischen Momente mit so ergreifender Wahr=
heit hervor, daß er hierin wol nimmer zu übertreffen sein dürfte;
aber für die eigentliche epische Erzählung findet er eben so wenig
den rechten Ton, wie Zumsteeg, Reichardt oder Zelter, so
daß die Musik nicht selten den einfachen und natürlichen Gang der
Erzählung aufhält und schließlich langweilt. Noch der „Erlkönig"
läßt eine solche Behandlung weniger unangemessen erscheinen, weil
er mit den „Gesängen Ossian's" sehr nahe verwandt ist; die
Gewalt des Dämonischen, die in der Behandlung von Schubert
liegt, läßt das fehlende Element weniger vermissen. Daß aber
auch diese Ballade mit einem weit geringeren Aufwande von Mitteln
und vielleicht noch ergreifender in der schon näher bezeichneten neuen
Balladenform zu behandeln ist, bewies
Johann Carl Gottfried Löwe, der Schöpfer des eigent=
lichen musikalischen Balladenstyls. Er ist am 30. November 1796
in Löbejün in der preußischen Provinz Sachsen geboren. Seinen
ersten Unterricht erhielt er von seinem Vater, dem Canter seines
Geburtsstädtchens, und unter dessen Leitung entwickelte sich das
Talent des Knaben frühzeitig. Im zehnten Jahre gieng er nach
Köthen, um die dortige Schule zu besuchen, und bezog, nachdem er
hier die oberste Klasse erreicht hatte, das Gymnasium des Waisen=
hauses in Halle. Hier wurde er an den seiner Zeit hochberühmten
Universitäts=Musikdirector Türk gewiesen und dieser nahm sich

des Knaben, überrascht von seinem wunderbaren Talent, ernstlich
an. Er unterrichtete ihn nicht nur im Gesange und in der Theorie,
sondern zog ihn auch in die engern Zirkel seiner praktischen Thätig=
keit, und nahm ihn schließlich, nachdem die Regierung dem hoff=
nungsvollen Knaben eine bedeutende Unterstützung zugesagt hatte,
in sein Haus auf. Durch den 1813 erfolgten Tod Türk's wurde
Löwe wieder veranlaßt, nach dem Gymnasium zurückzugehen und
hier trieb er wieder seine wissenschaftlichen Studien so fleißig, daß
er 1817 die Universität beziehen konnte, um sich dem Studium der
Theologie zu widmen. Daneben beschäftigte er sich eifrig mit Musik
und die Balladen: „Treuröschen," „Wallhaide," „Erlkönig" und
andere stammen aus dieser Zeit. Nach Beendigung seiner Studien
lebte er eine Zeitlang in Dresden oder auf kleinern Reisen und
folgte dann, indem er seine theologische Laufbahn aufgab, einem
Rufe nach Stettin als Cantor an St. Jacob und Lehrer am Gym=
nasium. Ein Jahr darauf wurde er schon zum Musikdirector
ernannt und zugleich mit der Leitung des Musikunterrichts am
Stettiner Schullehrer=Seminar betraut, und in diesen Stellungen
ist er jetzt noch unausgesetzt thätig. Außer seinen Balladen, auf
denen seine kunstgeschichtliche Bedeutung ruht, schrieb er mehrere
Oratorien, darunter die beiden erwähnten für Männerchor, Opern,
Symfonien; viele Werke für Clavier und für Kammermusik und
Lieder für eine Singstimme und Chorlieder.

Es ist gewiß eine ebenso interessante als wunderbare Erschei=
scheinung, daß fast zu derselben Zeit, in welcher ein Jüngling im
Süden Deutschlands an den unvergänglichen Werken der größten
Meister seine Phantasie und sein Gemüth entzündet und instinktiv
die rechte Form des lyrischen Liedes findet, im Herzen Deutsch=
lands ein anderer Jünger der Kunst auf demselben Wege zu dem
rechten Balladenton gelangt. Denn eben so wenig wie Schubert
durch den Unterricht seiner Lehrer für seine Mission direct vor=
bereitet wurde, eben so wenig war wol die Unterweisung Türk's
geeignet, in Löwe den rechten Balladenton zu wecken. Dieser war
wol überhaupt auch auf dem Wege der Reflexion noch weniger zu
finden, als das lyrische Lied. Jener epische Erzählerton, den
Löwe fand, konnte sich nur als gewissermaßen geistiger Nieder=
schlag einer Summe von, in practischer Kunstübung gewonnener
Erfahrung in dem Gemüth absetzen, also daß er dann instinctiv

gefunden auch unbewußt naiv in die Erscheinung treten konnte.
Es gehörte dazu weder eine große Meisterschaft in Beherrschung des
Materials, noch auch eine sehr feinsinnige Erkenntniß desselben und
zu beiden ist auch unser Balladenmeister wol nie gelangt. Von
seinen zahlreichen andern Werken haben nur wenige noch dauernde
Anerkennung gefunden, und auch seine Balladen haben gegenwärtig
meist deshalb ein allgemeineres Interesse, das sie doch in so hohem
Grade beanspruchen, schon eingebüßt, weil sie nicht in allen ihren
Einzelheiten gleich vollendet sind; weil nicht selten der ungetrübte
Genuß wunderbarer Schönheiten durch Trivialitäten und Gemeinplätze verkümmert wird. Neben Unvergänglichem und für alle Zeit
Mustergiltigem steht auch in den meisten seiner Balladen Vergäng-
liches, der Zeit und Mode Angehöriges, und das ist's wol zu
allermeist, was das Interesse an diesen Werken erkalten ließ. Aber
selbst wenn sie, was wol nicht zu fürchten ist, dadurch dem Unter-
gange verfallen wären, das große Verdienst, die Balladenform
geschaffen zu haben, wird die Kunstgeschichte verzeichnen und den
Meister einreihen in die Zahl der wirklich neu schaffenden Künstler.
Denn die Ballade von Löwe ist eine wirklich neue Schöpfung.
Das Volkslied und nach seinem Muster Reichardt und Zelter
berücksichtigen die Handlung wenig oder gar nicht und Zumsteeg
und Schubert verlieren in dem Streben auch diese musikalisch
zu entwickeln, den einheitlichen Ton der Erzählung. Erst Löwe
vereinigte beides, und zwar in so einfach natürlicher Weise, daß
man kaum begreift, wie Schubert vergeblich darnach suchen
konnte. Löwe faßt nur jenen mehr volksmäßigen Romanzenton,
der in der volksthümlichen Form zu einem ganzen Versgebäude
ausgeweitet ist, in eine, höchstens zwei Zeilen zusammen, und
gewinnt dadurch den wirklich entsprechenden Ton für die sich episch
ausbreitende Erzählung. Diese mehr rhetorische, aber vollständig
in sich abgeschlossene Gesangsphrase bildet den Grundton, der nach
dem Verlauf der Handlung sowol melodisch, wie harmonisch und
rhythmisch modificiert, die Bedeutsamkeit wie die Ausführung der
einzeln heraustretenden Partien bestimmt, und wie der Refrain im
Volksliede, oder bezeichnender noch, wie der Grundton der Sprachmelodie die Erzählung, so hier die ganze Ballade durchzieht.
Dabei eröffnet diese Behandlungsweise der Clavierbegleitung den
weiten Spielraum, den sie für diese Form beansprucht. Für die

Romanze ist, ihrer nähern Verwandtschaft mit dem Liede wegen, der vocale Ausdruck meist noch hinreichend; die Clavierbegleitung dient daher mehr nur zu seiner Unterstützung. Der Rhapsodie wie der eigentlichen Ballade gilt die Darstellung des Factums als Hauptziel, und dies auch musikalisch zu erreichen, ist die instrumentale Begleitung vielmehr geeignet, als das Vocale. Die Clavierbegleitung gewinnt daher schon bei Zumsteeg größere Bedeutung; allein erst nachdem der vocale Ausdruck durch Löwe feste Balladenform erhalten hat, vermochte auch die Clavierbegleitung mit all' ihren Mitteln an der Darstellung der factischen Grundlage der Ballade sich zu betheiligen.

Das sind die Principien der neuen Form und überall, wo Löwe nur sie zu den leitenden seines künstlerischen Schaffens macht, erreicht er die bedeutendsten Erfolge. Wir nennen hier namentlich die Balladen von Göthe, Uhland und die nordischen von Herder.

Die einfache metrische Form der Balladen von Uhland in ihrer mehr rhapsodischen Gestaltung fügte sich dieser Behandlungsweise am Leichtesten. Das strophische Versgefüge ist so übersichtlich und einfach, daß es auch in dieser neuen erweiterten musikalischen Darstellung meist noch ausgeprägt erhalten werden kann, und weil fast jede Zeile zugleich einen Gedanken abschließt, so ist es nicht schwer, jene rhetorische Gesangsphrase zu finden, die sich jeder einzelnen Zeile eng anschließt und nach dem veränderten Inhalt derselben modificieren läßt. Die Musik zu: „Der Wirthin Töchterlein" beruht nur auf der, zur ersten Zeile erfundenen Melodie und ihrer, im Geiste der ganzen Erzählung gehaltenen Clavierbegleitung; nur da, wo uns die tragische Scene näher rückt und sich in einem echt dramatischen Dialog entwickelt, treten fremde Elemente hinzu, die aber immer auf jene ursprüngliche Melodie zurückweisen und zurückkehren.

Fast noch einfacher in der Conception und übersichtlicher in der Ausführung ist „Der Abschied: Was klinget und singet die Straßen herauf" und doch in welchem Bilderreichthum entwickelt sich das Ganze. Der Meister respectiert den strophischen Bau so vollständig, wie nur im einfachsten Liede. Auch hier ist die Musik der ersten Zeile die Grundlage des Ganzen, des Vocalen wie des Instrumentalen; allein um das Versgebäude herauszubilden, erhält sie immer einen Gegensatz, so daß aus Strophe und Antistrophe sich ein Versgefüge bildet, und in der feinsinnigen Weise, wie er die Antistrophe verändert, erwachsen ihm die Mittel für die feinste Charakteristik.

Jeder einzelne Zug des reizenden Bildes wird uns zu eignem Erleben nahe gerückt, und doch tritt keiner aus dem beschränkten Rahmen heraus. Sang und Klang der das Geleit gebenden frohen Schaar bilden den Grundton, der selbst schon durch die eingewebten und bestimmt heraustretenden Figuren und Bildchen modificiert wird. Aus weiter Ferne naht die jauchzende Schaar, und immer lauter wird Sang und Klang, bis sie fast verstummen, als die Erzählung des Burschen gedenkt, der still und bleich in ihrer Mitte geht; aber bald erhebt sich der Jubel wieder zu größerem Uebermuth gesteigert, bis die lustige Schaar an das allerletzte Haus gelangt ist, in dem ein Mädchen still weinet und zu dem der bleiche scheidende Bursch die Augen aufschlägt, um sie in tiefem Schmerz, die Hand aufs Herz gelegt, wieder zu senken. Auf kurze Zeit zurückgedrängt erhebt sich der übermüthige Jubel der Geleitenden von Neuem und verstummt wieder vor den tiefen Schmerzen des scheidenden Jünglings, und nochmals ausbrechend wird er dann von der wehmüthigen Klage des weinenden Mädchens zurückgedrängt und klingt bald nur wie aus weiter Ferne noch herein.

Ihnen nächstverwandt sind die nordischen Balladen, die diesen Namen erst verdienen, weil „sie den Naturgeist, der sich in der Mythe entfaltet, zur Grundlage ihres Begriffs haben." Die elementarischen Mächte der Natur, die sich zu Elfen, Nixen und Kobolden verkörpern, das Wunderbare und Dämonische bildet einen wesentlichen Bestandtheil dieser Balladen, und das ist das rechte Darstellungsobjekt für die Instrumentalmusik, weshalb die Clavierbegleitung jetzt zu viel größerer Bedeutung gelangt, als in jenen. Hiermit geht allmälig die architectonische Geschlossenheit der Form verloren und weicht einer nur mehr symmetrischen Anordnung.

Dies ist schon bei der dänischen Ballade „Elvershöh" der Fall. Die musikalische Behandlung läßt eine ganz bestimmte, im Großen ausgeführte Gliederung erkennen. Die ersten zwei Strophen bilden gewissermaßen den Prolog, und dann erst beginnt die eigentliche Ballade, die sich wiederum in zwei, ganz bestimmt gegen einander abgegrenzte Theile scheidet. Ein dem Prolog entsprechender Epilog schließt dann das Ganze. Im übrigen bietet die Behandlung nichts abweichend Bemerkenswerthes. Nur die Clavierbegleitung wird reicher in dem Bestreben, den Tanz und das geschäftige, dem Menschen nicht immer freundliche Treiben der Elfen darzustellen. Noch mehr gilt dies von der Ballade: „Herr Oluf." Zum Verständniß der eigenthümlichen Clavierbegleitung fügt der Componist die Notiz bei: „Wer mit den Elfen tanzte, wurde von einer solchen Lust ergriffen, daß er nicht eher aufhörte zu tanzen, bis er todt darniederfiel." Es hätte ihrer kaum bedurft, um die Intention des Componisten zu errathen. Die Clavierbegleitung führt als Vor- und Zwischenspiel und zur Begleitung des Gesanges einen lustigen und bestrickenden Reigen aus, der kaum eine andere Deutung zuläßt, nur zeitweise unterbrochen durch die Schauer und Schrecken in Herrn Oluf's Gemüth, und durch die kräftigern Accente der Erzählung. Im Gesang wechselt jener einförmige Balladenton mit dem echt charakteristisch dramatisch gehaltenen Dialog ab, und nachdem der ganze Spuk zerstoben ist, schlägt auch die Erzählung einen andern Ton an. Die Wechselreden der Mutter mit Oluf erheben sich wieder zu dramatischer Lebendigkeit, ebenso wie der Schluß, der, ganz der Situation entsprechend, ein wunderbares Gemisch von festlicher und ergreifend tragischer Stimmung zeigt.

In der Darstellung des Gegensatzes „zwischen dem freien Bewußtsein und der überwältigenden Phantasie, wie des Ueberganges von einer gewissen Lust, die den Beginn jedes Schauers, der allmälig an uns herankommt, zu begleiten pflegt, zum endlichen Gipfel der Angst, von den süßen Verheißungen der Elfen zu ihren erstickenden Drohungen" — beruht ein großer Theil der Meisterschaft Löwe's in Behandlung der Ballade. Ein noch schlagenderes Beispiel als jene beiden Balladen liefert „Der Erlkönig" von Göthe.

Die bewegenden Momente dieses Gedichts sind, nach Echtermeyer (dessen erschöpfender, seiner in den spätern Auflagen von Robert Heinrich Hiecke verbesserten und vermehrten Auswahl deutscher Gedichte [Halle, Verlag der Buchhandlung des Waisenhauses] vorgedruckten Abhandlung über: „Unsre Balladen- und Romanzen-Poesie" wir mehrfach hier benutzen konnten), das noch unentwickelte Bewußtsein des Kindes, welches der durch die Nacht und ihre Phantasmagorien aufgeregten Einbildung erliegt und die klare Erkenntniß des Vaters, die sich gegen den Trug behauptet, durch die zunehmende Angst und den Tod des Kindes zuletzt aber selbst mit in das Grausen hineingezogen wird.

Der durchaus dramatisch gehaltene Dialog zwischen dem Vater und zwischen dem Erlkönig mit dem Kinde sind demnach die Hauptmomente für die musikalische Behandlung und hieraus schon ergiebt sich, wie wenig jene romanzenhafte Behandlung, die dies Gedicht durch Friedrich Reichardt erfuhr, gerechtfertigt erscheint. Allein auch die Weise, welche wir ästhetisch wie historisch begründet fanden, war hier nicht durchaus anwendbar. Das ganze Ereigniß entwickelt sich eben vorwiegend dramatisch und für jene epische, rhetorische Melodie der Erzählung war wenig Raum. Daher nähert sich auch die musikalische Behandlung dieser Ballade, die sie durch Löwe erfuhr, mehr als jede andere, wenn auch nur äußerlich, der Schubert'schen. Allein beide sind doch auch wieder wesentlich unterschieden. Löwe weiß zunächst einen einheitlichen Balladenton durch die Clavierbegleitung herzustellen. Bei ihm wie bei Schubert versucht diese die Darstellung des dämonischen Grundtons, der durch das Ganze hindurchklingt — daß Schubert nur den Hufschlag des daher brausenden Pferdes habe darstellen wollen, ist wol eine Annahme, mit der man sich selbst am Dichter versündigt — aber bei Schubert wird er überall, wo er dem dramatisch heraustretenden Detail nachgeht, vollständig aufgehoben, während ihm Löwe nur die einzelnen Figuren so einwebt, daß sie sich von seinem nirgends ganz verwischten Untergrunde immer deutlich abheben. Dabei klingt durch jede einzelne melodische Phrase von Löwe's „Erlkönig" jener eigenthümliche Balladenton hindurch, den zu finden er berufen war; jede einzelne ist in sich ganz fest abgeschlossen und spricht sich in solcher Bestimmtheit aus, daß sie wol nach der Situation sich verändern, aber nicht eigentlich steigern ließen. Erlkönig, Vater und Kind singen jeder seine eigene, aber immer dieselbe Weise, nur nach der um Weniges veränderten Situation modificiert und wie mächtig ergreifend wird der ganze Dialog. Die Melodien Schubert's zu seinem „Erlkönig" sind alle mehr lyrisch empfunden und streben nach einem in sich geschlossenen fest ausgebildeten strophischen Versgefüge. Daher sind bei ihm Erzählung und Dialog und die besondere Ausdrucksweise der hanbelebten Personen nicht so charakteristisch unterschieden wie bei Löwe; er muß, um den Austdruck zu steigern, zu den äußern Mitteln der Transposition greifen, und um die dramatische Wirkung zu erhöhen, jene, durch schneidende Dissonanzen verschärfte Accente einführen, welche die einzelnen Gruppen aus dem Rahmen des ganzen Bildes herausdrängen und so die Einheit desselben stören. Der „Erlkönig" von Schubert ist vielmehr eine, über ihren ursprünglichen Grenzen ziemlich gewaltsam erweiterte Romanze, als eine Ballade.

Ein Muster einfachster und doch wunderbar ergreifender Gestaltung ist wieder die „Walpurgisnacht" von W. Alexis. Der Dialog zwischen Mutter und Kind, in welchem sich die ganze factische Grundlage der Ballade darstellt, entfaltet sich bis kurz vor dem Schluß an einer einzigen Gesangsphrase, die bei dem Kinde meist in Moll, bei der Mutter vorwiegend in Dur auftritt, und harmonisch wie melodisch, in bald höherer bald tieferer Lage der Situation folgt. Diese wird zusammenhängend durch die Clavierbegleitung in einem reichbelebten Bilde dargestellt.

Wie vortrefflich diese ganze Weise der Behandlung namentlich auch für die einheitliche musikalische Gestaltung derjenigen Balladen ist, die in Stimmung und Situation häufig wechseln, beweist der Meister in seiner vortrefflichen Behandlung der altschottischen Ballade: „Der Mutter Geist." Bis zu dem Beginn der eigentlichen Katastrophe hält die Erzählung an jenem einfachsten Balladenton fest, so daß noch das strophische Versgefüge ausgeprägt ist, und es wird keines Hinweises bedürfen, wie fein der Meister durch veränderte Wendungen der Reimschlüsse auch hier zu charakterisieren versteht. Als aber die eigentliche Scene uns näher rückt und gegenwärtig wird, ändert sich auch der Ton der Erzählung, er wird einförmiger und düsterer, und die eigentliche Handlung wird in die Clavierbegleitung verlegt, die ganz naturgemäß dadurch wiederum ein Uebergewicht über den Gesang gewinnt, bis dieser sich eben so gewaltig emporhebt, wie „das Gebein der Mutter aus dem Grabgewölbe." Gesang und Begleitung führen nun in immer gesteigerter gegenseitiger Einwirkung die Erzählung weiter, bis sie zu jenem dramatischen Dialog gelangt ist, für dessen Darstellung der Meister eine so große Befähigung bekundet und der sich in der bereits charakterisierten Weise entfaltet.

Auch dem anwachsenden Bilder- und Gestaltenreichthum gegenüber verliert Löwe eigentlich nie seine meisterlich gestaltende Kraft,
mit der er eine Situation aus der andern entwickelt und die verschiedensten einheitlich zusammenfaßt; nur die Sorgfalt in Auswahl
der Mittel geht mit dem wachsenden, nothwendiger werdenden
größern Aufwande derselben verloren.

In dem Bestreben, bei der eingehendsten Charakteristik den
Zusammenhang nicht zu verlieren, entschlüpft dem Componisten
manche Trivialität; mancher Gemeinplatz muß eine entstandene
Lücke ausfüllen, und wir wiederholen, nur hierin möchten wir, zur
Ehre des deutschen Publikums, den Grund suchen, daß Löwe's
Name schon wie aus fernen Zeiten nur noch herüberklingt, daß nur
wenige unter uns noch wissen, wie er und vor allem seine Balladen
noch der unmittelbaren Gegenwart angehören. „Goldschmids Töchterlein," „Die nächtliche Heerschau," „Die Braut von Corinth,"
„Mahadoeh," „Heinrich der Vogler," „Die Glocken zu Speier,"
„Jungfräulein Annika," „Der Mohrenfürst" und die große Zahl
der Legenden sind vortrefflich in ihrer Anlage und die Ausführung
der meisten einzelnen Bilder ist von überraschender Wahrheit, aber
sie erfolgt nicht selten ohne bewußte Kritik und sorgfältige Wahl
der Mittel. Selbst anscheinend spröde Stoffe, wie: „Der große
Christoph," „Das Milchmädchen," „Des fremden Kindes heilger
Christ," „Landgraf Ludwig," „Der Graf von Habsburg," „Die
Einladung" und die polnischen Balladen weiß Löwe mit dem
ganzen Reichthum seiner volksthümlichen Melodik der musikalischen
Behandlung gefügig zu machen, aber gerade hier verläßt ihn gar
oft sein kritisches Bewußtsein, und er hält für volksthümlich, was
doch nicht selten nur im besten Sinne trivial ist. „Der Blumen
Rache," „Die Reigerbaize" und „Der Edelfalk" können kaum
mehr, als durch ihre Formvollendung Interesse erregen; der Meister
ist mit ihnen auf jenem Standpunkt angelangt, auf welchem die
Technik den mangelnden Inhalt verdecken muß.

In unverkürzter Größe kommt dagegen seine wunderbare Gestal-
tungskraft in jenen Balladen zur Geltung, welche auch den Dichter
durch die Fülle der Ereignisse zu bestimmter Abgrenzung der einzelnen
Züge in Abtheilungen nöthigten. Schon in dem, in Balladenform
gehaltenen Liederkreis „Der Bergmann," mehr aber noch in „Esther"
sind die einzelnen lyrischen Ergüsse in so weiten Dimensionen gefaßt,

daß sie wahrhaft episch sich ausbreiten. Die epische Balladen=
melodie tritt hier an die Stelle der lyrischen, und der Meister
operiert ganz so mit ihr, wie der Lyriker mit dieser. Indem er sie
nicht aphoristisch, wie in der eigentlichen Ballade behandelt, sondern
sie zu wirklich festen Gefügen in einander arbeitet wie der Lyriker,
erwachsen ihm formelle Gebilde wie diesem, die ihren bedeutenderen
Inhalt ebenso prägnant aussprechen wie das Lied, aber in wahr=
haft epischer Breite.

Die Ballade „Gregor am Stein“ wird in dieser Fassung zu
einem wirklichen musikalischen Epos. Mit einem seltenen Reichthum
von Farben und Gestalten rollt der geniale Meister fünf Bilder
vor unsern Augen auf, die uns Zeit und Raum gewähren, uns in
sie zu vertiefen, und die den ganzen tragischen Verlauf der Hand=
lung uns wie eigen Erlebtes nahe legen. Diese Form der Ballade
imponierte dem Meister, zu welchem wir uns jetzt wenden, so, daß
er ihrer Weiterentwicklung sich mit allem Eifer zuwandte: Robert
Schumann, der letzte bedeutende Meister der Ballade pflegte in
seinen letzten Lebensjahren gerade diese Form mit aller Energie und
der genialen Kraft seines Geistes.

Mendelssohn hat sich nur in der Romanze versucht, und
auch diese faßt er so durchaus volksthümlich sangbar, daß er die
Darstellung der factischen Grundlage derselben durch die instrumen=
tale Begleitung ganz aufgiebt; er behandelt die drei Romanzen,
aus denen sich die Heine'sche Tragödie: „Entflieh mit mir und
sei mein Weib“ zusammensetzt, in Chorweise. Auch die „Wal=
purgisnacht“ wird man kaum unter die Balladen rechnen können,
obgleich sie Mendelssohn als solche bezeichnet. Das Gedicht
nach Göthe's eigenen Worten hochsymbolisch intentiert behandelt
eine Episode aus jener phantastisch belebten Welt, in welcher sich
Mendelsohn's Genius mit besonderer Vorliebe bewegt, die
er mit Elfen und Kobolden bevölkert, um sie in die Erscheinungs=
form der realen Welt zu erheben, und wie er in diese gern die
leblose Natur hineinzuziehen trachtet, um ihr die Bedingungen
wahrhaft leiblicher Existenz zu geben, das beweisen vor allem die
Ouverture, das Tenorsolo und der Frauenchor dieses Werkes.
In jener wird der Uebergang vom Winter zum Frühling, von
den Launen des April zum sonnenhellen Mai dargestellt; dieser
lacht uns in dem Tenorsolo und dem Frauenchor entgegen, und

das wunderbar phantastische Spiel erreicht in dem Chor: „Kommt mit Zacken, kommt mit Gabeln" seinen Höhenpunkt. Wir möchten dies ganze Werk eher ein „dramatisches Fragment," nach Art der Expositionsscene, als eine Ballade nennen.

Schumann erst sollte auch der Ballade wieder neue Elemente zuführen. Seine eigne Individualität wie der Gang seiner Ent= wicklung wiesen ihn direct auf dieses Gebiet und ließen ihn bedeut= same Erfolge erreichen. Wir erkannten es als den leitenden Grund= zug seiner Individualität, daß er sich gern durch äußere bestimmte Vorgänge anregen läßt, daß er sie zum Darstellungsobjekt seiner Schöpfungen macht. Seine Instrumentalcompositionen basieren auf solchen Vorgängen, und in seinen Liedern zieht er, so weit dies nur die lyrische Stimmung zuläßt, Situation und äußere Umgebung in die Darstellung mit hinein. Damit hat er aber zugleich den einzig möglichen Standpunkt für die Schöpfung der Ballade gewon= nen. Auch ihr gilt die Darstellung des, ihr zu Grunde liegenden Factums als Hauptziel. Die besondere Weise, in der sich Schu= mann zu jenen Vorgängen verhält, bedingt einzig und allein die, von der Löwe'schen abweichende Gestaltung dieser Form bei Schumann. Als er auf die Ballade geführt wird, haben für ihn jene äußern Vorgänge nur noch die Bedeutung der Anregung, und er arbeitet sie in seiner Phantasie so vollständig um, daß sie ihre Beziehungen zur Außenwelt fast vollständig verlieren. Daher treten sie auch in seinen Balladen nirgends mit der Absichtlichkeit auf, wie bei Löwe, und noch weniger so bestimmt faßbar heraus= gebildet, und es wird ihm leichter, die einzelnen Züge unter sich zu verbinden. Darin aber beruht der Hauptvorzug der Ballade von Schumann, vor der von Löwe, daß sie nirgend schwache Stellen wahrnehmen läßt; daß sie in einem Zuge sich entwickelt und immer aus demselben edlen Material geformt ist. Gemeinplätze und Trivialitäten gab es in Schumann's Phantasie, woher seine Ballade einzig und allein stammt, nicht, und noch weniger konnten sie einen Platz in seinem eng geschlossenen Kunstwerk finden. Von diesem Standpunkt aus ist es erklärlich, daß er vorwiegend der Romanzenform sich zuneigt und der aus ihr heraustreibenden Bal= ladenform, die wir bei Löwe zuletzt betrachteten. Der Romanze gilt die Idee höher, als ihr Träger, das Factum, und für Schu= mann hat gleichfalls der Vorgang nur Bedeutung, so weit sich in ihm eine Idee, der er musikalisch umbildend nachzugehen im Stande ist, ausspricht. Freilich kann dieser Vorgang bei ihm nie so in den Hintergrund treten wie bisher, und so gewinnt die Romanze eine weit reicher ausgeführte Gestaltung als früher. Auch in der engsten Fassung versucht die Clavierbegleitung jene factische Grundlage darzustellen, wie in den Romanzen in Heine's „Tragödie" und der „Soldatenbraut" in Op. 64. oder „Loreley" in Op. 54., „Abends am Strand" in Op. 45. und vor allem „Der arme Peter" aus Op. 53. Selbst da, wo er sie mehr volksthümlich auffaßt, wie in den mehrstimmigen Behandlungen Op. 69. und 91. entbehrt er nicht gern die Clavierbegleitung. Er schließt sich ziemlich eng an den Balladenstyl Löwe's an, indem er auch für die eigentliche Romanze selbst die rhetorische Gesangsphrase verwendet, und faßt diese auch in seinen eigentlichen Balladen zu enger geschlossenem Versgefüge zusammen. So gewinnt er keinen eigentlich neuen Balladenstyl, aber er bildet Romanze und Ballade so in einander, daß in dem neuen, dadurch entstehenden Kunstwerk der poetische Inhalt und die factische Grundlage gleich bedeutsam zur Erscheinung kommen. Daß er diese neue Weise zuerst an Geibel versuchte, wurde bereits erwähnt. „Der Knabe mit dem Wunderhorn," „Der Page" und vor allem „Der Hidalgo" (Op. 30.) sind schon fast balladenmäßig construiert, nur die Melodien haben noch durchaus liedmäßigen Gang. Das nächste Heft Op. 31. schon bringt drei Balladen: „Die Löwenbraut," „Die Kartenlegerin" und „Die rothe Hanne," von denen namentlich die erste breit angelegt und doch in rascher Entwicklung und in die einzelnen Details tief eingehend den ganzen Verlauf der Begebenheit vorführt.

Zu den bedeutendsten Balladen gehört ferner: „Die beiden Grenadiere" aus Op. 49. Neben einer raschen und energischen Entwicklung zeichnet sie eine große Ruhe aus, die der Meister nicht immer in solchen Fällen zu bewahren im Stande ist. Dasselbe gilt auch von „Blondels Lied" desselben Hefts. In der Ballade: „Belsazar" Op. 57. dagegen verliert der Meister über dem Detail den Zusammenhang, und weil er dennoch bei den einzelnen Zügen nicht so eingehend verweilt wie Löwe, erreicht er keinen eigentlichen Totaleindruck. Die übrigen Balladen bieten nichts bemerkenswerthes Abweichendes, und so hätten wir nur noch mit einigen

Worten jener Bearbeitungen einzelner Balladen zu gedenken, die
wir schon früher erwähnten. Einer eingehenderen Betrachtung
werden wir uns enthalten müssen, weil sie in dieser neuen Form
eben so wenig mehr unter den Begriff Ballade fallen, als: „Die
Walpurgisnacht." Die Löwe'sche Erweiterung zur musikalischen
Epopöe läßt noch vollständig schon äußerlich, auch wenn um den
Eindruck zu erhöhen der Chorgesang mit in die Darstellung hineingezogen wird, den Zusammenhang mit dem Liede erkennen. Indem
aber S ch u m a n n die einzelnen Charaktere personificiert und sie,
und gewissermaßen auch die Handlung dadurch sinnlich in die
Erscheinung treten läßt, verliert die Ballade allen Zusammenhang
mit dem Liede; sie tritt in den Kreis der episch-dramatischen
Formen, die außerhalb der Grenzen unserer Aufgabe liegen. Nur
vermögen wir auch hier die ernstlichsten Zweifel nicht zu unter-
drücken: ob es gerathen ist, den gefesteten Bau namentlich der
U h l a n d'schen Ballade aus ihren Fugen zu treiben, und ob es
künstlerisch gerechtfertigt erscheint, ein episch-lyrisches Gedicht ohne
Weiteres wie ein episch-dramatisches zu behandeln, oder für eine
derartige Behandlung umzuarbeiten. Die S ch u m a n n'schen Bearbeitungen dürften wol kaum geeignet sein, diese Zweifel zu heben;
trotzdem, oder vielleicht weil sie so vortrefflich in einzelnen Partien sind.

Auch jene melodramatische Behandlung der Ballade, die S ch u-
m a n n in Op. 122. versucht, scheint uns künstlerisch nicht gerechtfertigt. Die Musik zum Melodrama ist dem Gedicht immer mehr
nur äußerlich angehängt und daher nur im Drama verwendbar,
an Stellen, wo die Handlung äußerlich still steht; wo sich, wie in
der Kerkerscene des „Fidelio" hinter einem ganz gleichgültigen
Dialog mächtige Gefühlsströmungen verbergen, die dann die Musik
zu enthüllen übernimmt. Eine solche Veranlassung bietet aber die
Ballade nie, und so haben jene Bearbeitungen auch nur die Bedeutung von Experimenten, die unser volles Interesse beanspruchen,
ohne daß sie als neue Formen der Nachahmung zu empfehlen sind.

# Zweites Kapitel.

## Einfluß des Liedes auf die übrigen Vocalformen.

Die große Bedeutung des Volksliedes für die gesammte historische Entwicklung der Tonkunst fanden wir darin, daß es dieser dasjenige Element zuführt, in welchem allein das thätige Motiv aller geschichtlichen Entwicklung liegt und welches diese Kunst erst zur Kunst der Innerlichkeit macht: die freie Entfaltung des Subjekts.

Das System der Kirchentöne bot keinen Raum für den Erguß einer individuellen Empfindung. Es erbaut sich auf der diatonischen Tonleiter in dem Bestreben, einen, im Verhältniß zu dem poetischen Darstellungsobjekt rohen und mangelhaften Stoff zu erweitern und zu vermehren, und ihm die erste Bedingung künstlerischer Gestaltung — Symmetrie — aufzunöthigen. Nachdem die Mehrstimmigkeit seit dem siebenten Jahrhundert von den päpstlichen Sängern als Schmuck der alten gregorianischen Hymnen geübt worden war, bemächtigte sich des so gewonnenen neuen Materials der spekulierende Verstand der in disciplinarischer Zucht und Ertödtung der Weltlust lebenden Mönche, um es in ein bestimmtes System zu bringen. Ohne Rücksicht auf menschliches Bedürfniß, nur um die geheimnißvolle Pracht des katholischen Kultus zu erhöhen, tragen sie das Material zu einem stolzen, aber von der Menge unverstandenen Bau zusammen. In klangreicher, aber gestaltloser Tonfülle tritt er dem Zuhörer entgegen, und weil die Spekulation streng an dem formalen Bande des typisch construierten gregorianischen cantus choralis festhält, erhebt sich das großartige Gebäude in typischen Formen, in denen der Geist der Kirche, nicht aber auch das individuelle Volksgemüth anstönen konnte. Als dies zu einem üppig hervorquellenden Inhalt gelangt, durchbricht es die engen Schranken des alten Systems und schafft sich ein neues, unser modernes, das einfach aus Tonika und Dominant construiert das gesammte Tonmaterial nach den natürlichen Gesetzen der eignen Wahlverwandtschaft ordnet und Ton, Accord und Tonart in so mannichfache Wechselbezüge setzt, daß es das ganze Leben des Geistes stetig entwickelt zu offenbaren vermag. Es erhebt jene andern beiden Factoren des musikalischen Kunstwerks, den Rhythmus, der im alten System wenig mehr als ein mechanisches Mittel ist, Ordnung in die schwerfälligen harmonischen Massen zu bringen, und die Melodie, welche den alten Contrapunktisten im Eifer für ihre contrapunktischen Arbeiten verloren gegangen war, zu wirklichen Mächten des musikalischen Ausdrucks.

Der Rhythmus der altkirchlichen Tonkunst ist nur Schätzung der Töne nach sehr complicierten Verhältnissen. Er ist mehr Product äußerer als innerer Nothwendigkeit. Als zwei oder mehr abweichend geführte Stimmen sich einheitlich verbanden, wurde es nöthig, die Dauer jedes einzelnen Tons bestimmt zu fixieren, und so beginnt fast gleichzeitig mit der Ausbildung der Harmonik auch die Feststellung einer Mensuraltheorie. Einer Rhythmik in unserm Sinne war das alte System auch kaum bedürftig. Ihm galt als Hauptbedingung die Tonart harmonisch so glanz- und klangvoll, als nur irgend möglich herauszubilden, und alles Uebrige, Tempo- und Tactwesen, dienten dem gleichen Bestreben. Ein eigentlich rhythmisches Princip fehlt ihm und daher verwickelte sich die Mensuraltheorie, die Theorie des Werthes der Noten und des Zeitmaßes, derartig in Spitzfindigkeiten, daß es eines besonderen Studiums bedarf, um oft die einfachsten Stellen zu entziffern. Auch hier sollte das Volkslied erst Licht verbreiten, indem es das Wesen des Rhythmus darlegte. Die modernen Tonarten sind keine Typen und sie bedürfen daher des Rhythmus nicht nur als einer ordnenden, sondern als einer wirklich beseelenden Macht, die das Kunstwerk zu einem lebendig gegliederten Organismus herausbildet. Hierzu gab das Volkslied den Anstoß, indem es den Rhythmus einfach aus Hebung und Senkung construierte und zugleich den Künstlern Anleitung giebt, mit Hülfe jener Mensuraltheorie eine Menge charakteristischer Metra zusammenzusetzen und sie noch mannichfaltiger darzustellen.

Neben dieser rhythmischen und harmonischen Umgestaltung, welche das Volkslied bewirkte, lenkte es endlich auch die Aufmerksamkeit der Tonsetzer auf jene dritte Macht musikalischen Ausdrucks, der sie bisher die geringste Aufmerksamkeit geschenkt hatten: die Melodie. Eine Melodie zu erfinden, daran hatte wol noch keiner jener gelehrten Contrapunktisten gedacht. Die Melodien des

17 *

altkirchlichen Gesanges, die gregorianischen Hymnen und ihre mehr
volksmäßige und von der Kirche sanctionierte Umgestaltung, die
Prosen und Sequenzen mit dem Schmucke ihrer contrapunktischen
Kunst auszustatten; darin sahen sie einzig und allein ihre Lebens=
aufgabe. Erst nachdem an die Stelle jenes cantus choralis die
Volksmelodie getreten ist, nachdem sie von den Setzern fleißig
contrapunktiert werden, kommt jenes melodische Element entschieden
zur Geltung und diese gesammte Gestaltung wird von entscheidendem
Einfluß auf die Weiterbildung des Vocalen überhaupt. Wie das
Volkslied auf den Boden protestantischer Lebensanschauung versetzt,
dort eine neue Form, den Choral, erzeugt, haben wir bereits
erörtert. Directen Einfluß gewinnt das Lied auch auf die Mo=
tette.

Schon früh, mit der steigenden Ausbildung der Mehrstimmig=
keit, war diese Form neben dem Hymnus zu einer gewissen Selb=
ständigkeit gelangt. Wie diesem liegt auch der Motette ein cantus
firmus zu Grunde, aber die Begleitungsstimmen streben in ihr nach
größerer Unabhängigkeit und Selbständigkeit. Durch die Mehr=
stimmigkeit des Hymnus wird der Grundton des cantus firmus
nur klangvoller dargestellt; die Begleitungsstimmen vereinigen sich
mit dem cantus firmus, um diesem eine majestätischere Haltung
zu geben. Die Begleitungsstimmen der Motette dagegen umschrei=
ben ihn schon in freier und selbständiger Führung. Beide For=
men werden gleichmäßig innerhalb der Kirche von den nächsten
Jahrhunderten weitergebildet und zwar in rechter Würdigung
ihrer eigentlichen Bedeutung. Im Hymnus ergießt sich das, durch
das Bewußtsein des Göttlichen gehobene religiöse Gefühl; der
Motette liegt meist ein biblischer Text zu Grunde, den die Beglei=
tungsstimmen in freier Führung und je nach ihrem Vermögen schon
zu interpretieren versuchen. Die protestantische Kirche nimmt beide
Formen in ihren Kultus herüber, aber indem sie sich auf dem
Grunde der neuen Anschauung erheben, gelangen sie zu höherer,
zu persönlicher Wahrheit. Der Hymnus wird durch die Verschmel=
zung mit dem Volksliede zum Choral umgestaltet, und die
Motette als die, dem Protestantismus entsprechendste Form mit
großer Sorgfalt durch mehrere Jahrhunderte hindurch ausgebildet.
Wie der Protestantismus, so giebt auch die Motette dem Bibelwort
eine große Bedeutung.

J. Walther in seinem musikalischen Lexikon leitet Motette von môt — das Wort — eigentlich Bibelwort, Spruch — her, und daß die deutschen Componisten sie häufiger mit Mutette bezeichnen, dürfte auf dieselbe Ableitung zurückzuführen sein. Denn die auf das Wort gerichtete Sorgfalt machte eine häufiger veränderte Compositionsweise nothwendig und mutare, von dem Mutette offenbar herzuleiten ist, heißt verändern. Für diese Form wird das Lied ganz besonders einflußreich. Zu erster Blüte gelangt sie in jenen Meistern, welche die Volksweise häufig contrapunktieren, in Ludwig Senfl, Melchior Frank, Leo Haßler, Benedict Ducis und Orlandus Lassus, und durch sie werden ihr Elemente zugeführt, die ihr früher fehlten. Wie bei jenen Bearbeitungen der Volkslieder, entfalten sich auch in der Motette jetzt die Begleitungsstimmen in mehr melodischem Flusse und melodischer Abrundung, und die strophische Gliederung der Volksweise macht sich schon in den Begleitungsstimmen geltend. Das Begleitungsmotiv wird, nach Anleitung jener Bearbeitungen, liedmäßig erfunden, und dadurch erst gewinnt die Motette individuell wahren Ausdruck. Die Einführung von Tönen verschiedener Dauer erfolgt nun nicht mehr willkürlich oder durch die Harmonie bedingt, sondern nach rhythmischem Princip, um ein bestimmtes Metrum darzustellen, so daß sich jetzt in den Begleitungsstimmen schon jenes rhythmische Element geltend macht, das nicht nur im Großen und Ganzen, sondern auch in kleinern Verhältnissen gliedert und ebenmäßig anordnet und das wir in bestimmter Ausprägung nur im Volksliede fanden.

In dieser neuen Gestalt nun fand auch diese Form den größten Beifall, und ein Zeitgenosse von Orlandus Lassus schreibt der Motette dieses Meisters: „Schmecket und sehet, wie freundlich der Herr ist" in frommer Einfalt die Kraft zu, den Aufruhr der Natur zu bewältigen, finstre Wolken zu verscheuchen und die Sonne hervorzulocken.

Johannes Eccard, dem wol bedeutendsten Meister seiner Zeit, ist die neue Behandlung dieser Form schon so geläufig geworden, daß ihm die eigentliche Liedform darüber verloren geht; daß er seine Lieder motettenhaft behandelt und seine Motetten Festlieder nennt. Aus dieser gegenseitigen Einwirkung von Lied und Motette entwickelte sich wiederum eine dritte Form, die allerdings als geistliches Concert in Italien zuerst gefunden wurde, aber in Deutschland, namentlich als Cantate, zu künstlerischer Ausbildung gelangte. Auch jene Reform in Italien, durch welche das gesammte Musiktreiben eine Umgestaltung erfuhr, gieng vom Liedstyl aus. Man eiferte gegen die mehrstimmige Behandlung und gegen das Verfahren, aus einem mehrstimmigen Kunstwerk eine einzelne Stimme nur singend vorzutragen und die andere als Begleitung auf der Laute oder durch andere Instrumente auszuführen. Der Einzelgesang, so schloß man ganz richtig, verlangt eine eigenthüm= liche Behandlung und eine durch ihn beherrschte Begleitung. Dabei wandte sich der Eifer der Neuerer auch gegen den Gesang an sich indem sie ihm nur so weit Berechtigung zugestehen wollten, als er die Verständlichkeit des Worts zu erhöhen im Stande ist, und in dem Streben, ihre Principien sofort auf das Kunstwerk über zu tra= gen, gelangt auch jene andere Gesangsweise, die recitativische, zu besonderer Pflege. — Hiermit aber waren die ersten Bedingungen für die dramatische Musik gewonnen und diese beginnt zunächst in Italien als musikalisches Drama und als geistliches Concert das öffentliche Musikleben und Musiktreiben zu beherrschen.

In Deutschland mußten diese Formen um so eingehendere Pflege finden, als der Gang, den die Entwicklung der Musik hier nimmt, ganz bewußt auf die jenen Formen zu Grunde liegende Erkenntniß von der Nothwendigkeit der doppelten Stellung des Gesanges als zum Recitativ gesteigerte Sprache und als plastisch herausgebildete klingende Tonformen hindrängte. Die Meister des Liedes jener Periode: Johann Hermann Schein und An = dreas Hammerschmidt sind es wiederum, welche die Form des geistlichen Concerts in echt deutscher Weise ausbilden. Michael Prätorius und Heinrich Schütz, welche sie in Deutschland einbürgerten, stehen beide noch ganz unter dem Einfluß Italiens, und wo sich der letztere ihm zu entziehen trachtet, wie in seiner Auferstehungsmusik, wendet er sich der uralten kirchlichen Weise zu und sucht diese mit der neuen zu verbinden. Unwillkürlich prägt sich allen seinen Schöpfungen die neue Weise, die er selbst treffend als eine „die alte ernste Weise hintansetzende, den Ohren der Gegenwart mit gefälligem Kitzel schmeichelnde" bezeichnet, auf, selbst da, wo er sich absichtlich dem strengen alten Styl widmet. Wie Schein und Hammerschmidt dieses sinnliche Element

dem Liede vermittelten, um ihm in der süßen Melodik eine der
ersten Bedingungen des lyrischen Ausdrucks zu geben, versuchten
wir schon im ersten Buche nachzuweisen. Beide trugen das so berei=
cherte Lied auf die Solo= und Chorsätze ihrer geistlichen Concerte
über und reihten diese dadurch erst der historischen Entwicklung ein
und legten die Keime zur Blüte der höchsten musikalisch=drama=
tischen Formen: der Cantate und des Oratoriums. Welchen
Einfluß die Liedform auf die Ausbildung der Arie gewinnt und wie
sie zuletzt selbst arienhaft erweitert und von der einstimmigen Cantate
zeitweise verdrängt wird, ist gleichfalls im ersten Buche schon nach=
gewiesen, und so hätten wir hier nur noch zu untersuchen, welchen
Antheil das Lied an der schöpferischen Thätigkeit der Meister des
musikalischen Drama überhaupt nimmt.

Direct scheint ein solcher bei Joh. Sebastian Bach nicht
vorhanden zu sein, und doch ist er nicht hinwegzuläugnen. Ohne
den Einfluß des deutschen und namentlich des Volksliedes wäre er
wol nimmer der erste und wunderbarste Lyriker geworden. Nicht nur
in seiner Umgestaltung als Choral, sondern in seiner ursprünglichen
Gestalt als lebendiger Erguß des Volksempfindens, setzte es sich in
seinem Gemüth und seiner Phantasie fest und trieb dort seine
herrliche Kunst empor. Daß die alten Volksweisen in seiner
Familie nicht erstorben waren, wird uns in jener Mittheilung seiner
Biographen bestätigt, nach welcher die Mitglieder seiner Familie,
eine beträchtliche Anzahl Canteren Thüringens, sich alljährlich ein=
mal an einem bestimmten Tage versammelten und bei dieser Gelegen=
heit sich namentlich an der Improvisation von Quodlibets ergötzten,
und diese setzten sich ausschließlich aus Volksliedern zusammen.
Wir haben ferner allen Grund anzunehmen, daß Bach sich in
seiner Jugend den Einflüssen seiner heimathlichen Umgebungen nicht
entzog, daß diese vielmehr bleibenden Antheil an seiner spätern, so
staunenerregenden Wirksamkeit gewannen. Und er war in jenem
Theile Deutschlands geboren, in welchem der Liederquell im Volk
noch lange nicht versiegt war, und in jenem kleinen Strich Landes,
in dem alter Sang und alte Sitte noch mit am Längsten sich,
gegenüber der alles ebnenden Kultur, erhalten haben, verlebte er
den größten Theil der für derartige Eindrücke so empfänglichen
Jugendzeit. Heute noch aber lebt es in der Tradition fort, daß er,
bereits in Amt und Würden, von Weimar und Arnstadt aus

häufig Ausflüge nach der Ruhl machte, um sich an den Volks=
gesängen und den Volkstänzen zu ergötzen, durch sie seine Phantasie
befruchten zu lassen. Während er so fort und fort bemüht ist, den
Zusammenhang mit dem Volksgemüth zu erhalten, eignet er sich
zugleich die contrapunktischen Formen zu nie gekannter Meisterschaft
an. Nicht seine Individualität an sich, sondern wie sie sich unter
dem Einfluß der höchsten und heiligsten Ideen gestaltet, sollte er
austönen, und dazu waren die contrapunktischen Formen die einzig
geeigneten. Die strengeren Formen des mehrfachen Contrapunkts
waren in Deutschland ganz entschieden durch die neue Musikpraxis
schon zurückgedrängt worden, und wenn sich ihnen auch einzelne
Meister zuwandten, so geschah es noch vorwiegend nach dem alten
System. Sie erfanden ihre Themen nach dem Gesetz der Octaven=
gattung und richteten ihren Contrapunkt und die ganze Verar=
beitung darnach ein. Die Thematik Joh. Seb. Bach's basiert
so entschieden auf dem Volksliede, daß man dieses durch viele seiner
Jugendthemen noch hindurchklingen hört, und dem entsprechend
gestaltet sich die ganze dialectische Entwicklung. Führer und Gefährte
erscheinen bei ihm immer wie zwei im Reim verbundene Liedzeilen
und die einzelnen Wiederschläge stehen in dem Verhältniß wie die
Stollen der alten Liedform. Ganz in demselben Verhältniß erscheint
bei ihm die Dreitheiligkeit seiner Arien und seiner Clavierstücke.
Dadurch erst wurde der Mechanismus der alten Formen zum leben=
digen Organismus. Jetzt erst durchdringt das neue Princip, das
sich im Volkslied schaffend erweist, alle Formen und Gebiete der
Musikpraxis und so vollendet sich in Bach die alte Kunst und
treibt zugleich als neue hervor. Das Volkslied führt ihn aus der
Schule der Niederländer, Italiener und Franzosen zurück zu sich
selbst, und der starre Formalismus wird belebt durch die natürlichen
Ergüsse des Gemüthes zu einem lebendig pulsierenden Organismus.
Joh. Seb. Bach selbst schrieb keine Lieder, seine Mission war
eine höhere, aber das Lied war lebendig schaffend in ihm, und
seine Lehre und sein Geist trieb in seinen unmittelbaren Schülern
schon, in Agricola und Nichelmann und zum Theil in
Ph. Em. Bach auch die neue Form des selbständigen Liedes
hervor.

Was Händel dem Volksliede verdankt, und wie bedeutungs=
voll er für die volksthümliche Verbreitung der Tonkunst geworden

ist, mußte bereits im vorigen Buche angedeutet werden. Weniger noch als bei Seb. Bach ist ein directer Einfluß des Volksliedes bei Händel bemerkbar. Er überkam vielmehr das, was im Volks= liede lebte und schon in seiner Zeit sich mächtig wirksam erwies, mit den andern Elementen, die in ihm zur Vermittlung kommen sollten, und so schrieb auch er keine Lieder, aber er wurde der volksthümlichste Componist zweier Völker. Bei Christoph von Gluck dagegen erlangt das Lied directen Einfluß, weniger ideell als formell. Von dem poetischen Inhalt, von dem eigenthümlichen Zauber, der in dem deutschen Liede lebte, ist wenig auf Gluck übergegangen; der heroischen Oper, wie er sie schuf, wäre er auch wenig angemessen gewesen. Die Figuren der Gluck'schen Oper sind allgemeine Typen, die eine individuelle Charakterzeichnung, wie sie in der Idee des Liedes liegt, von vorn herein ausschließen. Dagegen wurde das Lied dem Meister formell zu einer dramatischen Macht. Sein Hauptbestreben ist dahin gerichtet, den Formalismus der alten Oper zu beleben, ihren umständlichen und weitschweifigen Schematismus zu beseitigen. Er scheidet nicht nur alles aus, was den präcisen Gang der Handlung aufhält, sondern versucht ihn durch seine Musik zu unterstützen und zu beschleunigen, und ist deshalb auf den knappsten musikalischen Ausdruck beschränkt. Hierzu erwies sich die Liedform ganz geeignet und Gluck wendet sie namentlich in seinen Chören häufig an. Besonders die Chöre der beiden Iphigenien sind fast nur liedförmig behandelt, und mehrere der schönsten Arien der Iphigenie halten sich in der knappen Form des Liedes.

Fast zu derselben Zeit trieb zugleich das Lied eine eigenthüm= liche Gattung der Oper, das Sing= oder Liederspiel in Johann Adam Hiller herauf, das wir gleichfalls schon im vorigen Buche in seinen Beziehungen zum Liede und zum Dramatischen ebenso wie in seiner Entwicklung zu betrachten Gelegenheit hatten.

Auch an den gleichzeitigen Bestrebungen Joseph Haydn's hat das Lied einen nicht geringen Antheil; allein dieses Meisters große Bedeutung liegt überhaupt im Instrumentalen, weniger im Vocalen. Er hat nur ein einziges Lied mit aller Innigkeit zu singen vermocht, sein Kaiserlied. Die große Zahl seiner Vocal= werke ist instrumental gedacht und ausgeführt, weshalb wir seine Beziehungen zum Liede passender im nächsten Kapitel betrachten.

Auch die Stellung, welche Mozart und Beethoven dem
Liede gegenüber einnehmen, konnten wir schon bezeichnen. Mozart
schrieb eine große Zahl volksthümlich gehaltener Lieder, aber nur
in seinen Opern sollte er populär im edelsten Sinne werden, weil
er nur hier in den volksthümlichsten Formen einen durchaus neuen,
noch unausgesprochenen Inhalt zur Erscheinung bringt. Wie Gluck
geht auch er häufig in seinen Opern auf die einfachste Liedform
zurück, aber nicht wie jener aus verständig praktischen Rücksichten,
sondern aus tief innerstem Bedürfniß. Bei Mozart steht die
Tiefe und Innigkeit immer über der Prägnanz des Ausdrucks, und
wo er die Liedform in seinen Opern verwendet, da ist sie durch
den innern, nicht wie bei Gluck durch den äußern Gang der
Handlung bedingt; da ringt er nach dem innigsten, nicht nur dem
schlagendsten Ausdruck, und das ist es vor allem, was die Oper
Mozart's zur romantischen Oper macht, in welcher lebendig
empfindende, leidenschaftlich bewegte und selbstbewußt handelnde
Personen agieren und nicht abstracte Gebilde, denen der Verstand
das Wesen ihrer endlichen Existenz abgestreift hat, um sie zu typischen Erscheinungen zu erheben.

Noch mehr als bei Haydn überwiegt bei Beethoven die
instrumentale Bedeutung seine vocale. Im vorigen Buche schon
erkannten wir, wie er selbst das Lied instrumental empfindet und
vorwiegend instrumental ausführt, und dort schon fand die Andeutung ihren Platz, daß er seine Instrumente viel innigere Lieder
singen läßt, als die Menschenstimme. Im nächsten Kapitel erst
werden wir Gelegenheit haben, diese Erscheinung etwas specieller
zu betrachten. Aber gerade in diesem Streben wird Beethoven
der Meister der „Scene," und diese Meisterschaft gab ihm die
Möglichkeit, den einfach lyrischen Stoff seiner Oper „Leonore"
(Fidelio) zu tragischer Gewalt zu steigern, die lyrischen Ergüsse der
Messe in episch = dramatischen Gebilden zusammen zu fassen. Nur
in Beethoven noch wird der Einfluß des Liedes auf die größern
Vocalformen fördernd. Seit dem wirkt das Lied mehr zer-
setzend auf diese ein.

Es beginnt den Gang der weitern Entwicklung der Musik so
vollständig und einseitig zu beherrschen, daß dem Detailausdruck
Form und Totaleindruck geopfert werden.

Schon in den dramatischen Werken von Louis Spohr und Carl Maria von Weber macht sich dieser Zug der Zeit empfindlich geltend. Spohr brachte es auch in seinen dramatischen Werken nur in den fugierten Sätzen über jene versuchte scenische Erweiterung, die bei ihm mehr als Auflösung des Liedes erscheint, hinaus zu wirklich dramatisch entwickelten und gefestteten Formen. Eine Menge charakteristischer Einzelheiten beanspruchen unser Interesse in hohem Grade, aber sie sind nicht im Stande, uns den dramatischen Verlauf als solchen nahe zu legen. Mit Weber aber gewinnt dieser Zug der Zeit eine Richtung, durch welche der Standpunkt des Dramatischen ein ganz anderer wird.

Als Hauptaufgabe der Musik galt auch dem Drama gegenüber bisher immer noch die Darstellung der psychologischen Prozesse, auf denen die Handlung beruht. Die Musik soll den ganzen innern Gang der Handlung von der leisesten Regung bis zum offnen Ausbruch in die That darlegen, sie soll uns einen Einblick gewähren in die geheime Werkstatt, in welcher alle die Fäden der Handlung zusammenlaufen; sie soll uns mit hinein ziehen, daß wir als selbstbetheiligt den ganzen Gang der Handlung mit durchleben. So faßten namentlich Mozart und Beethoven das Wesen der dramatischen Musik und Schubert, Mendelssohn und Schumann schließen sich dieser Auffassung an. Sie cultivieren mit großer Sorgfalt die kleineren Formen des Liedes und der liedmäßigen Sätze um ihre erregte Innerlichkeit in einzelnen Zügen zu objektivieren und zu dem subjektiv wahren Ausdruck zu gelangen und erst, nachdem sie hierin einen großen Grad der Meisterschaft erreicht haben, versuchen sie sich an den größern Formen der Symfonie, des Oratoriums und der Oper, und daß ihr Wirken hier nicht mit gleich großen Erfolgen gekrönt war, liegt wol nur in der Neuheit ihres Standpunktes. In dem Bestreben nach dem lyrisch fein zugespitztesten Ausdruck hat sich ihr Gesichts- und Gefühlskreis verengt und es wird ihnen schwer, jenen erhöhten Standpunkt zu gewinnen, von dem aus sie ihr eignes Empfinden in den weitesten Beziehungen anzuschauen und dann zu plastischen größern Bildern zu verdichten und künstlerisch zu verkörpern im Stande sind.

Mendelssohn suchte und fand ein Compromiß, in dem er den neuen Gefühlsinhalt so weit abschwächte, daß sich ihm der alte Formalismus anbequemte und indem er seine großen

Stoffe, seinen „Paulus" und „Elias," wie die antike Tragödie
und sein Opernfragment nicht in ihrer eignen objektiven Größe an=
zuschauen trachtet, sondern sie vielmehr in seine eigene Indivi=
dualität hinein zieht, um sie dieser anzupassen und dann, nach dem
beschränkten Rahmen derselben verkleinert, äußere Form gewinnen
läßt, entspricht er dem Zuge seiner Zeit in der edelsten Weise.
Für die antike Tragödie ist diese Anschauungsweise noch zu recht=
fertigen. Soll dieselbe eine Musik erhalten, so kann es kaum eine
andere als die, jene Stoffe dem modernen Bewußtsein vermittelnde
Mendelssohn's sein. Allein daß Mendelssohn in seinen
Oratorien nur in einzelnen Fällen und zwar durch einen Händel=
Bach'schen Formalismus nur über den Liedstyl hinaus gelangt,
konnte wol periodisch interessieren, nicht aber auch historisch Bedeu=
tung gewinnen.

Von ungleich größerem Interesse ist auch nach dieser Seite
Schubert. Sein Liedstyl ist an sich schon mehr geeignet, größern
Formen vermittelt zu werden, weil er überhaupt zu viel brei=
tern Dimensionen sich ausweitet, als der Liedstyl Mendelsohn's.
Aber diese Erweiterung ist nicht die Folge einer erhobeneren An=
schauung, sondern vielmehr nur der schwelgerischen Lust, mit wel=
cher der Meister die eine Stimmung festhält und verfolgt. Auch
in seinen größern Vocalsachen leitet ihn das Streben jeden der
einzelnen Züge selbständig bis in die feinsten Nüancen zu erschöpfen;
diese stehen daher meist unvermittelt neben einander, während der
eine auf den andern bezogen sein müßte, so daß einer aus dem
andern hervorgeht, oder daß sie sich als directe Gegensätze einander
gegenüber stellen.

Fast dasselbe gilt von Schumann. Seit Beethoven hatte
sich wol kein ihm ebenbürtiger Meister der Bühne zugewendet, aber
auch keiner sollte so tief empfinden wie gerade er, daß die lyrische
Isolierung nicht im Stande ist, die dramatischen Bedingungen ganz
zu erfüllen. Das Drama verlangt individuell gezeichnete Personen,
und sie so hinzustellen, das vermochte Schumann, wie kein
anderer seit Beethoven, aber er vermochte sie nicht zu personi=
ficieren. Wir leben die ethische Grundlage seiner Genoveva, die
psychologischen Prozesse mit durch, aber mehr als vereinzelte Aus=
brüche, ohne die Festigung zum Individuum, zum Charakter. Die
Personen sind uns nur in dem, was sie empfinden, gegenwärtig,

nicht auch leibhaftig in ihrer leiblichen Wesenheit, und das ist für das musikalische Drama nicht weniger Bedingung, als die feine und erschöpfende psychologische Darstellung der einzelnen Stimmung.

Ungleich günstiger gestaltet sich dies Verhältniß Schumann's jenen Werken gegenüber, in denen er in episch = lyrischer Weise größere Stoffe behandelt, wie in: „Das Paradies und die Peri." Eine wirkliche Personificierung der einzelnen Träger der Handlung ist hier weniger nöthig, da sich fast jeder einzelne in meist auf sich bezogenen Gefühlsergüssen ergeht, und wie Schumann diesen recht wol eine epische Breite verleihen konnte, zeigte er uns schon in seinen Balladen. Daher möchten wir dies Werk als das größte und erste Produkt der neuen, in ihrem Gange durch die Lyrik bestimmten Zeit bezeichnen.

Eine wesentlich andere Bedeutung gewinnt die neue Lyrik für das dramatische Kunstwerk, wie es Carl Maria von Weber, Giacamo Meyerbeer und Richard Wagner schufen. Bei Weber wird sie ganz bestimmt durch jenes eigenthümliche Element bedingt, welches er dem Liede wieder zuführte: den süßen Zauber des Klanges. Wie sein Lied, so ist auch seine dramatische Musik das Produkt der Lust am Klangcolorit. Die Stellung der Musik zum Drama wird dadurch wesentlich verändert; jetzt ist nicht mehr die dramatische Entwicklung, sondern die dramatische Wirkung Hauptziel. Die Musik zur Oper wird jetzt mehr decorativ. Sie vermag uns vollständig über den eigentlichen Boden des musikalischen Drama's zu orientieren; sie versetzt uns mitten hinein in die Zeit der Begebenheit, so weit sie ein bestimmtes und bestimmbares Gepräge hat, in dem sie den Geist der Zeit in seinem innersten Wesen erfaßt; sie nimmt durch die Verwendung von Localtönen direct Bezug auf den Ort der Handlung, aber sie läßt die eigentliche dramatische Entwicklung vermissen. Das Dämonisch = Phantastische und der süße Duft von Flur und Wald, diese Grundelemente des „Freischütz" werden durch die Musik ebenso, wie die anmuthige Atmosphäre der Feenwelt des „Oberon" und der Zauber mittel= alterlicher Romantik der „Eurhanthe" viel treuer und überzeugender dargestellt, als dies die raffinierteste Decorationskunst im Stande ist. Aber die einzelnen Figuren, die Träger der Handlung, lösen sich von diesem Untergrunde nicht ab und noch weniger versucht sie die Musik zu individualisieren. Nur im Colorit ist Max der weichherzige Jägerbursche, **Agathe** die sehnsüchtig verlangende, mondscheinselige Waldblume und **Aennchen** die reizendste aller Soubretten. Wo aber, wie in der „Euryanthe," eine präcisere Charakterzeichnung nothwendig wird, da verläßt den Meister auch das Colorit und er vermag nur noch abentheuerlich aufgeputzte Bühnenhelden hinzuzeichnen, wie: „Hüon und Scherasmin" oder wol gar Carricaturen, wie: „Lysiart und Eglantine." Am Empfind= lichsten wird dieser Mangel einer wirklichen Charakterzeichnung in den Ensemble's und Finale's.

In ihnen werden Personen mit den verschiedensten Interessen und Neigungen, die sonst einander fremd und feindlich gegenüber stehen, die sich in ihren Plänen und Handlungen gegenseitig kreuzen, auf einen Punkt getrieben, auf welchem sie sich zu einer gewissen Gemeinsamkeit der Empfindung und selbst der Handlung genöthigt sehen. **Mozart** und **Beethoven** stellten ihre Personen so scharf individuell gezeichnet hin, daß, wenn sie in solchen Punkten zusam= mentreffen, sich die Grundstimmung in einem wunderbar belebten dramatischen Wechselspiel aus den heterogensten Elementen zusammen= setzt. Wir erinnern nur an die Finale's im Don Juan, in denen selbst die Possen Leporello's die tragische Gewalt der Grundstimmung erhöhen. Die Ensemblesätze und Finale's bei **Weber** haben kaum eine höhere Bedeutung als die: mehrstimmiger Gesänge.

Wir müssen auch die Oper von **Meyerbeer** hier erwähnen, obgleich sie wenig Beziehung zum Liede zu haben scheint. Allein sie folgt ja gleichfalls der, durch das Lied angeregten einseitigen Richtung nach directer Wirkung auf die Massen durch das sinnliche Material und **Meyerbeer** geht hier noch einen bedeutsamen Schritt weiter als **Weber**. Dieser ist echt deutsch und nur der deutschen Musik lauscht er ihre wirksamen Mittel ab, **Meyerbeer** ist Kos= mopolit, er eignet sich alles an, was Erfolge verspricht, vom ein= fachen Liede bis zu den complicierten contrapunktischen Formen und den weiten und groß angelegten Finale's, vorherrschend in dem Streben, die Massen zu ergreifen und zu bewegen, weniger die Handlung auch musikalisch dramatisch zu entwickeln.

**Wagner** thut nach dieser Richtung wol den letzten Schritt, und so müssen wir auch seiner hier noch mit einigen Worten gedenken. So sehr auch seine Anhänger das Gegentheil versichern: in dem Streben, das musikalische Drama nur für die äußere

Schaustellung zu schaffen, ist auch er dem Banne der großen französischen Oper, gegen welche er sich ursprünglich auflehnt, verfallen.

Noch mehr wie Meyerbeer ist er auf die bloße Wirkung
durch das sinnliche Material verwiesen, weil er Melodie und
Rhythmus vollständig dem Wortausdruck opfert. Er beschränkt sich
nur auf jene, die Sprachaccente höchstens bis zum Recitativ steigernde Weise des Gesanges und das Wort erfährt allerdings
dadurch eine Steigerung und Bedeutsamkeit, welche die bloße Reci-
tation ihr nicht geben kann, allein die ganze Musik ist dem Drama
doch auch nur äußerlich angehängt, wie dem Melodrama. Größere
Bedeutung kann sie in solcher Beschränkung auf ihr niedrigstes
Ausdrucksvermögen nicht erreichen.

Auch Liszt hat seinem Liederstyl eine objektive Fassung in
symfonischen Dichtungen und in Messen und Psalmen zu geben
versucht. Jener gedenken wir noch im nächsten Kapitel; diese, die
Messen und Psalmen, entsprechen ganz dem bezeichneten Stand-
punkte. Ueberall begegnet uns ein feines Denken und Empfinden,
das nach ungewöhnlichem Ausdruck ringt, ohne diesen anders, als
durch die vollständigste Auflösung des gesammten künstlerischen
Organismus erreichen zu können. Liszt wird in seinen Messen
sogar auf contrapunktische Formen geführt und er hat dadurch
selbst jene Contrapunktisten und Theoretiker gewonnen, welche überall
nur das Handwerk verehren. Wir sind der Meinung, daß die
canonischen Formen von der freien Nachahmung bis zu der streng-
sten Musterfuge nur Bedeutung gewinnen in ihrer, durch Jahrhunderte herausgebildeten Gestalt. Nur indem Thema und Gefährte
sich in einander fügen wie bei Bach, als im Reim verbundene
Verszeilen, und die dialektische Entwicklung diesem Zuge folgt,
erlangt die Fuge die Bedeutung der höchsten künstlerischen Form.
Irgend ein Thema im Quinten- oder Quartenzirkel, oder in andern
Intervallenverhältnissen willkürlich oder nach außerhalb des natürlichen Materials liegenden Principien einer Idee an die verschiedenen
Stimmen zu vertheilen, entspricht doch dem Wesen dieser Formen
nur ganz oberflächlich, kaum ganz handwerksmäßig.

Während so diese Reihe schaffender Künstler sich dem allgemeinen, durch die Lyrik bestimmten Zuge der Zeit einseitig hingab
und das Kunstwerk seiner Auflösung zuführte, berücksichtigten diesen
eine andere Reihe viel zu wenig, um das Kunstwerk vor Ver-

knöcherung in todtem Schematismus zu bewahren. In dem Oratorium von Carl Löwe hat er zu einem verwunderlichen Gemisch von Stylen aller Länder und Zeiten geführt. Altkirchlich behandelte Choräle und Hymnen stehen neben im modernsten Opernstyl gehaltenen Arien, und fest gefügte zunft- und handwerksgerechte Fugen neben den leicht und losest geführten polyphonen Chören.

Adolf Bernhard Marx hat in seinem Oratorium „Mose" wol das äußerlich formvollendetste Kunstwerk der neuern Zeit geschaffen; allein seine Formen sind das Produkt feinsinniger Spekulation, nicht die Krystallisation eines von innen heraustreibenden poetischen Inhalts, weil er sich doch wol zu spröde der, durch Schubert, Mendelssohn und Schumann bestimmten Richtung der modernen Musik gegenüberstellte. Auch eine ganze Reihe jüngerer Künstler, wie: H. Bellermann, Martin Blumner, Hermann Küster oder Carl Reinthaler hat sich mit zu großer Vorliebe rückwärts nach Bach und Händel gewandt, oder doch beide in der Neugestaltung durch Mendelssohn zu Vorbildern erwählt, um ein Kunstwerk zu schaffen, das den Anforderungen der Zeit ebenso entspricht, wie denen der Kunst.

Die Richtung der Musik der neuen Zeit ist durch die moderne Lyrik bestimmt, und der Künstler muß ihr zunächst nachgehen und sie sich zu eigen machen und dann werden ihm Händel und Bach die Wege erschließen, und zwar neue Wege, wie er sein subjektives Empfinden, in ewig mustergiltige Formen gegossen, objektiv darzustellen vermag, in einem Kunstwerk, das sich selbst ausspricht in höchster Klarheit und Verständlichkeit, also daß das, was der Tondichter erst nur als sein eigenstes Empfinden besaß, nun Eigenthum einer ganzen Gesammtheit, eines ganzen Volkes wird.

Schumann hat auch hier namentlich in seinem bedeutendsten Werk: „Das Paradies und die Peri" den Weg vorgezeichnet; von allen Lebenden dürfte gegenwärtig Ferdinand Hiller denselben am Entschiedensten bewußt verfolgen. Und das scheint unsere nächste Aufgabe zu sein: nicht den lyrischen Ausdruck bis in das Unbestimmte zu vermehren und zu erweitern, sondern die unendlich angewachsenen Ausdrucksmittel den größern Formen zu vermitteln, um so auch das neue dramatische Kunstwerk erstehen zu sehen.

# Drittes Kapitel.

## Einfluß des Liedes auf die Entwicklung der Instrumentalmusik.

Die ersten naturalistischen Anfänge der Instrumentalmusik lassen sich wol ziemlich auf das gleiche Bedürfniß, dem die Vocalmusik ihre Entstehung verdankt, zurückführen. Es ist weder künstlerisches Bewußtsein, noch Zufall, noch ein Act äußerer zwingender Nothwendigkeit, welche dem Jäger sein Horn, dem Schäfer die Schalmei, dem Kriegsmann Trommel und Trompete zuweisen, und das Systrum der Aegypter, die Pauken und Cymbeln der Juden und alle die Klang und Schall verstärkenden Instrumente der verschiedenen Völker entsprechen ganz genau dem größern oder geringern Reichthum ihrer Innerlichkeit und dem Grade, in welchem er ihnen zum Bewußtsein gelangt ist.

Es liegt zugleich in der Natur der Sache begründet, daß diese Anfänge der Instrumentalmusik mit denen der Vocalmusik nicht zusammenfallen können. Der Gesangton ist das unmittelbare Produkt innerer Organbewegung. Ein physiologischer Mechanismus befähigt uns, innere Zustände und Veränderungen im Leben unseres Geistes durch Töne auszudrücken und hierzu bedarf es keiner weitern Vorbereitung. Der Grad der innern Erregung allein bestimmt die Thätigkeit der mit ihrer Entäußerung betrauten Organe, und der Gesangton ist deshalb das unmittelbare Ergebniß innerer Zustände. Die gehobenere Stimmung erhöht die Spannung der Stimmbänder und dadurch in demselben Verhältniß den Gesangton; im Schmerz sind die Kräfte der Seele gehemmt und gebunden, die Spannung der Stimmbänder vermindert sich und der Gesang tritt in die tiefern Lagen. Der Rhythmus aber hält gleichen Schritt mit den vorwärts treibenden und rückhaltenden Pulsschlägen des Herzens.

Die Anfänge der Instrumentalmusik setzen schon eine gewisse Ausbildung der Mechanik voraus und sie beginnt allerdings früh, weil sich dem Menschen die Nothwendigkeit derselben früh aufdrängt,

wol aber nicht früher als die Regungen zum Gebrauch des eignen
Stimmorgans.

Andrerseits ist es in der Natur der Instrumentalmusik begrün=
det, daß die meisten vorchristlichen Völker sich mit einem oder
einigen Instrumenten begnügen und daß auch das Christenthum erst
die Vocalmusik zu einer gewissen Vollendung führt, ehe die selb=
ständige Ausbildung der Instrumentalmusik beginnt. Die Vocal=
musik schafft im Anschluß an einen Text, der in der Realität der
Begriffswelt seinen concreten Inhalt hat. Die Instrumentalmusik
entbehrt jeder begrifflichen Bestimmtheit. Nur in vereinzelten Fällen
vermag sie annähernd durch Nachahmung des Tons hörbarer Gegen=
stände, oder indem sie durch die bestimmten Formen des Tanzes
oder des Marsches, des Liedes oder des Chorals an gewisse Vor=
gänge erinnert, eine solche zu erreichen. Die Instrumentalmusik
bedarf daher, um selbständig verständlich zu werden, eines größern
Aufwandes von Mitteln und fester gefügter Formen, als die Vocal=
musik.

Zu diesem größern Reichthum suchte sie folgerichtig erst dann
zu gelangen, als die vocalen Ausdrucksmittel für die mit Macht
sich entfaltende Innerlichkeit nicht mehr ausreichend sind, als die
Individualität nach einer freiern, ungebundenern Bewegung trachtet,
wie die ist, welche ihr das Vocale gewährte. Denn im Wort tritt
der Geist gewissermaßen aus sich heraus in die Begriffswelt, und
erst die Instrumentalmusik führt ihn wieder zurück zu sich selbst.
In der Vocalmusik spricht sich daher zwar der Geist in höchster
Bestimmtheit aus, aber nicht unbedingt und rückhaltsles. Wie
treu und emsig auch der Gesang dem Wort, seinem Ausdruck und
der Sprachmelodie nachgeht, immer bleibt ein Rest unausgesprochen
zurück, den nur die Instrumentalmusik vollständig darzulegen vermag.

Der größere Reichthum, zu welchem so das Material anwächst,
erfordert natürlich auch bedeutsamere technische Mittel und Fertig=
keiten, um es in festen Formen in einander zu fügen, und daher
war wiederum nothwendig, daß die Tonkünstler erst diese Technik
an den Vocalformen sich aneigneten, die im Text schon ein formales
Band und die nöthige Anleitung mitbrachten, auch die musikalische
Form zu finden.

Bis ins sechzehnte Jahrhundert hinein dient so das Instru=
mentale dem Vocalen nur zur Begleitung, und zwar bis in das

vierzehnte Jahrhundert noch nur in sehr beschränkter Weise, und
wenn von dieser Zeit an die Begleitung durch die Instrumente auch
noch nicht dem Gesange eigenthümlich gegenüber tritt, so beginnt
sie doch allmälig ihres größeren Klangreichthums sich bewußt zu
werden. Die Lust am Colorit läßt immer mehr Instrumente
erfinden und sie in immer mannichfaltigerer Weise zusammen setzen,
so daß das sechzehnte Jahrhundert bereits fast alle Instrumente
kannte, die wir heute auf so ausgedehnte und mannichfaltige Art
benutzen. Bei den einfach mehrstimmigen Gesängen begnügte man
sich, jeder Stimme ein besonderes Instrument zur Unterstützung
beizugesellen. Mit größerer Sorgfalt verfuhr man schon bei der
Begleitung vollstimmiger Chöre, die einander gegenüber gestellt
waren. Die Lust an Experimenten mit dem Klange hatte auch
das Vocale ergriffen und mit dem Ende dieses Jahrhunderts wurden
Vocalcompositionen für vier, sechs und mehr Chöre allgemein.
Hier nun versuchte man den einzelnen Chören ein bestimmtes Colorit
dadurch zu geben, daß man jedem einzelnen Chor gleichartige Instrumente zugesellte und ihn durch den besondern Klang der metallnen
oder hölzernen Pfeife, der gestrichenen oder gerissenen Saite vor
den übrigen auszeichnete. Mit solchen Experimenten wurde die
Erkenntniß des besondern Inhalts der Instrumentalmusik angebahnt.
Man fühlte, welch ungleich erweiterte Mittel für den individuellen
Ausdruck die Instrumentalmusik schon in dem erhöhten Klangreich-
thum darbot, und es fehlte nur noch das Bewußtsein und die
Erkenntniß der erhöhten Spielfülle der einzelnen Instrumente.
Diese wurde namentlich in den Instrumentalchören, die in den
verschiedensten Zusammensetzungen die Festlichkeiten der Höfe wie
der Städte prachtvoller ausstatten halfen, gefördert. Hier machte
sich gar bald bei den einzelnen Instrumentisten der Trieb zur
Erweiterung und zur virtuosen Ausbildung des Instrumentenspiels
geltend. Die Geiger und Bläser merkten gar bald, wie wenig die
Vocalwerke, auf welche sie immer noch einzig angewiesen waren,
für eine instrumentale Ausführung sich eigneten, wie wenig der
Vocalsatz der Technik ihrer Instrumente entsprach. Es war eines
der beliebtesten Experimente jener Zeit, mehrstrophige Lieder derartig
auszuführen, daß die einzelnen Strophen verschiedenartig durch die
Instrumente unterstützt, einzelne auch a capella ganz ohne Begleitung gesungen wurden und daß dazwischen auch die Instrumente

18 *

allein die Ausführung des ganzen Vocalsatzes übernahmen. Hierbei
namentlich mußte sich den Instrumentalisten die Ueberzeugung auf=
drängen, daß schon die abweichende Technik ihrer Instrumente wie
die Besonderheit des Klangcolorits eine abweichende Behandlung
des Instrumentalen nothwendig mache, daß der Vocalsatz nicht ohne
Weiteres auch für Instrumente dienlich sei, sondern daß er vielmehr
auch in seiner einfachsten und ursprünglichen Gestalt nothwendig
instrumental umgestaltet werden müsse. Damit beginnt die Aus=
bildung der selbständigen Instrumentalmusik. Indem die einzelnen
Instrumente in eigener Weise das Vocale darzustellen versuchen,
gelangen sie zu dem großen Reichthum ihrer Mittel, der sie befähigte,
das weiter auszuführen, was im Vocalen nur angedeutet ist.
Zunächst sind sie nur bemüht, die harmonische Grundlage des
Vocalsatzes aufzulockern und die Melodie zu variieren, und zwar
vorerst am Choral und dem Liede mit solchem Eifer, daß
gar bald die Posaunisten neben Pfeifern, Fiedlern und Lauten=
schlägern zu den respectablen Mitgliedern fürstlicher Kapellen gehör=
ten. Vor dem dreißigjährigen Kriege schon sind es namentlich die
Trompeter und Paukenschläger, die große Fertigkeit auf ihren
Instrumenten entwickelten, und gar bald eine eigene Zunft bilden
konnten. Noch weit ins achtzehnte Jahrhundert hinein wurden
die sogenannten „Trompeter= und Paukerstückchen" einflußreich auf
die Composition.

Eine größere Selbständigkeit erlangten die Instrumente in den
Intraten, später Symfonien genannt, mit welchen sie den Vocalsatz
einleiten, den Ritornellen, mit denen sie ihn unterbrechen, und dem
Postludio, mit welchem sie ihn abschließen. Größere selbständige
Instrumentalformen wurden erst, nachdem die Oper, die Passionen
und die geistlichen Concerte eine solche Ausdehnung gewonnen hatten,
daß sie auch bedeutendere Einleitungssätze erforderten, zu schaffen
versucht. Diese Symfonien oder, wie sie später genannt wurden,
Ouverturen sind wol die ersten größern Orchesterformen geworden.

Jedenfalls früher als sie konnten die, für das Clavier und die
Orgel berechneten Formen zu künstlerischer Ausbildung gelangen.
So unvollkommen auch das Clavier noch war, so erwies es sich
doch dem beliebten „Diminuieren" und „Colorieren" viel günstiger
noch, als die Laute, weshalb es diese auch gar bald verdrängte.
Für die Orgelmusik wurde der Choral, für die Claviermusik das

Lied und der Tanz die Basis. Für beide Instrumente beschränkte sich die Ausschmückung Anfangs meist nur auf die Singmanieren, auf die verschiedenen Arten des Vorschlags, des Mordent und Triller. Bei Frescobaldi in seinen 1637 erschienenen Clavierwerken finden wir schon Figurationen, die indeß mehr auf die Tonleiter gegründet sind, als auf den Accord. Bedeutend freier gestaltet sich schon die Claviercomposition fünfzig Jahre später bei Couperin. Er giebt meist schon die ursprüngliche Liedmelodie auf und versucht eine Instrumentalmelodie claviermäßig zu verarbeiten. Die meisten Clavierstücke seiner 1713 erschienenen: Pièces de Clavecin sind Lieder ohne Worte mit Variationen oder Rondeau's, in welchen dem durchaus liedmäßigen Hauptsatz mehrere Nebensätze, zu jener Zeit Couplets genannt, entgegen treten. Neben den streng canonischen Formen wurden auch diese jetzt fleißig weitergebildet, und sie und die strengen Formen des Tanzes bereiteten die größern Orchesterformen vor, aus ihnen entwickelte sich der neue Orchesterstyl.

Johann Sebastian Bach steht auch hier wiederum auf der Grenze, wo das Alte vom Neuen sich scheidet. Er schließt auch instrumental jenes in sich ab und in ihm beginnt zugleich die neue Richtung schon herrliche Früchte zu tragen. Mit seinen Orgelcompositionen und seinen strengen Clavierfugen hat er das höchste geleistet, was die alte Kunst überhaupt instrumental nur zu leisten im Stande war und sie sind auch nicht überboten worden. Wie überhaupt vor Bach, so fügt sich auch hier noch das Instrumentale mehr den Gesetzen des Vocalen. Bach führt das Instrumentale schon selbständig, aber meist in den strengern Formen des Vocalen. In der freiern Verwendung des Materials, die wir in den Präludien vieler Orgelfugen, in seinen Toccaten, Phantasien und Concerten finden, und in seinen Suiten bereitet sich jene Weise vor, die von den spätern Meistern in ein System gebracht, der ganzen weitern instrumentalen Entwicklung zu Grunde liegt.

Wie bedeutsam auch in die Instrumentalcompositionen Bach's die Macht des alten Volksgesanges hineinragt, beweist der flüchtigste Blick auf seine gesammte instrumentale Wirksamkeit.

Die Instrumentalmusik bedurfte jetzt eines solchen Einflusses eigentlich auch viel mehr als die Vocalmusik, um ideell wie formell sich rascher entfalten zu können. So lange sie ihren Reichthum von Mitteln, ihre große Spiel- und Klangfülle nicht in

festen Formen gruppiert, ist sie nur ein sinniges Spiel der Phan=
tasie, und diese Festigung ihr zu geben waren Lied und Tanz vor=
trefflich geeignet, weil sie die individuellsten und doch auch energisch
geschlossensten Formen sind. Die freien Instrumentalformen Bach's,
mit denen er die neue Zeit einleitet, lassen dies formelle Element
allerdings noch vielfach vermissen und deshalb sollte er auch den
eigentlichen Orchesterstyl nur ideell anregen, nicht auch formell
begründen. Aber gerade in den strengern Formen ist die Liedweise
unverkennbar. Eine große Anzahl Themen des „Wohltemperier=
ten Claviers" sind im reizendsten Ton des Volksliedes gesungen
und die Präludien lassen in ihren Conturen die innigsten Volks=
weisen erkennen. Einen bedeutenden formellen Anstoß zur Auffindung
des neuen Instrumentalstyls gab er endlich mit seinen Suiten.

Der Tanz sollte überhaupt für die ganze Instrumentalmusik
eine fast noch größere Bedeutung erlangen wie das Lied. Nament=
lich unter dem Einflusse dieser Form bildet sich der Orchesterstyl.

Es ist dies Moment bisher nur wenig berücksichtigt worden
und doch gewinnt damit die Instrumentalmusik zumeist die Grund=
bedingung ihres innern Organismus — den Rhythmus. Was in
der Vocalmusik vornehmlich dadurch herbeigeführt wurde, daß in
der Poesie an Stelle der Quantitätsmessung die Accentuation tritt,
jene ebenmäßige An= und Unterordnung der einzelnen Theile zu
symmetrischem Ganzen, das gewinnt die Instrumentalmusik meist
durch den Tanz.

Der Tanz durchmißt gegebenen Raum in gegebener Zeit und
diese findet ihre genaueste Bestimmung bis auf die einzelne Schritt=
bewegung in der Tanzmusik. Wie nun die verschiedenen Tänze aus
der verschiedenen Zusammensetzung von Tanzschritten bestehen, so
die begleitende Musik aus zwei oder mehrtactigen Rhythmen. Der
Walzer z. B. ist ein Tanz, der von zwei Personen ausgeführt
wird, die sich auf einem kleinen Kreise mittelst zweimal drei gleich=
mäßiger Schritte einmal drehen; dieser Tanz hat demnach drei=
theiligen Tact und zweitactige Rhythmen. Eine andere Darstel=
lung des dreitheiligen Tacts bringt die Menuett, eine andere die
Polonaise. Die, dem Tanz verwandten Marschformen geben äußern
Anstoß zur Ausbildung des zwei= und viertheiligen Tacts. Wie
nun in den charakteristischen, sinnigen Tänzen früherer Jahr=
hunderte sich die Tanzfiguren zu großen Einheiten anordnen und

diese sich wiederum nach bestimmten Ideen in Reihen= und Rund=
tänzen gruppieren, so ist auch die Instrumentalmusik gezwungen,
diesen Organismus aufzunehmen und hierdurch namentlich gewinnt
die Instrumentalmusik die Möglichkeit einer selbständigen Ent=
wicklung.

Auch bei den Vocalformen stellte sich das Princip des Rhyth=
mus namentlich im Liede als ein besonders treibendes dar. Allein
seine Wirksamkeit wird doch vielfältig durch das Wort paralisiert;
seine ordnende Kraft zeigt sich erst unumschränkt gestaltend in der
Instrumentalmusik. Diese bedarf einer solchen ordnenden Macht;
ohne sie ist sie im besten Falle nur ein sinnig belebtes Tonspiel.
Weil ihr die Prägnanz des Ausdrucks der Vocalmusik fehlt, bedarf
sie eines größern Aufwandes von Mitteln, um sich verständlich
zu machen, und diese erfordern dann nicht mehr architectonische
Verschlingung, sondern nach geordneten Maßverhältnissen erfolgende
Anordnung der einzelnen Glieder zu größern Partien.

Der unendlich erweiterte Reichthum, unter welchem sich jetzt
das ganze Material darstellt, dieser unerschöpfliche Quell der lieb=
lichsten und charaktervollsten Melodien, diese Unendlichkeit harmoni=
scher Entfaltung und die gewaltige Breite, in der sich alles zusam=
men zu fügen trachtet, erfordert eine ganz andere Gruppierung als
das Vocale. Wenn für diesen die Stetigkeit innerer organischer
Entwicklung als oberster Grundsatz festzusetzen ist, so führt die
Instrumentalmusik ganz bedeutsame Abweichungen herbei. Sie
erfordert mit Nothwendigkeit die Einführung gewisser selbständiger
Partien, welche zunächst in keinem Zusammenhange innerer Noth=
wendigkeit zum Hauptgedanken stehen, die vielmehr als sein directer
Gegensatz gelten müssen und nur herbeigezogen wurden, um den
Hauptgedanken in ein neues Licht zu setzen und ihn dadurch ver=
ständlicher zu machen, theils auch um Ruhepunkte, oder auch um
Keime für eine neue Entwicklung zu gewinnen. Ja die Wirkung
durch Contraste, die in dem Vocalen zu den seltensten Ausnahmen
gehören dürfte, wird für das Instrumentale unerläßlich Bedürfniß.
Alle die Gegensätze nun werden zu allermeist durch die Kraft des
Rhythmus in lebendiger Einheit zusammen gefaßt, also, daß das
Contrastierende und das Fremde mit dem organisch Werdenden sich
zu einem einzigen Bilde vereinigt und doch jedes einzelne Glied
in freiester Entfaltung selbständig Existenz gewinnt.

Die Tanzformen sind deshalb auch die ersten selbständigen Instrumentalformen geworden; an ihnen erst entfaltete sich die Macht des im Großen anordnenden Rhythmus, unter deren wesentlichem Einfluß dann jene Instrumentaleinleitungen zu Ouverturen, die Suiten zu Sonaten und Symfonien sich erweitern konnten.

Händel und Bach pflegten beide auch die Formen des Tanzes. Händel prägt, seiner Individualität entsprechend, das Charakteristische derselben, den Rhythmus, viel entschiedener aus, als Bach, dem auch diese Formen mehr Gefäß sind, in das er sein reiches Volksgemüth ergießt. Seine Sarabanden und Gavotten, Couranden und Allemanden sind Bilder aus seiner Vergangenheit, sind Scenen aus der Ruhl.

Auch die Liedform tritt in seinen freiern Clavierstücken schon nicht mehr, wie noch bei Frescobaldi und Couperin, als solche auf, sondern vielmehr nur in dem, sie bewegenden Princip. Bach sollte daher den Orchesterstyl nur ideell, nicht auch formell begründen.

Für die selbständige Ausbildung der Ouverture wird zunächst auch Gluck bedeutsam; allein das eigentlich gestaltende Princip des Orchesterstyls, die Wirkung durch den Contrast, scheint ihm nur einmal annähernd in der Ouverture zur „Iphigenie in Aulis" aufgegangen zu sein. Auch seine Instrumentalwerke wurzeln noch zu sehr in der alten Anschauung. Er verwendet vorwiegend nur ein Motiv und zwar in der Weise der Contrapunktisten durch Versetzung in eine andere Tonart. Das alte System aber war ja schon für den Ausdruck des modernen Empfindens im Gesange nicht mehr geeignet, dem instrumentalen Ausdruck mußte es geradezu hinderlich werden. Das Princip des Contrastes ist daher immer noch nur äußerlich vorhanden, sowol in den Tänzen, wie in den Ouverturen und Symfonien, mit welchen die Componisten ihre größern Vocalwerke einleiteten; es macht sich nur in der Reihenfolge der verschiedenen Sätze, nicht auch an einem einzelnen geltend. Erst als jenes im Volksliede lebendig gewordene und von Joh. Seb. Bach auch dem Instrumentalstyl gewonnene Princip der Dominantwirkung die gesammte musikalische Gestaltung zu beherrschen beginnt und namentlich sich für die Darstellung jenes Contrastes so außerordentlich wirksam erweist, entwickelt sich aus diesem heraus der einzelne Satz des instrumentalen Kunstwerks. Die ersten

Versuche erscheinen schon in einem Sohne und Schüler Joh. Seb. Bach's, in Philipp Emanuel Bach; durchgreifenden Erfolg gewann erst Joseph Haydn.

Der ganze erste Satz der neuen Symfonie wie der Sonate und der verwandten Formen ist eigentlich nur eine Darstellung jenes ursprünglichen Prozesses, dem auch das moderne Lied seine Entstehung verdankt, natürlich in dem ungleich bedeutsamern Inhalt entsprechenden Dimensionen erweitert; und er zeigt sich nicht nur im Großen, in den einzelnen Theilen, sondern im Kleinen, in den Motiven gestaltend.

Das erste Hauptmotiv prägt die Tonika, das zweite in Dur die Dominante, in Moll dem entsprechend die Obermediante aus; aber beide Motive stehen nicht im Verhältniß von Strophe und Antistrophe, sondern wie Satz und Gegensatz und aus der gegenseitigen Einwirkung baut sich der ganze erste Instrumentalsatz der neuen Symfonie auf. Zeigt sich hier nur das Princip des Liedes, so tritt dieses selbst in der Regel schon im nächsten Satze, seltener erst im dritten, ganz bestimmt hervor. Das Adagio oder Andante der neuen Symfonie ist nicht, wie in der alten, ein Fugensatz oder alter Hymnus, sondern ein variirtes oder, wie namentlich bei Beethoven, scenisch erweitertes Instrumentallied. Haydn und auch Mozart bedurften für diesen Satz gleichfalls noch das Princip des Contrastes, das sie indeß in anderer Weise fassen, als im ersten Satze. Hier ist es nicht die Dominant= bewegung in ihrer wunderbaren Wirkung, als vielmehr die Wechsel= beziehung zwischen Dur und Moll, die sie mehr liedmäßig und in Variationen als Maggiore und Minore darstellen. Beethoven bedurfte dessen schon nicht mehr; er singt seine Adagio's ganz in der Weise des scenisch erweiterten Liedes, die wir bereits bei ihm kennen lernten und dies wird dadurch oft bis zu hymnischer Ausbreitung gesteigert.

Während so diese beiden Sätze ihre Abstammung vom Liede nicht verleugnen, gehört der dritte dem Tanz an. Haydn und Mozart pflegten mit besonderer Vorliebe die Menuett als dritten Symfonie= und Sonatensatz; Beethoven erhob auch ihn als Scherzo in eine höhere geistigere Sphäre.

Als letzten Satz endlich erwies sich jene, gleichfalls aus dem Liede entwickelte Rondoform, die wir schon bei Couperin fanden

und die neben der Variation ganz besondere Pflege fand, am geeig=
netsten, und Mozart und Beethoven gaben ihr durch die
großartigste Anlage, durch mächtige Themen und entsprechende breite
Ausführung die Gewalt und Bedeutung von dramatischen Finale's.

Es kann nicht unsre Absicht sein, die historische Entwicklung
dieser Formen weiter zu verfolgen. Nur der Einfluß, den das
Lied auf ihre fernere Pflege äußert, interessiert uns hier.

Bei Weber schon hindert er wiederum die orchestrale, über=
haupt instrumentale Gestaltung. Jener eigenthümliche Zug der
Individualität dieses Meisters, der durch die einseitig lyrische Rich=
tung, welche die Musikentwicklung jetzt bereits einschlägt, geweckt,
die sinnlich reizvolle Seite des musikalischen Darstellungsmaterials in
den Vordergrund drängt und der schon den Vocalsatz vollständig
beherrscht, konnte erst instrumental seine ganze Bedeutung gewinnen.
Das Orchester erst bietet den reichsten Vorrath von Farbentönen,
durch deren verschiedenartige Mischung sich eine große Mannich=
faltigkeit des Klangcolorits herstellen läßt und dies verstand Weber
so meisterlich, daß er namentlich dadurch seinen Platz in der Kunst=
geschichte gewann. Seine feine und originelle Instrumentation ist
sein wesentlichster Vorzug. Doch auch das Bedenkliche und Ver=
derbliche dieser Richtung, der Mangel einer organischen Entwicklung
wird instrumental weit fühlbarer, als vocal; der Instrumentalstyl
verliert ja seine Grundbedingung. Die Ouverturen von Weber
sind die reizendsten Potpourri's, die überhaupt zusammengestellt
werden können, aber sie sind keine eigentlichen Orchesterformen, noch
weniger Orchesterprologe im Sinne Gluck's, Mozart's oder
Beethoven's. Die einzelnen Hauptmomente der Oper sind zwar
in der Ouverture zu einem Satze verbunden, aber nicht zu einem
organisch sich entwickelnden Orchestersatz, und nur die reizvolle
Süße der einzelnen Partien und die wahrhaft berückende Instru=
mentation vermögen hier diese Mängel der Construction zu verdecken.
In Weber's übrigen Instrumentalwerken, seinen Symfonien,
Trios, Sonaten und Concerten treten sie indeß so entschieden her=
vor, daß diese nur in ihren einzelnen Partien, nicht in ihrer
Gesammtheit zu interessieren vermögen.

Eine ganz neue Gattung Instrumentalwerke treibt diese Rich=
tung in dem ersten bedeutenden Vertreter der neuen musikalischen
Lyrik, in Franz Schubert hervor. Die Tiefe und Innigkeit

seines Gemüths, die üppige Fülle seiner Empfindung drängten ihn schon in seinen Vocalwerken zu der ausgedehntesten Verwendung des Instrumentalen, in welchem das geheime Weben und Walten des Geistes viel erschöpfender und unmittelbarer äußere Darstellung gewinnt, als im Vocalen. Dabei entwickelte sich manch ein Zug in seinem Innern, manch ein Bild in seiner Phantasie, für welche das Wort des Dichters kein entsprechendes Ausdrucksmittel mehr ist, und so wird auch Schubert zur Instrumentalmusik ganz naturgemäß hinüber geführt. Hier sollte er nun zunächst den Beweis liefern, daß die lyrische Beschaulichkeit nicht geeignet ist, große und weit angelegte Instrumentalformen zu schaffen, daß die gesammte Innerlichkeit vielmehr sich an entsprechenden objektiven Bildern, die sie der Phantasie vorüberführt, concentrieren muß.

Schubert's größere Instrumentalwerke, seine bekannte Symfonie, das Quintett, die Trio's und die Sonaten für Clavier setzen sich aus einer Menge wunderbar empfundener und ausgeführter Züge zusammen, aber ohne die nothwendige orchestrale Fassung und Gruppierung zum geschlossenen Ganzen. Die einzelnen Gefühlsergüsse sind an einander gereiht ohne jene Gegenwirkung auf einander, die allein das instrumentale Kunstwerk plastisch heraustreten läßt.

Dagegen schuf er in seinen Variationen, Impromptu's, den Polonaisen, Märschen und Walzern jene kleinen lyrischen Instrumentalformen, welche seit dem durch Chopin, Mendelssohn, Schumann und eine ganze Reihe jüngerer Künstler mit großer Sorgfalt gepflegt wurden. Die Formen an sich sind allerdings nicht neu. Seit Bach waren alle Meister des großen Instrumentalstyls auch für ihre Ausbildung bemüht. Allein sie erscheinen doch immer mehr als in der Entwicklung zurückgebliebene Bruchstücke größerer Werke, oder haben nur formell Bedeutung. Selbst die „Bagatellen" von Beethoven, welche den neuen Schubertschen lyrischen Instrumentalformen am nächsten stehen, enthalten durchweg Keime für größere Orchesterformen, die der Meister in ihrer Entfaltung selbst zu hindern für nothwendig erachtete.

Mit Schubert beginnt daher erst die neue Phase und eigentlich kunsthistorische Bedeutung dieser Formen, indem er ihnen einen lyrischen, nur auf sich bezogenen Inhalt einflößte. Sie sind die eigentlich instrumentale Ergänzung der Liedform geworden. Bei

Schubert haftet ihnen noch eine eigenthümliche Weitschweifigkeit
an. Im Liede hielt das Wort die Phantasie des Meisters noch in
engern Schranken; in diesen instrumentalen Formen bewegt sie sich
fesselos und frei und in einem wahrhaft schwelgerischen Spiel mit
reizenden Melodien, Harmonien und berückenden Klangwirkungen
bringt er den einen Zug seiner erregten Innerlichkeit, ihn bis in
die feinsten Nuancen verfolgend, zur Erscheinung.

Chopin folgte diesem Ausdruck, ihn noch subjektiver zuspitzend,
und Mendelssohn und Schumann führten auch ihn auf seine
Pointen zurück.

Mendelssohn's genialer Sinn für Formvollendung leitete
ihn direct auf den Ursprung dieser ganzen Gattung, auf die Form
des Liedes hin. Man hat seine „Lieder ohne Worte" vielfach zum
Gegenstande des Angriffs gemacht, und gewiß sehr ungerechtfertigt.
Schon die geniale Weise, mit der Mendelssohn die eigenthümliche Aufgabe löste, hätte alle Kritik zum Schweigen bringen müssen,
auch wenn die ganze musikalische Entwicklung nicht mit solcher Entschiedenheit auf diese neue Phase des Liedes hindrängte. In ihr,
wie namentlich auch in der ganzen Individualität des Meisters aber
ist sie tief begründet. Die musikalische Form des Liedes hat eine
so bestimmte Festigung gewonnen, daß sie des Textes nicht nothwendig mehr bedarf und wie berechtigt dieser Standpunkt ist, wird
unwiderleglich durch die Thatsache bewiesen, daß gerade diese „Lieder
ohne Worte" Mendelssohn's kunst- und culturgeschichtliche
Bedeutung am festesten begründeten.

Schumann's Genius ist Anfangs fast ausschließlich in diesen kleinern Formen thätig. Sie wurden die Grundlage seiner
ganzen kunstschöpferischen Wirksamkeit. Er führt ihnen aber einen
ganz neuen Inhalt zu, indem er wieder unter dem entschiedenen
Einfluß eines bestimmten Darstellungsobjekts erfindet. Wir glauben
die Schubert'sche Clavierpiece ganz richtig als Ergänzung seines
Liedes zu bezeichnen; sie hat jenen Gefühlsüberschuß zu seinem
Darstellungsobjekt, der im Liede nicht zur Erscheinung kommen kann.
Noch tiefer wurzelt auch nach dieser Seite Mendelssohn im
ursprünglichen Liede. Schumann's Clavierstücke sind durch diese
Richtung nur angeregt; sie haben eine directe Beziehung zum Liede
nicht mehr. Sie sind „Phantasiestücke" und stehen daher erst vollständig auf dem Boden, aus dem das instrumentale Kunstwerk

überhaupt heraustreibt. An einer Erscheinung oder einem bestimm=
ten Vorgange des äußern Lebens entzündet er seine Phantasie, oder
bestimmte Ideen erzeugen in ihr Tonbilder, die nur instrumental
äußere Gestalt gewinnen können.

Diese kleinen Clavierformen Schumann's haben daher auch
viel nähere Beziehungen zu dem großen instrumentalen Kunstwerk
als zum Liede selbst. Sie entsprechen ziemlich treu dem zweiten
Theil des ersten Symfoniesatzes, in dem das leichte freiere Spiel
mit dem oder den Motiven des Hauptsatzes beginnt. Auch sie
haben zu ihrer Grundlage ein Motiv, meist eine sogenannte Cla=
vierfigur aus deren dialectischer Entwicklung, die aber unter gleich=
zeitiger Herrschaft jenes Phantasiebildes erfolgt, das Tonbild=
chen hervorgeht.

Somit hatte Schumann von vornherein viel entschiedener
von dem instrumentalen Gebiete Besitz ergriffen als Schubert
und Mendelssohn, und er vermittelt ihm die neue Lyrik mit
weit durchgreifenderem Erfolge als jene; zugleich zeichnete er auch
hier wieder den Weg vor, auf welchem die neue Weise zum neuen
größern und ausgeführten instrumentalen Kunstwerk führen muß.
Die beiden Claviersonaten Op. 11 und 22. haben denselben Hinter=
grund, wie die Charakter= und Phantasiestücke. Jene erste fis moll=
Sonate hat den gleichen Boden mit den Davidsbündlertänzen, und
vergebens versucht hier noch Schumann die stürmische Hast und
die zarte Innigkeit seines Wesens, die noch sehr unvermittelt in
seiner eignen Innerlichkeit nebeneinander liegen, zum größern Ton=
bilde zusammenzufügen.

Das erste Instrumentalwerk, in welchem diese ganze neue
Richtung objektive Haltung gewinnt, ist die Symfonie in Bdur.
Mit ihm ist der Fortschritt des orchestralen Kunstwerks von dem
nur schwelgerisch erregten Spiel der Phantasie, in welchem noch
die Orchesterwerke Schubert's und Mendelssohn's wurzeln,
zu wirklichen, aus ihrer Unbestimmtheit heraustretenden Bildern
entschieden. Namentlich hat der Meister jene Macht des Rhythmus
wieder gewonnen, oder doch zum mindesten ganz entschieden den
Weg hierzu bezeichnet, welche auch den ungleich größern Reichthum
von feinern Zügen, in dem sich jetzt das neue orchestrale Kunst=
werk darlegt, einheitlich zusammenfaßt. Das ist ja der Haupt=
mangel des Schubert'schen Orchesterstyls, daß ihm jene, im

Großen anordnende Macht des Rhythmus fehlt, weshalb sich nicht selten früh schon eine, die andern wunderbaren Schönheiten beeinträchtigende Monotie einstellt. Schumann fühlte diesen Mangel, und er würde bei ihm um so empfindlicher geworden sein, weil er seine größern Orchesterwerke noch feiner im Detail zeichnet, als Schubert. Daher verwendet er früh auf die rhythmische Seite eine große Sorgfalt; freilich nur erst mehr äußerlich. Er legt seine Themen meist schon so mannichfach rhythmisiert an, daß sie schon unser Interesse in hohem Grade erregen, aber auch zugleich die rhythmische Anordnung im großen Ganzen unendlich erschweren. Um sie herzustellen und doch auch die rhythmische Mannichfaltigkeit zu steigern, wird Schumann häufig auf äußere Hülfsmittel gewiesen. Die rhythmischen Verrückungen, die Synkopen werden bei ihm fast permanent und jene vollständige Auflösung des Rhythmus, die namentlich bei Beethoven das Orchester oft in einen wilden Taumel gerathen läßt, wie jener plötzliche Uebergang aus dem einen Rhythmus in den andern, der bei Beethoven nur innerlich motiviert erscheint, werden bei Schumann zur äußern Nothwendigkeit. Trotzdem ist Schumann's Weise der rhythmischen Behandlung ein Fortschritt und jene Symfonie, wie die in Cdur, die Quartetten für Streichinstrumente, das Quartett und Quintett für Piano und Streichinstrumente, das Clavierconcert, die Ouverture zur Genoveva und zu Manfred, beweisen, daß er es recht wol verstand, das bunteste rhythmische Wechselspiel mit Meisterhand zusammen zu fassen. In vielen dagegen, namentlich in der dritten und vierten Symfonie läßt es die ruhelose Hast der Rhythmik zu keinem wahren Genuß der melodisch und harmonisch so fest und sicher ausgebildeten und so schön und wahr empfundenen Tonbilder gelangen.

Jene größeren Instrumentalwerke und die bereits früher erwähnten Vocalwerke des Meisters reihen sich dem Bedeutendsten an, was je geleistet worden ist und weil sie durchaus auf dem Boden der neuen Kunstanschauung stehen, werden sie erst als die Marksteine der neuen Zeit gelten. Was Beethoven durch seine letzten Werke anregte, hat Schumann mit durchgreifendem Erfolge groß und herrlich auszuführen begonnen. Er knüpft nicht an diesen, sondern ganz naturgemäß an den Meister an, welcher der Tonkunst erst die Mittel und Formen für den Ausdruck der isolierten Einzelempfindung zuführte: an Franz Schubert. Aber in dem Streben, seiner Empfindung wie seiner Phantasie früh einen concreten Hintergrund zu geben, fand er den eigentlichen Instrumentalstyl der neuen Richtung. Er spitzt den subjektiven Ausdruck immer feiner zu; aber er ist auch zugleich unablässig bemüht, ihn in feste, allgemein faßbare Formen zu gießen. An jenen individuellen Clavierformen erprobt und stählt er die Kraft seines Ausdrucks, ehe er ihr in seinen beiden Sonaten Op. 11. und 22. eine objektive Fassung zu geben versucht. Dann erst führt er mit Op. 24. ihm auch das Wort zu und weitet den lyrischen Ausdruck mit Op. 30. und 31. episch aus. In dem ernsten Streben nach Formvollendung vernachlässigt er auch die feststehenden contrapunktischen Formen nicht; die Gigue und Fughette aus Op. 32., die Sechs Fugen Op. 60. und die Vier Fugen Op. 72. sind nichts anderes, als die wolgelungensten Versuche, dem modernen Inhalt die höchste künstlerische Form zu geben.

Daher bedarf der Meister auch keines Programms, als er in seiner Phantasie Tonbilder hervorruft, die er dem Orchester in den weitesten und reich ausgeführtesten Formen anvertrauen muß. Seine Phantasie ist bereits so geschult, daß sie formell zu erfinden im Stande ist; daß jene Bilder sich sofort in Musik umsetzen; daß der Meister, um sie seiner musikalischen Anschauung zu vermitteln, nicht erst nöthig hat, sie in Worte zu fassen. Doch auch der Hörer bedarf keines Programms. Wie die Phantasie unseres Meisters, ist auch seine Technik geschult. Diese hat er sich zum großen Theil erst selbst geschaffen, oder doch so umgestaltet, daß sie wie sein eigen erscheint. Jeder einzelne Zug seiner großen Instrumentalschöpfungen spricht sich daher selbst aus in höchster Bestimmtheit und Deutlichkeit und nur als er auf jenem Standpunkt angekommen ist, auf dem seine Technik in ein Mißverhältniß zu seinem Inhalt tritt, als die Besonderheiten derselben zu Absonderlichkeiten werden und seine Phantasie zu beherrschen beginnen, verliert er sich auch instrumental in interessanten, ergreifenden und fesselnden, aber nicht mehr einheitlich zusammen gehaltenen Einzelheiten. In allen größern Orchesterwerken aber erweist sich die Erkenntniß schaffend, daß in der wachsenden Vertiefung und Erweiterung des Inhalts die Nothwendigkeit einer organischen Gliederung immer entschiedener in den Vordergrund tritt. Der Meister entwickelt sie alle, wie seine großen Vorgänger, aus unscheinbaren Themen, aus Motiven, in die er die Grundgedanken seines Idealbildes zusammenfaßt und durch deren organische Entwicklung führt er uns dann in die geheime Werkstatt seines Geistes und enthüllt uns allmälig alle die Gedanken und Empfindungen, die ihn während des Schaffens bewegten, entschleiert uns, was seine Phantasie, seinen Geist erfüllte; und weil er sich überall an dem Bande der Naturgesetze hält, diese nirgends „negiert oder überspringt," sondern nur wiederum tiefer faßt als jeder Vorgänger, wird es nicht leicht, aber doch möglich, ihm zu folgen ohne Programm. Das aber scheint uns die einzig mögliche Weise des Instrumentalstyls zu sein, und daß die neue Zeit des Programms bedurfte, um ihm einen neuen Inhalt zuzuführen und die Möglichkeit des Verständnisses zu erreichen, dürfte ein Beweis sein, daß sie überhaupt den Instrumentalstyl selbst verloren hat.

Die symfonischen Dichtungen von Franz Liszt sind in der That auch viel eher versuchte orcheſtrale Uebertragungen seines Liedstyls, als wirklich instrumentale Kunstwerke und bedürfen darum des Programms. Sie wurzeln allerdings ihrer Idee nach durchaus in der Entwicklung der Richtung unserer Zeit: sie sind Produkte des energischen Strebens, der Instrumentalmusik nicht den höchstmöglichen, sondern vielmehr begrifflichen Ausdruck zu geben, wie ihn die Vocalmusik hat. Doch können wir nie auch nur die Nothwendigkeit eines solchen Verfahrens zugestehen. „Dieses bestimmte Ergreifen des Programms, die Vereinigung von Bewußtem und Unbewußtem," was die Instrumentalmusik für unsere Zeit und die Zukunft lebendig erhalten soll, ist ja eigentlich Aufgabe der Vocalmusik, namentlich in ihrer Verbindung mit der Instrumentalmusik, wol nimmer aber der reinen Instrumentalmusik. Warum also instrumental versuchen, was vocal künstlerisch und erfolgreich auszuführen ist? Im vocalen Kunstwerk sind Programm (der Text) und Musik untrennbar zu gemeinsamer Wirkung verschmolzen; im instrumentalen nicht; entweder die Musik ist dem Programm oder das Programm der Musik angehängt, und eins von beiden dann sicher überflüssig. Zu dem beruht es wol auf arger Selbsttäuschung, wenn die Anhänger der Programmmusik in der rhapsodischen Weise des neuen Styls den gesuchten Ausdruck wirklich erkennen. Die Instrumentalmusik hat zunächst keine so bestimmte Formen, wie die Vocalmusik, weil sie kein dichterisches Versgefüge

zu respectieren hat; aber sie muß doch viel entschiedener noch nach
formeller Festigung ringen, weil sie nur so die Möglichkeit eines
bestimmten Ausdrucks gewinnt. Der einzelne Ton tritt erst durch
die Verbindung mehrerer zum Accord oder zur melodischen oder
rhythmischen Phrase aus der Unbestimmtheit des Ausdrucks heraus;
nur in seinem Verhältniß und in Beziehung gebracht zu andern,
erlangt er eine gewisse ausdrucksvolle Bestimmtheit. Die einzelnen
Motive oder Phrasen erlangen ebenfalls wiederum nur dadurch
specifisches Gepräge, daß sie in engste Beziehung zu einander
gesetzt werden und je fester und künstlicher sich diese einzelnen Glieder
des Kunstwerks in einander fügen, um so bestimmter muß der Ausdruck des Ganzen werden, so daß er in den typischen Formen des
Marsches oder des Tanzes oder des Chorals und in den canonischen
Formen fast begriffliche Bestimmtheit erlangt. Indem die Programmmusik diese natürliche Formation aufgiebt, verliert sie die
eigentliche Grundbedingung der Ausdrucksfähigkeit des Instrumentalen; sie kann eben nur Gruppen zu zeichnen versuchen, welche zu
ihrer Verständlichkeit der Unterschrift bedürfen.

So müssen wir auch auf dem Gebiete der Instrumentalmusik
Schumann als denjenigen bezeichnen, der den Instrumentalstyl
der neuen Richtung fand, in welchem die subjektiven Mächte des
Individuums größere Freiheit für ihre Entfaltung gewinnen und
dennoch objektive Fassung finden. Das aber ist die Aufgabe der
Musikentwicklung seit Bach und sie wird es sein bis auf alle Zeit;
und schon hat ein jüngerer Nachwuchs die Erbschaft jenes letzt-
heimgegangenen Meisters angetreten. Außer dem größten Theil der
bereits früher angeführten jüngeren Künstler dürften noch Joachim
Raff, Selmar Bagge, Robert Volkmann, Friedrich
Kiel, Carl Reinecke, Normann, Bernsdorf und Jad-
dassohn zu nennen sein, die in diesem Sinne nach subjektiver
Freiheit und dennoch allgemein faßbarer Gestaltung in überlieferten
Formen ringen, und nur von dieser künstlerischen Thätigkeit erwarten
wir für die Zukunft neue Kunstschöpfungen.

Die Kunst schafft nach Gesetzen der Nothwendigkeit und Zweck-
mäßigkeit und erzeugt daher für gleiche Zwecke auch gleiche Formen,
aber nicht als Schablonen, sondern immer als der lebendige Organismus, der sich den größeren oder geringeren Dimensionen des
Inhalts genau anschließt, um ihn so in idealer Plastification darzu-

stellen. Dieser Organismus ist zu allen Zeiten derselbe und selbst
wenn er sich in typischen Formen krystallisiert, wie im Liede oder
Choral und in einzelnen Instrumentalformen, verhärtet er nicht
zur Schablone, sondern er läßt eine solch ausgebreitete Vielgestaltig=
keit zu, wie sie der Inhalt eben verlangt. Lied, Choral, Hymnus,
Canon und Fuge des fünfzehnten Jahrhunderts unterscheiden sich
wesentlich von den gleichen Formen des neunzehnten und doch lebt
in allen derselbe Organismus. So wie es nun gewagt erscheint,
von überwundenem Standpunkt zu sprechen, so thöricht ist es, an
hergebrachten Formen festzuhalten, weil sie durch eine lange Lebens=
dauer sanctioniert sind. Mit der Neugestaltung, welche das Bewußt=
sein eines Volkes erleidet, muß sich nothwendiger Weise auch der
Ausdruck desselben, seine Kunst anders gestalten. Jede Neugestal=
tung hat aber im Alten ihren Boden und wie das neue Volks=
bewußtsein selbst nur als Produkt vergangener Zeit erscheint, so
wird auch das Kunstwerk nach Form und Inhalt sich vergangenen
Perioden anschließen. Und das ist die Bedeutung des alten Kunst=
werks. Nicht daß man es als mustergiltig kopiere, oder aber als
überwunden ignoriere, sondern daß es hineinrage in die neue Zeit
und diese an ihm erstarke und tüchtig werde, neue unvergängliche
Kunstwerke zu schaffen. Die Kunstlehre aber muß hierzu die Wege
bahnen, indem sie das Verständniß der Vergangenheit erschließt,
die Gegenwart begreifen lehrt und dadurch die Zukunft vor=
bereiten hilft.

Halle, Druck der Waisenhaus = Buchdruckerei.

# Noten-Beilage

zu:

# Das deutsche Lied

von

## A. Reissmann.

————

a

# Inhalt.

**№ 1.**

DISCANT / TENOR (Melodie) / BASS

Nun lo = bet mit ge = fan = gen ben — Her = ren got al = le = famt! benn wir la = gen ge = fan = gen — zur Höl = le ganz ver = bammt.

**№ 2.**

Ganz schwarz heß = lich jetzt lang sich hat mein ar = me
Rechtsam ein bilb, bas in bem koth ge = le = gen

seel ——— be = su ——— belt gar.
ist ——— viel tag ——— unb jar.

Wie wol mich

got viel schö — — — — ner hat denn al = le

thier ge = zie = ret so hat boch mich ganz in = ner-

lich die schlang mit ih = rem stich so schwarz und heß = lich

un — — for — — mie — — ret.

### № 3.

So wünsch' ich ir — — — ein gu — — — — te
So ich ir lieb — — — erst recht — — — be =

nacht, zu hun=bert tau — senb stun —
tracht, ist all mein leid — verschwun —

den.}
den.} Wenn ich sie seh — — er = freu — — — et

sich hat mir mein Herz — be — sef = sen. Drumb ich in

mei = nem Her — — zen brinn und kann ir nit — —

— — ver = gef — sen.

## № 4.

Mein freub' — — al = lein in al — — — — — — ter
Mein Herz — — hat sich zu dir — — — — — — ge -

welt mein troft in al = len ftun — — — — — — — ben. |
ftellt mit lieb und treu ver = bun — — — — — — — ben. ∫

Durch dich — ich mit lie — — — bes = kraft schwerlich — —

be — — haft zu dei = nem Dienst — — mit fleiß —

— — ge = ftellt in ar = ger lift genz — — — lich

ift mein Herz in rech = ter lieb — — — — — ver = pflicht.

## № 5.

Ich ftunb an ei = nem mor = gen heim-lich an. — ei = nem ort

ba het — ich — mich ver — bor=gen ich hö — ret kleg-

— li = che wort von ei = nem freu=lein was hübſch — unb ſein

von ei = nem freu=lein was hübſch unb ſein hübſch unb— —

— — — ſein. Er ſprach zu ſei — nem bu — — len

es muß ge = ſchie — — — — — ten ſein.

### № 6.

Frau ich bin euch von Her — zen — hold! O mein, o

mein. Ich thet euch ger=ne was ich — ſolt'. O mein, o

mein! wenn ir's von mir an=neh = men wolt. O mein, o

mein! Bin ich doch dein möchts möglich ſein ich geb' mich

dir in's herz hin = ein.

N? 7.

Es jagt ein je = ger ge = ſchwin — — de — — dort
Mit ſei = ner ſchnel = len win — — de — — ſand

o = ben vor dem holz —
er ein wild was ſtolz — } Auf ei = ner wei — ten

hai — — — — ben, da er das wild er=ſah mit

ſei = ner win=ben bei — — ben hetzt — er hin — ten

nach. Vom g'ſpür will ich nit ſchei — ben, der—ſel — big

je — ger ſprach.

N? 8.

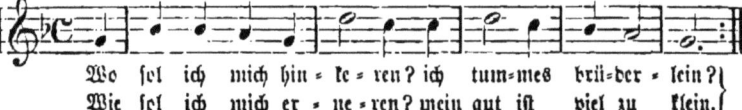

Wo ſol ich mich hin = te = ren? ich tum=mes brü=der = lein?
Wie ſol ich mich er = ne=ren? mein gut iſt viel zu klein.

So ich ein we = sen han so muß ich bald da = von; was
ich heu'r sol ver = ze = ren das hab' ich fernt ver = tan.

## № 9.

Ent = lau = bet ist der wal = de gen die = sen win —
Be = rau = bet wirt ich bal = de meins liebs das macht —

— — ter kalt) daß ich die schön' muß mei — den die
— — mich alt.ſ

mir ge = fal — len tut bringt mir mann'gfaltig lei = den macht

mir ein schwe — — — ren mutt.

## № 10.

Wol auf gut g'ſell von hin = nen mein's bleib iſt hie nit me !)
Der mai der tut uns bringen die veiel und grü = nen klee. ſ

Vorm wald da hört man ſin = gen der klei = nen vög = lein g'ſang.

Sie ſin = gen mit hel = ler ſtim — — me den ganzen

ſom — mer lang.

### № 11.

Jns brukk ich muß dich laſ=ſen ich far da=hin mein ſtra=

ßen in frem=de land da=hin. Mein freud iſt mir ge=nom=

men die ich nit weiß be=kom=men wo ich im el—

— — — — — lend bin — wo ich im el—

— — — — lend bin.

### № 12.

Jch ſol und muß ein bu=len ha=ben drab — — dirn=

— — lein drab! Und ſol ihn aus der er=de gra=ben

drab — — dirn — — lein drab!

## № 13.

O — lie=ber Hans ver = forg' dein gans laß fie kein
Du — weißt ir weiß daß fie ir fpeiß zu kei=ner

hun = ger lei — — ten. ⎫ gib ir vol=auf daß
zeit — kann mei — — ten. ⎭

fie — nit lauf in frem=de heu = fer nafchen. Lest

du fie frei ift forg — ba — bei der wolf möcht fie

— er = ha — — — — fchen.

## № 14.

Dort o = ben auf dem ber = ge böl = pel, böl = pel

böl = pel, böl=pel ber = ge da fteht ein ho = hes haus da

fteht ein ho = hes haus da fteht ein ho=hes haus da fteht ein ho=hes haus.

### № 15.

Ein abt den wöll wir wei=hen ist auß der ma=ßen gut — ein klo=ster wöll wir bau=en — liegt so in gro=ßer ar = mut dar=in=nen wont ma=ni=cher bru=der on par gelt un=ser or=den re=gie=ret in al=——ter die=ser welt.

### № 16.

*a)*

DISCANT.
ALT.

TENOR.
BASS.

Der mül=ler auf der o=ber=müll der hat ein fei=ste gans! gans! gans! gans! die hat ein fei=sten

dik = ken lan = gen wei = de = li = chen kra = gen

b)

druß=la druß=la druß = la druß = la druß = la
DISCANT.
ALT.
druß = la druß = la druß — la druß=la
TENOR.
BASS.

gik gak gik gak.
gik gak gik gak.

## № 17.

### Den loffanc der drie Kinderen in den vierighen ouen.

Nac een danslieken: Const ic die Maneschyn bedecken.

SUPERIUS
TENOR
(Melodie.)
Goods wer = cken al van gro = ter sa = men ghe =
Goods en = ghe = len danct hem te = sa = men ghi
BASS.

be — ne — byt ben Heer al — tyt.
he — me — len mit groot io — lyt.
} Ge — be — ne — byt ben

Heer: Ver—heft hem al—tyt meer. Al in ter e — wi—

chey—ben foe gheeft hen lof enb eer.

№ 18.

### Solbatenlieb.

Ihr lie—ben Sol=ba=ten tret all her=an wo=he! Ein Ganß wir

wol=len fin=gen an wo=he! wo=he! wo=he!

### № 19.

## Des Müllers Töchterlein.

Aus Schlesien.

Mei-ster Müller thut — mal se=hen, was in sei=ner Mühle ist ge=
sche=hen; denn das Rad das bleibt ganz stil=le
ste=hen als wenn es wollt' zu Grun=be ge=hen.

### № 20.

Aus dem Odenwald, aus Franken und Thüringen.

Mei=ster Mül=ler thut — mal se — hen, was in
sei — ner Müh=le ist ge — sche=hen; denn das
Rad das bleibt ganz stil=le ste — hen, als wenn es
wollt zu Grun — be ge — hen.

### № 21.

## Melchior Frank.

Se — — — — — lig ist — der tag der mir dein
lieb ver=kün — — — — — bigt

c *

hat der lieb Gott hat ge — hol — fen mir Herz al — ler —

lieb — — — — — — ste — zu dir Herz al —

— ler — lieb — ste zu dir.

## № 22.

**Melchior Frank. 1603.**

DISCANT.

So sing' und spring — — — — — so sing' und

ALT.

TENOR.

BASS.

spring so sing' und spring wer sin — — gen

kann mich kommt das Tan — zen so sehr an mit der Herz=

liebsten mein doch sol es genzlich sein mit der herzlieb — sten

mein doch sol es genz-lich sein doch sol es genz-lich sein!

nach    mit vol—lem Sprung als   in   der Wag

Wer nicht ein tänz — lein

wer nicht ein tänz — lein

thut mit der Lieb—sten sein, der troll sich bald von hier!

du a—ber Mu = sik du a—ber Mu=

Du — a — ber Mu = sik

sik halt bei mir halt — — — — — — — bei mir!

Reißmann, deutsches Lied.

b

Du a—ber Mu=sik halt bei mir!

## № 23.

### Johann Hermann Schein. 1628.

*a)*

SOPRAN 1.

1. O Ster=nen=äu = ge=lein! O Seidenhä = re=

SOPRAN 2.

2. O grü — ne Wäl=der=lein! O Myr — tensträuche=

BASS.

3. O wah — re Lieb unb Treu! O fal — sche Heuche=

1. lein! O Ro=sen=wän=ge=lein! O Ro=sen=wän=ge=

2. lein! O küh — le Brün=ne=lein! Krystall — ne Bä=che=

3. lei! O Hoff — nung Si=cherheit! O Furcht Schwermü=thig=

1. lein! Co = ral = len = lip = pe = lein! O He = nig = wän = ge =

2. lein! O grü = ne Wie — fe = lein! O schöne Blü — — me —

3. leit! O fü = ße Luft — und Freud'! O Angst und Her — — ze —

1mo 2do

1. lein! lein! O — Per = len = mut = ter = öh = re =

2. lein! lein! O Fel = fen = kluft o Berg und

3. leib! leib! O Mu = fic eb = ler Freu = den =

1. lein! O el = fen = bei = nern Häl = fe = lein! O Pomme =

2. Thal! O E = cho treuer Wieder = hall! O

3. Schall! O Seufzer, Heu = len, Her = zens = knall! O

b *

1. ran=zen = brü = fte=lein! bisher an euch ift al = les

2. Pan, Schiffer und Schiffe = rin fehtboch wie ich — fo e = lenb

3. Le=ben lieb o bitt=rer Tobt! Ach wechfelt um es ift als

1. fein! a = ber das fteinern Her=ze=lein! Wie daß du

2. bin! Der grimmeTob — mich greifet an! Ach helfet wer

3. Noth.Wie könnet ihr — boch al = le fehn ein liebendHerz zu

1. töb = teft das Le — ben mein!

2. ach hel=fet wer ba hel — fen kann!

3. Trüm — — — — — — — mern — gehn!

## № 24.

SOPRAN 1

1. Mit — Freu — den — mit — scherzen mit —

SOPRAN 2

2. Frau — Ve — ne — re la = chet ihr —

BASS.

3. Was wolt ich lang sor=gen was

1. küf — sen — mit Her=zen, mit Klin — gen — mit —

2. Söh — ne — lein — ma=chet mir — lieb — li — che

3. heu = te was mor=gen? Gott wird uns be —

1. singen mit — tan — zen — und — springen will ich — den — Tag —

2. Possen mit — sei — nen — Ge — schossen heut bin — ich — un —

3. scheeren was — die — net — zu Ehren! ja was — wir — be —

1. zu — brin — gen weil Fil — li — mich

2. ver — droſ — ſen. Zu ſech = ten — zu —

3. geh — — — ren, O Fil — li — mit

1. lie = bet ſich herz=lich er — gie=bet in Eh — ren=z'er —

2. rin=gen die Pi — len zu ſchwingen, der Fil — li — zu —

3. ſcherzen mit Kü=ſen mit her=zen mit klin = gen mit

1. fül=len mein ſehn — li — chen Willen thut all mein Trau=

2. Eh=ren nach ih — rem Be — gehren will ich — mein Fleiß

3. ſin=gen mit tan — zen mit ſpringen laßt uns den Tag

1. ren ſtil — len!

2. an — keh — ren!

3. voll - brin — gen!

### № 25 *).

## Heinrich Albert.

### Vorjahrs = Liebchen.

Simon Dach.

Singstimme.

Clavicymbel.
(Pianoforte.)

1. Die Luſt hat mich be = zwun = gen zu
2. Ihr lebt ohn' al - le Sor = gen, und

1. fah = ren in den Wald, wo durch der Vö = gel Zun = gen die
2. lobt die Güt' und Macht des Schöpfers, von dem Morgen bis

*) Im Original iſt eben ſo wie bei den folgenden Liedern bis Nr. 31. die Clavierbegleitung
nur durch den bezifferten Baß angegeben.

1. An = gen Licht   und die Sterb=lich=keit auch rei= chen
2. Zie = rath an.   Leb = te Pa = ris noch, er würde
3. bel = len Zier.   Zeu=xis hett' aus ih = ren Gaben

1. glaub' ich was man sagt:   daß den Zu = pi = ter in
2. nicht nach Sparta   ziehn,   son=dern hin mit die =ser
3. ganz dein Bild ge = macht   und von zehn nicht dürf=ten

1. glei = chen Men — — — — — schen= lie = be plagt.
2. Bür = de auf — — — — — sein Tro=ja fliehn.
3. ha = ben dei — — — — — nes Lei=bes Pracht.

№ 27.

**Andreas Hammerschmidt. 1642.**

*a)*

1. Ei wol an so hab' ich doch ei = nen fri = schen Mut
   Weil mir auf so har = tes Joch Glück und Ve = nus gut,
2. Weg tobt=blaf = se Trau=rig=keit von Me = lan = cho = lei,
   Es bricht an die gu = te Zeit; brin = get mich vor = bei,
3. Das was mich vor=hin be = trübt brin=get mir jetzt Luſt;
   Wo = rin ich war un = ge = übt iſt mir nun be = wußt;
4. Co = ri = don mag ſei = ne Fill ſin = gen durch den Wald;
   Lu = ci = dor die A = ma = rill rüh = men wohl = ge = ſtalt
5. Chlo=ris, die du mich ge=bracht tau = ſend = mal in Pein
   Tag und Nacht mir gleich ge = macht, du ſolt den=noch ſein

1. weil mein mü = des Hof = fen kom = met zum gewünſchten Ziel.
2. al = len Lie = bes=wel = len an den Port der Si=cher=heit.
3. gleich mir je = ßo win = det Ve = nus ei = nen Myrthenkranz. } Fa
4. Chlo=ris nur ſoll blei = ben mein erwünſchtes Ei=gen=thum.
5. von mir hoch = ge = prie = ſen Chloris ſchön=ſte Damen=luſt.

№ 28.

b)

1. Will sie nicht so mag sie's las=sen, Cyn=thi=e die Stolze die,
2. Vor=hin thet ich wie sie the=te, Lieb ist Ge=gen=lie=be werth;
3. Meint sie wol mich zu be=trü=ben, mit dem was nur ist ein Schein?

1. was be=trüb' ich mich um sie? Eins ist mir ihr Hold u. Has=sen.
2. jetz=und weil sie sich ver=kehrt bin auch ich auf an=der Ste=te.
3. Nein will sie mir gut nicht sein so kann ich auch sie nicht lie=ben.

e*

1—3. Cyn = thi = e sei wer sie sei! Ich bin

froh! ich bin froh! ich bin

froh daß ich bin frei!

№ 29.

Aus:

Sperontes singender Muse an der Pleiße. 1742.

1. { Hol — de Phyl = lis dei — ne Lie = be
{ O — er = quik = te mei — ne Trie = be
2. { Nicht — die Schön=heit dei — ner Wan=gen,
{ Sind — der Zun = der das — Ver = lan = gen
3. { Ich — ver = eh = re mit — Ent = zük = ten
{ Was — dein Scher=zen, Küs — sen, Drücken
4. { Nehmt ihr Stun=den, nehmt doch Flü=gel
{ Da — ich mei = ner Treu — e Sie=gel

1. { macht — mich ganz — be = zau — bernd froh.
{ im — mer = hin — und im — mer
2. { nicht — dein rei — zend An — ge — sicht.
{ der — mich dir — so treu ver —
3. { was — mich so — ver = liebt ge — macht.
{ mir — be = reits — vor Lust ge —
4. { zum — Er = folg — der Zei — ten an.
{ Phyl — lis gnug — be = wäh — ren

1. so. Flößt — der — Nec = tar bei = ner
2. pflicht. Nein! — dein — red = lich treu = es
3. bracht. Und — be = kla = ge je = de
4. kann. Hand — und — Her = ze stimmt zu =

1. Lip=pen mei = ner Brust solch Lab — sal
2. Her=ze das = ich erst dar = auf — ver=
3. Stunde ei • fernb o — der un — muths=
4. sammen un = ser Wün = schen ü — ber =

1. ein will — ich auf der Au — muth
2. spürt hat — mich dir so fest — ver=
3. voll da — ich nicht auf dei — nem
4. ein! Him — mel laß die rei — nen

1. Klip=pen lie — ber todt — als un — treu fein.
2. fchrieben daß — mich nun — nichts wei — ter rührt.
3. Mun=de Ro — fen fehn — und bre — chen foll.
4. Flammen e — wig un — zer=treu — net fein.

### № 30.

### Carl Heinrich Graun. 1753.

Friedrich v. Hagedorn.

**Rührend.**

1. Ja lieb=fter Da — mon ich bin — ü = ber
2. Als ich die Hand — jüngst, die dein — Au = ge
3. Ich floh und wein — te warf am — Bach mich
4. Komm, treufter Da — mon, den ich — mir er=

1. wun=den. Ich — fühl', ich — fühl' es was mein Herz em =
2. bed = te, für — wi = tzig — fort riß: Him=mel! was er =
3. nie = der. Ein — hef=tig — Feu = er lö = fte mei = ne —
4. wäh = le. Auf — mei=nen — Lip = pen fchwebt mir fchon die —

1. pfunden. Mich — zwingt die Dau — er dei = ner star=ken
2. weck=te dein — schö = nes Au — ge naß von stil = len
3. Glie=der. Ach — e = wig wer — den die = se Flammen
4. See=le um — durch die dei — nen un = ter tau = send

1. Lie — be daß ich dich lie = be.
2. Schmer = zen, in mei = nen Her=zen.
3. wäh — ren, die mich ver = zeh=ren.
4. Küf — fen, in dich zu flie=ßen.

## № 31.
### Johann Friedrich Agricola. 1753.

1. Willst du die — sen Raub — nicht stra — fen
2. Schla — fe, gött — li = che Be = lin — de,
3. Dann wirst du — vom Traum er = wa — chen,

1. o, — so wa — che, Schä — fe — rin.
2. bis — mein Kuß dich träu — men — heißt,
3. macht ihr Schat — ten mich — ent — zückt,

1. A — ber wenn — ich straf — — bar bin
2. daß — du mir ge = neig — — ter seist.
3. wirst — du sa — gen: wie — — be glückt

1. mag dein — schö = nes Au — ge — schla = fen.
2. als ich — dich am Ta — ge — fin = de.
3. wird mich — erst die Lie — be — ma = chen.

Reißmann, deutsches Lied.

f

### № 32.

### Friedrich Wilhelm Marpurg. 1756.

**Am Clavier.**

Bewegend.

W. Zachariä.

1. Du E — cho mei — ner Kla — gen mein
2. Nun kommt nach trü — ben Ta — gen die

1. treu — es Sai — ten - spiel —
2. Nacht — der Sor — gen Ziel —
} Ge=horcht mir sanf = te

1. 2. Sai = ten und helft — mir Leib — be strei = ten! Doch

nein! laßt mir — mein Leib — und mei — ne Trau — rig-

keit — und mei — ne Trau — rig = keit. —

## № 33.

### Chriſtoph Nichelmann.

F. W. Zachariä.

1. Das En — de die = ſer dunk — len Ta — ge — die
2. Ein Lei — den, das man un — ter = drük = ket, ver=
3. Jetzt, da — die Tho=ren mich ver = laſ — ſen, — die
4. Der Schlaf wird mich vor = ü — ber ge — hen, — der
5. Ich fleh' — ihn an mir zu — er = ſchei — nen, — doch
6. Schon ſiegt — der Tag mit hel — lem Strah = le: — Wo

f*

1. treu — e Nacht — bricht — schon her = ein!
2. meh — ret den — ge — hei — men Schmerz.
3. die — sen trü — ben Tag = um = schwärmt,
4. oft — den Rük — ken — mir = ge = wandt;
5. er — ist wie — ein — fal — scher Freund!
6. bist — du hol — der — Gott — der Ruh?

1. Ver = hül — le dich — — mein
2. Und je — de Thrä — — ne
3. will ich — dem Schmerz — mich
4. wenn noch — von auf — ge =
6. Es kommt ein Glück — nur
5. Er kommt und drückt — zum

1. Geist — und kla = ge viel = leicht — ist die — se
2. die — er = stik = ket gräbt blu — tig sich — in
3. ü — ber = las = sen der min — der wird — wenn
4. hell — ten Hö = hen das Mor — gen = roth — mich
5. zu — den Sei = nen und flieht — ein = Au — ge
6. er — sten ma = le ein Au — ge vol — ler

1. Stunde dein, viel = leicht ist die — se Stunde dein.
2. un — ser Herz, gräbt blu — tig sich — in un = ser Herz.
3. er — sich härmt, der min = der wird — wenn er sich härmt.
4. wei = nend fand, das Mor = gen = roth — mich wei = nend fand.
5. wel = ches weint, und flieht ein Au — ge, welches weint.
6. Thränen zu, ein Au = ge vol — ler Thränen zu.

Buchdruckerei von Otto Hendel in Halle.